한국의 지정학과 링컨의 리더십

한국의 지정학과 링컨의 리더십

동아시아의 지정학적 변화와 국가통일의 리더십

강 성 학

KOREA
UNIVERSITY
PRESS
고려대학교
출판문화원

Korean Geopolitics and Lincoln's Leadership: East Asian Geopolitical Change and the Leadership for National Unification

Sung-Hack Kang

KOREA UNIVERSITY PRESS

그리운 나의 어머니 고(故) 곽 홍 순 여사와

고마운 나의 아내 신 혜 경 여사에게

이 책을 추천하면서

대한민국에 세워진 크고 작은 대학을 다 합치면 한 200개는 될 것으로 짐작합니다. 그 많은 대학에서 사회과학이나 인문학을 가르치는 교수들도 줄잡아 1만 명이 될 것 같고 그중에서도 어느 대학에서나 개별적으로 모셔 가고 싶은 교수가 한 100명은 될 것으로 믿습니다.

강성학 교수는 그 100명의 교수들 중에서도 서열이 매우 높은 교수입니다. 그는 고려대학교에서 평생 가르치고 정년퇴임 했지만 내가 연세대의 총장이었다면 강 교수를 연세대로 끌어 온 지 오래일 것입니다. 나는 그를 우리시대의 가장 우수한 교수 중 한 사람이라고 생각하기 때문입니다.

그는 불운한 어린 시절을 보냈는지 모르지만, 종교개혁의 거성 마틴 루터처럼 좋은 배필을 만나, 루터에게 카타리나가 있었듯이 그에게는 현모양처인 신혜경이 있어, 지금도 그는 건강하게 연구와 집필에 전념할 수 있습니다. 그것이 다 미모와 식견을 갖춘 그의 동반자 신 여사가 가까이 있기 때문이라고 나는 생각합니다.

강 교수에게는 어떤 계기가 있어 링컨 연구에 몰두하기 시작하더니, 워낙 총명한 사람이라, "Lincoln Scholar"라는 호칭에 손색이 없는 링컨 학자가 되었습니다. 그가 이 나라의 처음 등장한 Lincoln Academy의 초대원장으로 추대된 것은 너무나 당연한 일이라고 생각됩니다.

강성학 교수는 정의감에 불타는 다혈질의 사나이라 불의를 보고 가만히 있지 못하는 사람입니다. 공자께서 "見義不爲無勇也"(옳은 일을 보고도 하지 않는 것은 용기가 없기 때문)이라고 하셨는데 그 말씀을 그대로 믿고 사는 선비가 강성학입니다. 그는 글자 한 자 틀린 것도 보고 가만 있지 못합니다.

'한국의 지정학적' 입장에서 '링컨의 리더십'을 검토한 이 책은 우리 학계에도 큰 공헌을 하게 되리라고 믿습니다.

2016년 깊어가는 가을 날
김동길 (연세대 명예교수)

저자 서문

책을 쓴다는 것은 하나의 모험이다.
그것은 처음에 즐거움으로
시작해서 연인으로 변했다가 주인이 되는데
종국에 가서는 폭군이 되어 버린다.
—윈스턴 처칠

지정학(Geopolitics)이 돌아왔다. 지정학은 19세기 말과 20세기 전반기에 국제정치의 지배적인 일종의 패러다임이었다. 동서 간 이념적 투쟁의 시대가 냉전체제의 종언과 함께 사라지자 문명의 충돌이 부활할 것이라는 예상이 풍미하더니 인종과 종교를 빙자한 비국가적 집단들에 의한 학살과 테러의 공포 그리고 뒤이은 테러와의 전쟁이 포스트냉전 시대에 한동안 국제정치의 주된 관심사로 세상의 눈과 귀를 사로잡았다. 그 후 또 한동안 대량살상무기인 핵무기의 확산이 북한과 이란에 의해 제기되어 국제적 의제를 장악하더니 남중국해에서 해묵은 영토적 분쟁으로 확대되면서 이것이 곧 동아시아 대륙의 강대국 중국과 그동안 바다의 여왕으로 군림했던 미국 간 지정학적 대결로 전환하기에 이르렀다. 그리하여 아시아-태평양 지역은 중국과 미국 간 지정학적 대결의 무대로 인식되기 시작했다. 그러나 유라시아 대륙의 변방에 위치한 한반도는 대륙의 강대국을 위한 완충지대(buffer zone)로, 해양 강대국의 교두보(bridgehead)로서, 그 결과 양 세력의 충돌지대(shatter–belt)로서 한반도의 지정학적 위상은 16세기 말 일본의 도요토미 히데요시(豊臣秀吉)가 중국(明)을 정벌한다면서 한반도를 교두보로 삼아 침략함으로써 동아시아의 전통적 국제질서의 전복을 도모한 이후 근본적으로 변한 적이 없다. 다시 말해 지정학은 한국인들을 떠난 적이 없었다. 다만 한국인들이 지정학을 모르거나, 알았지만 잊었거나 소홀히 했을 뿐이다. 뿐만 아니라 미래에도 한국인들이 우주나 다른 행성으로 집단적 이주를 하지 않는 한 지정학은 한국인들과 늘 함께 있을 것이다. 다시 말해 한반도의 지정학적 조건은 한국인들 삶의 변함없는 조건이고 국제정치의 구조적 제약으로 오랫동안 남을 것이라는 말이다.

최근 동아시아의 지정학적 지형이 다시 대지각변동이라도 가져올 것처럼 꿈틀거리기 시작했다. 따라서 한국인들에게 지정학적 지형의 변화추세에 대한 정확한 이해와 올바른 대처가 새삼스럽게 요구되고 있다. 왜냐하면 그 변화의 원인과 지정학적 당사자들의 행동과 한국의 대처에 한반도의 미래와 한국인들의 생존이 달려 있기 때문이다. 한반도가 속해 있는 동아시아의 지정학적 대결은 한반도의 변화를 예고하는 것이다. 따라서 그것은 한국인들의 생존에 대한 무서운 위험을 품고 있지만 동시에 어쩌면 한국민족의 통일을 위한 절호의 기회를 제공해 줄지도 모를 일이다. 바로 그러한 변화에 대한 두려움과 동시에 이런 변화가 가져올지도 모르는 기대감에서 본서의 제1부는 동아시아의 지정학적 변화의 추세를 분석해 본 것이다.

돌이켜보면 저자가 지정학에 대한 관심을 갖게 된 것은 아주 오래 되었다. 대학원 입학 후 당시 지도교수님께 처음으로 학술적 질문으로 한 것이 "지정학이 무엇입니까?"였다. 그때 지금은 고인이 되신 김경원(金瓊元) 지도교수님께선 공부를 쉽게 하려고 하지 말고 스스로 찾아보라고 말씀하셨다. 처음엔 섭섭했지만 대학원 공부는 그렇게 하는 것이라고 가르쳐주신 것이다. 그래서 *International Encyclopedia of Social Sciences*(국제 사회과학 백과사전)를 뒤져 지정학에 관해 조사했었다. 그 후 나는 누구에게 묻기보다 스스로 답을 찾는 습관을 길렀다. 김경원 지도교수님께선 나에게 국제정치학이라는 학문에 처음으로 개명(開明)을 시켜 주셨을 뿐만 아니라 스스로 공부하는 방법을 가르쳐 주심으로써 나의 일생의 직업을 열어주시는 은혜를 베풀어 주셨다. 그러나 그 후 국제정치학을 공부하는 과정에서 지정학은 냉전시대의 이념적 대결과 전 지구적 미소 간 전략무기의 대결 그리고 정치적 현실주의 패러다임에 묻혀서 본격적인 학문적 관심의 주요 대상의 밖에 있었다. 고려대 교수가 되어서도 국제정치의 이론과 전쟁이론, 외교사와 국제기구 그리고 한국외교정책 등을 30여 년간 가르치면서도 지정학을 독립적 주제로 다루지 않았다. 당장의 관심 주제에 집중하다 보니 그럴 여유나 필요성이 없었다고 변명하고 싶다. 그러다가 퇴임을 앞둔 2013년 가을 마지막 학기에 대학원의 "국제관계 특수과제연구" 과목에서 지정학 이론을 가르쳤다. 그러면서 퇴임 후 한국지정학연구소를 설립하여 지정학에 관한 연구를 계속하고 싶다는 속마음을 이런저런 기회에 내비쳤다. 퇴임 후 일종의 퇴임기념강연을 비롯하여 몇 차례의 초청강의에서도 주로 지정학과 관련된 강의를 계속하면서 언젠가 지정학 관련 저서를 내야겠다고 마음 먹고 있었다. 그런 동안 저자가 박사학위 과정과 논문을 지도했던 이영석 박사가 그동안 저자를 이사장으로 추대하는 한국지정학연구원의 설립을 조용히 그러면서도 끈질기게 추진하여 마침내 2016년 8월 12일자로 통일부 허가를 받아 공식 출범하게 되었다. 상당 기간 동안 연구원 설립을 위해 시간과 금전과 정열을 아끼지 않은 연구원 설립자 이영석 박사와 설립요건을 구비하는 과정에서 여러 가지로 수고해 준 신희섭 박사에게 깊은 고마움을 표하고자 한다. 그리고 퇴임 후 나의 첫 저서인 본서를 "한국지정학연구원"의 첫 연구결과로 출간하기로 하였다. 한국지정학연구원은 앞으로 본서의 제목이 암시하듯 지정학과 정치 리더십에 관한 연구를 계속해 나갈 것이다.

한국인들은 모두가 하나같이 민족통일을 염원한다. 그러나 그것이 언젠가는 반드시 이루어지고 말 것이라는 한국인들의 한결같은 소망과 막연한 기다림의 결과일 수는 없을 것이다. 그것은 객관적 조건과 주관적 염원 그리고 주어진 기회를 정확히 포착하고 값비싼 희생을 각오하면서 용기 있게 투쟁해 나갈 때에만 얻어질 수 있는 것이다. 하늘도 스스로 돕는 자만을 도울 것이기 때문이다. 그런 민족사적 대과업을 이루기 위해서는, 다시 말해 그런 위대한 성취를 위해서는 거기에 걸맞는 위대한 리더십이 요구될 것이다. 그런데 그런 위대한 리더십을 어디서 구한다는 말인가? 일찍이 마키아벨리가 가르쳤듯이 위대한 리더십은 과거 역사 속에서 발견되는 위대한 지도자들의 위대한 행동을 본받는 데서 시작될 수 있을 것이다. 역사 속에서 한국민족의 통일을 위해 본받을 만한 지도자는 과연 누구일까? 저자는 미국의 제16대 대통령 에이브러햄 링컨이 그런 지도자들 중 한 사람이라고 생각한다.

저자가 링컨 대통령의 리더십에 관해 완전히 새로운

집중적 관심을 갖게 된 데에는 아주 특별하고도 구체적인 계기가 있었다. 2014년 2월 28일자로 고려대학교의 정치외교학과에서 만 33년간 국제정치 분야를 가르친 후 정년퇴임을 한 뒤 저자는 참으로 적막한 시간을 보내고 있었다. 마음을 달래고 미치지 않기 위해 삶과 죽음을 다루는 이런저런 철학서적들과 제1차 세계대전의 백 주년을 맞아 쏟아져 나온 전쟁사의 책들을 집중적으로 읽으면서 한 학기에 겨우 한두 차례씩 고려대 야간대학원과 국방대학원에서 강의하고 아직도 진행 중인 박사과정 제자들의 학위논문 지도를 계속했지만 퇴임과 함께 찾아온 "세상으로부터의 단절"이라는 일종의 금단현상으로 심각한 자기연민에 빠져들고 있었다.

그런데 연말쯤 뜻밖에도 김동길 연세대 명예교수님으로부터 한 모임에 참석해 달라는 초청을 받았다. 우선 잊지 않으시고 찾아 주신 데 대한 고마운 마음으로 참석한 그 모임은 알고 보니 "링컨 사상 연구소"의 창립 모임이었다. 그 후 한 달에 한번씩 링컨에 관해 발표회를 열기로 한 이 첫 모임에서 김동길 교수님께서 저자에게 1975년에 출간하신 〈링컨의 일생〉이라는 저서 한 권과 함께 주신 과제는 "승전의 문턱에서 암살된 링컨"에 관해 발표하는 것이었다. 그리하여 본 저자의 링컨 연구는 김동길 교수님의 저서를 읽기 시작하면서 그리고 바로 그날부터 아마존 서점에 링컨 관련 서적들을 주문하기 시작하면서 본격적으로 출발했던 것이다. 얼마 후 김동길 교수님의 1971년 박사학위 논문이 1983년 그대로 출판된 사실을 알게 되어 *Abraham Lincoln: An Oriental Interpretation*을 구해 읽었다. 김동길 교수님이 미국의 에이브러햄 링컨 대통령이야말로 지구의 정반대편인 동아시아의 유교적 세계에서 지난 2천 년 이상 모색해 온 군자(君子) 같은 지도자, 즉 인(仁)이라는 유교의 최고 덕목을 가장 잘 실천한 진정하고 유일한 "윤리적 대통령"이었다고 주장하는 그 저서에서 깊은 감동을 받았다. 그리하여 링컨의 정치적 리더십에 대한 저자의 관심이 한층 너 증대되었다.

저자에게 에이브러햄 링컨의 삶과 죽음은 참으로 감동과 탄식, 기쁨과 조용히 흐르는 눈물의 세계였다. 저자는 지금까지 국제정치 분야를 전공하면서 19세기 독일의 오토 폰 비스마르크(Otto von Bismarck), 그리고 20세기 영국의 윈스턴 처칠(Winston Churchill)을 늘 높게 평가해 왔었다. 미국의 지도자들 중에선 러일전쟁 시 시어도어 루즈벨트(Theodore Roosevelt), 제1차 세계대전을 치른 우드로 윌슨(Woodrow Wilson), 그리고 제2차 세계대전을 치른 프랭클린 루즈벨트(Franklin D. Roosevelt) 대통령들이 나의 오랜 학문적 관심의 대상이었다. 미국의 남북 간 내전이 19세기 외교사의 주제가 아니다 보니 자연히 링컨에 대한 깊은 관심을 갖지 못했다. 그래서 왜 진즉 링컨을 공부하지 않았던가 하는 회한과 이제라도 위대한 링컨을 발견한 것은 저자의 학문적 삶에 커다란 행운이라는 위안이 함께 찾아 들었다. 참으로 군자(君子) 같은 고결한 인품의 소유자로서는 물론이고 위대한 정치가로서 인류의 위대한 스승으로 손색이 없는 링컨의 황홀한 지적 감동의 세계로 이끌어 주신 김동길 교수님께 충심으로 감사를 드린다.

저자는 본서 출판과정에서 수고해 준 제자들에게도 감사하고 싶다. 원래 국내외 학술지에 각각 영문으로 출판된 제1·2·3장들의 논문을 우리말로 정성을 다해 번역해준 공군사관학교 조교수 박성건 중위에게 감사한다. 제1장은 일본 주오(中央)대학교의 타키타 켄지(Takita Kenji)교수의 정년퇴임을 기념하여 주오대학교의 학술지 *THE CHUO LAW REVIEW*(CXXIII/1 2017)의 특집호에 실릴 것이다. 제2장은 2011년 영국에서 출판된 본인의 저서 *Korea's Foreign Policy Dilemmas: Defining State Security and the Goal of National Unification*에서 아직 우리말로 소개된 적이 없는 제15장을 그대로 옮긴 것이다. 그리고 제3장은 2013년 12월 국제학술지 *The Korean Journal of Defense Analysis*(Vol. 25, No.4, pp. 457–474)에 실렸던 것이다. 제4장은 2012년 12월 20–21일 양일간 베이징의 "중국인민외교학회"에서 개최된 제12차 "동아시아 유엔연구 세미나"(East Asian Seminar on UN Studies)에서 영문으로 발표했던 것으로, 이를 우리말로 번역하였을 뿐만 아니라 본서 전체의 원고교정에 심혈을 기울여 준 한국지정학연구원의 모준영 박사에게 감사한다. 제6장과 제7장은 저자가 "링컨 사상연구소"에서 2015년 12월12일과 2016년 8월 12일에 각각 발표했던 것이다. 제5장과 제8장은 2016년 8월 20일 한국지정학연구원에서 행한 소규모의 특강에서 소개된 적이 있을 뿐이다. 또한 교정 작업에 수고해 준 오세정 박사에게도 감사한다.

끝으로 40년 전에 가진 것이라곤 아무것도 없었던 편모슬하의 나에게 시집온 이래 어머님이 이 세상에서 살아계신 마지막 순간까지 자신의 탈진한 건강을 개의치 않고 시어머님에게 언제나 공손하며 수 년간 변함없이 정성스런 병간호로 효성을 다함으로써 나의 학문적 삶을 가능하게 해 주었을 뿐만 아니라 정년퇴임과 내 생의 존재이유였던 어머님이 타계하신 후 나의 힘거운 삶을 지탱해 주는 고마운 평생의 배우자 신혜경 여사에게 감사한다. 또한 내 삶의 보람이었던 상온, 영온 그리고 승온의 세 자식들에게 스스로 자신의 삶을 개척해 준 데 대해 감사하고 이제는 나의 식구가 된 김영은과 장애신 두 며느리들과 사위 박종원에게도 고마운 마음을 이곳에 기록한다. 그리고 나를 할아버지로 만든 자후, 문후 그리고 외손자인 박추수에게 존재만으로도 기쁨을 주는 데 감사한다. 그리고 누구보다도 나 하나만을 위해 참으로 한 많은 일생을 고통과 고독 속에서 희생하셨고 작년 말에 타계하신 나의 가엾은 어머님 곽홍순 여사에 대한 나의 간절하고 목 메이는 그리움을 여기에 기록하고 싶다: "어머니! 그리운 나의 어머니! 참으로 꿈에서라도 뵙고 싶습니다." 젖은 눈과 멍멍한 가슴으로 이 책을 나의 두 여신(女神)들인 그리운 어머님의 영전에 그리고 고마운 아내에게 정중히 바친다.

2016년 11월 1일

구고서실(九皐書室)에서

차례

제2장 21세기 아-태의 신(新)지정학적 현실: 역사의 반복인가 아니면 아름다운 신세계로의 진입인가?

제3장 한국인의 전쟁과 평화의 개념: 유교적 미래에로의 복귀인가?

제4장 유엔(UN)을 통한 글로벌 거버넌스: 지정학의 대안이 될 수 있을까?

제2부 에이브러햄 링컨의 리더십

프롤로그:
지정학과 에이브러햄 링컨의 리더십

제1부: 왜 지정학인가?

시시한 것들은 조금씩 다 떨어져나가 버렸고
이제 오직 바다와 육지만 남았다.
—괴테(Goethe)

한 나라의 전반적 정책이 그 나라의 지리에 기인하는
것은 아닐지라도 그 지리적 조건을 피할 수는 없다.
나라의 크기, 형태, 위치, 지형 및 풍토는 외무부가
아무리 노련하고 합참이 아무리 책략이 풍부해도
피할 수 없는 조건을 정한다.
—니콜라스 스파이크만(Nicholas Spykman)

아리스토텔레스는 인간이란 이성적 혹은 "철학적" 동물로 정의되어야 한다고 생각했다. 사물에 관해 그것이 무엇이고, 왜, 그리고 어디에서 온 것인가에 대해 의문을 제기할 수 있는 유일한 존재라는 사실이 우리 모두를 기타 동물과 다른 "인간"으로 구별짓는다는 것이다. 이 말은 인간은 동물적 본능을 넘어서 유일하게 철학적 사유를 할 수 있는 "생각하는 존재"라고 바꾸어 말해도 좋을 것이다. 인간은 생산적(productive)으로 실천적으로(practical) 생각하며 또한 추리적(이론적)으로(speculative) 생각하는 존재이다. 이런 이유에서 철학자 모르티머 애들러(Mortimer Adler)는 인간이란 동시에 "만드는 자"(maker)이고 "행하는 자"(doer)이며 "알려고 하는 자"(knower)로 정의했다.[1] 그렇다. 인간은 형태(form)를 생각하며 뭘 만드는 자이고 옳은지 그른지를 생각하며 행동하는 자이다. 그러나 무엇보다도 인간은 생산이나 행동을 위해서뿐만 아니라 지식(앎) 그 자체를 위해서 추리적 혹은 이론적으로 생각하는 자이다. 바꾸어 말해서 우리 인간들은 무엇을 해야 하거나 혹은 하지 말아야 하는 것에 관한 지식뿐만 아니라 세상이 돌아가는 방식에 관한 지식을 추구한다.

우리는 일상에서 직면하는 모든 문제 혹은 주제에 대해서 모두가 직접 철저히 연구하지는 않는다. 우리는 그런 주제에 대해서 다른 사람들이 말했던 것들을 글로 읽는다. 그리하여 우리는 그것들에 대해 의견을 갖게 된다. 우리가 갖는 정반대되는 의견도 권위 있는 다른 사람들에

1 Mortimer J. Adler, *Aristotle for Everybody: Difficult Thought Made Easy* (New York: Macmillan, 1979), p. 17.

게 의존한다. 어떤 분야에서 대부분의 권위자들이 자신의 편에 있거나 혹은 자기가 가장 호소력 있는 권위자들의 편에 선다면 자신은 보다 강력한 의견을 갖게 된다. 그런 자신의 의견이 과학적 증거와 과학적 추론에 입각할 때 그는 단순한 의견을 넘어서 지식에 근접하게 된다. 계속적인 과학적 조사에 의해서 보다 많은 증거가 정반대측에서 발견되거나 보다 나은 이유들이 반대 측에서 발견되면 자신의 의견은 더 이상 지식이라고 주장될 수 없게 된다. 따라서 어떠한 과학적 결론도 최종적이거나 궁극적인 진리로, 다시 말해서 우리는 그 문제에 대한 계속적 연구와 사유에 의해서 교정되거나 거부될 개연성을 초월하는 최종적 진리로 간주하지 않는다. 우리가 과학적 결론으로 생각하는 의견과 정반대되는 견해의 존재 가능성은 언제나 남아 있다. 왜냐하면 어떤 과학적 결론도 그 자체가 필연적 진리는 아니기 때문이다.

그럼에도 불구하고 수세기에 걸쳐 수많은 과학적 결론들이 압도적인 증거나 도전받지 않은 추론들에 의해서 지지받았다. 새로운 발견들이 이러한 결론들의 잘못을 깨닫게 할 것이라는 사실이나 그 추론들이 동일한 주제에 대한 새로운 사유에 의해서 심각하게 도전받을지도 모른다는 사실만으로 그런 결론들이 당분간 잘 수립된 지식으로 간주되는 것을 막지는 않는다. 그렇다면 압도적인 증거와 또 당시에 가용한 최선의 추론에 의해서 뒷받침되는 과학적 결론들만이 우리가 지식이라고 부를 만한 유일한 의견일까? 그렇지는 않다.

철학적 결론들도 지식이라고 간주될 만한 의견들이다. 왜냐하면 그것들도 건전한 추론에 의해서 그리고 그것들에게 유리한 무거운 증거에 의해서 뒷받침되기 때문이다. 그렇다면 철학적 사고의 결론들은 과학적 연구의 결론과 어떻게 다른 것일까? 모르티머 애들러에 의하면 그 대답은 "사유"(thought)와 "연구"(research)라는 두 개의 단어 속에 있다.[2] 과학적 결론은 실험실에서건 아니건 과학자들에 의해서 수행된 조사에 근거한다. 그런 결론들에 도달하기 위해 과학자들이 수행하는 사유는 결코 그 자체만으로 충분하지 않다. 그것은 언제나 조심스럽게 계획되고 또 주의 깊게 수행한 연구나 조사의 관찰과 발견에 관해서 사유하는 것이다. 이와는 대조적으로 철학적 사유는 공통의 경험 즉 조심스럽게 계획된 조사를 주의 깊게 수행함이 없이, 다시 말해서 아무런 연구도 없이 우리의 일상적 삶에서 우리 모두가 갖는 그런 경험에 근거한다. 철학자들은 실험을 계획하거나 혹은 조사를 수행하지 않는다. 공통의 경험에 관한 철학적 사유는 대부분의 사람들이 갖는 상식적 견해로 시작한다. 그것은 대부분의 사람들보다는 더 많은 성찰과 분석을 통해서 그런

2 *Ibid.*, p. 165.

상식적 견해에 입각하여 향상시켜 나아 간다.

과학적이든 철학적이든 간에 어떤 일반적 이론도 단 하나의 부정적 관찰로 반증될 수 있다. 어떤 일반적 명제가 반증되지 않고 오랜 동안 계속 통용된다면 비록 우리가 그것을 최종적 혹은 궁극적 진리 다시 말해 정정이나 거부됨이 없는 그런 진리로 간주할 수 없음에도 불구하고 그 일반적 이론을 잘 수립된 지식으로 간주할 수 있게 된다. 전체가 부분보다 크다는 자명한(self-evident) 지식들뿐만 아니라 수학적 사유로 발견된 의견들, 과학적 연구와 조사의 잘 정립된 일반화, 공통의 경험과 철학적 성찰에 의한 공동의 느낌에 대한 치밀한 사유에 입각한 철학적 의견들, 그리고 역사가들이 역사적 연구에 의해 뒷받침할 수 있는 특수한 사실들에 관한 의견들도 우리는 지식이라고 간주한다. 비록 그것들이 더 진행되는 사유나 새로운 관찰에 의해서 결코 반증되거나 정정될 수 없는 이유들과 증거에 의해서 확고하게 정립되지 않았다는 의미에서 의견들에 지나지 않는다고 주장될 수도 있겠지만 그러나 그 모든 것들이 어떤 주어진 시대에 그것들에 유리한 막강한 증거가 있고 또 그것들을 지지하는 추리가 심각하게 도전받지 않고 있다면 바로 그런 의미에서 그것들은 "지식"이라고 간주되어도 무방할 것이다.[3]

3 *Ibid.*, pp. 165-167.

따라서 인간에 대한 지식이란 매우 다양하고 한없이 복잡하다. 정치학자들이 탐구하는 인간의 정치적 삶에 대한 지식도 그럴 수밖에 없다. 아무리 "과학적"이라고 고집을 부려도 그럴듯한 한두 가지의 간단한 이론으로 "정치적 행동"을 온전히 설명하거나 정확히 예측할 수 없다. 따라서 모든 "정치학의 이론"들은 그 한계가 분명하다. 그렇다고 해서 모든 정치학의 이론들이 쓸모 없는 것들로 치부되어서는 안 될 것이다. 그럴 경우 우리는 무지의 세계, 다시 말해 암흑의 세계로 돌아갈 것이기 때문이다. 요컨대 기존의 "지식"들도 아주 유용한 것들이 많다. 그래서 온고지신(溫故知新)이라는 말도 있지 않은가?

오랜 동안 전통적으로 동양적 혹은 유교적 문화권 속에 살아온 한국인들에겐 행동의 옳고 그름을 따지는 실천적(practical), 즉 도덕적 지식이 유난히도 많이 발달되었다. 오랜 과거제도의 영향 속에서 아주 일상화된 것이다. 또 과거 한국의 문명 속엔 생산적(productive) 지식도 아주 빈곤했음을 알 수 있다. 사농공상(士農工商)이라는 수직적이고 계급적 차별의 문화 속에서 생산적 지식이 잘 발달할 수 없었기 때문일 것이다. 그러나 무엇보다도 한국의 유교적 지식체계 속에서 가장 발달하지 못했던 것은 세상에 관한 이론적 지식이었다고 해도 과언이 아닐 것이다. 한국인들은 모든 것을 유교의 윤리적 관점에서 생각하다 보니 물리적 힘보다도 도덕적 힘을 더 강력한 것으로 간주했던 것이다. 정치도 서양에선 법을 중심으로 법치가 우선이었던 반면에 동북아시아의 유교적 중화문명권 속에서 한국인들은 자연스럽게 법보다는 윤리가 우선이었다. 그들에겐 서양식의 모두를 위한 계약에 입각한 법에 대한 개념이 없었다. 그들에게 법은 오직 황제나 군주의 자의적인 윤리적 판단에 따라 시행되는 가혹한 처벌만을 의미했기에 가능하면 피하는 것이 상책이었다. 다시 말해서 윤리가 서양의 법의 권위를 갖게 됨으로써 윤리의 위반은 처벌과 응징의 대상이었다. 이러한 사고방식은 국가 간에도 그대로 적용되었다. 그리하여 중국의 수직적 천하질서 속에 자리한 한국인들도 중국인들처럼 국가관계를 문명과 야만으로 구별하여 타(외)국인들을 무조건 야만인으로 인식하고 또 그렇게 불평등하게 대우했다. 중화제국 중심의 유교적 가치체계가 소위 "문명의 기준"(the standard of civilization)이었던 것이다. 국내사회의 수식적 세층적 불평등의 사고방식은 그대로 외부세계에 적용되어 국가 간 평등이라는 개념은 상상할 수도 없었다. 따라서 국가 간의 관계도 지배가 아니면 복종이라는 엄격한 수직적 질서의 개념이 지배했었다. 그리고 이런 수직적 질서의 개념은 엄연한 힘의 관계로 인식되기보다는 본질적으로 윤리적 관계로 인식되었다. 그렇게 그들은 수천 년을 살아 왔었다.

그러다가 그들이 신봉했던 문명의 기준, 즉 전통적

신념체계가 19세기 말 서양제국의 문명의 기준과 마주치는 소위 문명의 충돌에서 힘없이 무너져 내리고 말았다. 물리적 힘에 의해 뒷받침되지 못하는 그들의 사고방식, 즉 그들의 전통적 개념과 지식이 순식간에 허공에 흩어져 버렸던 것이다. 압도적 힘, 즉 군사력을 앞세운 서양제국들은 그들에게 새로운 "문명의 기준"을 수용하도록 강요하였을 뿐만 아니라 그들에게 당시 서양제국은 자신들의 지식과 개념들을 적용하기 시작했다. 그리고 그런 지식들 가운데 하나가 19세기 말 당시에 서양제국 정치지도자들의 사고방식을 사로잡았던 국제정치의 소위 "지정학이론"과 그것에 입각한 외교정책과 전략이었다.

당시 한국인들은 이 지정학이란 전혀 알 수 없는 아주 생소한 "이론적 지식"이었을 뿐만 아니라 한국은 이 이론에서 하나의 힘없는 "객체"에 지나지 않는다는 사실조차도 알지 못한 채 여전히 유교적 세계관에 사로잡혀 있었다. 국제정치학이라는 학문이 제1차 세계대전 후 국제평화를 수립하기 위한 노력의 일환으로 비로소 하나의 "독립적" 학문으로 인식되고 탄생했다는 사실을 고려한다면 국제정치학의 이 지정학 이론은 국제정치학이 탄생하기 전에 이미 하나의 국제정치이론으로서 인식되고 또 실천되었던 그래서 국제정치학 이론분야에서 아주 특이한 위치를 차지하고 있는 중요한 "이론적 지식"이라 하겠다.

그러나 불행하게도 최근까지 이 지정학 이론은 국제정치학의 일반적 발전과정에서 전적으로 제외되거나 거의 잊혀져 버렸다. 우선 1948년 〈국가 간의 정치: 권력과 평화를 위한 투쟁〉(*Politics Among Nations: The Struggle for Power and Peace*)을 출간한 뒤 현대 국제정치학의 "아버지"로 일컬어지는 한스 제이 모겐소(Hans J. Morgenthau)가 지정학을 "지리적 요인을 절대시하여 그것이 힘을 결정하고 따라서 국가의 운명을 결정한다는 가짜 과학"(pseudoscience)이라고 비판하고 간단히 일축해 버렸을 뿐만 아니라[4] "지정학"이 제2차 대전을 일으킨 반문명적 히틀러의 "나치스 독일판 지정학"과 잘못 동일시되면서 지정학이 마치 나치즘의 유산인 것처럼 학계에서 금기시되기도 했었기 때문이다. 미국의 국제정치학을 그대로 수용한 한국에서도[5] 이러한 현상은 결코 예외가 아니었다.

그러나 제2차 대전 후에도 영-미판의 지정학은 지정학의 용어 대신 이념적 용어로 포장되어 미국의 대외정책의 핵심을 이루고 있었다. 대소 봉쇄정책(Containment

4 Hans J. Morgenthau, *Politics Among Nations: The Struggle for Power and Peace,* 5th. rev. ed. (New York: Alfred A. Knopf, 1978), pp. 164-166.

5 강성학, 《무지개와 부엉이: 국제정치의 이론과 실천에 관한 논문선집》 (서울; 박영사, 2010), 제1장, "한국 국제정치학의 세계화: 가야 할 먼 길"을 참조.

Policy)이 바로 그것이었다. 그것을 지정학적 용어로 표현한다면 유라시아 대륙에 대한 내부 초승달 지역(Inner Crescent) 혹은 림랜드(Rimland)의 장악을 위한 미소 간의 투쟁이었다. 냉전의 종식으로 이념적 투쟁이 퇴색했고 아시아-태평양 지역에서 중국의 부상으로 미-중 간 힘의 경쟁이 새롭게 제기되자 이제 모두가 이 현상을 문명의 충돌이나 지정학적 경쟁으로 인식하기 시작했다. 그리고 중국의 세력확장이 거대한 동중국해 및 남중국해를 중심으로 꾸준히 발생하면서 이제는 지정학적 도전과 응전의 관점에서 일반적으로 표현되고 있다. 그러다가 중국이 새로운 국제질서를 요구하면서 동아시아는 그 지정학적 투쟁의 장이 되어 버렸다. 그리하여 동아시아의 지정학적 충돌이라는 한반도의 항구적인 국제적 조건이 또다시 선명하게 노정되었다. 한국은 지정학적 용어로 대륙국에는 완충지대(buffer-zone)로 해양국에게는 교두보(bridge-head)로 인식되었으며 대륙세력과 해양세력이 한국에서 경합을 벌이면 충돌지대(shatter-belt)로 변했다. 한국의 이런 지정학적 불행한 조건에서 19세기 말에 한국인들은 "고래싸움에 새우등 터진다"는 속담을 자연스럽게 만들어 냈다. 그리고 이제 21세기에 들어서 한국인들은 또다시 그 속담을 되새기게 된 것이다. 한국도 더 이상 과거 구한말의 한국이 아니며 그동안의 국력성장으로 이제 한국은 최소한 중진국으로 "돌고래"는 되었다고 주장하는 소위 전문가들도 등장했지만 지정학의 이론적 관점에서 보면 중진국이란 별다른 의미가 없는 것이다.[6] 그것이 경제외교에서 어느 정도 효력을 발생하는 것임엔 틀림없지만 지정학적 투쟁에선 오직 투쟁의 주체인 대륙과 해양의 강대국들과 기타 약소국들이 존재할 뿐이다.

따라서 본서는 한국의 지정학적 조건을 보다 잘 이해하기 위해서 제1부 지정학 분야의 제1장에서 영-미식의 지정학 이론을 원용하여 중국의 신(新)국제질서의 요구에 따른 충격과 그에 대응하는 미국과 민주주의 동맹국들인 일본과 한국의 정책적 입장이 분석될 것이다. 제2장은 독일식 지정학 이론을 원용하여 21세기 신(新)지정학적 지형의 원인인 중국 부상의 연원과 지향을 분석했다. 제3장에선 한국인들의 전쟁과 평화에 대한 인식의 전통과 추세가 분석되었다. 그리고 제4장에선 유엔을 통한 글로벌 관리의 기대가 지정학의 대안이 되기 어려운 현실, 즉 21세기에도 지정학적 투쟁의 지속으로 인해 여전히 유엔의 정치적 한계가 지적될 것이다.

6 이것이 과거 필자의 저서 《새우와 고래싸움: 한민족과 국제정치》(서울: 박영사, 2004)에 대한 비판적 코멘트에 대한 저자의 간단한 대꾸였다.

제2부: 왜 에이브러햄 링컨의 리더십인가?

우리는 역사로부터 도피할 수 없다.
—에이브러햄 링컨

자기 국민들의 자유를 위해 너무 강력하지 않은 어떤 정부도 큰 비상 사태에서 자신의 존립을 유지할 만큼 충분히 강력할 수 있을 것인가의 여부가 오랜 동안 중대한 의문이었다.
—에이브러햄 링컨

역사엔 정치적 영웅들이 많다. 그러나 대부분이 무지막지한 정복자들이었다. 오늘과 같은 자유민주주의 시대에 그런 영웅들이 정치지도자가 되길 꿈꾸는 젊은 야심가들의 모델이 될 수 없으며 또한 되어서도 안 될 것이다. 그런데 오늘의 인문 사회교육에서 인간중심의 교육이 점차 사라져 버렸다. 그리하여 올바른 삶의 모델에 대해서 배울 기회가 함께 사라진 것이다. 그러다 보니 자유민주국가의 젊은 정치적 야심가들 가운데에는 갑자기 무슨 아틸라(Atilla)나, 징기스칸(Genghis Khan)이니, 아니면 나폴레옹(Napoléon Bonaparte), 심지어 마오쩌둥(毛澤東) 같은 역사적 인물들을 들먹이는 사람들이 종종 있다. 참으로 안타까운 일이다. 어쩌면 잘못된 아주 피상적 학교교육이나 흥미 위주의 역사 소설이나 텔레비전 드라마의 영향 때문이 아닐까 하고 생각하곤 했다. 그런 현상은 한마디로 그들에겐 진지한 역사 공부가 없었다는 증거이다. 정치적 야심에 찬 젊은이가 자유민주주의를 지향하고 그 속에서 성공하는 정치지도자가 되길 원한다면 그가 찾아야 할 정치지도자의 모델도 과거 자유민주주의 국가에서 위대한 지도자로 인정받는 바로 그런 인물들 속에 있어야 할 것이다. 이런 저자의 생각에 동의한다면 미국의 제16대 링컨 대통령이 바로 그런 인물들 중에 하나가 될 것이다.

에이브러햄 링컨(Abraham Lincoln)은 미국의 역사상 처음이며 마지막으로 내전을 치른, 즉 둘로 쪼개진 미국을 통일한 대통령이었다. 그는 분단된 미 합중국을 하나로 회복시킨 미국의 위대한 구원자(Great Savior)이며 동시에 미국 노예들의 위대한 해방자(Great Emancipator)였다. 바꾸어 말한다면 링컨은 조국의 보존을 위해 어쩔 수 없이 무력을 사용한 마키아벨리(Machiavelli)의 무장한 예인자(an Armed Prophet)였으며 인류를 인종 간 민주주의(racial democracy)의 새로운 세계로 인도한 니체(Friedrich Nietzsche)의 초인(Superman)이었다. 우리 한국인들이 분단된 조국의 통일을 이루어 하나의 민족국가를 회복하고 북한의 김정은 정권하에 사실상 노예상태에 있는 북한 동포를 해방시켜 한반도에 자유민주주의를 꽃 피워야 하는 역사적 과업을 달성하기 위해서는 우리에게 무엇보다도 가장 필요한 것은 에이브러햄 링컨과 같이 올바른 정치적 비전을 갖고 용기 있고 장엄한 정치적 리더십을 발휘할 수 있는 정치지도자를 선택하는 것이 아닐까 한다. 링컨은 미국 역사상 가장 비극적인 내전을 통해 자신의 과업을 성취했다. 그러나 그 전쟁은 그가 먼저 선택한 방법이 아니었다. 그것은 남부의 반란자들이 그에게 선제공격을 감행하면서 강요한 방법이었다. 그는 그런 도전에 용기 있게 과감히 맞서 승리함으로써 분리된 미국을 통일시키고 오늘날 위대한 자유민주주의 미국의 토대를 굳건히 한 미국 역사상 가장 위대한 대통령이며 동시에 거룩한 인간으로 추앙되고 있는 것이다.

그런데도 미국의 제16대 대통령인 에이브러햄 링컨은 우리에게 아주 낯선 지도자이다. 그것은 우리의 교육과정에서 링컨에 관해 전혀 가르치지 않은 결과이다. 그러나 그보다도 먼저 우리에겐 링컨보다는 1918년 말 민족자결의 원칙을 선언하여 일제강점하에 신음하는 우리 조상들에게 희망과 감동을 준 인물이 있었기 때문이기도 하다. 그는 미국의 제28대 우드로 윌슨(Woodrow Wilson) 대통령이다. 링컨보다 윌슨에 대한 한국인들의 더 많은 관심은 따라서 충분히 이해되고도 남는다. 그러나 윌슨 대통령도 역시 우리의 역사교육에서 거의 다루지 않고 그의 정치적 리더십이 한국인들에 의해 연구되지도 않고 있다.[7] 그러나 윌슨의 리더십은 세계대전이 끝난 뒤에 국제평화질서의 구축에 집중되었지 링컨처럼 그리고 우리에게 요청되는 분단된 국가의 통일을 이루는 정치적 리더십이 아니었다. 따라서 우리에겐 윌슨보다는 링컨의 리더십이 더 많은 교훈적 적실성을 갖는다고 해도 결코 과언이 아닐 것이다.

단순히 국가의 통일만을 생각하는 리더십을 생각한다면 19세기 이탈리아의 카보우르(Conte di Cavour) 수상이나 독일의 비스마르크(Otto von Bismarck) 재상 그리고 20세기 중국의 마오쩌둥 주석이나 베트남의 호치민(胡志明) 수상 등을 열거할 수 있다. 그러나 그들은 모두가 오늘날 우리가 염원하는 자유민주의 국가로의 통일을 달성한 인물들이 아니었다. 그럼에도 링컨과 가장 유사한 정치적 인물은 비스마르크이다. "철의 재상"이라 불린 비스마르크가 옛 독일인들 세계의 국가연합을 연방형식의 단일국가로 전환시키는 독일통일을 이루었던 것과 같은 방식으로 링컨 대통령은 "미국의 민족" 혹은 미국이라는 단일국가의 탄생을 위해 싸워서 승리했다. 이런 점에서는 링컨이 카보우르와의 비교도 역시 정당하다. 그러나 오직 링컨만이 통일된 자유민주주의 국가를 달성했다. 따라서 비스마르크가 내전 종식 후 독일을 방문한 미국의 그랜트(Ulysses Grant) 장군에게 예리하게 말했던 것처럼[8] 미국의

7 예외적으로 국제평화의 주제를 중심으로 저자는 비교적 상세히 그의 평화계획과 그 실패의 과정을 다룬 바 있다. 《인간 神과 평화의 바벨탑》(서울: 고려대학교 출판부, 2006), pp. 249-372. 참조

통일도 "피와 철"을 통해 이루어졌다. 그러나 동시에 링컨은 이탈리아 주세페 마치니(Giuseppe Mazzini)처럼 미국의 "위대한 공화국"이 전 세계에 민주주의의 모델을 제시할 것이라고 믿었다. 그리고 실제로 미국은 그렇게 되었다. 링컨은 민족주의적 비스마르크의 민족통일과 미국적 민주주의를 동시에 결합한 그런 국가통일을 이룩한 역사상 유일한 지도자였다. 이런 역사적 사실에 비추어 볼 때 링컨이야말로 우리 한국인들의 통일 염원을 가장 잘 표방해 주는 정치적 리더십의 소유자였다고 할 것이다.

바로 이러한 관점에서 본서의 제2부에선 링컨의 정치적 리더십에 관한 관심과 교훈이 한국의 미래 지도자들에게 도움이 되길 기대하는 마음으로 제5장에서 링컨의 정치적 리더십의 본질을 비교적 상세히 논의할 것이다. 도대체 링컨의 위대성은 무엇으로 이루어진 것일까? 다시 말해 그 위대성을 구성하는 요소들은 무엇들일까? 그리고 그의 위대성은 자신과 동포 그리고 미국과 세계에 대한 그의 접근에서 어떻게 구체적 행동과 정책으로 나타났는가? 그리고 무엇보다도 그가 직면했던 근본적인 2개의 과제, 즉 연방정부의 보존과 노예제도의 폐지를 다루는 데 있어서 그것들은 어떻게 저절로 드러났는가? 위대성은 우리 모두에게 공통적인 어떤 인간적 잠재력의 완

8 Raimondo Luraghi, *Five Lectures on the American Civil War (1861-1865)* (Lanham: The Rowman & Littlefield, 2013), p. 61.

성이기에 위대성의 본보기는 우리가 위대성에 얼마나 많이 미치지 못하든 간에 우리의 잠재력의 한계에까지 우리를 밀어붙이는 경향이 있다. 그리하여 위대한 인간들은 그들이 위대할 때 인간들이 할 수 있는 것에 대해 무섭고도 황홀한 장관을 제시할 뿐만 아니라 그들은 만일 우리가 위대성을 목표로 삼는다면 무엇이 될 수 있는가에 대해 암시도 해준다. 이러한 위대성의 기준으로 볼 때 링컨은 참으로 위대한 인간으로 보이며 자신 속에 인간적 잠재력들의 완성을 결합한 아주 독특한 위대성의 소유자이다. 그런 결합은 역사상 다른 그 누구에게서도 발견하기가 쉽지 않기 때문이다. 다시 말해 링컨은 위대한 정치 지도자였으며 독특하게 위대한 지도자였다. 역사에는 다른 위대한 정치가들이 있지만 그러나 누구도 링컨처럼 완성된 잠재력들의 결합을 성취하지는 못했다.[9]

따라서 링컨의 위대성이 어디에 있는지를 이해하려고 시도하는 것 자체만으로도 그것은 하나의 중요한 지적 과제이다. 그러나 이런 이해는 중요한 실천적 효과를 갖는다. 그것은 그 자체로서 역사적 기능을 수행한다. 그것은 역사적 지식이 태고 이래 수행한 기능이다. 즉 그것은

9 Hans J. Morgenthau, "The Mind of Abraham Lincoln: A Study in Detachment and Practicality," in Kenneth W. Thompson, ed., *Essays on Lincoln's Faith and Politics* (Lanham: University Press of America, 1983), p. 4.

인간들에게 인간이란 무엇이고 인간으로서 어떻게 행동할 것인가를 가르친다. 따라서 링컨은 우리들에게 자신의 위대성의 힘으로 우리들을 가르칠 것이다. 그가 설사 위대하지 않았더라도 그의 역사적 현저함은 우리들을 가르칠 수 있을 것이다. 그러나 그는 자타가 공인하는 위대성으로 그의 가르침은 배가될 것이다. 링컨은 위대한 인간이었기에 우리 자신들의 위대성은 아닐지라도 우리의 성장을 위한 잠재력을 우리 스스로 의식하게 할 것이다. 링컨은 미국의 국부들이 상정한 국가의 바로 그 생존이 걸린 드라마의 영웅이었기에 그가 무엇이었고 무엇을 했었는가는 비슷한 문제들을 직면하고 있는 국가와 국민들에게, 아니 바로 우리의 정치 지도자들에게 도움이 될 수 있는, 생생한 교훈을 전달할 것이다.

다음에 제6장에선 미국의 최대 비극인 참혹한 전쟁에서 그가 보여준 군사적 리더십의 비결을 분석할 것이다. 그리고 제7장에선 링컨의 비극적 최후를 안타까운 마음으로 서술하고 제8장 에필로그에선 그의 자율적 학습자의 모습과 리더십의 유산을 간단히 찾아볼 것이다.

제1부
지정학

제1장

중국의 지정학적 도전과 한-미-일 민주국가들의 응전: 재균형이 잘 이루어질 수 있을까?

일반적으로 해양 패권국가는 그들의 행동이 위협적인
반면에 대륙의 강대국은 존재 자체가 위협이다.
—잭 레비(Jack Levy)

I. 프롤로그

소련제국의 역사적이고 장대한 붕괴로 냉전이 종식된 이후 중국이 새로운 국제질서를 추구하기 시작한 21세기는 권력과 평화를 위한 새로운 국제투쟁을 목격하고 있다. 아리스토텔레스가 정치혁명의 원인에 대하여 말하였다시피, 불평등한 자는 평등을 추구하고 평등한 자는 불평등을 추구한다.[10] 국가의 본성과 함께 인간의 본성을 고려할 때, 중국이 아시아와 전 세계를 통틀어 유일한 초강대국인 미국과의 평등함을 추구하는 것은 꽤 당연스러

10 *The Complete Works of Aristotle,* edited by Jonathan Barnes, The Revised Oxford Translation, Vol. Two (Princeton: Princeton University Press, 1995), Book V. 이것은 또한 평등을 이룬 후에는 우위를 점하기 위한 불평등을 추구하게 된다는 것을 의미한다.

워 보인다. 그 결과 전 세계, 특히 아시아 내 국가들의 정치지도자들과 학자들 사이에서 "중국의 부상"은 가장 지배적인 논쟁주제가 되었다. "중국의 부상"이란 말은 이제 어떤 의미에서는 진부한 주제가 되어 버렸다. 그러나 진부해졌다고 해서 그것이 더 이상 중요하지 않다는 것을 의미하지는 않으며, 오히려 시간이 지날수록 중국의 부상은 더욱 중요해지고 있다. 그렇다면 현재진행형인 중국의 부상이 미국과 다른 동아시아 국가들에게 있어 가지는 함의는 무엇일까?

중국의 부상이 가지는 위험성을 처음 경고한 것은 아마도 나폴레옹이었을 것이다. 그는 "중국은 잠자는 호랑이와 같다. 이 호랑이를 깨운다면 전 세계가 큰 위기에 처할 것이다"라고 말한 바 있다. 이러한 경고는 독일제국의 황제가 1894−95년 청일전쟁에서 승리한 일본의 주도 아래 아시아인들이 부상할 것을 경고하기 위해 "황화"(黃禍, yellow peril)라는 말을 만들어 내고 유럽 전역으로 퍼뜨리기 훨씬 전에 나온 것이었다.[11] 이후 개념적으로뿐만 아니라 군사적으로도 "백화"(白禍, white peril)를 만들어

11 "황화" 개념에 대한 더 완전하고 역사적인 이해를 위해서는 다음을 참고. John Kuo Wei Tchen and Dylan Yeats, eds., *Yellow Peril: An Archive of Anti-Asian Fear* (London and New York: Verso, 2014); Christopher Frayling, *The Yellow Peril: Dr. Fu Manchu and the Rise of Chinaphobia* (London: Thames and Hudson, 2014).

내 이에 대응한 것은 중국인들이 아닌 바로 일본인들이었다.

중화인민공화국이 1949년 건국될 당시 마오쩌둥은 "중화민족은 일어섰고 굴욕의 시대는 마침내 끝났다"라고 선언했으나,[12] 이것은 사실이 아니었다. 중국은 미국식 "자본주의 제국주의"에 맞서기 위해 처음에는 소련에 의지했고 1969년 동북쪽 국경에서 소련과의 군사적 충돌 이후에는 "사회주의 제국주의"에 맞서기 위해 미국에 의지하기 시작했다. 그리고 체코에서 브레즈네프 독트린(Brezhnev Doctrine)이 적용된 것을 보고 두려움을 가지게 된 문화혁명 시대의 중국은 이듬해 숙명의 적이었던 미국 쪽으로 완전히 돌아섰다. 하버드의 저명한 중국 전문가 로더릭 맥파커(Roderick MacFarquhar)에 따르면, "중국인들은 1978년 권력을 회복한 덩샤오핑과 함께 '바깥세상으로 나오게 되었다'."[13] 덩샤오핑(鄧小平)과 그의 후계자들은 5천년 중국 역사에서 최초로 기적적인 경제성장을 이루어 냈고 탈냉전시대에 들어서서는 러시아를 제치고 세계 2위의 강대국으로 올라섰다.

세계가 중국의 급속성장과 공세적 태도로 인해 중국

12 Roderick MacFarquhar, *The Emergence of China in World Affairs*, The Inchon Memorial Lecture (Seoul: Graduate School of Policy Studies, Korea University, 1988), p. 42.

13 *Ibid.*, p. 53.

의 잠재적인 위협에 우려를 나타낼 때, 후진타오(胡錦濤) 주석은 중국의 국가정책 목표로서 "평화적 발전"(Peaceful Development)과 "범세계적 조화"(Global Harmony)를 내세우며 대응했다. 이러한 순진한 슬로건은 세계를 속이기 위해 중국정부가 의도적으로 채택한 것이거나 그들 스스로가 자기기만의 결과일는지도 모른다. 시진핑 주석의 등장 이후 고대의 중국 왕조, 즉 중화제국으로 돌아갈 수 있다는 정책 및 전략적 가정에 기초한 신국제질서를 추구하면서 중국은 미국과 소위 "신형대국관계"의 수립을 요구하기 시작했다.[14] 냉전시대 중 한때 제3세계의 리더국가로서 강대국들에 대해 비판을 하던 중국이 오늘날 미국과

14 Sung-Hack Kang, "New Geopolitical Configuration of Power in the Asia-pacific World for the Twenty-First Century: Will It Resemble Time's Cycle or Time's Arrow toward a Regional Brave New World?" in *Korea's Foreign Policy Dilemmas: Defining State Security and the Goal of National Unification* (Kent: Global Oriental, 2011), 제15장. 중국의 패권 야망에 관한 연구로는 다음을 참고. Steven W, Mosher, *Hegemon: China's Plan to Dominate Asia and the World* (San Francisco: Encounter Books, 2000); Ross Terrill, *The New Chinese Empire* (New York: Basic Books, 2003); Robert G. Sutter, *China's Rise in Asia* (Lanham: Rowman and Littlefield, 2005); Avery Goldstein, *Rising to the Challenge: China's Grand Strategy and International Security* (Stanford, California: Stanford University Press, 2005); Yong Deng, *China's Struggle for Status* (New York: Cambridge University Press, 2008).

그만의 새로운 “강대국관계”를 요구한다면 이것은 미국과 전 세계에 어떠한 의미를 가지는 것인가? 미국의 재균형이란 무엇을 의미하는가? 중국의 현 국제질서에 대한 현상타파적 도전을 맞이한 미국, 일본, 한국으로 이루어진 민주주의동맹은 어떠한 정책으로 대응할 것인가? 중국의 도전은 미국이 바라는 대로 과연 “재균형”될 수 있을 것인가?

II. 중국이 추구하는 새로운 세계질서

1995년 가을, 장쩌민(江澤民) 주석은 중국을 “대륙국가인 동시에 해양국가”로 묘사하고 해양 발전과 이용이 중국의 장기적 발전에 점점 더 큰 중요성을 가진다고 말하였다. 더 나아가 그는 중국이 전략적 관점에서 바다를 보아야 한다고 강조하는 동시에 해군 건설의 새로운 기준을 설정하여 미래전쟁을 대비한 해군력 현대화를 가속화 했다.[15] 중국은 1964년 이래 동아시아 국가 중 유일한 핵무기 보유국이고 냉전기간 내내 전통적으로 육군 중심의 대륙국가였다. 그러한 중국이 21세기 들어서 열정적인

15 Bernard D. Cole, *The Great Wall at Sea: China's Navy in the Twenty-First Century,* 2nd edition (Annapolis, Maryland: Naval Institute Press, 2010), p. 179.

마한주의(Mahanian)[16] 국가가 되고 심지어 항공모함까지 진수하기에 이르렀다.[17] 중국지도자들은 중국해뿐만 아니라 태평양과 인도양까지 해양력을 확장해 중국을 새로운 국제질서를 요구하는 2대양 국가(two–ocean power)로 만들려는 굳은 의지와 공세적 태도를 보인 것이다.[18]

16 James R. Holmes and Toshi Yoshihara, *Chinese Naval Strategy in the 21st Century: The Turn to Mahan* (London and New York: Routledge, 2008). 마한에 관해서는, Alfred Thayer Mahan, *The Influence of Sea Power upon History, 1660-1783* (New York: Hill and Wang, 1957)(originally 1890)을 참고. 이 책을 통해 마한은 미국뿐만 아니라 제1차 세계대전 이전의 독일과 제2차 세계대전 이전의 일본으로 하여금 해군력 강화의 길을 걷도록 부추겼다고 말할 수 있다. Alfred Thayer Mahan, *The Interest of America in Sea Power, Present and Future* (Boston: Little, Brown, 1897); *The Problems of Asia* (New York: Harper's New Monthly Magazine, 1900). 마한에 대해서는 다음을 참고. *Mahan on Naval Warfare: Selections from the Writings of Rear Admiral Alfred T. Mahan*, ed., by Allan Westcott, Mineola (New York: Dover Publications, 1999)(originally 1941). 중국에서는 류화칭(劉華淸)제독이 "중국의 마한"으로 여겨진다. 그의 생각과 중국 해군에 대한 영향에 대해서는 다음을 참고. Cole, *op.cit.*, pp. 174-178.

17 Cole, *op. cit.,* pp. 91-93.

18 Tim Marshall, *Prisoners of Geography* (New York and London: Scribner, 2015), p. 60. 다음을 참고. Robert D. Kaplan, *The Revenge of Geography* (New York: Random House, 2012), 제9장; Robert D Kaplan, *Monsoon: The Indian Ocean and the Future of American Power* (New York: Random House, 2010), 제15장; Robert D. Kaplan, *Asia's Cauldron: The South China Sea and the End of a Stable Pacif-*

그렇다면 중국이 건설하고자 하는 새로운 세계질서는 무엇인가? 중국은 다른 모든 국가들과 마찬가지로 국익이라는 이름으로 국가안보, 명예 그리고 경제적 이익을 추구한다. 이러한 국익을 더 안전하고 쉽게 확보하기 위해 중국은 현재 미국의 패권적 단극적 국제체제를 다극적 국제체제로 바꾸기를 원하고 이것이 중국이 생각하는 신형대국관계라고 할 수 있다. 중국은 미국으로부터 동등한 국제지위를 인정받기를 주장하고 세계적으로 국가들 간의 관계를 다루는 데 있어 동등한 강대국으로 동등한 목소리를 내기를 원한다. 동시에 중국은 동아시아 내에서 전통적으로 누려 왔던 패권적 지위를 회복하기를 원하고 있고, 이것은 중국이 순망치한(脣亡齒寒)의 논리에서 입술로 생각하는 동북아시아에서는 더욱 두드러진 현상이다.[19] 이러한 신형대국관계는 구체적으로 무엇을 의미하는가? 중국은 빠른 경제 및 군사력 성장을 통해 미국과의 평등을 추구하는 과정에서 무엇보다도 "투기디데스의

---

ic (New York: Random House, 2014). Toshi Yoshihara and James R. Holmes, *Red Star over the Pacific: China's Rise and the Challenge to U.S. Maritime Strategy* (Annapolis: Naval Institute Press, 2010).

19 Ramon Pacheco Pardo, "Lips and Teeth? China and Northeast Asia." in Donovan C. Chau and Thomas M. Kane, eds., *China and International Security: History, Strategy, and 21st-century Policy* (Santa Barbara: Praeger, 2014), Vol.3, pp. 99-120.

함정”(Thucydides Trap)[20] 또는 “강대국정치의 비극”을[21] 피하고 싶어 한다.

최근 자주 인용되고 있는 역사적 비유를 사용하자면, 중국은 1차 세계대전 이전 비스마르크 시대 후의 독일이나 2차 세계대전 이전 일본제국이 받았던 대우가 아닌, 영국이 비스마르크 독일을 대했던 것과 같은 대우를 받고 싶어 한다. 중국은 미국이 동아시아에서 “중국식 먼로독트린”을 인정해 주기를 기대하고 있다. 이것은 결국 역내 중국의 패권을 의미하며 중국 지도자들은 미국이 이를 인정할 경우 미-중 양국이 투키디데스의 함정이나 강대국정치의 비극을 피할 수 있을 것이라고 믿고 있다. 더욱이 그들은 이러한 양국 간 협력체제가 동아시아뿐만 아니라 전 세계적으로 형성될 수 있다고 생각하고 있을 수도 있다.

이러한 전략적 가정은 2차 세계대전 이전 유럽과 아시아에서 독일과 일본의 지정학 이론들을 닮았다는 점에서 상당히 시대착오적이다. 독일 제3제국의 나치주의자

---

20 Graham Allison, “The Thucydides Trap,” in Richard N. Rosecrance and Steven E. Miller eds., *The Next Great War?: The Roots of World War I and the Risk of U.S.-China Conflict* (Cambridge: The MIT Press, 2015), pp. 73-79.

21 John J. Mearsheimer, *The Tragedy of Great Power Politics* (New York: W.W. Norton, 2001).

들이 건설하고자 했던 "레벤스라움"(Lebensraum)과 일본 군국주의자들이 건설하고자 했던 "대동아공영권"(大東亞共榮圈)은 둘다 하우스호퍼(Karl Haushofer)의 세계지정학에 대한 이론에서 파생되었다.[22] 이것은 앵글로-미국식 세계주의 또는 오늘날 표현으로 보편주의에 대한 지역주의적 의미에서의 정치·경제적 그리고 전략적 도전이었다. 칼 슈미트(Carl Schmitt)는 먼로독트린을 독일식 지역주의의 모델로 받아들여 더 넓은 영토를 의미하는 그로스라움(Grossraum)을 역설했고 수 개의 대지역으로 이루어진 "다원적 세계"(pluriverse)[23]를 주장했다.[24] 이러한 반보편주의

---

22 하우스호퍼의 지정학 이론에 대해서는 다음을 참고. *An English Translation and Analysis of Major General Karl Ernst Haushofer's Geopolitics of the Pacific Ocean: Studies on the Relationship between Geography and History,* edited and updated by Lewis A. Tambs, translated by Ernst J. Brehm (Wales: The Edwin Mellen Press, 2002); Andreas Dorpalen, *The World of General Haushofer: Geopolitics in Action* (New York: Farrar & Rinehart, 1942). 레벤스라움의 개념은1860년 다윈의 <종의 기원>에 대한 생물학자인 페셀(Oscar Peschel)의 서평에서 처음 쓰여졌다. 라첼(Friedrich Ratzel)도 다음 저서에서 이 개념을 사용했다. *Die Erde und das Leben* (The Earth and Life, 1902). 라첼은 특히 쉘렌(Rudolf Kjellen)과 하우스호퍼에게 영향을 많이 끼쳤고 히틀러도 그의 책을 추천 받았다. 다음을 참고. Jeremy Black, *Geopolitics and the Quest for Dominance,* Bloomington (Indiana: Indiana University Press, 2016), pp. 120-121, 155-156.

23 이것은 "다원적 국제사회" 또는 "다극적 국제체제," 오늘날의 학술용어를 따른다면 "지역 패권제국들의 다극적 세계"를 의미하는 것

적 지정학이론은 21세기 오늘날 미국의 세계패권주의에 반대하는 도구로서 사용될 수 있다. 중국은 미국식 후쿠야마의 역사 이후(post-historical), 자유주의적이고 민주적인 동시에 자본주의적인 평지(flatland)로의 세계 동질화에 대한 대응으로 세계주의와 세계질서에 대한 블록으로서 다극주의에 기반한 "신형대국관계"를 고안해 냈다.[25]

중국 외교정책과 국가 대전략이 이러한 시대착오적인 지정학 이론과 함께 때때로 정치지도자들의 판단 오류에서와 같이 잘못된 역사적 유사 사고와 그에 따른 전략적 가정에 근거해 있다면,[26] 그것은 역사의 부정확한 이

으로 보인다.

24 Carl Schmitt, "Grossraum versus Universalism: The International Legal Struggle over Monroe Doctrine" in Stephen Legg, ed., *Spatiality, Sovereignty and Carl Schmitt: Geographies of the Nomos* (London: Routledge, 2011), pp. 46-54(originally, 1939); Carl Schmitt, "The *Grossraum* Order of International Law with a Ban on the Intervention for Spatially Foreign Powers: A Contribution to the Concept of *Reich* in International Law(1939-1941)" in Timothy Nunan, ed., *Schmitt: Writings on War* (Cambridge: Polity Press, 2011), pp. 75-124. 혹은 Carl Schmitt, *The Nomos of the Earth in the International Law of the Jus Publicum Europaeum* (New York: Telos Press, 2003)(origially 1950) 참고.

25 Francis Fukuyama, *The End of History and the Last Man* (New York: The Free Press, 1992).

26 Richard E. Neustadt and Ernest R. May, *Thinking in Time: The Uses of History for Decision Makers* (New York: The Free Press,

해인 동시에 "역사적 교훈"의 잘못된 적용일 것이다.[27] 왜냐하면 중국은 과거의 강대국들의 경우와 매우 다르기 때문이다. 중국은 1차 세계대전 이전 비스마르크 치하의 독일도 2차 세계대전 이전의 미국도 될 수 없다. 비스마르크는 당시 패권적 해양국가였던 영국을 자극하지 않기 위해서 해군력 건설을 시도하지 않았다. 미국 역시 해군을 포함한 군사력 강화를 시도하지 않았었다. 반면, 중국은 비스마르크 후의 독일이 영국과 해군력 강화 경쟁을 했던 것과 마찬가지로 강한 해군력 건설을 계속해서 해 오고 있다. 더욱이 일본이 20세기 초 러일전쟁 승리 후 "일본식 먼로독트린"을 주장했던 것과 같이 중국은 오늘날 동아시아에서의 "중국식 먼로독트린"에 대한 주장을 하고 있다.[28] 그러나 역사가 말해 주듯이 미국은 일본의 이

1986).

27 Michael Howard, *The Lessons of History* (Oxford: Clarendon Press, 1991).

28 일본에서의 마한의 영향은 지대했다. 그의 저서는 일본제국해군협회에 의해 번역되고 배분되었고 참모학교의 교재로 채택되었다. 메이지 천황과 왕자에게도 책이 전해졌고 일본해군 참모대학은 실패하기는 했지만 마한을 교수로 초청하려는 시도까지 했다. 도고(東鄕平八郎) 제독은 다음과 같이 말한 바 있다. "각 국가의 해군 전략가들은 마한의 연구가 군 관련 연구에 있어 전 세계적인 권위를 가진 최상의 지위를 계속 점할 것이라고 생각한다. 나는 마한의 폭넓은 지식과 예리한 판단에 대해 매우 깊은 경의를 표한다." Ian W. Toll, *Pacific Crucible: War at Sea in the Pacific, 1941-1942* (New York: W.W. Norton,

러한 주장을 받아들이지 않았고 진주만기습 이전부터 태평양에서의 일본 해양력의 과잉팽창을 용납할 수 없었다.[29] 그런데 21세기에 때늦은 마한주의(Mahanian) 국가가 된 중국은 비스마르크 후 독일과 군국주의 일본의 전철을 밟아 빠르게 해군력을 기르고 있다. 이것이 현상유지를 바라는 미국과 동아시아 내 동맹국들이 중국의 "신형대국관계" 주장을 평화적으로 인식하기보다는 역내 패권을 차지하려는 시도로 볼 수밖에 없는 이유이다.

III. 중국의 동아시아 패권 추구에 대한 미국의 대응: 억지적 패권국에서 역외균형자로

정치혁명의 원인에 대한 아리스토텔레스의 생각이 옳다면 미국이 중국과의 관계에 있어 동아시아 그리고 국제사회에서 불평등한 현재 관계를 유지하고 싶어 하는 것은 매우 자연스러운 것이다. 미국은 대륙국가인 중국과 달리 세계적 차원에서 해양강국이기 때문에 중국과는 완전히 다른 전략적 가정을 가지고 있다. 미국의 전략개념

2012) p. xix.에서 인용. 아울러 1941년 태평양기습을 계획한 야마모토(山本五十六) 제독 또한 마한을 계승했다고 할 수 있다.

29 1921-22년 워싱턴회의는 부상하는 일본의 해양력을 억제하기 위한 진정한 의미에서 최초의 시도였다.

은 19세기 말 마한(Mahan)의 해양전략 이론뿐만 아니라 2차 세계대전 후 "미국 봉쇄정책의 대부(godfather)"라고도 알려져 있는 스파이크만(Nicholas Spykman)의[30] 지정학 이론으로부터 도출되었다.[31] 그에 따르면 미국은 극동에서 강대국으로서의 위치를 지키기 위해 역내 힘의 균형 유지에 관심이 있어 왔다. "아시아의 지중해"는 아마도 미국에게 있어 가장 큰 전략적 자원의 원천이며 이 원천이 다른 한 국가에 의해 지배받는 것은 미국 군사력 기반을 흔들어 놓을 것이다.[32]

스파이크만은 나아가 태평양전쟁이 한창 진행되던 1942년 다음과 같은 주장을 했다.

---

30 Nicholas John Spykman, *America's Strategy in World Politics: The United States and the Balance of Power* (New York: Harcourt, Brace and Co., 1942); *The Geography of the Peace* (New York: Harcourt, Brace and Co., 1944). 스파이크만의 지정학적 이론은 "주변부"(rimland)를 강조하는 데 반해 맥킨더(Halford Mackinder)의 지정학적 이론은 "심장부(heartland)"를 강조한다는 점에서 차이를 가진다. 맥킨더의 지정학 이론에 대해서는 다음을 참고. Halford J. Mackinder, *Democratic Ideals and Reality* (New York: W.W. Norton, 1962(originally 1904 and 1919).

31 조지 케넌(George Kennan)은 "봉쇄주의의 아버지"로 널리 알려져 있다. 하지만 소련에 대한 봉쇄정책의 이론적 기반이 된 스파이크만(Spykman)의 책이 케넌의 1946년 소위"Long Telegram"보다 4년 일찍 출판되었다는 사실은 주목할 만하다.

32 Spykman, *op. cit.,* p. 468.

전후 가장 큰 어려움은 일본이 아닌 바로 중국일 것이다. 중국의 잠재적 국력은 일본보다 훨씬 거대하며 이것이 실제적인 군사력으로 표출되기 시작하면 전쟁에서 패배한 아시아 대륙 연안의 작은 섬나라 일본은 매우 불안한 위치에 놓이게 될 것이다. 〔…〕 4억 인구의 현대적이고 역동적이며 군사력을 갖춘 중국은 일본뿐만 아니라 아시아 지중해 내 서방국가들에게도 위협이 될 것이다. 중국은 이 바다의 상당 부분을 지배하는 대륙국가가 될 것이고 이것은 마치 지중해에서 미국이 차지하고 있는 지리적 위치와 유사한 것이다. 중국이 강해지면 중국의 역내 경제침투는 의심의 여지 없이 정치적 의미를 띠게 될 것이다. 〔…〕 한 세대에 두 번이나 우리는 대륙 쪽 해안을 차지하고 있는 거대한 군사 국가를 마주하고 있는 영국을 도와주었다. 극동에서의 힘의 균형이 오늘날 그리고 미래에 유지되기 위해서는 미국이 일본에 대해서 이와 비슷한 보호적 정책을 채택해야 할 것이다.[33]

스파이크만이 2차 세계대전 후 미국의 외교정책과 안보정책의 가이드라인을 제시해 주었을 뿐만 아니라 먼 21세기의 "중국 위협"을 마주한 미국의 정책 방향까지 정확히 예상했다는 것은 매우 놀라운 것이다. 미국외교정책의 이러한 지정학적 방향을 탈냉전 시기에 적용해 브

33 *Ibid.*, pp. 469-470.

레진스키(Zbigniew Brzezinski)는 다음과 같이 재정리하고 있다.

> 미국외교정책은 지정학적 차원에서 고려되어야 하고 안정적인 대륙 내 균형을 이루기 위해 유라시아에서 정치적 중개자로서의 영향력을 사용해야 한다. (…) 유라시아 내 어떠한 국가도 지배적인 위치까지 부상하여 미국에게 도전하지 못하게 하는 것이 가장 우선적인 과제이다.[34]

2011년 오바마(Barack Obama) 행정부가 "아시아로의 회귀"(Pivot toward Asia) 정책을 발표한 것은 1969년 닉슨독트린 발표와 뒤따른 1975년 베트남 종전 이후, 위의 원칙을 따른 미국의 첫 번째 주요 정책선언이었다. 하지만 이 정책과 전략적 태세의 내용은 그저 스파이크만의 정책과 전략적 가이드라인으로의 회귀일 뿐이었다. 2012년 미국 정부는 "회귀"(pivot)라는 용어 대신 "재균형"(rebalance)이라는 용어를 사용하기 시작함으로써 미국 정책 우선순위 재정립에 대한 기대치를 낮추는 시도를 했다.[35] 사실 미국은 아시아를 떠난 적이 없다.[36] 미국이 아

34 Zbigniew Brzezinski, *The Grand Chessboard: American Primacy and Its Geostrategic Imperatives* (New York: Basic Books, 1997), p. xiv.

35 Nina Silove, "The Pivot before the Pivot: U.S. Strategy to preserve the Power balance in Asia," *International Security*, Vol.40, No.4 (Spring 2016), p. 45.

시아 정책에 있어 어떠한 수사를 사용하는가는 역내 평화와 안보를 위해 힘의 균형을 유지하려는 미국의 전략적 희망을 바꾸지 않는다.[37]

이라크, 아프가니스탄 전쟁 후 미국정부가 겪고 있는 경제, 금융한계와 국내 정치적 제약 등을 고려할 때, 가장 큰 당면 문제는 필요한 군사적 준비태세로 이러한 정책과 전략을 뒷받침하는 데 있어서 "왜"가 아니라 "어떻게"일 것이다. 미국정부는 2012년 여름까지 해군전력 60%가 아시아태평양사령부 지휘 아래 놓여질 것이라고 선언했다. 베트남과의 안보협력 강화가 뒤따랐고 2016년 오바마 대통령은 하노이를 방문해 쩐 다이 꽝(Trần Đại Quang) 베트남 대통령과 정상회담을 가지고 양국 간 최초로 포괄적 동반자 관계 형성에 합의했다. 미국은 필리핀과의 군사협력 또한 재개하고 10년간 유효한 방위조약을 체결해 필리핀 내 미국 군사력을 강화하는 길을 닦아 놓았다.

또한 미국은 대만에 더 많은 재래식 무기 이전과 싱

---

36 Kurt M. Campbell, *The Pivot: The Future of American Statecraft in Asia* (New York: Twelve, 2016), pp. 17-20.

37 이러한 의미에서 미국의 재균형이 전략적이지 않다는 그레그 케네디의 주장은 오류가 있다. Greg Kennedy, "Assessing the American "Re-Balancing" Strategy: Is It Strategic?" in Greg Kennedy and Harsh V. Pant. eds., *Assessing Maritime Power in the Asia-Pacific: The Impact of American Strategic Re-Balance* (Surry: Ashgate, 2015), pp. 9-24.

가포르에 연안전투함대를 영구적으로 주둔시키는 것을 각각 약속했다.[38] 2014년 4월 오바마 대통령은 아시아태평양의 주요 국가들을 방문해 전통적 우방들을 안심시키고 중국과 분쟁을 겪고 있는 일본의 센카쿠열도(댜오위다오)가 미일안보조약(US–Japan Security Treaty)의 범위 안에 있다고 선언하기까지 했다. 이러한 재균형을 시사하는 선언들과 행동들에도 불구하고 미국의 우방국들은 증가하고 있는 중국의 위협에 대해 안심하지 못하고 있다. 예를 들어 일본은 센카쿠열도 주변 해상과 상공에서 중국의 위협을 받고 있고 한국은 북한의 명백하고 도발적인 핵무장에 대한 중국의 지속적인 지지로부터 위협을 받고 있다.

미국의 동아시아 동맹국인 일본과 한국은 미국의 아시아 "재균형"(rebalancing) 정책을 어떻게 인식하고 대응해야 할까? 미국은 재균형 정책에 있어 동맹국들이 더 중요한 역할을 맡기를 기대한다. 재균형 정책의 한 목적은 미국의 무거운 부담을 역내 동맹국들에게 이전시키는 것이다. 다른 하나의 목적은 일방적 안보 제공보다는 연합훈련 등의 확장을 통한 지역안보이슈 관리의 능력을 강화하는 것이다.[39] 하지만 "재균형"이라는 기치 아래 미국의

38 Greg Kennedy and Harsh V. Pant, "introduction," in *Ibid.*, p. 2.

39 Emi Mifune, "Impact of the American "Re-Balance" Strategy on Japanese Naval Power," in *Ibid.*, p. 137.

교정책의 조정은 이라크, 아프가니스탄 전쟁의 매우 고비용적이고 불만족스러운 결과에 대한 일시적 과잉반응의 결과가 아니라는 사실을 동맹국들은 인지해야 한다.

이것은 미국외교정책에 있어 대표적인 한 이론이 뒷받침하고 있다. *World Politics*지(誌)에 게재된 1952년도 논문에서 클링버그(Frank Klingberg)는 "미국외교정책의 역사적 순환"(historical alternation of moods in American foreign policy)이라는 생각을 제시했다.[40] 그는 "외향성"(extroversion)과 "내향성"(introversion) 사이를 주기적으로 이동하는 미국외교정책 경향을 발견했는데, 전자는 국가목표를 위해 다른 국가들에게 영향을 행사하고 외교, 군사, 경제적 압력을 가하는 성향을 후자는 다른 국가들에 영향을 행사하지 않고 국내문제에 집중하는 성향을 각각 의미한다. 클링버그는 평균 21년의 네 번의 외향성 기간과 평균 27년의 외향성 기간을 찾아냈다. 1960년대에 클링버그의 이러한 "분위기 이론"(mood theory)에 많은 관심이 쏠렸다. 1985년 잭 홈스(Jack Holmes)는 더 구체적으로 이러한 분위기가 어떻게 작용하는지에 대한 이론을 개발하고 정치-군사이익과 미국 유권자들 사이의 외교정책 분위기 간의 충돌에 집중했다. 그에 따르면 전반

40 Frank L. Klingberg, "The Historical Alternation of Moods in American Foreign Policy," *World Politics,* Vol.4, No.2 (January 1952), pp. 239-273.

적인 미국의 자유주의적 정신은 상당히 일관적으로 세계 무대에서 미국의 경제 및 인도주의적 활동을 지지하므로, 보통 정치와 군사 관련 활동만이 분위기 순환의 대상이라고 한다.[41] 역사적으로 볼 때 이러한 "분위기 이론"이 미국외교정책의 긴 역사를 설명하는 데 꽤 설득력이 있다는 사실을 부인하기는 힘들다.

이 이론을 오늘날 미국인들의 분위기에 적용한다면, 재균형 정책이 시작된 이 시점에 미국은 또 다른 내향성 기간으로 진입하고 있고 앞으로 20여 년간 지속될 것이다. 이러한 논리를 수용한다면 미국의 재균형 정책은 동아시아와 전 세계에 대한 장기적 정책인 것이다.

미국이 지난 세기에 했던 것처럼 21세기에 동아시아에서 "경찰" 역할을 하지 않는다면 증가하는 중국의 위협을 지적하고 재균형정책을 채택했다는 것만으로는 충분하지 않을 것이다. 왜냐하면 미국의 재균형정책은 유라시아 대륙(맥킨더의 "world island")에 대한 사실상의 "역외균형"을 의미하기 때문이다.[42] 역사적으로나 이론적으로나 역외균형은 다극적 국제체제에서 해양강국이 택할 수 있는 전략이고 21세기 초반인 지금 이러한 다극체제는 이미 형성되고 있다. 따라서 역외균형은 영토 방어와 새로

41 Jack Holmes, *The Mood/Interest Theory of American Foreign Policy* (Lexington. Kentucky: The University Press of Kentucky, 1985).

42 Mackinder, *op. cit.*.

운 패권국 부상의 예방이라는 구체적인 형태로 미국의 국익을 정의할 것이다. 역외균형전략의 주요 목표는 미래 강대국 간 전쟁에서 자유로워지고 국제체제에서 상대적인 우위를 유지하는 것이다.[43] 이러한 의미에서, 역외균형은 동아시아 내 미국 우방국들에게는 부담공유(burden–sharing)가 아닌 부담이전(burden–shifting) 전략이다. 동맹은 침략자에 대처하는 부담을 공유하지만 집단행동(collective action)의 문제점 때문에 비효율적일 수밖에 없다.[44] 부담이전 국가는 평화를 유지하는 동시에 힘의 균형에서 유리한 입지를 차지할 수도 있다. 하지만 동맹국들이 부담을 적시에 충분히 받아들이지 못하고 부담이전 국가로 하여금 홀로 침략자에 맞서게 할 수 있는 위험성도 가지고 있다. 따라서 문제는 미국의 지정학 이론이 국내정치의 충동적인 고립주의에 저항하기 위해 충분한 정치적 지원을 끌어낼 수 있는가에 달려 있다.

Ⅳ. 미국의 책임전가정책과 역내 동맹국들의 책임부담

동아시아 내 모든 미국 동맹국들이 중국의 지정학

43 Christopher Layne, "From Preponderance to Offshore Balancing," *International Security*, Vol.22, No.1 (Summer 1997), p. 112.

44 Mearsheimer, *op. cit.,* pp. 157-162.

적 도전을 맞이해 미국이 전가하는 책임을 부담하는 것을 희망하지는 않는다. 모두가 현상타파 강대국의 부상에 대한 저항이라는 바구니에 계란을 전부 넣지는 않는다는 것이다.[45] 아베 정부의 일본이 책임부담을 통해 균형에 나서고 있는 한편, 한국은 미국과의 군사동맹을 유지한 채 인근 중국을 달래고 때로는 수용하는 자세를 보이고 있다.

A. 일본: 책임부담이 지속될 것인가?

역내 미국의 동맹국들 중 일본은 미국의 "재균형" 정책을 아시아, 특히 일본에 대한 "책임이전"(burden-shifting) 또는 "책임전가"(buck-passing)로 인식하고 있다. 그리고 이것을 일본이 "평범한"(ordinary) 국가, 어쩌면 "정상"(normal) 강대국이 될 수 있는 기회로도 보고 있다. 한동안 미국은 일본의 지속적인 군사력 정상화를 추신해 왔다.[46] 미국의 대일정책은 일본을 수동적인 동맹국에서 능동적인 동맹국으로 변화시키는 데 집중해 왔다. 일본은 미국과의 동맹을 유지한 채 해양과 공중에서의 군

---

45 Jakub J. Grygiel and A. West Mitchell, *The Unquiet Frontier: Rising Rivals. Vulnerable Allies, and The Crisis of American Power* (Princeton: Princeton University Press, 2016), p. 101.

46 Emi Mifune, *op. cit.,* p. 154.

사력을 강화하며 "부분적인 전략적 독립"(quasi–strategic independence)의 상태로 돌아가기를 원한다. 이러한 현상은 2012년 12월 아베 신조(安倍晋三) 총리가 재집권하고 2014년 선거에서 승리한 후 더 주목할 만한 외교, 안보정책들을 내세우고 있는 중 더욱 두드러지고 있다.

아베 정부는 기꺼이 "책임부담국"이 되기를 원하며, 미국의 희망과 요구대로 일본의 국방정책을 바꿔 왔다. 그리고 이 과정에서 2014년 7월 1일 일본헌법 9항의 수정해석을 승인했다. 군사력 강화를 위한 일련의 정책들은 2차 세계대전 종전과 함께 탄생한 평화헌법 아래 유지되어 온 일본의 방위태세로부터의 근본적인 변화다. 이른바 "아베 독트린"은 새로운 국가안보전략(National Security Strategy), 국가안전보장회의(National Security Council), 국가비밀보호법(State Secrecy Law), 방위장비의 이전(transfer) 3원칙, 그리고 가장 중요한 것으로 집단자위권 행사금지의 파기 등의 형태로, 향후 일본이 국방비 증가와 방위대강(防衛大綱) 수정은 물론이고 다양한 우발사건 발생 시 일본이 미국을 비롯한 다른 국가들에게 군사적 지원을 할 수 있게 함으로써 일본을 새로운 국제적 경로로 갈 수 있게 하고 있다.[47] 아베 총리의 개혁은 일본의 군사력 사용에 대한 헌법적 그리고 정치적 제약을 낮추어 놓았고 역

47 Christopher W. Hughes, *Japan's Foreign and Security Policy under the 'Abe Doctrine'* (New York: Palgrave Macmillan, 2015), p. 28.

내 또는 전 세계 군사력 투입을 위한 새로운 전례를 세워 놓았다.

아베의 신노선은 미국과의 “대칭적 파트너십” 또는 완전한 전략/군사적 독립을 향한 새롭고 거대한 발걸음을 의미하지는 않을 수도 있다. 그보다는 중일관계에서 당면과제로 떠오른 동중국해와 난사군도 문제에[48] 있어 중국의 위협을 억지하기 위해 완전히 독립적인 행위자 대신 “지원자”로서[49] 미국과의 더 깊은 위계적 관계로의 단순하지만 중요한 다음 수순을 의미한다고 볼 수 있다. 그럼에도 불구하고 아베의 신노선은 일본을 둘러싸고 몰려오는 폭풍에 대한 공세적이고 두드러진 애국적 “사무라이 스타일”의 태세라고 볼 수 있다. 하지만 현 상황에서 일본은 세계 미국 동맹체제 내에서 “아시아의 영국”이 되는 것만을 바라고 있을 수도 있다.[50]

---

48 Tetsuo Kotani, “U.S.-Japan Allied Maritime Strategy: Balancing the Rise of Maritime China,” in Michael J. Green and Zack Cooper, eds., *Strategic Japan: New Approaches to Foreign Policy and the U.S.-Japan Alliance* (Lanham, Maryland: Rawman and Littlefield, 2015), p. 52.

49 Takashi Inoguchi, *Japan's International Relations* (London: Pinter publishers, 1991), 제1장.

50 세력균형을 위해 미국이 영국에게 했던 것처럼 2차 세계대전 후에는 일본을 보호해야 한다는 스파이크만의 주장과 달리 아이러니하게도 오늘날은 일본이 미국의 보호를 받기 위해 또 다른 영국이 되고 싶어한다. 어찌되었건 1942년 스파이크만의 지정학적 분석은 넓은 의미에서는 정확히 예측하였다고 할 수 있다.

아베 정부가 무엇을 원하든 간에 일본은 역사로부터 도피할 수 없다. 아베의 신노선과 이를 뒤따르는 안보관련 정책들은 중국과 한국으로 하여금 과거 일본 제국주의를 떠오르게 하고 있다고도 볼 수 있다. 아베 총리가 "일본이 돌아왔다"(Japan is back)라고 선언했을 때, 중국과 한국에게 이것은 "일본 제국주의적 군국주의가 돌아왔다"라고 들렸을 것이다. 따라서 이것은 거의 조건반사적으로 중국과 한국에서 민족주의적 거부반응을 불러왔고 이러한 반응은 일본에서 또다시 적대적인 반응을 불러옴에 따라 동아시아 3국 사이에 악순환을 만들어 냈다. 한국과 일본 간 역사적 적대감은 미국의 역내 민주주의 동맹체제의 취약점이다. 한국과 일본은 지리적으로는 가깝지만 심리적으로는 멀다는 점에서 가깝지만 먼 나라라고 흔히 말해 왔다. 미국은 긴 노력에도 불구하고 여전히 한일 양국의 문제로 인한 동맹체제의 취약점을 해결하지 못했다.

중국에 대한 일본 군국주의의 주홍글자와 같은 역사적 유산 때문에 일본의 애국주의 또한 곧바로 공격적 민족주의와 군국주의로 여겨진다. 한국인과 중국인들은 "애국주의는 군사적으로나 문화적으로 방어적 성격인 반면 민족주의는 권력욕과 불가분한 것"으로 생각하며 애국주의와 민족주의를 구분하지 않는다.[51] 이것은 그들이 과거 일본제국주의로부터 해방되기 위한 역사적 투쟁 속에서 결국 동등한 것이었기 때문이다. 이러한 상황 속에서 중국에서 반일감정이 떠오를 때마다 일본은 합법적인 영토 문제나 민족적 감정에 있어서 단순히 수세적일 수는 없다. 한국인들과 달리, 일본은 2차 세계대전 중 무고한 중국인들에게 일본제국주의가 저지른 민족적 굴욕과 잔인성에 대한 중국의 "복수심"(revanchism)에 대한 큰 두려움으로부터 자유로울 수 없다. 지금까지의 반일 성향의 민족운동은 중국정부에 의해 통제되어 왔지만 "일본제국주의 타도"의 기치 아래 국민동원을 하기 위한 수단으로서 중국정부가 이용할 가능성은 항상 존재하고 있다.

증가하는 중국의 위협에 대해 아베 정부는 아시아 태평양 지역에서 미국, 인도, 호주와 함께 민주주의 국가들 사이의 연합을 구상하고 있고 아세안 국가들과의 연계도 강화하고 있다. 2013년 아베 총리는 아세안 10개국을 모두 방문하였고 동남아시아 내 중국의 증가하는 영향력에 대처하기 위해 같은 해 12월에는 일본-아세안 정상회의를 개최하기도 했다.

미국의 전 세계적 군사행위에 "연루"(entanglement)될 것을 두려워하던 "평화주의 국가"(pacifist nation)로서의 시절은 어쩌면 영원히 끝났을지도 모른다. 아베의 슬로건인 "일본이 돌아왔다"(Japan is back)는 매우 신빙성 있어 보

51 Maurizio Viroli, *For Love of Country: An Essay on Patriotism and Nationalism* (Oxford: Clarendon Press, 1995), p. 3.

인다.[52] 그러나 아베의 "가부키"(歌舞伎) 정치는 오래 가지 못하고 전형적인 "가라오케" 정치로 돌아갈 수도 있다.[53] 그런 경우에 일본은 안보책임 부담에 있어 아베 시절보다 훨씬 주저하게 될 것이고 편의성과 소극적 태도로 특징지어지는 "그럭저럭 해나가기"(muddling through) 정책으로 회귀하게 될 것이다.

B. 한국: 헤징전략은 올바른 답이 아니다.

일본과 달리 한국인들은 중국의 부상과 미국의 재균형 정책을 "더 많은 균형" 또는 외교정책의 "더 큰 자율성"을 위한 기회로 보고 미국의 아시아 재균형 정책에 대한 이중적인 태도를 가지고 있다. 윤병세 외교장관은 미국과 중국 사이의 위치를 걱정거리가 아닌 양국으로부터 러브콜을 받는 "축복"(blessing)과 같은 것이라고 말하였다.[54] 한국 외교장관의 이러한 발언은 전례가 없

---

52 Hughes, *op. cit.,* p.4.

53 일본의 저명한 정치학자인 다카시 이노구치는 일본의 가라오케 정치를 관료/전문가 중심, 합의중심의 유기체적 정치로 정의하고 가부키 정치를 고이즈미 총리의 예와 같이 무기체적이고 개인주의적인 정치로 정의한다. Takashi Inoguchi and Purnendra Jain, eds., *Japanese Politics Today: From Karaoke to Kabuki Democracy* (New York: Palgrave Macmillan, 2011), pp. 1-10. 아베의 정치는 가부키 정치에 가깝고 아베 이후의 총리들은 기존의 가라오케 정치로 회귀할 수 있다고 본다.

는 것이고 일부 한국인들에게는 충격적일 것이다. 한국은 전통적으로 "고래싸움 사이의 새우"와 같은 국제적 위치에 놓여 있었고 "고래싸움에 새우등 터진다"라는 속담까지 있기 때문이다.[55] 한반도는 유라시아 대륙세력을 위한 "완충지대"(buffer zone)나 해양세력을 위한 "교두보"(bridgehead)라기보다는 "분쟁지대"(shatterbelt)라고[56] 불리는 것이 더 맞을 것이다.

19세기 말 일본, 청나라, 러시아 3국에 의해 둘러싸인 한반도의 상황과 뒤따른 재앙들을 기억할 때, 윤병세 장관은 한국이 처한 딜레마 상황에 대해 지나치게 낙관적인 것으로 보인다. 당시 조선의 "이이제이"(以夷制夷)시의 고전적 균형행위는 마치 악기 없는 음악과 같았다. 조선은 무임승차하지 못했고 모든 주변강대국들의 적대감을 불러올 뿐이었다. 국제정치학의 아버지 모겐소(Hans J. Morgenthau)가 지난 2000년간의 한반도의 운명을 일본, 중국 중 한 국가에 의한 지배 또는 양국 사이의 힘의 균형

54 *The Korea Herald*, May 3, 2015.

55 Sung-Hack Kang, *op. cit.*, p. 9. 물론, "고래가 사랑에 빠져도 새우등은 터질 것이다." 저자의 다음 저서 제목은 이러한 인식을 반영한다고 할 수 있다. 《새우와 고래싸움: 한민족과 국제정치》 (서울: 박영사, 2004).

56 Phil Kelly, "Escalation of Regional Conflict: Testing the Shatterbelt Concept," *Political Geography Quarterly,* 5, 1986, pp. 161-80.

에 의해 작용한 것이라고 말한 것도 이와 같은 맥락에서였다.[57] 한반도의 지정학적 위치가 대륙세력의 완충지대이자 동시에 해양세력의 교두보인 상황이고[58] 상대적인 국력의 차이를 고려할 때 한국인들은 결코 낙관적인 태도를 가질 수 없다.

21세기 들어 진보성향의 김대중 정부(1998-2003), 노무현 정부(2003-2008)에서 한국의 정책 우선순위는 국가안보에서 민족통일이라는 목표로 이동했다. 한국 정부의 요구에 따라 한미 양국은 동맹의 세부내용에 대한 논의에 착수했다. 부시 행정부는 한국에서의 미군병력을 감축했고 전시작전권을 한국정부에 이양하는 데 동의했다. 하지만 한국은 곧 생각을 바꾸었다. 보수성향의 이명박 정부(2008-2013), 박근혜 정부(2013-)는 전시작전권 환수의 연기를 미국에게 간곡히 요청했다.

하지만 보수성향의 박근혜 대통령마저 미중 사이에서 "헤징"(hedging)외교의 일환으로 2015년 9월 3일 북경 천안문 광장에서 치러진 중국전승절 70주년 기념열병식에 유일한 서방권 정상으로서 참석했다. 하지만 그것은 한국 정치지도자에게는 불가능한 일이었다. 한국의 이렇

---

57 Hans J. Morgenthau, *Politics Among Nations: The Struggle for Power and Peace, 5th rev. ed.* (New York: Alfred A, Knopf, 1978), pp. 183-184.

58 Mackinder, *op. cit.,* p. 262.

듯 이중적인 태도에도 불구하고 미국은 재균형정책의 정신과 방향에 맞추어 한국이 일본과 같이 더 많은 안보부담을 떠맡기를 기대하고 있다.

대부분의 미국 동맹국들과 마찬가지로 한국은 재균형정책에 원칙적으로 지지를 보내고 있다. 하지만 중국과 깊어지고 있는 정치, 경제관계와 그 결과 늘어난 중국에 대한 취약성은 상황을 복잡하게 만들고 있다. 한국의 미사일방어체계는 북한을 상대로 하고 있고 사정거리가 미국과는 다르기 때문에 미국 주도의 탄도미사일방위계획에 동참할 구체적인 계획을 가지고 있지 않다. 한국은 중국에 대한 자극을 피하고 직접적인 위협인 북한의 위협에 미국의 초점을 맞추려고 하고 있다.[59] 이러한 한국의 미국방위정책으로부터의 이탈은 북핵문제와 한반도 통일문제에 있어 지지를 약속하며 유혹을 해온 중국의 환영을 받았다. 하지만 통일에 있어 중국이 지지를 한다는 명확한 증거나 북핵문제 해결을 위한 어떠한 발전도 이뤄지고 있지 않다. 더욱이 북한과 같이 오만한 지도자가 예측불가능한 전쟁을 일으킬 수 있는 "무기를 내세우는 국가"(weapon state)[60]는 한국뿐만 아니라 전 세계에 대한 큰

---

59 David J. Bertean, Michael J. Green and Jack Cooper, *Assessing the Asia-Pacific Rebalance* (Washington, D.C.: Center for Strategic and International Studies, December 2014), p. 23.

60 "무기를 내세우는 국가"는 대량살상무기의 보유를 통해 안보와

위협이다.[61]

미국과 중국 사이에서 균형을 맞추려는 한국의 시도는 프라이팬에서 불로 뛰어드는것과 같은 자멸적인 행위다. 균형이라는 것은 모든 나라들이 사용할 수 있는 공공재와 같은 것이 아닌 강대국들의 특권이기 때문이다. 이런 점에서 한국의 헤징(hedging) 전략은 올바른 전략이라고 할 수 없다. 헤징은 시장경제에서의 행위고 그 종류는 다양하다. 하지만 헤징은 근본적으로 당분간은 위험을 피할 수 있지만 위험을 완전히 제거하지는 못한다. 기업과 국가는 근본적으로 다르다. 기업은 경쟁에서 도태되면 파산하는 반면 국가는 그런 경우가 드물다. 시장과 달리 안보는 주관적이다. 국민과 국가지도자가 안전하다고 느낄 때야 비로소 국가안보가 성취된 것이다. 헤징은 그 성격상 유화(appeasement) 정책은 아니지만 당장의 두려움 때문에 모든 위험요소를 피하려 한다면 궁극적으로 유화

위신을 확보하는 상대적으로 작고 덜 중요한 후진적 국가를 의미한다. 이러한 국가는 지역안보뿐만 아니라 세계안보를 위협하는 존재로 빠르게 부상할 수 있다. 다음을 참고. Phil Kelly, *Classical Geopolitics: A New Analytical Model* (Stanford: Stanford University Press, 2016), p. 134.

61 Paul Bracken, *The Second Nuclear Age: Strategy, Danger, and the New Power Politics* (New York: Times Books Henry Holt, 2012), pp. 189-195; Colin S. Gray, *The Second Nuclear Age* (Boulder: Lynne Rienner, 1999).

정책의 결과와 같은 비극적인 상황을 초래할 수도 있다.

일찍이 마키아벨리(Niccolò Machiavelli)는 "좋은 무기와 좋은 친구가 당신을 지켜주며 당신에게 좋은 무기가 있으면 좋은 친구는 항상 따를 것이다"라고 말하였다.[62] 일본과 달리 한국의 여우와 같이 민첩한 "중립 태세"는 다음과 같은 마키아벨리의 오래된 경고를 망각한 듯하다.

> 당신에게 우호적이지 않은 자는 당신의 중립을 요구할 것이고 당신에게 우호적인 자는 당신으로 하여금 무기를 들도록 할 것이다. 우유부단한 군주는 현재의 위험으로부터 도피하기 위해 중립을 선택할 것이고 이런 경우 파멸하기 마련이다.[63]

한국은 균형자(balancer)가 될 수 없다. 한국에게 안전한 전략은 가장 강한 국가에 대한 "편승"(bandwagoning)이고 이것이 오랜 역사 동안 한민족이 생존할 수 있었던 비결이다.[64] 한국이 이중적 태도를 계속 보인다면 미국은

62 Niccolo Machiavelli, *The Prince, 2nd ed.,* trans. by Harvey C. Mansfield (Chicago and London: The University of Chicago Press, 1998), p. 72.

63 *Ibid.,* p. 90.

64 약소국들에게 편승은 두 종류가 있다. 하나는 현상타파 국가의 편승이고 다른 하나는 현상유지 국가의 편승이다. 현상타파 국가는 이

군사동맹으로서의 신뢰를 잃을 것이고 한국은 침묵 속에서 "버려질" 수도 있다. 이것은 북한의 계속되는 핵위협을 마주한 상황에서 1953년 휴전 후 최초로 완전한 고립 상태에 놓인다는 것을 의미한다. 1940년 영국의 처칠 수상이 당시 아직 중립국이었던 미국의 루즈벨트 대통령에게 한 말을 변용해서 표현하자면 "한국의 목소리와 힘을 너무 오래 억제하면 아무런 의미가 없게 될 것이다."[65] 한국 정치는 1980년대 말 민주화 이후 아직까지 오케스트라 연습장(Orchestra Rehearsal) 같은 정치에서 벗어나지 못하고 있다.[66] 어떠한 일관된 안보정책이나 군사전략도 설립되지 못했다. 민주주의 국가인 한국은 치명적인 위기

익을 얻기 위해 "자칼"과 같이 편승을 하는데 이때 "늑대"와 같은 현상타파적 지도자나 승리를 앞둔 "사자"와 같은 현상유지적 지도자가 있다. 자칼국가들은 가지고 있는 것을 지키기 위해 많은 비용을 부담해야 한다. 이러한 원리는 이탈리아의 전통적인 기회주의 외교정책과 연결되고는 한다. A.J.P. Taylor, *The Struggle for Mastery in Europe, 1848-1918* (Oxford: Oxford University Press, 1954), p. 286. 이것에 대한 더 자세한 논의를 위해서는 다음을 참고. Sung-Hack Kang, *op. cit.*, 제1장.

65 Jean Edward Smith, *FDR* (New York: Random House), pp. 262-263.

66 저자는 오늘날 한국의 정치를 오케스트라 연습장과 같다고정의한다. "오케스트라 연습장(Orchestra Rehearsal)"은 공허하고 진보가 없지만 요란하고 정신 없는 정치현실에 대한 풍자적 메시지를 보낸 펠리니(Federico Fellini) 감독의 1978년도 이탈리아 풍자영화다.

가 찾아와 직접 고통을 겪기 이전에는 국가를 통합하고 동원할 능력을 가진 정치지도체제를 세우지 못할 수도 있다. 일관된 안보정책을 위한 국가 통합 없이는 "골든타임"을 놓치는 햄릿의 비극과 같은 비극을 겪게 될 수도 있다.

V. 에필로그

동아시아의 평화와 안보는 점점 위험에 처해지고 있다. 1979년의 짧은 중소전쟁을 제외하고는 1953년 한국전쟁 휴전 후 동북아에서 유지되어 온, 그리고 1975년 베트남전쟁 종전 후 동남아시아에서 유지되어 온 불안정하지만 길었던 역내 평화는 한순간에 무너질 수도 있다. "중국의 위협"은 동아시아 내 미국의 동맹국들에게 눈앞의 사실이지만 민주주의체제에서 안락한 삶을 이어가는 일반 국민들에게는 너무나도 모호하고 구체적이지 않다. 민주주의 시민들은 눈앞에 위기가 다가오고 나서야 위험을 지각하는 역사를 이어 왔다. 하지만 위험이 모두에게 보일 만큼 분명해졌을 때는 안전하고 성공적으로 이에 대처하기에는 너무 늦을 것이다. 왜냐하면 고도의 기술력을 요구하는 현대 군사력과 이를 운용하기 위한 능력을 갖추기 위해서는 긴 시간과 막대한 투자가 필요하기 때문이다. 따라서 민주주의체제는 큰 국제적 변화가 있을 때일수록 훌륭한 정치리더십이 필요하지만 이러한 정치리더십이 점점 더 희귀해지고 있는 것 또한 사실이다.

중국의 전통적인 대륙세력으로서의 위치와 함께 현상타파적인 해양세력으로서의 최근 태도는 중국의 위협을 증가시켰다. 21세기 들어서 중국은 그 자체로서뿐만 아니라 어떻게 행동하는가 때문에 위협이 되고 있다. 증가한 국력과 회복된 국민적 자신감과 자부심은 오늘날 중국인들로 하여금 스스로에 대한 인식, 국가이익, 국제적 위상, 동아시아와 국제사회에서의 역할에 대한 인식에 변화를 가져왔다. 중국의 부상은 동아시아의 "게슈탈트"(Gestalt)에 근본적인 변화를 불러온 것이다.

따라서 미국 재균형정책의 성공은 미국 내 충동적인 고립주의에 대한 일관된 저항과 함께 한일 양국의 긴밀한 전략적 협력과 같은 역내 동맹국들의 충분한 협조가 필요하다. 책임전가 국가인 미국의 내향적 경향, 일본과 한국의 지극히 민주적이고 평화를 외치는 포퓰리즘과 복지 위주의 국내정치에 휩싸인 정책결정과정, 그리고 이 양국 간의 긴밀한 전략적 협력의 부재,이 모든 것을 고려할 때 두 국가는 좋은 책임부담국가가 되기 힘들 것이다. 중국공산당은 자유민주주의 국가들보다 더 효율적으로 국민을 동원할 수 있는 능력을 가지고 있다. 자유민주주의 내에서 언론을 장악하고 있는 평화주의 지식인층은

등 뒤의 "적"이 될 수도 있다. "자신들의 목숨을 앗아갈 뻔했던 어리석은 선택을 다시 하는 '눈먼 자들의 왕국'"[67]과 같이 미국의 동맹체제는 중국의 위협에 대해 "과소균형"(underbalancing) 할[68] 수도 있고, 이런 경우에 진실의 순간이 올 때까지 의도하지 않은 "치명적인 불균형"(deadly imbalance) 상태를[69] 야기할 수도 있다.

이것이 현실화된다면 미래의 역사가들은 20세기와 마찬가지로 21세기에서도 동맹국들의 민주주의가 동아시아 안보와 평화에 있어 아킬레스건이었다고 또다시 기록하게 될 것이다. 1930년대 민주주의 국가들의 역사적 실수를 되풀이하지 않기 위해서 한국과 일본은 미국의 책임전가 정책을 바꾸지 못할 바에는 충실한 책임부담국가가 되어야 한다. 하지만 이것은 가까운 미래에는 어려

---

67 Harold W. Rood, *Kingdoms of the Blind: How the Great Democracies Have Resumed the Follies that so Nearly Cost Them Their Life* (Durham: Carolina Academic Press, 1980). 또한 Gordon Waterfield, *What Happen to France* (London: Butler and Tanner, 1940); Andre Maurois, *Tragedy in France* (New York and London: Harper and Brothers, 1940) 참고.

68 Randall L. Schweller, *The Unanswered Threats: Political Constraints on the Balance of Power* (Princeton: Princeton University Press, 2008).

69 Randall L. Schweller, *Deadly Imbalances: Tripolarity and Hitler's Strategy of World Conquest* (New York: Columbia University Press, 1998).

워 보인다. 성공적인 책임부담국가가 되기 위해서 양국의 정치지도자들은 "잠자는 국민"을 깨울 수 있는 훌륭한 "교육자"의 역할을 수행해야 한다.[70] 왜냐하면 그들이야말로 국민의 안전을 책임지는 이들이기 때문이다. 전쟁의 철학자인 클라우제비츠(Carl von Clausewitz)는 그의 〈전쟁론〉 제1장에서 다음과 같이 말하고 있다.

> 마음이 따뜻한 자들은 피를 많이 흘리지 않고도 적을 무장해제시키고 무릎을 꿇일 기발한 방법이 있다고 생각할 것이다. 듣기에는 좋아 보이지만 이것은 명백한 오류다. 순진함으로부터 나오는 실수가 가장 치명적인 영역이 바로 전쟁이기 때문이다.[71]

---

70 Winston Churchill, *While England Slept* (New York: G.P. Putnam's Sons, 1938).

71 Carl von Clausewitz, *On War,* ed. Andtrans.by Michael Howard and Peter Paret (Princeton: Princeton University Press, 1976), p. 75.

제2장

21세기 아–태의 신(新)지정학적 현실: 역사의 반복인가, 아니면 아름다운 신세계로의 진입인가?

정치적 현실주의자를 사랑하는 사람은 없다.
—로버트 G. 길핀

나의 지식은 염세적이지만,
나의 의지와 희망은 낙관적이다.
—알버트 슈바이처

I. 프롤로그

제2차 세계대전 이전에 독일 제3제국과 일본제국이 유럽과 아시아–태평양에서 각각 추구했던 "레벤스라움"(Lebensraum)과 "대동아공영권"(大東亞共榮圈)이라는 지정학적 야심의 비극적 결과를 극복하기 위해 유엔(United Nations)이 창설된 게 60여 년 전의 일이다. 유엔은 19세의 젊은 나이에 요절한 국제연맹(League of Nations)의 교훈을 통해 강화된 대안적 유엔 정치와 집단안보체제에 의존해, 창설 이후 국제평화와 안전을 유지하는 수많은 역사적 시도를 해왔다. 그러나 아시아–태평양 지역에서는 아직도 지정학이 극복되지 않았는데, 냉전종식 후 이 지역에서 가장 중요한 지정학적 요소는 무엇보다도 빠르게 "부상하는" 중국이다. 중국은 전 세계에서 가장 많은 인구, 가장 빠르게 성장하는 경제, 가장 큰 군대, 유엔안전보장이사회 상임이사국 지위, 유인우주프로그램, 핵무기, 그리고 최근 공개된 핵추진잠수함을 포함한 대양해군을 건설하는 국가적 계획 등을 가지고 있는 국가로, 매우 인상적이다.

지난 30여 년간 이어온 중국의 빠른 경제 및 군의 성장은 지정학적 측면에서 이미 아시아-태평양 지역과 전 세계의 형태(Gestalt)를 바꾸고 있다. 후진타오 주석은 "화평굴기(和平屈起)"를 중국의 정책목표로 제시했고, 이에 중국의 부상은 전 세계가 당연하게 여기게 되었다. 그러나 "화평굴기"의 개념은 원래 2003년 후반 중국공산당당교가 중국의 부상이 세계에 대한 위협의 증가로 느껴지지 않게 하고, 동시에 국제사회에서 협력적인 이미지를 강화하기 위해 개발한 것이었다.[72] 이것은 진정한 의도를

72 Chih-yu Shih, "Breeding a Reluctant Dragon: Can China Rise into Partnership and Away from Antagonism?" *Review of International Studies,* Vol.31, No.4 (October 2005), pp. 756-757. "화평굴기"는 중국 정부가 만든 지역 정책 포럼인, 보아오 포럼의 기조 연설 주제였다. 또한 하버드 대학에서 원자바오 총리가 연설 중 강조했고, 마오쩌둥 탄생 110주년 기념식에서 후진타오 주석이 언급했었다. 이 세 행사가 2003년 말경 두달간에 모두 이루어졌기 때문에 중국내부와 해외의 관

보여 준 것일 수도 있고, 아니면 탈냉전 시대에 미국 주도의 봉쇄정책을 피하려는 전략적 수사의 자기표현일 수도 있다. 그러나 현재로서는 중국 지도부가 그 개념을 자국민과 전 세계에 효율적으로 제시하고 있는 것으로 보인다. 중국의 부상과 최근의 북한 핵미사일 위기를 고려할 때, 탈냉전 후 세계는 좋은 쪽으로든 나쁜 쪽으로든 많이 변화했다. 그러나 헤겔이 말했듯이 우리는 그 변화가 갖는 진정한 의미를 모르게 되어 있는지도 모른다. 실상, 헤겔이 다시 주장했듯이 우리는 시대가 다 지나간 후에야 비로소 그 시대만을 온전히 이해할 수 있을 뿐이다. 우리의 이해 수준으로는 먼 미래를 내다볼 수 없다.

하지만 우리는 국제정치사를 통해 국제 체제 내 새로운 강대국의 등장이 체제의 불안정 요소로 작용할 수 있음을 알고 있다. 국제체제의 구조적 변화는 주요강대국들 간의 체제의 사회화(systemic socialization)와 상호 모방(mutual emulation)을 통해 안정화되거나, 아니면 패권 경쟁 상태의 새로운 체제로 이어지게 된다. 19세기 후반 미국의 부상이 전자의 경우라면, 비극적인 펠로폰네소스 전쟁을 불러온 고대 그리스세계에서의 아테네의 부상과 그에 따른 아테네와 스파르타 간의 패권경쟁을 필두로 그 외의 대부분의 역사 기록들은 후자의 경우에 속한다.

심을 모았었다.

일반적으로 국제체제에서 가장 강력한 국가들은 바로 직전의 큰 전쟁에서 승리한 국가들로, 이 국가들은 현상 유지를 지지하고 기존 질서에서의 특권을 지키고자 한다. 반대로, 제1차 세계대전 후 독일과 같이 이전 전쟁에서의 패배로 영토의 일부를 상실한 강대국들이나 이탈리아와 같이 승전국임에도 종전 후 충분한 보상을 얻지 못하고 고통받은 국가들은 국력을 회복하거나 이전보다 더 신장시키고자 하기 때문에 현상타파 국가가 된다.

이들 국가들은 현상을 변화시킬 정도로 국력이 성장하면, 불만을 해소할 행동을 취할 것으로 예상할 수 있다. 따라서 부상하는 국가들은 새로이 신장된 그들의 물리적 힘에 걸맞는 보다 큰 위신과 정치적 영향력을 추구하는 현상타파 국가가 되는 경향이 있다.[73] 이 점에서 중국은 특이한 경우이다. 왜냐하면 중국은 제2차 세계대전의 승전국이었음에도 불구하고 혁명적, 현상타파적 공산주의 국가로 전환했기 때문이다. 그 이후 중국은 1978년 덩샤오핑의 현대화 기치 아래 국력 신장에 집중하는 온건한 공산국가가 된 듯했다. 그러나 빠르게 부상하는 중국은 즉각적인 위협은 아니었지만, 양극적 국제체제의 냉전시기가 끝나면서 만들어진 새로운 국제체제와 현재의 세계 질서에 대한 새로운 큰 도전세력으로 인식되기 시

73 Randall L. Schweller, *Unanswered Threats* (Princeton, NJ: Princeton University Press, 2006), pp. 128-129.

작했다. 이에 본 장에서는 스티븐 굴드(Steven J. Gould)의 유명한 책 제목을 바꿔 표현해서, 아시아-태평양 지역의 미래가 전쟁이라는 순환적 역사(time's cycle)를 반복할 것인지 아니면 아름다운 신세계로의 직선적 역사(time's arrow)를 갈 것인지[74]를 살펴본다.

II. 현재의 단극적 국제체제 속에서 새롭게 부상하는 권력과 위신을 위한 투쟁

냉전 후 우리는 단극적 국제체제에 살고 있다라고 하곤 한다. 그러나 국제체제 자체는 단극이나 양극 혹은 다극과 같은 극에 관계없이 세계적 리바이어던(Leviathan)이 아니다. 현재 국제체제의 단극(unipolairty)이 강대국 간 모든 갈등과 그에 따른 세력투쟁이 끝났다거나, 유일한 초강대국 미국이 모든 이슈에서 자신의 뜻을 관철히려고 히거나 할 수 있다는 것을 의미하지는 않는다.[75] 다른 국가

74 Stephen Jay Gould, *Time's Arrow Time's Cycle: Myth and Metaphor in the Discovery of Geological Time* (Cambridge, Mass.: Harvard University Press, 1987).

75 Joseph S. Nye, Jr., *The Paradox of American Power: Why the World's only Superpower can't Go it Alone* (Oxford: Oxford University Press, 2002).

들의 정치지도자들이 자국에 대한 패권국 미국의 오만한 태도에 거부감을 보이는 것을 멈출 리도 없고, 갑자기 자신들의 국가적 위상을 다른 국가들과 비교하는 것을 멈출 리도 없다. 아직 국제사회의 강대국 클럽 밖에 있는 부상(浮上) 국가들은 자연스럽게 그 클럽에 진입하기 위한 사전요건들을 추구할 것이다. 그러나 이러한 국가들이 미국에 대한 균형을 잡을 수 있게 될 때까지는 국제체제가 그 구조에 있어 본질적으로 단극체제로 유지될 것이다. 한편, 냉전의 종식과 함께 프란시스 후쿠야마(Francis Fukuyama)가 주창했던 "역사의 종말"은 신기루였음이 이미 21세기 초반에 드러났다.[76] 우선 강대국들 간의 국제적 경쟁이 되살아났다. 사실, 국제정치에서의 위상과 영향력에 대한 투쟁은 국제 정세의 핵심적인 특색으로 남아있다.[77] 또한 국제적 자유주의와 반자유주의 사이의 오래된 경쟁이 재등장했다. 또 다른 오래된 잠재적 경쟁은 이슬람 극단주의와 서구의 세속 문화 및 국가들 사이에서 분출했다.[78] 이러한 세 가지 경쟁들이 결합되고 대립하면

76 Francis Fukuyama, *The End of History and the Last Man* (New York: The Free Press, 1992).

77 Henry Kissinger, *Diplomacy* (New York: Simon & Schuster, 1994), 제31장.

78 Samuel P. Huntington, *The Clash of Civilizations and the Remaking of World Order* (New York: Simon and Schuster, 1996).

서 냉전 종식 직후 등장했던 평화와 안보의 새로운 자유주의적 국제질서라는 꿈은 사라졌다.

미국인들은 새로운 단극체제 내 유일한 초강대국이라는 독특한 지위를 미국이 오래도록 꿈꿔 온 리더십, 즉 세계로부터 인정받고 환영받는 진정한 의미의 글로벌 리더십을 발휘할 절호의 기회로 생각했었다. 반면, 유럽인들은 새로운 국제질서가 유럽연합을 모델로 하는 것이어야 한다고 생각했었다.[79] 유럽인들은 전통적인 국가 이익과 힘의 정치를 국제법, 초국가적 제도 그리고 공유된 주권으로 대체하는 탈근대 시대의 세계를 이끌고 있었다. 인류, 특히 유럽을 괴롭혀 왔던 문화, 인종, 민족에 의한 구분이 가치관의 공유와 경제적 이익의 공동 관리로 해소될 것이라고 보았다. 유럽연합은 미국과 마찬가지로 팽창적이었지만 탈근대적 방식으로 자유, 민주주의, 인권, 인간안보에 힘쓰는 자발적인 제국을 계획하고 있었다. 일단 이러한 세계 비전은 냉전 종식 직후 강대국 간의 전통적인 군사적 대치가 잠시 없었던, 독특한 국제 환경에 근거를 두고 있었다. 소련이 붕괴하고 그 뒤를 이은 러시아는 취약한 상태로, 사기는 떨어져 있었고, 내정은 혼란스러웠으며, 재정은 관리상태에 있었고, 군사력은 급격하게 저하되어 있었다. 또 천안문 사태 후 중국은 고립

79 Robert Kagan, *The Return of History and the End of Dreams* (New York: Alfred A. Knopf, 2008), p.9.

되어 있었고, 불안정하며, 내부지향적인 국가로, 경제적 미래가 불확실하고, 군사력은 현대화된 첨단 무기를 갖추지 못한 상태였다. 일본은 10년의 경기 침체(economic contraction)에 진입하고 있었고, 인도는 아직 경제 발전을 시작하기 전이었다. 그리고 유럽은 힘의 정치를 거부하고 자신의 탈근대적 제도들을 확립하고 있었다.

그러나 전통적 힘의 정치에 대한 탈근대의 작별 인사는 시기상조였음이 드러났다. 세계가 보았던 것은 끊임 없이 지속되어 온 국가들 간의 경쟁과 투쟁이 잠시 멈췄었던 것일 뿐 국제정치의 성격이 본질적으로 변화한 것은 아니었던 것이다. 문화, 문명, 종교 그리고 특히 민족주의의 완고한 전통이 다시 살아났고, 민주적 자유주의와 시장 자본주의의 세계화에 대한 반대나 저항이 나타났다. 탈냉전의 핵심 가정들이 무너지기 시작했던 것이다.

우선, 자유민주주의체제라는 궁극적인 종착지에 도달해 끝났다던 "역사"는 러시아에서 가장 드라마틱하게 돌아왔다. 러시아의 자유주의로의 전환은 국내에서 제동이 걸려 되돌려졌고, 외교정책도 마찬가지였다. 러시아에서 이제 막 시작하려던 민주적 변화는 한 사람과 그의 강력한 동료들이 중요 결정을 내리는, 신(新)차르(Czar) 정치체제라 부르는 게 최적일 만한 것에 의해 좌절되었다.[80] 민족주의가 강대국으로서의 야심과 사고(calculation)를 러시아 외교정책에 다시 투영되기 시작했다. 최근 경제성장의 대부분은 러시아 영토 내 풍부한 석유와 천연가스의 높은 가격에 의한 것이었다. 이제 유럽은 중동보다 러시아에 더 큰 에너지 의존율을 보이고 있다. 유럽 국가들은 러시아가 에너지 공급의 흐름을 조작하지 않을까 우려하고 있고, 러시아 지도자들은 이것이 러시아가 약했을 때라면 유럽인들이 용인하지 않았었을 러시아의 행태에 대한 유럽인들의 묵인을 이끄는 매개가 된다는 것을 알고 있다. 또한 러시아는 여전히 100만 명이 넘는 상비군 병력과 더불어 1만 6천여 개의 핵탄두를 보유하고 있다. 아울러 러시아는 신형 전투기, 신형 잠수함, 신형 항공모함을 개발하고 있고, 냉전 종식 후 처음으로 장거리 전략폭격기 비행을 재개했다. 또 아시아-태평양 지역에서 러시아는 중국에 최신 무기를 가장 많이 공급해 왔기 때문에 다시금 아태지역의 지정학적 구성에 중요한 역할을 맡게 되었다.

러시아는 풍부한 천연 자원과 부, 유엔안보리에서의 거부권 그리고 유라시아에서의 영향력을 갖고 다시 한 번 국제정치의 주요 행위자로 등장했다. 오늘날 이 같은 새로운 힘에 대한 자각이 러시아 민족주의를 부추기고 있다. 러시아인들은 냉전 종식의 합의가 소련이 쇠퇴해 있을 때 미국과 유럽이 소련에 강요한 항복이나 다름 없는

80 Dmitri V. Trenin, *Getting Russia Right* (Washington, D.C.: Carnegie Endowment for International Peace, 2007), pp. 9-10.

것이었다고 생각한다. 그들은 소비에트 공산주의로의 복귀를 원하는 것은 아니지만, 다른 국가들이 존중하고 전 세계에 영향력을 행사하며 국가이익을 지키던 시절을 동경하고 있다. 이러한 러시아에서의 반발 분위기는 1차 세계대전 후 독일의 상황과 유사하다. 당시 독일인들은 패배한 승전국들이 독일에게 부과한 "굴욕적인 베르사유 결정"에 분개했고, 조국을 배신한 부패한 정치인들에 대해 불만을 갖고 있었다.[81] 오늘날 러시아인들은 그들이 상실한 권력과 영향력을 되찾기를 원한다. 러시아는 유라시아에서의 패권을 다시 확보하고, 나아가 전 세계의 2–3개의 초강대국 중 하나로 재부상하려는 야심을 갖고 있다.

둘째, 오늘날 중국을 규정할 때 가장 눈에 띄고, 빈번하게 사용되는 단어는 "부상하는"이다.[82] 중국은 부상하는 지정학적, 경제적 거인이다. 경제는 세계 최대를 향해 나아가고 있고, 군사력 또한 꾸준히 강화하고 있다. 경제력과 군사력에 힘입어 정치적 영향력도 빠르게 커지

---

81 *Ibid*., p.16.

82 예를 들면, Jasper Becker, *Dragon Rising: An Inside Look at China Today* (Washington, D.C.: National Geographic Society, 2006); Avery Goldstein, *Rising to Challenge: China's Grand Strategy and International Security* (Stanford, California: Stanford University Press, 2005); Robert G. Sutter, *China's Rise in Asia: Promises and Perils* (Lanham, Maryland: Rawman & Littlefield, 2005).

고 있다. 새로이 힘을 갖게 되면 새로운 야심이 생기거나 과거의 야심을 되살리게 마련이다. 이것은 모든 국가들에 적용되는 말이지만 확실히 새로운 중국에게 보다 더 들어 맞는다. 새로운 힘과 뒤따르는 자신감 그리고 회복된 자부심은 중국인들 자신, 국가이익, 적절한 국제적 지위, 그리고 자신들에 대한 다른 국가들로부터 기대되는 대응 방식에 대한 중국의 인식을 바꿔 놓았다. 새로이 구축하게 된 중국의 경제 역량은 중국이 이전에 세계의 중심이었고 다시 세계의 중심이 될 것이라는 중국인들이 갖고 있는 뿌리 깊은 신념인 중화주의의 감정을 되살렸다. 천 년 이상의 기간 동안 중국은 야만족들의 세계에서 유일하게 선진 문명국으로서 아시아의 거대 제국이었다.

오늘날 소위 "굴욕의 세기"를 잊지 않고 되풀이하지 않으려는 중국인들은 과거의 영광스러운 중심적 역할이 복원될 수 있고, 복원되어야 하며, 복원될 것이라고 믿고 있다. 유엔안보리 상임이사국이자 G8회원국으로서 중국은 아시아뿐만 아니라 국제사회의 외교에 큰 영향력을 행사하고 있다. 중국은 또한 강력한 경제력에 맞게 군사 강대국이 되어 가고 있다. 중국은 자국의 경제를 마오쩌둥 시대의 자급자족 체제로부터 국제적 자유주의 경제질서에 깊이 연루하는 체제로 전환했고, 세계적으로 광범위하게 경제적 이익을 얻게 되었다. 따라서 중국은 이러한 이익을 보호할 현대적 군사력이 필요하게 되었고, 군사력을 증강하는 데 경제적 자원의 지출을 점점 늘려가고 있다. 중국은 외부로부터 즉각적인 군사적 위협을 받는 상태가 아니고 현대사에 있어서 그 어느 때보다 강한 상태에 있기는 하지만, 전략적 교리를 외침으로부터 본토를 방어하는 것에서 해외에 군사력을 투사하는 것으로 바꿨다. 이 목적을 위해 중국은 노후화된 해군력과 공군력을 현대적인 함정, 잠수함, 항공기들로 꾸준히 대체해 오고 있다. 그 무기의 상당 부분은 러시아로부터 구매한 것이었다. 중국은 수세기 만에 처음으로 스스로를 해양 강국으로 인식하기 시작했다.

국제적 위상 제고에 대한 자부심은 중국공산당 지배체제에 정치적 정당성을 부여하는 중요 요소의 하나가 되었다. 대중민족주의(public nationalism)가 급격히 성장해, 어떤 때에는 일본을, 또 어떤 때에는 미국을 공격했다. 이는 중화민족의 보호자로서의 공산당의 정당성을 강화하기 위한 국가의 교육 프로그램에서 기인한 것이기도 하고, 역사적인 적대감과 새로운 국력에 대한 인식과 회복된 위신에 따라 자연적으로 발생한 것이기도 하다. 따라서 중국의 위신과 명예를 회복하기 위한 열망으로 시작된 것이 역사적인 야망의 보다 큰 문제와 뒤섞이게 되었다. 본토로의 병합을 거부하고 국제적 주권인정과 심지어 독립을 끊임없이 추구하는 대만 문제는 중국의 통일에 대한 문제이기도 하지만, 중국 본토가 아시아의 중심이라는 주장에 대해 굴욕을 주는 반발이기도 한 것이다. 대만인들은 통일을 거부함으로써 스스로를 아시아-태평양 지역 내 미국의 패권 동맹임을 보이고 있다. 대만이 역내 중국의 패권적 리더십을 인정하지 않는다면, 어떤 국가가 그것을 인정할 것이라고 기대할 수 있겠는가? 따라서 중국에게 대만은 미국에 대한 이념적 적대감과 전략적 상대의 전형이 되었다. 역사가 제시하듯이, 중국은 자신감을 회복해 감에 따라, 중국의 통일은 말할 것도 없고, 중국 스스로가 생각하고 있는 역사적으로 당연한 지위인 동아시아 내 패권으로 가는 데 있어 장애물에 대해 점점 참을성을 잃게 될 것이다.

셋째, 일본은 세계 2위의 경제를 갖고 있는 또 하나의 강대국이다. 일본은 비록 GDP의 1% 미만을 국방에 투자하지만 그것은 1년에 400억 달러에 육박하는 것으로, 전 세계에서 3, 4위의 국방예산 수준이다. 또한, 일본은 핵보유국이 아니고, 핵보유국이 될 의도 또한 없다고 표명하지만, 위기 시에 결정만 하면 강력한 핵무기를 빠르게 생산해 낼 수 있다. 또한 유엔 외교에 많은 노력을 기울이며 점점 강대국으로서의 야심도 보이고 있다. 일본인들은 부상하는 중국과 핵무장한 북한으로부터 받는 위협으로 인해 힘의 정치가 여전히 유효하며 아시아-태평양 지역에서는 전쟁이 불가능한 것은 아니라는 사실을 확신하고 있다. 이에 일본은 방위청을 방위성으로 승격하고 국방비 지출 비율을 늘렸으며 미국과의 안보동맹을 강화했다. 동시에 유엔 평화유지작전을 포함해 일본의 국제군 역할을 확대했고 이라크와 아프가니스탄에 원조를 제공했으며, 국제사회 내 일본의 역할을 보다 광범위하게 생각하게 되었다.[83]

일본과 중국 사이의 경쟁은 19세기 후반부터 지속되어 왔다. 천 년 이상 중국인들은 중국 중심의 세계에서 열등한 종족으로 일본을 경시했다. 유교적 관점에서 일본은 중국이라는 학교의 학생으로, 중국이라는 가족의 동생으로 자애롭게 다뤄지거나, 또는 해적 국가로 악의적으로 다뤄졌다. 메이지 유신 이후 부상한 일본이 1895년의 청일전쟁에서 승리하고 중국에게 굴욕을 안긴 이후 중국인의 우월감은 일본인에 대한 증오로 바뀌었다. 더욱이 중국은 이후 수 차례의 무자비한 외침을 받았는데, 그 대표적 사례가 1930년대 후반의 난징 대학살이었다. 그러한 기억은 여전히 대부분의 중국인들의 뇌리에 남아 있으며, 이에 중국인들의 일본에 대한 불신감은 인민과 군에 깊게 남아 있고, 세대를 뛰어넘어 내려오고 있다.[84] 일

83 냉전 종식 직후인 1990년대에 일본이 미국을 제치고 최대 경제국이 되고 정치적 지위와 영향력도 그만큼 상승해서 아시아-태평양 지정학을 완전히 바꿀 것으로 예상되었다. 하지만 일본은 실패했고, 이러한 사례가 중국의 부상, 미국의 지속적인 국력, 그리고 패권의 성격에 대해 말해 주는 바가 있다.

본인들도 중국에 대한 감정이 좋은 것은 아니다. 그들은 "아우"로 여겨지기를 원치 않는다. 최근 힘의 균형이 일본으로부터 중국으로 전환될 수도 있다는 인식은 일본 내 민족주의를 부추기는 데 일조했으며, 동시에 일본이 미국 그리고 다른 역내 국가들과의 관계를 강화해 그런 경향에 맞서려는 노력을 하게 했다. 이들 양 민족 간의 적대감은 중국이 일본의 최대교역국이 되고 일본 내에서 중국어가 영어 다음으로 많이 학습되는 외국어가 되었다는 사실에도 불구하고 계속 확산되고 있고, 깊어지고 있다. 이러한 양국 간의 경쟁 관계는 아시아 지정학의 중요한 특성으로 남아 있다. 중국과 일본은 군사 및 경제영역에서 서로를 의식하며 국력 증대와 지위 제고를 추구하고 있다. 중국이 대만에 대한 군사행동을 취한다면 일본은 이를 국가안보에 대한 심각한 위협으로 간주할 것이다. 양국은 각지에서 우방을 찾고 있다. 중국은 일본이 유엔안보리 상임이사국이 되는 것을 저지하고 있고, 일본은 대만과 우호적인 관계를 만들고자 하고 있다. 양국은 외교무대에서 서로 이기려 하고 있고, 다른 국가들과의 전략적 관계를 공고히 하려 하고 있다. 전통적인 권력 투쟁이 여전히 지속되고 있는 것이다.

---

84 David Shambaugh, *Modernizing China's Military: Progress, Problems, Prospects* (Berkeley, California: University of California Press, 2004), p. 301.

넷째, 과거에는 아시아-태평양 지역에서 관심받지 못했던 인도 역시 냉전 종식 이후 역내에서 중요하게 다뤄져야 하는 주요 전략적 행위자가 되었다. 인도는 또 하나의 야심 있는 강대국으로, 역동적인 서비스와 첨단 산업을 갖추고 있고 최근 몇 년 사이에 중국만큼이나 빠르게 경제 성장을 하고 있어, 글로벌 시대에 활약하기에 적합한 조건을 갖고 있다.[85] 중국과 마찬가지로 인도는 지역 패권국이었던 자랑스러운 역사와 영국에 식민통치를 받았던 굴욕의 역사를 모두 가지고 있으며, 보다 우월한 국제적 지위에 대한 열망을 품고 있다. 위대한 고대 문명의 후손으로서 인도가 가지고 있는 자부심은 새로운 것이 아니지만 시간에 따라 변화하고 있다. 냉전시기에 인도는 스스로를 전통적인 의미의 강대국으로서가 아니라 초강대국들에 대한 거대한 도덕적 균형추(counter weight)로 인식했다. 인도의 지도자들은 힘의 정치에 대해 경멸을 드러냈고, 적절하게 적용한다면 세계를 변화시킬 법한 평화 공존과 다자주의라는 일련의 새로운 원칙들을 실천하는 선구적 국가로 인도의 이미지를 구축했다.[86] 그러나

85 Robyn Meredith, *The Elephant and The Dragon; The Rise of India and China and What It Means for All of Us* (New York: W.W, Norton, 2007).

86 오늘날 탈근대성격의 유럽인들과 세계인들은 이것을 인정하지 않은 채 채택한 것으로 보인다.

1990년대 급격한 경제 성장과 더불어 인도인들은 스스로의 모습을 더 이상 힌두나 탈근대적 측면에서 보지 않고, 전통적인 지정학적 의미에서의 강대국으로 보기 시작했다.[87] 인도인들은 다른 국가들과 마찬가지로 탈냉전시대에서도 힘의 정치가 국제관계를 지배한다는 사실을 깨달았고, 증가하고 있는 자국의 국력을 믿기 시작했다. "논리"를 강조하는 것(power of argument)으로부터 "힘"을 강조하는 것(argument of power)으로 그 초점이 옮겨 간 것이다. 실질적인 핵무기 보유국으로 인정받고자 하는 인도의 강한 의지는 이를 압축적으로 잘 보여 준다. 여기에는 경제적인 성공 역시 중요한 역할을 했는데, 이 경제적 성공은 인도의 정치지도자들이 1998년 일련의 핵실험을 감행하기로 결정했을 때, 1930년대 이탈리아가 북아프리카에서 침략행위를 벌였을 때처럼, 지난 10여 년간의 경제성장을 이룬 인도를 국제사회가 벌하지 않을 것이라는 자신감을 갖게 했기 때문이나.[88] 핵클럽에 가입하기 위한 인도

87 힌두의 시각에 대해서는 D. Mackenzie Brown, "Hindu and Western Realism: A Study of Contrasts," in Joel Larus, ed., *Comparative World Politic: Readings in Western and Premodern Non-Western International Relations* (Belmont, California: Wadsworth Publishing, 1965), pp. 266-270; Roger Boesche, *The First Great Political Realist: Kautilya and His Arthashastra* (Lanham, Maryland; Lexington Books, 2002). 등 참조.

88 Robert Kagan, *op. cit.*, p. 42.

의 확고한 야심은 파키스탄, 중국과의 잠재적 충돌에 대한 전략적 고려에 근거한 것이었다.

그러나 보다 정치적인 의미로 보면, 인도 역시 국가적 명예, 국제적 위신 그리고 깊이 뿌리 내리고 있는 자부심 등 보다 일반적인 목적을 위해 핵무기를 개발했다. 인도는 네팔, 스리랑카 그리고 인도양의 주요 도서 등 보다 작은 국가들에 대해 지배적인 영향력을 행사하며 주변 국가들 사이에 패권을 추구하고 있다. 동시에 중국과 같은 기타 강대국이 이들 주변 국가들과의 관계를 맺지 못하게 막고 있다. 인도는 인도양과 그 도서에서 자국에 유리한 힘의 균형을 추구하고 있고, 중국이 이득을 취하는 것을 막기 위해 노력하고 있다. 모한(C. Raja Mohan)에 따르면 세계 전반에서 인도는 국제적 힘의 균형에 있어 "그네와 같은 국가"(swing state)와 같은 역할을 추구하고 있다.[89] 보다 전통적인 용어로 표현하면, 인도는 현재의 단극적 국제체제 내에서 스스로의 한계를 깨닫지 못하고 "균형자"(balancer)가 되기를 열망하고 있다. 그러나 현재의 상황에서 그러한 인도의 야심에 가장 큰 걸림돌은 중국이다. 양국 간에는 해결되지 않은 국경분쟁 문제가 남아 있고, 파키스탄에 대한 중국의 지원은 인도인들의 심기를 불편하게 하고 있다. 한편으로 최근에는 양국 간 경쟁이

89 C. Raja Mohan, "India and the Balance of Power," *Foreign Affairs*, Vol.85, No.4 (July/ August 2006), pp. 17-18.

새로운 형태를 취하고 있다. 성장한 중국 해군이 인도양까지 진출하면서, 인도인들을 괴롭히기 시작했는데, 이에 인도는 중국의 군사팽창과 미얀마, 방글라데시, 스리랑카, 몰디브, 세이셸(Saychelles), 모리셔스(Mauritius), 마다가스카르(Madagascar) 등의 지역 국가들과 해양협력관계를 맺는 데 대해 불만을 토로하고 있다.[90] 양국 간의 전쟁 가능성은 낮아 보이지만, 이러한 지정학적 경쟁이 국제적 지정학의 힘의 역학관계를 재편성하고 있는 것은 분명하다.

중국은 파키스탄과의 동맹을 유지하고 있다. 이전의 동맹인 소련이 사라진 인도는 이에 대한 대응으로 일본, 미국과 더 긴밀한 관계를 형성하고 있다. 중국이 2005년 첫 번째 동아시아 정상회담에서 인도를 제외하려고 했을 때, 일본은 인도의 편에 섰다. 파키스탄이 중국에게 남아시아지역협력연합(South Asian Association for Regional Cooperation)의 옵저버 지위를 제안하자, 인도는 일본, 한국, 미국을 끌어들여 중국의 영향력을 통제하고자 했다.[91] 일본은 인도에 투자와 개발 지원을 하고, 동시에 인도양에서의 군사협력을 수행하면서, 아시아에서 인도를 전략 파트너로 삼았다.[92] 2007년 벵골 만에서는 인도, 일

90 Robert Kagan, *op. cit.*, p. 43.

91 C. Raja Mohan, *op. cit.*, p. 30.

92 *Ibid.*, p. 45.

본, 호주, 싱가포르, 그리고 두 개의 항공모함 전단을 갖춘 미국 등이 참여한 대규모 합동해상훈련이 이루어졌다. 이것은 중국 주변을 따라 위치하고 있는 동북지역부터 동남지역에 이르는 국가들이 합동훈련을 한 최초의 사례였다. 중국은 정식으로 이들 각 국가들에게 항의했고, 그 국가들로부터 그 훈련이 어느 국가의 봉쇄를 위한 것이 아니라는 확인을 받았다.[93] 그럼에도 불구하고 군사훈련은 멀지 않은 미래에 다가올 일들에 대한 전조를 암시하지 않을 수 없다.

다섯 번째, 미국에 있어 부시 독트린(Bush Doctrine)은 혁신적인 외교정책이 아니었다. 9·11테러는 혁신이 아닌 선례(先例)를 찾게 했다. 9·11 이후 부시 대통령은 전임 대통령들이 그랬던 것처럼 그동안 지속되어 온 미국의 문화와 이념적 책무를 피할 수 없었다. 이러한 점에서 부시 행정부는 전임자들의 외교정책을 모방했다. 부시 대통령의 후임인 오바마 대통령이 비슷한 상황에 처하더라도, 그는 말만 다르게 할 뿐 똑같은 대응을 할 것이다.[94] 부시

93 *Ibid.*, p. 46.

94 Timothy J. Linchy and Robert S. Singh, *After Bush: The Case for Continuity in American Foreign Policy* (Cambridge: Cambridge University Press, 2008), p.297; Robert G. Kaufman, *In Defense of the Bush Doctrine* (Lexington, Kentucky: The University Press of Kentucky, 2007); John W. Dietrich, ed., *The George W. Bush Foreign Policy Reader: Presidential Speeches with Commentary* (Armonk, New

독트린에 대해서는 대체로 다음의 세 가지 원칙이 언급된다. 즉, 예방적 또는 선제적 군사 조치, 민주주의의 증진, 그리고 유엔 안보리와 같은 국제제도의 위임이나 동맹들의 합의에 의한 승인 없이 행동하려는 일방주의적 외교 등이 그것들이다.

미국인들이 갖고 있는 독특한 역설은 대다수의 미국인들이 자신들은 기본적인 안보와 경제적 번영을 넘어선 국가적 야망을 갖고 있지 않다고 생각한다는 점이다. 세계적 제국을 추구한다는 것은 더더욱 생각할 수 없는 것이다. 일반 대중이 생각할 때, 심지어 엘리트 외교정책 집단이 전망할 때조차, 미국은 다음 무법자들이 마을로 침입할 때까지 자신의 일에만 신경 쓰는 "마지못해 나서는 보안관"(Reluctant Sheriff) 정도로 간주되었다.[95] 그리고 이것은 미국인들이 좋아하는 서부영화의 가장 흔한 주제로 반영된다. 이는 미국이 우연히 역사상 유례가 없는 오늘날의 세계적 패권의 정점에 이른 것이고, 미국인들은 국제체제에서 세계의 패권국가로서의 지위와 역할을 바라기는커녕 향유하지도 않는 것 같다. 그러나 진실은 그들이 그것을 원했고, 그것을 통제하고 있다는 것이다.[96]

York: M.E. Sharpe, 2005).

95 Richard N. Haas, *The Reluctant Sheriff: The United States After the Cold War* (New York; The Council on Foreign Relations, 1997).

96 Robert Kagan, *op. cit.*, p. 52.

미국인들은 자신들의 가치관과 선호에 맞게 세계를 재편성하는 과정에서 다른 국가들에게 자국이 원하는 바를 때로는 소프트파워를, 때로는 하드파워를 이용해 관철시켰다. 자결(self-determination)을 수호하는 국가가 좋은 명분으로라도 다른 국가들로부터 그 권리를 박탈하는 게 기분 좋을 리 없을 것이다. 이것은 미국만의 고유한 특성은 아니다. 그것은 고대 그리스 세계에서 민주적인 아테네의 지도자 페리클레스(Pericles)에게도 문제로 주어졌었다. 라인홀트 니버(Reinhold Niebuhr)가 말했듯이, 덕이 있다는 것이 죄가 없다는 것은 아니다.[97] 미국인들은 다른 국가들에게 자신들의 요구를 강요할 때, 특정 세계에 대한 자신들의 요구와 재정적, 도덕적 비용과 인명 손실을 피하려는 그들의 바람을 조화시키는 방법을 강구해 왔다. 동시에 미국인들은 미국이 우드로 윌슨 대통령에 의해 구상된 일종의 국제질서, 즉 민주주의 원칙을 따르고 도덕과 정의를 방어하는 법과 제도의 세계를 구축할 수 있다고 믿었다.[98] 따라서 미국인들은 미국의 힘이 사용되어야 한

97 Reinhold Niebuhr, *The Irony of American History* (Chicago, Ill.: University of Chicago Press 1985) (originally published in 1952), pp. 5, 23.

98 Joan Hoff, *A Faustian Foreign Policy From Woodrow Wilson To George W. Bush: Dreams Of Perfectibility* (Cambridge: Cambridge University Press, 2008).

다고 하면 그것이 국제사회를 위해 부득이한 것이라고 보았다.

III. 아시아-태평양 지역에서의 "부상하는 중국"

"중국의 부상"은 21세기 국제체제에 있어 가장 중요한 특성 중의 하나임에 틀림없다. 부상하는 중국이 현 국제체제에 어떠한 영향을 미칠 것인가에 관한 질문은 매우 흥미로운 것이다. 중국의 부상은 널리 환영받고 있는 것만은 아니다. 아시아-태평양 지역의 국가들에게 부상하는 중국은 이따금 역내 불가피한 패권경쟁의 전조로 보여졌다.[99] 따라서 소위 "중국의 위협"이란 주제는 소련이 해

99 지리는 국제정치에서 항상 중요해 왔다. Harm de Blij, *Why Geography Matters* (New York: Oxford University Press, 2005). 그 이유는 국제정치는 손님들이 미리 정해진 테이블세팅에 따라 앉는 저녁식사와 같기 때문이다. Hans Mouritzen, *Theory and Reality of International Politics* (Aldershot, England: Ashgate, 1998), p. ix. 모든 손님은 주변에 앉은 손님들과 기쁘던 불쾌하던 함께 해야 한다. 가장 주도적인 목소리가 큰 인원들을 제외하고는 대부분이 소음 때문에 멀리 떨어져 있는 손님들과는 대화를 하지 못한다. 마찬가지로 국제정치에서 패권적 강대국들은 지역 밖까지 활동의 범위가 넓지만 대부분의 강대국들은 지리적으로 주변국인 국가들과 상호작용을 한다. 주변 강대국에 의해 위협받는 일반 국가는 도망칠 기회가 없다. 대부분의 국제적 이론 형성에 있어, 국가들이 이동 가능하다고 가정되곤 한

체되고 양극적 냉전 국제체제가 종식된 이후 국제관계와 외교정책 실무자들과 학자들의 뜨거운 관심을 모으고 있는데, 특히 아시아-태평양 지역의 국제관계 분야와 외교정책 실무자들과 학자들에게 있어 이런 현상이 더욱 강

다. 다시 말해, 국제정치가 손님들이 자유롭게 이동할 수 있는 연회와 같다고 보는 것이다. 자유주의적 국제주의자들은 현실주의자들보다 이렇게 보는 경향이 많다. 그러나 국가들의 이동불가능성은 무정부상태만큼이나 근본적인 국제정치의 성격을 구성한다. 지리적 조건은 가장 영구적이기 때문에 외교정책에서 가장 중요한 요소이다. Nicholas J. Spykman, *The Geography of the Peace* (Harcourt, Brace and Company, 1944), p. 41 참고. 세계지정학에서 유라시아국가들의 위치는 한 세기가 넘는 논쟁의 주제였고 몇몇 주요한 예측적 분석을 낳았다. 1904년 1월 Halford J. Mackinder는 "The Geographical Pivot of History"라는 주제로 런던 왕립지리학회에서 강연을 했다. 여기서 그는 해군력이 영국을 시대의 초강대국으로 만들었다면, 앞으로는 거대한 육지지역이 지정학을 지배할 것이라고 주장했다. 이러한 추축지대(pivot area)는 유라시아 내륙이고 이 지역은 미래의 강대국이 세계지배를 이룰 만한 힘을 제공할 것이라는 것이다. 그는 나중에 이 지역을 심장부(heartland)로 명명했는데 이는 동유럽에서 러시아 서부에 걸쳐 있는 지역이다. 일본과의 전쟁에서 패배한 러시아제국이 무너지고 있을 때, 맥킨더(Mackinder)는 이미 러시아의 세계강대국으로의 부상을 예견했다. 그가 1947년 죽고 소련이 두 개의 초강대국으로 부상했을 때, 이러한 지정학이론은 큰 관심을 받았다. 알렉시스 드 토크빌(Alexis de Tocqueville)은 맥킨더보다 70년쯤 전에 세계가 미국과 러시아를 중심으로 양분될 것으로 예견한 바 있다. 그러나 맥킨더와 다르게 토크빌은 지리적 위치가 아닌 서로 다른 정치이념에이러한 세계가 근거할 것으로 보았다. 하지만 과거 소련과 달리 중국은 공산주의적 이념을 확산시키려고 하지 않는다.

하다.[100]

비교적 최근에, 저명한 현실주의 국제정치학자인 미어샤이머(John J. Mearsheimer)는 경제력을 갖춘 중국이 현상유지국가로 남지 않을 것이고 역내 패권을 추구하는 공세적 국가가 될 것이라고 주장했다.[101] 중국이 현재의 미국에게 도전하거나 균형을 이룰 힘이 충분하지 못하고, 미국의 행동에 대해 다른 국가들보다 비판의 목소리를 덜 내는 경향이 있다 하더라도, 궁극적으로는 대결국면으로 가게 될 수도 있다. 미국이 중국의 부상에 대해 무턱대고

아마도 맥킨더에 대한 가장 큰 비판은 유라시안 림(Eurasian rim)을 주장한 니콜라스 스파이크만일 것이다. 그는 2차 세계대전 이후 소련이 얼마만큼 강해질 것인가에 상관없이 소련의 전략은 유라시안 림으로 영역을 확장할 것이라고 결론 내렸다. 2차 세계대전과 한국에서의 뒤따른 상황은 미국을 일본, 타이완, 필리핀, 베트남에 걸친 아시아의 입구에 놓이게 했다.

100 이 이슈에 대한 최근의 관심에 대하여는, "Asia Rising," in *National Interest*, No. 89 (May/June, 2007.); Avery Goldstein, *Rising to the Challenge: China's Grand Strategy and National Security* (Standford: Stanford University Press, 2005); Constantine C. Menges, *China: The Gathering Threat, Nashville* (Tennessee: Neson Current, 2005); Robert G.Sutter, *China's Rise in Asia,* Lanham (Maryland: Rowman & Littlefield, 2005); Ross Terrill, *The New Chinese Empire* (New York: Basic Books, 2003); Steven W. Mosher, *China's Plan to Dominate Asia and the World Hegemon* (San Francisco: Encounter Books, 2000)을 참고.

101 John Mearsheimer, *The Tragedy of Great Powers Politics* (New York: W.W. Norton, 2001), p. 402.

우려할 직접적인 이유는 없지만 양국 간의 관계는 미래의 패권 경쟁의 심각한 충돌이 있는 도처에서 일어날 것이며, 이것은 아시아-태평양 지역에 대전환을 가져올 것이다. 대부분의 현실주의자들이 말하듯이 국가의 가장 중요한 요소는 하드파워(물질적 능력)와 소프트파워(비물질적 능력)으로 이루어진 상대적 국력이기 때문이다. 국가의 목표가 끊임없이 변함에도 국력은 국가가 추구하는 어떤 목표에 대해 필수적인 수단이다. 국가들이 해결해야 할 과업은 기본적으로 동일하다. 국가들은 주로 유사한 과업을 수행하는 힘의 크고 작음으로 구분된다. 따라서 희소한 자원을 확보하기 위해 확장하고 예방적 공격을 하는 것이 홉스의 자연상태와 유사한 무질서한 환경에서 국가들이 보다 큰 권력과 안보를 성취하는 최선의 수단이 되기도 한다. 따라서 미어샤이머는 그와 같은 무질서한 상황에서 역내 패권을 이루지 못한 모든 강대국들은 공격적 의도를 가진 현상타파적 국가가 된다고 주장한다. 또한 그는 개별 국가의 고유의 특성이 아닌 국제체제의 구조로 인해 국가들이 공격적으로 사고하고, 행동하며, 패권을 추구하기 때문에, 지역을 제패할 잠재력을 가진 국가들은 역내패권을 달성하기 위해 끊임없이 노력할 것이라고 주장한다.[102]

---

102 *Ibid.*, pp. 43, 53.

이러한 "공격적 현실주의"(offensive realism)가 옳다면, 부상하는 중국은 그러한 패권추구국가의 최적의 예라고 볼 수 있다. 중국 역사에 있어 중국이 이러한 위치를 추구하는 것이 처음은 아니고, 단지 19세기에 상실한 지위를 회복하기 위한 노력일 뿐이다. 강대국으로서의 중국의 재부상은 역내 패권을 위한 미-중 간의 노골적인 충돌이 아닐지라도 적어도 이론상 패권 전이(transition)의 전조가 된다. 그러나 희망일지라도 자유주의적 국제주의자(liberal internationalist)들과 구성주의자(constructivist)들 대부분이 21세기를 예견하는 것처럼 매우 복잡한 오늘날의 국제정치의 성격을 담아 낼 수 없다는 반론도 강하다.[103]

이제 막 시작된 21세기의 아시아-태평양지역에서 세력전이이론은 과연 어느 정도의 적실성을 가질 것인가?[104] 국제관계에서 지리는 손님들이 예정된 테이블배

---

103 국제정치에서 세력전이의 일반적인 현상에 대하여 길핀은 힘의 분배와 체세의 다른 요소늘 간 변화의 속도가 분리 또는 불균형을 만들어 낸다고 주장했다. 상대적 경제력의 변화에 따른 분리는 세력균형을 약화시키고 불안정과 긴장을 낳는다. 이것은 부상국들로 하여금 국제체제를 그들의 이익에 부합하도록 바꾸도록 한다. 이 경우, 하강하는 국가들이 저항함에 따라 충돌은 불가피해진다. 국제체제는 패권을 위한 경쟁 때문에 불안정화될 것이고 세계평화는 위협받는다. Robert Gilpin, *War and Change in World Politics* (New York: Cambridge University Press, 1981), p. 48.

104 Harm de Blij, *Why Geography Matters* (New York: Oxford University Press, 2005).

치에 따라 앉는 공식 저녁식사와 유사하기 때문에 항상 중요했다.[105] 각 손님은 선호와 관계없이 두세 명의 다른 손님들 중 정해져 있는 손님이 옆자리에 앉는 것을 받아들여야 한다. 또한 목소리가 큰 주요 인원을 제외하고는 대부분이 소음 때문에 멀리 떨어져 있는 손님들과는 대화를 하지 못한다. 마찬가지로, 세계적인 패권강대국은 다른 국가들보다 활동반경이 넓지만, 강대국들은 주로 지리적으로 근접한 역내 국가들과 상호작용한다. 이웃한 강대국에 의해 괴롭힘을 당하는 일반 국가들은 도망이라는 선택권이 없다.

중국은 20세기 초에 일본이라는 신흥 패권 강국에 의해 최종적으로 사라질 때까지 천 년이 넘는 기간 동안의 동아시아 제국을 의미하는 '중화(中華)'라는 역사적인 지위를 회복해서 역내 패권적 위치에 올라서기 위한 수순을 밟고 있다. 패권적 성격은 중국인들과 그들의 국가정체성의 고유한 국가적 이상 형성 구조(dream-work)에 깊게 각인 되어 있고, 국가 운명 의식과 긴밀하게 관련되어 있다. 외세에 지배권을 내주기 싫어하는 성향은 중국의 제국 역사뿐만 아니라 현재진행형인 중국인들의 문화적 우월감에서 기인한 것이다.[106] 지난 30여 년간의 중국의 경

---

105 Hans Mouritzen, *Theory and Reality of International Politics* (Aldershot, England: Ashgate, 1998), p. ix.

106 Steven W. Mosher, *Hegemon* (San Francisco, California:

제발전은 경제적 잠재력을 보여 주었고, 인류역사상 가장 단기간에 발생한 지역적 변환(regional transformation)을 이뤄 냈다. 경제력과 함께 정치적 영향력을 갖게 되었고, 중국과 미국 간 새로운 지정학적 관계를 상상할 수 있게 되었다. 부상하는 중국은 단순히 역사적 원한을 가진 신흥강대국에 그치지 않고 있다. 중국은 아시아-태평양 지역에서는 패권국의 지위를, 세계에서는 그에 걸맞는 지위를 회복하기 위해 기다리고 있다. 미국과 중국은 다가오는 미래에 과연 물러설 곳 없는 대결을 피할 수 없을 것인가?

중국은 현대식 제국으로 남아 있다. 청나라의 해체기를 겪는 동안 영토의 상실이 있었지만, 중국은 한반도와의 국경으로부터 신장지역에 이르는 그리고 몽고초원으로부터 티베트에 이르는 제국의 영역을 유지했다. 티베트와 신장은 중국의 제국 안정성에 있어 아킬레스건과 같은 곳이다. 티베트는 중국 영토의 8분의 1을 치지하고 있다. 중국에게 있어 티베트인들의 독립 요구는 여전히 난감한 문제다. 신장위구르 자치구는 중국 영토의 6분의 1 정도를 차지하고 있고, 8개 국가(몽골, 러시아, 카자흐스탄, 키르기스스탄, 타지키스탄, 아프가니스탄, 파키스탄, 인도 등)와 5,600km의 국경을 접하고 있다. 내륙지방인 신장

Encounter Books, 2000), p. 1.

은 1999년부터 시작된 중국의 서부 대개발 계획으로부터 많은 이익을 얻었다. 그러나 이 지역은 2009년 7월 6일의 우르무치 사건이 보여 주듯이, 언제 폭발할지 모르는 휴화산과 같다. 민족, 종교, 문화, 정치, 지역 문제들이 복합적으로 작용하고 있다.[107] 티베트와 신장에서 나타나는 문제의 심각성을 고려한 공산주의자들과 덩샤오핑을 비롯한 실용주의자들은 수많은 소수민족을 포함하고 있는 거대한 제국을 적어도 원칙상 자신들의 개별 목표를 따르는 공간 틀(spatial framework)로 조직했다. 마오쩌둥 이후의 행정부들이 이뤄 낸 일부 지정학적 변화들은 이 지역들을 직접 통제하려는 중국 지도부의 의지를 보여 준다.[108] 또 다른 일부 변화들은 자본주의적 경제에 공산주의적 정치를 융합하는 것을 촉진했다. 그 외의 추가적인 변화는 이전의 유럽 식민지였던 홍콩과 마카오의 반환으로 이뤄졌다. 만약 대만문제가 의도치 않게 해결된다면, 중국의 지정학적 지도는 한 번 더 변화되고 확장될 것이다. 현대 중국은 제국의 산물일 뿐만 아니라 계속해서 제국적인 확장적 목표를 이어가고 있다.[109] 중국의 영토 확대는 아직 끝

107 이들 지역에 대한 간단한 역사적 배경에 대해서는 Mark Mancall, *China at the Center: 300 Years of Foreign Policy* (New York, the Free Press, 1984) 참고.

108 Harm de Blij, *op. cit.*, p. 139.

109 Ross Terrill, *The New Chinese Empire and What It Means for*

나지 않았다. 대만뿐만 아니라 인도 동북부와 몽골과도 영토문제가 걸려 있다. 해안지역에서 중국은 남중국해 전역으로 영토관할권을 확장하게 해줄 도서지역들의 소유권을 두고 일본, 베트남, 필리핀, 말레이시아, 인도네시아와 경합을 벌이고 있다.

많은 국가들이 이웃 국가들과 영토문제를 갖고 있지만 중국인들의 영토문제는 중국이 이미 대국이 되어 있는 한 보다 큰 중요성을 갖는다. 더 중요한 것은 일본으로부터 호주, 그리고 필리핀으로부터 미얀마에 이르는 서태평양에 대한 영향력과 권력을 두고 벌일 미국과의 경쟁에서 중국의 취할 역할이다. 미국은 이 지역에서 오래도록 안정을 유지하는 역할을 해 왔고, 전후 민주주의를 강화하고 20세기의 상당한 경제성공을 창출해 온 일본과 관계를 맺어 왔으며, 민주적 지배로 발전하고 번영하면서 환태평양의 초기 경제 "호랑이들" 중의 하나인 한국을 보호하기 위해 군시주둔을 해 왔고, 중국이 티베트에서 행한 것과 같은 병합을 방지하는 대만과의 특별한 관계를 유지해 왔다. 1991년까지 필리핀에 주둔했던 미군은 중국이 남중국해 전역에 대한 권리를 주장하며 공격적인 태도를 취하는 일을 막았다. 미국과 싱가포르 간의 친밀한 관계 또한 이러한 지정학적 틀의 또 다른 부분이었다. 중국

---

the United States (New York: Basic Books, 2003).

인들이 동아시아에 강력한 미국이 존재하고 북미 환태평양에 중국이 부재하다는 비대칭에 대해 항상 불만을 표하지만 중국은 이미 호주의 광산과 미얀마의 삼림, 말레이시아와 브루나이의 유전 등에서 엄청난 양의 천연 자원을 채굴하고 있다. 이 과정에서 이 지역에 대한 중국의 정치적 영향력 역시 커졌다.[110]

오늘날 세계는 아태지역의 정치 및 경제 풍토를 바꾸고 있는 현 세대 중국의 사업가들과 외교관들의 능력에 놀라고 있다. 전후 중국과 일본 간에 감정의 앙금이 남아 있음에도 불구하고 일본은 미국보다 중국으로부터 더 많은 수입을 하고 있다. 이것은 수십 년 전만 해도 상상하기 힘든 일이었다. 중국은 수십 년간 교류가 없었던 대한민국의 최대교역국이 되었다. 북한의 핵위협으로 인해 중국은 핵확산금지조약(NPT)의 국제 안보 문제를 다룬 6자회담에서 중요한 중재자 역할을 맡기도 했다. 아태지역에서 중국이라는 붉은 별은 마침내 떠올랐고 이 지역에서 벌어지고 있는 지정학적 재구성의 원동력이 되고 있다. 지구상에서 가장 많은 인구를 갖고 있고, 가장 오래된 대제국의 전통을 계승하고 있으며, 가장 오래 지속된 문명 수호자의 후손인 중국이 초강대국 미국에 의해 질서가 유지되어 온 지정학적 세계에서 자신의 지위를 요구하고 있

110 Harm de Blij, *op. cit.*, p. 146.

는 것이다. 중국은 21세기 들어 새로운 지정학적 문제들을 만들어 내면서 그와 같은 도전을 시작하고 있는 최초의 비서구권 국가다.

IV. 부상하는 중국, 배부른 용으로 남을 것인가?

중국인들은 그들의 경제가 곧 세계최대가 된다는 예측에 매혹되었다. 그래서 그들은 초강대국 후보국가로서 그에 합당한 인정과 존중을 받아야 한다고 생각한다. 이미 유엔안보리의 상임이사국이자, 7개의 핵보유국 중 하나라는 사실만으로는 충분하지 않다. 중국의 지난 30여 년간의 성취는 그들이 기대하거나 생각하는 만큼의 국제적 입지 변화를 가져오지 않았다. 오늘날의 중국은 빠른 속도로 발전하는 경제성장을 명백한 예로 제시하면서, 기대에 못 미치는 국제적 입시에 대한 불만을 표시하고 있다. 덩샤오핑 개혁의 경제적 성공은 중국인들이 외부세계에 대해 더 자신감을 갖도록 미국과의 관계를 호전시켰어야 했다. 그러나 그것은 오히려 더 큰 긴장감과 좌절감만을 불러왔다.[111]

국내사회 내 개인들이 특권 집단과 소외 집단 등으로

111 Lucian W. Pye, "China's Quest for Respect," *New York Times* (February 19, 1996).

계층화되듯이 국제사회 내 국가들은 군사력을 비롯해 그 지위(status)와 위신(prestige)에 따라 위계적으로 나뉜다. 국가들 간 불평등은 여러 면에서 개인들 간 불평등보다 더 심하다. 이를테면 국가들은 불평등하게 태어난다.[112] 엄밀히 말해 과두체제인 국제체제는 힘이 정의인 무정부 체제이고, 힘과 부의 차이가 불평등을 완화시키기보다는 영속화시키기 때문이다.[113] 국제체제에 있어 극은 권력과 지위의 불평등을 보여 주는 한 방법이지만 다른 것들도 존재한다.[114] 지위는 역사를 통틀어서 수많은 수단을 통해 획득되고 정의되었었다. 그러나 국가이익의 관점에서 이 문제를 다뤘던 한스 모겐소를 제외하고 대부분의 국제정치이론가들은 국제사회에서 국가의 지위 역시 시간과 공간에 따라 변화한다는 것에 주목하지 않았다.[115]

112 Robert W. Tucker, *The Inequality of Nations* (New York: Basic Books, 1977), p. 3.

113 Raymond Aron, "The Anarchical Order of Power," in Stanley Hoffmann, ed. *Conditions of the World* (Boston: Houghton Mifflin Co. 1968), pp. 25-48.

114 Randall L. Schweller, "Realism and the Present Great Power System: Growth and Positional Conflict," in Ethan B. Kapstein and Michael Mastanduno, eds. *Unipolar Politics* (New York: Columbia University Press, 1999), p. 42.

115 국가이익의 이러한 면은 국가행동의 매우 중요한 동기로 최근 재강조되었다. Richard Ned Lebow, *A Cultural Theory of International Relations*, (New York: Cambridge University Press, 2008)을 참고.

국가의 성장은 과밀(congestion)이나 밀집(crowding out)과 같은 것에 의해서든, 희소성 자체로부터 야기되는 만족감의 감소를 통해서든 사회적 희소성을 만들어 낸다. 그 결과 이러한 현상은 지위 경쟁을 심화시킨다. 간단히 말해, 사회들이 점점 더 풍족하게 됨에 따라, 경쟁에서 뒤쳐지지 않고 제자리를 유지하는 것만을 위해서도 모두가 이전보다 더 많은 힘을 쏟아야 한다는 것이다. 이것은 급속도로 성장하고 확장하는 시대의 국제체제에서 부상하는 국가들에게도 적용되는 것이다. 보다 일반화하면, 불균등한 경제 성장은 계속해서 국제체제 내 권력을 재분배하고, 그렇게 함으로써 현상의 변화를 가져와, 결국 국가 간 갈등과 경쟁을 부추긴다.[116] 희소성의 조건하의 지위 경쟁의 논리와 국가들 간 불균등한 권력성장의 법칙을 고려할 때, 현존하는 국제질서에 만족하고, 체제 내 현재 지위에 만족하는 현상유지 국가들조차도 국제체제 내 현재의 상대적 권력 지위, 더 나아가 안보, 위신, 영향력의 수준을 유지하기 위해서 자국의 상대적 득실을 고려해야 한다. 여기서 지위의 재화(positional goods)는 절대적인 의미에서 혹은 사회적으로 부과된 의미에서 희소한 것이거나 보다 광범위하게 사용되어 과밀이나 밀집의 영향을 받게 되는 것이다.[117] 희소성은 특정한 재화의 절대적

116 이 주제는 투키디데스에서 시작해 레닌을 이어 오늘날 길핀에게까지 전해졌다.

공급의 물리적, 사회적 한계에 의해 발생한다. 허쉬(Fred Hirsh)에 따르면, 사회적 한계는 재화나 시설 사용의 증가가 절대적인 기준에서든 인구나 물리적 공간과 같은 차원과 관계해서든 주어진 양으로 만족감을 느끼지 못하게 되어 그 성격이 바뀔 때 나타난다. 이것은 일정한 "질"의 상품과 시설의 절대적 공급의 제한과 동일한 것이고, 이러한 의미에서 사회적 한계라고 간주되는 것이다.[118] 요컨대 빠른 성장은 안보가 튼튼하고 국제체제 내 잠재적인 위협국가가 없을 때조차 근본적으로 만족하고 있는 국가들 간에 상대적 이득의 중요성을 강화시킨다는 것이다.[119] 국가들이 무정부상태 아래 놓여 있는 한, 안보에 대한 우려는 결코 완전히 사라지지 않을 것이고 군사력은 계속해서 정치적 영향력을 좌지우지할 것이다. 제3차 세계대전의 가능성은 매우 낮아 보이지만, 국가들의 탐욕과 위신(prestige) 지향, 그리고 명예와 지위, 부의 추구가 항상 비폭력적인 형태를 가질 것이라고 결론 내리는 것은 섣부른 것이다. 따라서 2001년 9월 11일 이후 테러와의 전쟁이 보여 주듯, 군사력에 근거한 하드파워는 여전히 중요하며, 국가의 정치권력을 나타내는 궁극적인 척

117 Fred Hirsch, *Social Limits to Growth* (Cambridge, Mass.: Harvard University Press, 1976), p. 27.

118 *Ibid.*, p. 20.

119 Randall L. Schweller, *op. cit.*, p. 31.

도이다.

프랑스 속담을 원용해 말하면, 권력과 위신에 대한 욕구는 그것을 갖게 되면 더 추구하게 되는 것이다. 사회심리학자들에 따르면, 한때 별다른 대안이 없어서 열악한 경제적 상황에 순응한 사람들이 그들의 전망과 가능성을 다시 검토하기 시작할 것이다. 그들은 현재의 조건과 기회들을 자신들보다 나은 상황에 있는 그룹과 비교하고, 그들이 어떠한 권리로 그것을 얻었는지를 확인한다. 기대와 다르게, 보다 만족하지 못하게 되는데, 그것은 그들의 열망이 성취한 것보다 더 크기 때문이다.[120] 이 같은 논리적 주장은 역사적으로 영국과 프랑스, 독일과 일본, 소련과 미국의 대외확장이 그들의 집중적인 산업화와 경제발전 단계에 이루어졌다는 점을 보듯이, 국제체제 내 부상하는 국가들에 그대로 적용 가능하다.[121] 이것은 슈크리(Nazli Choucri)와 노스(Robert North)가 발전시킨 소위 "횡적 압력"(lateral pressure) 이론의 기본 논리이다. 이 이론의 중요하고, 가장 기본적인 "지배"변수들은 인구, 자원, 기술 등이고, 여기에서 기술은 사회 내 인적 지식과 기술의 수준과 발전속도를 의미한다. 인구 팽창과 기술 발전의 결합은 자원 수요를 빠르게 증가시키고 종종 내부

120 Ted Robert Gurr, *Why Men Rebel* (Princeton: Princeton University Press, 1970).

121 Randall L. Schweller, *op. cit.*, pp. 54, 67.

적 압력을 야기한다. 이러한 횡적 압력이 크면 클수록 국가 활동을 영토적 경계를 넘어서까지 확장할 가능성이 높아질 것이라고 한다.[122]

중국은 농촌에서 도시지역으로, 소도시에서 대도시로 이주하는 인구 집중을 수반하는 빠른 성장을 함에 따라, 큰 횡적 압력을 겪고 있다. 발전하면 할수록, 모든 종류의 자원에 대한 수요 또한 그만큼 커질 것이다. 이러한 횡적 압력은 과거에 역내 안정 그리고 국제 안정을 위험에 빠뜨렸던 것들과 유사하다. 냉전시기의 미소 간 이념 경쟁은 제2차 세계대전 종전 이후 자원 경쟁의 중요성을 가렸다. 그러나 냉전의 종식은 자원 경쟁 요소를 다시 한 번 주무대에 등장시켰다. 그러나 오늘날의 상황은 과거의 단순한 반복이 아니며 질적으로 다르다. 현재의 상황에서 자원 경쟁은 분쟁에 있어 결정적이고 중요한 역할을 하고 있는데, 이는 자원 경쟁이 "안보화"(securitization) 수준으로 제기되고 있기 때문이다.[123] 중국의 에너지 경쟁

122 Nazli Choucri and Robert C. North, "Dynamics of International Conflict: Some Policy Implications of Population, Resources, and Technology," in Raymond Tanter and Richard H. Ullman, eds. *Theory and Policy in International Relations* (Princeton, NJ.: Princeton University Press, 1972), pp. 85-86; Nazli Choucri and Robert C. North, *Nations in Conflict: National Growth and International Violence* (San Francisco: W.H. Freeman, 1975), pp. 14-24.

123 Michael T. Clare and Peter Pavilionis," Resource Competition in

의 안보화는 주로 중앙아시아와 아프리카 등지에서 석유와 가스에 대한 배타적 권리를 끊임없이 추구하면서 드러났다.[124] 그러나 가깝게는 동아시아 내 배타적 경제수역의 경계가 불분명한 지역에서 석유와 가스를 두고 일본과 분쟁을 벌이고 있다.

그렇다면 부상하는 중국은 어디를 향해 가고 있는가? 흥미롭게도 중국이 앞으로 가까운 미래에 가게 될 상반되지만 가능한 두 가지의 길에 대한 전망은 근대 일본의 역사에서 엿볼 수 있을 것이다. 첫 번째 모델은 메이지 유신부터 제1차 세계대전까지의 기간에 횡적 압력을 완화했던 것이고, 두 번째 모델은 제2차 세계대전 후에 횡적 압력을 완화했던 것이다.[125] 첫 번째 모델의 주요 양상은 국가 목표와 희소하고 가치 있는 자원을 추구하면서 나타난 내적 압력과 외적 압력의 결과로 성장한 군사적 능력과 상비 병력의 팽창, 무역과 영토 획득으로 강한 외적 팽창 요구를 야기하는 국내적 압력을 보여 주었다. 두 번째 모델에서의 일본의 확장활동과 이익은 군사 영역이

---

the New International Order," in I. William Zartman, ed. *Imbalance of Power* (Boulder, Lynne Renner, 2009), p. 204.

124 Arthur Waldron ed., *China in Africa,* Washington, D.C.: The Jamestown Foundation, 2008.

125 Nazli Choucri, Robert C. North, and Susumu Yamakage, *The Challenge of Japan Before World War II and After* (London: Routledge, 1992), 제6장과 제15장.

아닌 기술, 경제, 금융, 문화 영역에 주로 놓여 있었다. 횡적 압력의 주요 형태로서 국제무역과 투자활동이 식민지확장과 군사활동을 대체한 것이다. 이러한 새로운 방식은 경쟁적인 강대국들이 산업시대와 탈산업시대에 성공적으로 적응하도록 고안되었다. 이 적응에 있어 중심적이었던 것은 일본의 (국내 및) 외교정책과 행태에 있어서 방식, 양식과 특색 등의 급격한 변화였다.[126] 이러한 이유로, 전후 일본은 이따금 "무역국가"[127] 또는 "새로운 형태의 초강대국"[128]이라고 불렸다. 이러한 추론이 유효

---

126 *Ibid.*, p. 254. 저자들에 따르면, 전후 일본의 모델은 전쟁 전과 여러 면에서 다르다. 먼저, 인구변수의 성격이 변했다. 인구가 전쟁 전 횡적압력의 주요 요소였던 반면, 전후시대에서는 덜 중요해졌다. 이것은 인구요소가 중요해지지 않았다는 것이 아니라 인구의 변화와 산업노동력이 비교적 작은 영향을 미쳤다는 것을 의미한다. 두 번째, 완전한 군사적 선택권이 전후시대에서는 불가능해졌고 횡적 압력의 경제 역할은 구조적이었다. 이렇게 경제적 요소들의 중요성이 증가했다. 세 번째, 전체적인 성장과 확장 과정에서 수출입의 역할과 상관관계에 있어 강한 연속성이 있었다. 전후 일본의 횡적 압력은 인구가 아닌 기술적 능력과 자원적 제한성에 달려 있었다. 강화된 경쟁력과 기술적 우위는 여전히 일본의 강점이다. pp. 267-268을 참고. 따라서 우리는 일본이 다른 국가들과 상호작용함에 있어 경제적 힘에 의지하는 것을 이해할 수 있다.

127 Richard Rosecrance, *The Rise of the Trading State* (New York: Basic Books, 1986).

128 Craig Garby and Marry Brown Bullock, *Japan: A New Kind of Superpower?* (Baltimore, Maryland: The Johns Hopkins University

하다면, 일본의 두 모델 중 어느 것이 중국의 미래와 가까울 것인가? 공산주의 중국의 빠르게 변하는 성격으로부터 유추컨대, 부상하는 중국은 일본의 첫 번째 모델을 닮을 가능성이 높다. 간략히 말해, 중국은 전후 일본과 달리 민주주의 국가가 아니다. 중국이라는 용은 적어도 아시아-태평양지역에서 권력과 위신을 향해 하늘로 올라가려고 할 것이다.

V. 북한 핵미사일 도박의 위험성과 불안정한 한반도

제1차 북핵위기[129]는 북한이 1985년에 가입했던 핵

Press, 1994).

129 북핵문제에 관한 상세한 논의에 대하여는, Leon V. Sigal, *Disarming Strangers: Nuclear Diplomacy with North Korea* (Princeton, NJ: Princeton University Press,1998); James Clay Moltz and Alexandre Y. Mansourov, eds., *The North Korean Nuclear Program: Security, Strategy, and New Perspectives from Russia* (London: Routledge, 2000); Mitchell Reiss, *Dridled Ambition* (Washington D.C., The Woodrow Wilson Center Press, 1995), 제6장; Michael O'Hanlon and Mike Mochizuki, *Crisis on the Korean Peninsula: How to Deal with a Nuclear North Korea* (New York, McGraw-Hill, 2003); Joel S. Wit, Daniel B. Poneman, and Robert L. Gallucci, *The First North Korean Nuclear Crisis: Going Critical* (Washington, D.C.: The Brookings Institution, 2004)을 참고.

확산금지조약(NPT)에서 탈퇴하기로 발표한 1993년 3월 11일에 시작되었다. 이후 북한은 국제조사관들을 추방하고 핵연료봉 봉쇄를 푼 후 플루토늄 재처리를 다시 시작할 계획이었다. 미국은 유엔 안보리를 통해 북한에 대한 제재를 검토하도록 했다. 북한의 대변인은 제재를 전쟁행위로 간주할 것이라고 주장했다. 클린턴(Clinton) 행정부는 주둔하고 있던 미군병력 37,000명에 50,000명의 추가 병력과 400여 대의 전투기, 50척의 전함, 그리고 아파치 헬기, 브래들리 장갑차, 다연장발사체, 패트리어트 지대공미사일 등의 전투대대를 한반도에 증파할 계획을 세웠다. 클린턴(Bill Clinton) 대통령은 250명으로 이뤄진 사전준비팀에 이처럼 대규모로 증강되는 화력(firepower)을 관리할 본부를 만들도록 했다.[130] 이러한 조치들은 핵연료봉을 국제 통제하에 두기 위해 미국이 전쟁을 불사할 수도 있다는 신호를 북한에 보내기 위한 것이었다. 1994년 초에 클린턴 미 대통령은 북한의 침략에 대한 억지책으로 병력과 무기를 대규모로 증강하는 준비를 계속했다. 하지만 그는 또한 군사력 사용이 좋은 선택일 수 없다는 것을 알고 있었다. 전쟁으로 이어질 경우, 50만 명 정도의 미군과 한국군 병력, 그리고 100만 명 정도의 민간인이 죽거나 다치고, 600억 달러의 비용을 초래하며, 남

130 Fred Kaplan, *Daydream Believers* (Hoboken, New Jersey: John Wiley & Sons, 2008), p. 55.

한 경제를 1조 달러 정도까지의 경기침체를 가져올 것으로 추산되었기 때문이다.[131] 카터(Jimmy Carter) 전 대통령의 개입을 통해, 북한의 김일성 주석은 핵 사찰관들을 머물게 하고, 핵연료봉을 제자리에 두는 데 동의하면서, 미국에게 상응하는 대가를 요구했다. 공식 협상은 제네바에서 북한과 미국 사이에 시작되었고, 제네바 합의가 이뤄졌다. 제1차 북핵위기는 이렇게 종결된 것처럼 보였다.[132] 그러나 분명 그렇지는 않았다.

제2차 북핵위기는 2001년 9·11 테러사건과 그에 이은 부시(George W. Bush) 대통령의 테러와의 전쟁 선포가 나온 뒤에 발생했다. 이듬해 1월 연두교서에서 부시 대통령은 북한을 이란, 이라크 등과 함께 "악의 축"(axis of evil)의 하나로 규정했다. 악의 축 국가와는 협상이란 있을 수 없고 오직 대결을 통한 승리만이 있을 뿐이었다. 사실 부시 대통령은 필요한 경우, 행동으로 완수할 힘과 도덕적 권리를 갖고 있다고 선언한 것이었다. 이 무렵에 제네바 합의의 문제가 드러나기 시작했다. CIA는 북한이 1990년 말부터 아마도 파키스탄으로부터 우라늄 농축을 위한 원심분리기를 획득했다는 정황을 포착했다. 북한과 이란

131 *Ibid.*, p. 56.

132 Joel S. Witt, Daniel B. Poneman, and Robert L. Gallucci, *Going Critical: The First North Korean Nuclear Crisis* (Washington, D.C.: Brookings Institution Press, 2004).

은 파키스탄의 칸(Kahn) 박사로부터 핵기술 원조를 받았다.[133] 거대한 설비와 전력이 필요한 플루토늄 프로젝트와 달리 우라늄 농축은 위성정찰에 덜 노출된다. 이러한 이유로 북한은 제네바 합의에 서명한 후 2년도 되기 전에 핵무기 개발을 위한 병행 농축 프로그램을 시작했음이 분명했다.[134] 2002년 10월 4일, 당시 동아태담당 차관보였던 짐 켈리(Jim Kelly)는 평양으로 가서 북한 당국자들에게 원심분리기 증거를 제시했다. 그들은 사실을 인정했다. 10월 20일, 부시 대통령은 공식적으로 제네바 합의의 파기를 선언했고 북한에 대한 원유 공급을 중단하는 동시에 다른 국가들에 대해서도 북한과의 모든 경제관계 단절을 촉구했다.

북한은 제1차 핵위기를 재연하려고 했다. 12월 말, 북한은 국제 사찰관들을 추방했고, 영변 핵시설을 재가동했으며, 8천 개의 핵연료봉 저장용기의 봉쇄를 풀었다. 2003년 1월 10일, 북한은 핵확산금지조약에서 탈퇴했지만, 미국이 제네바 합의의 의무를 이행하고 불가침조약에 서명한다면 조치를 되돌리고, 탈퇴를 철회할 의사가 있다는 성명을 발표했다. 더불어, 북한 유엔대표부 측은 클린턴 행정부 시절 주(駐)유엔 대사였던 빌 리처드슨(Bill

133 Philip Bobbitt, *Terror and Consent: The Wars for the Twenty-First Century* (New York: Alfred A. Knopf, 2008), p. 117.

134 *Ibid.*, p. 113.

Richardson) 당시 뉴멕시코 주지사를 방문했다.[135] 북한 관료들은 1994년 핵 협상을 시작하는 데 있어 지미 카터(Jimmy Carter) 전 대통령이 "비공식적" 중재 역할을 해준 바 있기 때문에, 미 대통령이 공식적으로 할 수 없는 것을 막후에서 중재자들이 하도록 하는 것을 미국이 선호하지 않는(out–of–favor) 체제를 다룰 때, "체면을 세우는" 미국의 방식이라고 추론했음이 분명했다. 리처드슨은 기꺼이 중재자 역할을 자처했지만, 좋은 수(gambit)가 되지 못했다. 북한은 클린턴과 가까운 민주당원인 리처드슨 주지사가 부시 대통령과 아무런 관계가 없음을 인지하지 못했다.[136] 더욱이 부시 대통령은 핵무기나 에너지 부족 문제에 대해서 북한과 협상할 의사가 전혀 없었다. 그에게 있어서, 이러한 거절은 원칙의 문제였다. 중요한 것은 도덕적 우위를 유지하며 북한에 대해 압력을 유지한 것이었다. 2003년 3월 초, 부시 대통령은 남한과 괌에 전투기전단을 파견해 북한 김정일 국방위원장에 대한 악긴의 강압외교를 행했다. 3월 10일, 북한 대변인은 미국이 북한에 대해 핵공격을 준비하고 있다고 비난했고, 이후 수 주 동

135 리차드슨은 이미 북한과 협상을 한 경험이 있었다. 그는 하원의원으로서 비무장지대를 정찰 중 전사한 미군의 시신을 반환받기 위해 평양을 방문했었다. 또한 이후 의도치 않게 북한국경을 넘은 미국인 등산객을 송환받는 데 기여했다.

136 Fred Kaplan, *op. cit.*, p. 64.

안 김정일 국방위원장은 모습을 드러내지 않았다.

2003년 4월 사담 후세인 정권이 무너진 후, 갑자기 또 다른 곳의 독재자를 전복시킨다는 생각이 부시 행정부 내에서 나왔다. 모든 가능한 우발 상황에서의 전쟁 계획을 일상적으로 준비하고 있는 미 합참은 한반도에서의 전쟁계획 수정을 완료했다.[137] 작전계획(작계) 5030이라는 명칭의 이 계획은 전쟁 시작 전의 위기 상황에 자원이 부족한 북한군에 부담을 주고, 관료들 사이에 김정일 체제에 대한 쿠데타를 감행할 혼란을 주기 위해 사전적인(proactive) 조치를 취할 권한을 미 사령관들에게 부여했다.[138] 그해 7월, 작계 5030의 세부 내용이 *US News & World Report*에 유출되었는데, 이것은 아마도 북한을 보다 깊은 공황에 몰아넣기 위한 책략이었을 것이다. 하지만 부시 대통령은 지리적 조건 때문에, 전쟁이 현실적인 선택이라고 생각하지는 않았다. 1,700만의 인구가 거주하는 남한의 수도 서울은 비무장지대로부터 50마일 정도밖에 떨어져 있지 않다. 이에 4월 말, 부시 대통령은 북한에 대해서 대화로 해결하는 수밖에 없음을 깨달았다. 적절한 절차에 따라, 6자회담[139]이 시작되었다. 이 회담에는

137 *Ibid.*, p. 67.

138 *Ibid.*, p. 68.

139 Charles L. Pritchard, *Failed Diplomacy: The Tragic Story of How North Korea Got the Bomb* (Washington, D.C., The Brookings

이해 당사국들, 즉 미국, 중국, 러시아, 일본과 함께 남북한이 참여했다.

2003년 8월 27일, 6자회담이 베이징에서 시작되었지만 아무런 진전도 없었다. 진전 없이 10개월을 보낸 후인 2004년 6월 중순에, 부시 대통령은 북한 핵무장해제에 대한 보상을 제안했다. 즉, 북한은 3개월 내에 핵무기 프로그램 해체를 선언해야 하고, 그 선언이 발표되는 즉시, 미국은 북한 영토를 공격하거나 체제 전복을 시도하지 않을 것을 약속하며, 다른 국가들은 북한에 규칙적으로 매달 원유를 공급한다는 것이었다. 그러나 김정일은 그 사이를 이용해 그의 입지를 군건히 했다. 그는 플루토늄을 갖고 있고 핵무기를 갖고 있다고 주장했다. 미국은 더 많은 것을 제공해야 했다. 2005년 9월 19일, 6자회담의 당사국들은 "공동성명"에 서명했다. 그 성명에 따라 북한은 핵무기 프로그램을 포기하고 핵확산금지조약에 재가입하는 데 동이했고, 다른 국가들은 대규모의 에니지 지원과 함께 북한의 주권 존중을 약속했다. 미국은 지난 달에 북한의 박길연(朴吉淵) 주(駐) 유엔대사에게 북한의 주권을 존중하고 공격할 의사가 없음을 이미 보증했었다.[140] 이 성명은 타결책으로 널리 환영받았지만, 북한은 여전

Institution, 2007).

140 *Ibid.*, p. 71.

히 경수로 공급을 요구했다. 어쨌든 9·19 공동성명은 이내 흐지부지되었는데, 미국 재무부가 북한의 자금 세탁 및 달러 위조에 대해 제재를 가했기 때문이다.

2006년 6월, 북한은 장거리 미사일 실험 계획을 발표했다. 1998년 이후로는 처음 실시되는 실험이었다. 역내 국가들과 미국이 항의했지만, 미사일 실험은 7월 4일에 감행되었다. 물론 이는 부시 행정부에게 메시지를 보내기 위한 것이었다. 게다가 2006년 10월 9일 북한은 1차 지하핵실험을 감행했다. 북한은 이제 핵무장 국가가 되었다. 유엔 안보리는 이 핵실험에 관해 13 대 0으로 북한을 비난하기로 결정했다(결의안 제1718호). 하지만 그것이 전부였고, 어떤 후속 조치도 나오지 않았다. 북한이 핵무장에 성공하자, 가장 영향력 있는 "교황"과 같은 유엔도, 지구상 가장 힘있는 "황제"와 같은 미국도 이를 막을 어떠한 일도 할 수 없었다.

2009년 4월 5일에 북한은 스스로 위성로켓이라고 설명한 장거리미사일을 2006년에 발사했었던 것처럼 발사했다. 유엔 안보리는 결의안 1718호를 위반했다면서 북한을 비난했고, 북한이 결의안의 의무를 따라야 한다는 같은 얘기만을 다시 반복했다. 또한 유엔 안보리는 6자회담의 조기 재개를 요구했고, 2005년의 9·19 공동성명의 완전한 이행을 위한 노력을 촉구했다. 그러나 북한은 다시 한 번 무시했다. 이 무렵에 6자회담은 이미 더 이상의 진전을 보이지 못하는 상태였다. 북한이 동해안에서의 일련의 미사일 발사에 이어, 2009년 5월 25일 유엔 안보리 결의안에 어긋나는 2차 핵실험을 감행할 때까지 거의 3년이 지나도록 어떠한 진전도 없었다. 4일 후인 5월 29일, 북한은 기존에 보지 못했던 유형의 단거리 지대공 미사일을 발사했다. 더욱이 2차 핵실험 후 미국이 이끄는 대량살상무기확산방지구상(PSI)에 전면 가담하겠다는 남한의 발표에 대응해 북한은 전쟁을 중단시키고 있던 1953년의 휴전조약을 더 이상 이행하지 않겠다고 했다. 이제 이론상 한반도는 "전쟁 상태"로 돌아간 것과 마찬가지였다.[141]

북한의 2차 핵실험 후 유엔 안보리는 2009년 6월 12일에 북한에 대한 전반적인 무기 금수조치와 금융제재를 포함한 결의안 1874호를 만장일치로 통과시켰다. 이 결의안은 1718호보다 강력한 것으로, 모든 유엔회원국들에게 공해상에서 의심되는 북한 선박이 수색을 거부하는 경우, 그 선박을 인근 항구로 호송해 강제로 수색하도록 촉구했다. 하지만 이 결의안은 북한의 핵실험과 탄도미사일 실험 후에 채택한 이전의 결의안처럼 유엔헌장 제7장 제41조에 따라 채택되었기 때문에, 무력의 사용이 배제되어 있어, 강제적 집행 권한이 없었다. 중국은 과거의

141 북한은 이미 2009년 1월 30일에 한국과의 모든 정치적, 군사적 합의를 폐기한다고 선언했다. *The Korea Herald,* January 31, 2009.

그러한 결의안 대부분을 무시했다. 중국은 결의안 1874호에 의해 요구되는 선박 수색, 그리고 무기수출금지를 이행하는 데 있어 미온적이었다. 유엔의 논의에서, 중국은 보다 확고한 용어인 "결정한다"(decide)보다는 결의안이 회원국들에게 "요청한다"(call on)라는 용어를 사용해야 한다고 주장했다. 중국은 "요청한다"를 과거에 해왔던 것만큼 법적으로 구속력이 없는 것으로 해석했다. 더욱이 중국 외교부 대변인은 국제사회의 제재 조치가 북한 주민들의 안녕과 정상 무역, 경제활동에 영향을 미쳐서는 안 된다고 지적했고,[142] 그래서 북한에 제재를 가하는 유엔의 시도를 자의적으로 해석하고 있음을 보여 주었다.

6월 23일, 북한은 결의안 1874호에 대응해 우라늄 농축 프로그램을 시작하고, 모든 플루토늄을 무기화하며 어떤 봉쇄에도 군사적으로 대응하겠다고 선언했다. 북한은 핵무기를 결코 포기하지 않을 것이라는 점을 분명히 했다. 이러한 전개 상황을 고려할 때, 북한의 비핵화를 목적으로 한 6자회담의 실행가능성은 의문시된다. 이에 6자회담은 종결되었다고 말하는 것이 보다 정확할지도 모른다. 지난 20년간의 국제사회와 유엔의 모든 노력은 아무런 결실을 맺지 못한 것으로 드러났다. 북한의 분명한 핵무장 야심에 대한 새로운 접근법이 절실히 필요하

142 *The Korea Herald*, June 30, 2009.

다. 2009년 6월 19일 백악관에서의 정상회담 이후에 이명박 대통령과 버락 오바마(Barack Obama) 대통령이 해낸 것은 북한에게 핵 프로그램을 포기하지 않으면 심각한 결과가 따를 것이라고 경고한 것뿐이었다.[143] 하지만 그러한 말뿐인 경고는 북한으로부터 어떠한 만족스러운 반응도 이끌어 낼 수 없을 것이다. 이것은 외로운 초강대국 미국과 낙천적인(Panglossian) 우방 한국이 좌절로 인해 허세를 부리는 것으로 보일 수도 있다.

VI. 지정학적 권력의 재구성과 유엔

개혁에 관해 어떤 논의를 도모하든 유엔 안보리와 총회로 이루려 하면, 상황의 변화를 기대하기는 어려울 것이다. 안보리의 상임이사국들은 모든 최종 조항에 대한 거부권을 갖고 있기 때문에 "바로 이 인간의 제도"(this very human institution)를 개혁하는 것은 매우 힘든 일이다.[144] 이것은 사실 국제질서(혹은 무질서)의 상태를 그대로 반영하고 있다. 단극적 세계에서도 패권국가는 논쟁

143 *The Korea Herald*, July 17, 2009.

144 유엔은 당시 주(駐)유엔 미국대사 커크패트릭(Jeane Kirkpatrick)에 의해 "매우 인간적인 기구"라고 불렸다. United States Information Agency, October 1984.

의 여지가 있을 수 있기는 해도 널리 수용될 수 있는 권위에 의해 제한되고 억제되며, 승인되어야 한다. 따라서 유엔은 오늘날 단극적 세계에서 꼭 필요한 역할을 하고 있다. 우리는 그 내용이 시기상조였기 때문에 충분히, 그리고 진지하게 생각해 보지 않았던 아이디어로 돌아가고 있다. 그 아이디어는 1960년 콩고 위기 시에 유엔 사무총장이었던 다그 함마르셸드(Hammarskjold)가 했던 "우리는 약소국들을 보호하기 위해 여기에 존재한다"라는 말에 들어 있다. 당시 미국인들은 이 발언을 좋아하지 않았으며, 드골의 프랑스 역시 그러했다.[145] 약소국들의 보호가 보장되어야 한다는 사실은 분명하다. 그러나 지난 부시 정권의 인사들을 비롯한 일부 미국인들은 미국 혼자서 세계질서를 매우 잘 관리할 수 있고, 다른 국가들은 중요하지 않다고 생각했다. 이제는 그들이 군사력, 특히 깊게 손상된 위신을 과대평가했었음이 분명해졌다.

미국인들의 강한 제국적 유혹에도 불구하고,[146] "포

145 Stanley Hoffmann, *Gulliver Unbound* (Lanham, Maryland: Rowman & Littlefield, 2004), p. 119.

146 Robert W. Tucker and David C. Hendrickson, *The Imperial Temptation: The New World Order and America's Purpose* (New York: New York University Press, 1992); Stanley Hoffmann, *Gulliver Unbound: America's Imperial Temptation and the War in Iraq* (Lanham, Maryland: Rowman & Littlefield, 2004).

스트아메리카 시대"가 도래했다.[147] 오늘날의 세계는 약소국들(lesser powers)이 미국의 선호에 반대하고, 중동에서의 민주주의 증진처럼 선의에 의하고 바람직한 목표를 지향할 때조차도 미국의 계획에 저항할 수 있는 많은 수단을 갖고 있는 매우 복합적인 세계다. 더욱이 미국은 스탠리 호프만(Hoffmann)의 지적처럼 제국의 역할을 맡을 소질을 갖고 있지 않다. 그 소질이란 인내, 전문성, 막대한 자원을 사용할 의지 등으로 여전히 반식민주의적 성향을 갖고 국내문제에 집중하는 특징을 강하게 갖고 있는 미국에서는 찾아 보기 힘든 것들이다.[148] 또한 미국인들은 테러와의 전쟁, 핵확산, 세3세계 상당 지역의 고통 등 오늘날의 문제들의 성격이 다자주의적 조치를 요구한다는 것을 알고 있다. 제국이 되려는 의지, 무엇보다도 (직접적인 지배, 혹은 간접적이지만 효과적인 지배 등을 통한) 타국에 대한 근본적인 통제처럼 진정으로 제국적인 패권국이 되기 위한 필수 조건은 미국 국내 분위기든 오늘날의 국제정치든 어느 것과도 맞지 않다. 글로벌 이슈들은 유엔의 강화를 필요로 하고 있지만 미국이 유엔의 강화를 지향하는 경향을 보인 적은 없다. 강화된 유엔은 효율이 떨어지고 분열되면서 미국이 갖고 있는 패권의 국제적 정당성을 허

147 Fareed Zakaria, *The Post-American World* (New York: W.W. Norton, 2008).

148 Stanley Hoffmann, *op. cit.*, p. 141.

용하지 않을 것이다.

현존하는 다자적 안보기구들의 취약성을 고려할 때, 국가가 심각한 위협을 받는 상황에서 유엔 안보리, 북대서양조약기구(NATO), 아세안, 유럽연합(EU) 또는 다른 지역 기구를 믿는 것은 어리석은 일이다. 자국의 안보를 위해 행동하는 국가에 대한 원칙적 반대는 없을 것이다.[149] 그러나 잘 제도화된 다자적 기구들은 "국제적 정당성"을 부여할 수 있고, 그 정당성은 보다 많은 국가들의 지지를 이끌어 낸다. 하지만 유엔은 정당성이나 효율성 면에서 불완전하고, 그래서 정치적으로 가능한 어떠한 개혁도 이러한 문제들을 완전히 해결할 수는 없을 것 같다. 정당성의 개념은 정의의 개념과 관련 있는 것이기는 하지만 동일한 것은 아니다. 일반적으로 특정한 일련의 국제적 합의들은 그것들이 정의롭기 때문에 정당하다고 생각한다. 하지만 정당성은 제3자의 눈에만 존재한다. 제도는 정의의 어떠한 철학적 또는 절대적인 기준에 부합하냐의 문제가 아니라 그것에 의해 영향을 받는 사람들이 그것을 정당하다고 생각하느냐에 달려 있다.[150]

최소한 전형적인 미국의 관점에서 보았을 때, 유엔

149 Francis Fukuyama, "Challenges to World Order After September 11," in I. William Zartman, ed., *Imbalance of Power: US Hegemony and International Order* (Boulder, Lynne Rienner, 2009), p. 232.

150 *Ibid.*, pp. 234-235.

의 정당성 문제는 국제기구의 회원자격이 정당성에 대한 어떤 구체적인 정의가 아닌 공식적인 주권에 근거를 두고 있다는 데 있다. 특히, 유엔은 회원국들이 민주주의국가여야 한다는 조건을 달고 있지 않다. 유엔 설립 당시의 국제정치적 현실을 반영한 이 수용은 여러 가지 면에서 보편적 기구의 이후 행동들을 손상시켰다. 유엔과 그 전에 존재했던 국제연맹은 국가들의 연맹이 국가 체제의 충돌들을 극복할 수 있다고 제시했던 칸트(Kant)의 〈영구 평화론〉(*Perpetual Peace*)에 지적인 근거를 두고 있다. 그러나 몽테스키외의 영향을 받았던 칸트는 연맹의 회원국들이 공하주이저 형태의 정부를 공유해야 할 것이라고 조건을 제시했다.[151] 공화주의적 형태의 정부만이 국제체제가 집행할 정의의 원칙들에 합의를 할 것이기 때문이다. 그러나 국제연맹과 마찬가지로 유엔은 애초부터 그 정당성이 의심스러운 국가들을 포함하고 있었다.

유엔의 또 다른 문제는 인보위협에 대응하기 위한 세도로서의 효율성과 관련되어 있다. 군사력 사용에 관한 유엔헌장 제7장의 승인은 안보리를 거쳐야만 한다. 하지만 유엔 안보리는 다섯 개의 상임이사국들에게 거부권을

151 Daniel H. Deudney, *Bounding Power: Republican Security Theory from the Polis to the Global Village* (Princeton and Oxford: Princeton University Press, 2007); Paul A. Rahe, *Soft Despotism, Democracy's Drift* (New Haven & London: Yale University Press, 2009).

부여함으로써 약한 제도가 되도록 설계되었다. 이것은 안보리가 상임이사국들의 바람이나 이익에 어긋나게 행동하지 못하도록 했다. 전시 연합은 냉전의 시작과 함께 분열되었고, 안보리는 이후 1950년 한국전쟁과 1990년 이라크의 쿠웨이트 침공에 대한 유엔의 조치 외에 군사력 사용이 요구되는 심각한 안보 위협에 대한 합의를 할 수 없었다.

주요 안보 위협에 대처하는 데 있어 유엔의 군사력 사용 승인이 어렵다는 것이 분쟁 후의 재건(reconstruction)과 다른 평화 건설 활동에 있어 중요한 역할을 수행하지 못한다는 것을 의미하지는 않는다. 하지만 유엔이 그러한 국제활동에 있어 정당성과 유용한 보호막이 되어 주기는 하지만, 여기에서도 한계점은 분명하다. 유엔은 결정적인 조치를 취할 수 있는 세계정부가 아니며, 따라서 회원국들의 합의에 의해 움직이고 특히 주요 공헌국가들에 의존한다. 그 중요 공헌국가들이란 실제로는 미국, 유럽국가들, 일본 등으로, 자금, 군사력, 기술적 원조를 담당하고 있다. 또한 안보리 회원국 자격이 확대되거나 변경된다 할지라도 집단적 활동의 문제는 존속할 것이다. 오히려 거부권을 가진 국가들이 추가되어 안보리가 커지면, 현재보다 훨씬 더 큰 기능 마비를 겪게 될 것이다. 특히, 많은 안보리 표결과정에서 고립을 겪었던 미국은 합의의 원칙으로부터 다수결의 형태로의 표결방식 변경에 절대 동의하지 않을 것이다.

사실 유엔회원국들이 정당성(legitimacy)이나 타당성(wisdom)을 두고 첨예하게 분열되어 있는 상황에서도 군사력의 사용을 승인할 수 있는 강력한 유엔이 국제사회에 이익이 될 것인가에 대한 실제적 문제가 남아 있다. 유엔의 중요한 역할은 국제위기가 발생할 때마다 수사적으로 강조되어 왔지만, 실상 국제위협에 대한 대응은 제때에 이루어지지도 않았고 효율적이지도 않았다. 유엔이 가까운 미래에 국제적 대리 통치자로서 행동할 만큼 강화될 것이라는 기대는 거의 실현 불가능한 것이다. 1990년대 초 이래 북한이 여러 단계를 거쳐 핵개발과 핵무장에 이르는 오랜 기간 동안 유엔은 북한을 저지하기 위한 어떠한 효율적인 조치도 취하지 못했었다. 다른 말로 해서, 유엔은 헌장이 요구하는 산불 속의 소방관과 같은 역할도 수행해 낼 수 없었다. 그동안 유엔이 보여 준 한계들과 모든 문제들을 고려할 때, 아태지역의 국제적 평화와 안보에 대해 유엔이 지금까지 해 왔던 것보다 더 큰 공헌을 예상하고 기대하기란 어려운 일이다.[152] 그러나 유엔

152 Sung-Hack Kang, "The United Nations and East Asia's peace and Security: From a Policeman to a Nanny?" in Soo-Gil Park and Sung-Hack Kang, Eds. *UN, PKO and East Asian Security: Currents. Trends and Prospects* (Seoul: Korean Academic Council on the United Nations System, 2002), pp. 1-27; Sung-Hack Kang, Ed. *The United Nations and Global Crisis Management* (Seoul: Korean Academic

이 오늘날 국제사회에서 발휘하고 있는 도덕적 정당성을 완전히 무시하는 것 또한 실수일 것이다. 정당성은 권력, 최근의 보다 유행하는 용어로 하면 소프트파워의 원천임이 분명하다. 정당성을 잃은 힘은 전제정과 다름없다. 충성을 이끌기 위해서는 그러한 특별한 자질이 필요하다. 나폴레옹은 왕이야 몇 번이고 패할 수 있고, 그래도 왕으로 남지만, 자신을 황제의 자리에서 물러나게 하는 데에는 단 한 번만 패배시키면 되었다고 하면서 이를 분명하게 지적했다. 왕과 나폴레옹 황제 간의 차이는 정당성의 차이였다. 안보가 사람들의 감성과 지성에 좌우될 우리 시대에 정당성은 그 어느 때보다도 더 중요하다. 유일한 초강대국인 미국은 나폴레옹 황제처럼 행동할 수 있지만 "왕"은 될 수 없다. 따라서 지금 일부 국가들이 주저하고 있기는 하지만, 법적, 정치적 행위자로서 보다 강화된 유엔 외에는 마땅한 대안이 없다. 지난 이라크 전쟁도 이라크의 재건 노력에 있어 유엔이 결코 적실성을 잃지 않았다는 것을 명백히 증명한 바 있다.

유엔은 빠르게 변화하고 있는 아시아-태평양 지역을 포함한 전 지구적 정치 세계에서 보편적 정당성을 제공하는 유일하고 주요한 공급처이다. "우리, 유엔의 인민

Council on the United Nations System, 2004); Sung-Hack Kang, Ed. *The United Nations and Keeping Peace in Northeast Asia* (Seoul: The Institute for Peace Studies, Korea University, 1995)을 참고.

들"(We, the Peoples of the United Nations)의 의무는 유엔을 지적으로 그리고 도덕적으로 지원함으로써 이 지역 내에서 보다 적실성을 갖도록 하는 것이다. 왜냐하면 우리 시대에 정당성이라는 방패를 가장 강력하게 제공해 줄 수 있는 것은 오로지 유엔이라는 이름으로 하는 조치이기 때문이다. 그러나 안보리 상임이사국들은 대부분의 "핫 이슈"들에 대한 의견이 확연하게 분열되어 있다. 중국이 최근 북핵위기 시에 보여 준 것처럼 자유민주주의와 전제적 체제 국가들 간의 틈이 점점 더 벌어지는 상황에서 어떠한 형태로든지 국제적 합의를 이루는 것은 더욱더 힘들어질 것이다. 이러한 상황에서, 안보리의 새로운 협력에 대한 요청은 유엔 헌장이라는 "신성한 기록"에도 불구하고 성공하기 힘들 것 같다. 반면, 회원국들 간 지속되는 상호 불신과 점증하는 적대감은 계속 유지되고 있다. 안보리의 협력은 이슈에 따라 일시적으로 이뤄질 것이지만, 궁극적으로는 첫 번째 시험 포인에 쉽게 붕괴될 가능성이 있는 스페인의 성과 같을 것이다. 설립된 이후 국제분쟁 해결에 있어 매우 열악했던 유엔의 역할의 기록은 밝은 전망을 불가능하게 만든다.

"글로벌 공동체(community)"는 말할 것도 없고, 일종의 자신감을 가진 "아시아-태평양 공동체"를 말하는 것도 어렵다. "공동체"라는 용어는 행태의 국제 규범, 국제 도덕, 그리고 국제 양심에 대한 동의를 함축적으로 의미한다. 그러한 글로벌 공동체에 대한 생각은 1990년대 잠시 주목을 받았었는데, 당시 일반 가정은 러시아와 중국의 서구적 자유주의로의 움직임이 인간사에 대한 생각의 지구적 공통성을 생산한다는 것이다. 그러나 1990년대 후반, 글로벌 사회가 보편적이고, 공통적인 이해를 위한 튼튼한 기초가 부족하다는 것이 분명해졌다. 코소보(Kosovo) 전쟁으로부터 다르푸르(Darfur) 사태, 이란, 미얀마, 북한 등에 이르기까지 문제들이 드러났다. 부상하는 중국과 부활하는 러시아는 전제주의를 맹신하거나 세계적인 전제적 혁명을 꿈꾸지는 않는다. 그러나 전제적 강대국들은 결국 미국과 다른 자유민주주의 국가들로 포위되어 있다고 느끼는 국가들에게 지원과 수교를 제안할 것이다.[153] 가령 오늘날 중국과 북한 사이의 관계가 그 예라고 할 수 있다.

VII. 결론

아시아-태평양 지역은 세계에서 가장 불안정했던곳

---

153 Robert Kagan, "End of Dreams, Return of History," in Melvyn P. Leffler and Jeffrey W. Legro, Eds. *To lead the World: American Strategy After The Bush Doctrine* (Oxford: Oxford University Press, 2008), p. 48 참고.

이고, 현재도 불안정한 곳이다. 중국은 자국이 원하는 지역질서 전망에 따라 한반도에 대한 영향력을 행사하고 전쟁을 막기 위해 다자주의적 주도권, 특히 북핵 위기 관련 6자회담의 주도권을 잡고 있다. 중국의 다자적 외교는 또한 대만의 주권 요구를 약화시키고 고립시키는 데 효과가 있음이 드러났다. 대만의 독립 추구는 근본적으로 중국의 강대국 지위에 대한 생각과 양립할 수 없는 것이다. 하지만 국제적 정당성을 중요시하는 중국에게 있어 지금 그 문제를 군사적으로 해결하는 것은 막대한 손실을 초래하는 것이다.[154]

중국은 새로운 지정학적 재구성의 주요 동력이기는 하지만 아직까지는 현 국제체제의 진정한 '극'이나 완전한 현상타파 국가가 아니다. 빠르게 성장하고 있기는 하지만 여전히 갈 길이 멀다.[155] 그럼에도 불구하고, 대만에 대한 중국의 강압 외교, 남사군도(Spratly Islands)의 베트남에 대한 군사력사용, 남중국해에 대한 주권 주장 등은 중국이 앞으로 평화적 수단에만 의존할 것이라는 신뢰를 파괴했다. 오히려 중국의 행동은 다가오는 미래에 아시아·

154 Yong Deng, *China's Struggle for Status: The Realignment of International Relations* (Cambridge: Cambridge University Press, 2008), p. 274참고.

155 Susan L. Shirk, *China: Fragile Superpower* (Oxford: Oxford University Press, 2007).

태평양 지역에서의 현상에 대한 중대한 도전을 감행할 준비를 하고 있는 부상하는 불만족 국가에 가깝다.[156]

미국과 중국은 전 세계적으로 연계되고, 전지구적으로 개입되어 있는 세계정치 무대의 주요 행위자들이다. 그러나 이 두 국가는 아시아·태평양 지역에서 궁극적으로 양립할 수 없는 외부적 목표를 추구하고 있는데, 이 지역에는 여전히 생생한 역사적 경험에서 기인한 강한 "적대감"과 대만 문제는 말할 것도 없고 미국의 군사적 동맹들인 2개 국가 즉 세계로 뻗어가는 일본 및 민주적 한국과 부상하는 중국 간의 여전히 긴박한 영토분쟁에 토대를 두고, 언제든 불붙을 수 있는 "적대적 의도"가 있다. 파편화되고 민주적인 미국이든 일본과 한국이든, 부상하는 거인 중국을 제때에 봉쇄할 것이라고 기대하기는 어렵다. 이에 반해, 동원체제적 국가인 중국은 내적으로 분열된 주변 국가들을 활용해서, 주변 외부환경 내 힘의 공백을 메우려 할 것이라고 예상할 수 있다. 중국과 미국 간 잠재적인 지정학적 경쟁은 21세기 국제정치에 있어 가장

156 Alastair Iain Johnston은 이와 반대의 결론에 도달했다. Alastair Iain Johnston, "Is China a Status Quo Power? *International Security,* Vol.27, No.4 (Spring 2003) pp. 5-56; "Beijing's Security Behavior in the Asia-Pacific: Is China a Dissatisfied Power? in J. J. Suh, Peter J. Katzenstein, and Allen Carlson, eds. *Rethinking Security in East Asia: Identity, Power, and Efficiency* (Stanford, Cal.: Stanford University Press, 2004), pp. 34-96을 참고.

큰 도전이 될 것이다. 그러나 미국은 부상하는 중국을 봉쇄할 수 없다는 결론을 내렸고, 대신 중국의 부상에 대해 헷지(hedge)하는 방향을 택했다.[157]

그러나 현재 아시아·태평양 지역에서 강력한 국제적 함의를 갖고 있는 가장 심각한 이슈는 북한의 핵미사일 도박과 그것이 한반도와 아시아·태평양 지역에 미치는 영향이다. 김정일 체제가 감행하고 있는 핵도박의 진정한 성격을 이해하기 위해서는 나치 독일의 히틀러가 1930년대, 1940년대 초에 서구사회를 어떻게 재앙으로 몰고 갔는지를 기억할 필요가 있다. 히틀러(Adolf Hitler)가 수상이 되고 난 직후인 1933년 10월, 독일은 국제연맹 군축회담에서 탈퇴했다. 괴링(Hermann Goering)은 그동안 비밀리에 공군력(Luftwaffe)을 건설했다. 동맹국들은 1934년에 이것에 대해 인지했으나 아무런 효과적인 항의도 하지 않았다. 1935년, 독일의 재무장은 기정사실화되었다. 그해 3월에, 징병제가 부활되었고 50만 병력을 갖추는 계획이 발표되었다. 괴링은 자랑스럽게 공군력을 공개했다. 1935년 10월 3일 이탈리아의 공격과 함께 시작된 에티오피아 전쟁이 한창 중이던 1936년 3월 7일, 히틀러는 동맹국들의 반응을 살펴보기 위해 소규모 군대를 라인란트(Rheinland) 비무장지대에 파견했다. 이것은 베르사유조약

157 Christopher Coker, *War in an Age of Risk* (Cambridge, Polity Press, 2009), p. 143.

과 로카르노조약의 명백한 위반이었다. 그러나 히틀러가 예상했듯이, 동맹국들은 어떠한 행동도 취하지 않았다. 국제연맹은 또다시 베르사유조약을 수호하기 위한 어떠한 조치도 하지 않은 것이다. 어쨌든 많은 사람들은 독일이 자국 영토에서 원하는 대로 군대를 파견하는 것을 막을 이유가 없다고 생각했다. 1938년 2월에, 오스트리아의 나치 지도자인 자이스 인크바르트(Arthur Seyss-Inquart)가 평화유지를 위해 독일군을 불러들였다. 3월 12일 새벽, 독일군은 국경을 넘었고 비엔나와 다른 도시들에서 열렬한 환영을 받았다. 그러나 주지하듯이 히틀러는 여기서 멈추지 않았다. 그는 뮌헨 회담을 주저 없이 위반하고 체코슬로바키아, 폴란드, 프랑스, 영국, 러시아, 미국을 상대로 전쟁을 벌였다. 제1차 세계대전 이후 소위 20년간의 위기 동안 윈스턴 처칠(Winston Churchill)은 1933년 11월부터 평화유지의 효율적 도구로서 국제연맹을 옹호했고 〈영국이 잠든 사이〉(*While England Slept*, 1938)와 같은 저서를 저술하며 영국인들에게 히틀러의 위험성을 경고하고자 했다.[158] 그러나 영국 지도자들과 대중, 그리고 국제연맹은 그의 외로운 외침에 귀를 기울이지 않았다. 처칠은 카산드라(Cassandra)와 같았고 그의 경고를 무시한 대가가 어떠했는지는 역사가 보여 준다.

---

158 Winston Churchill, *While England Slept* (New York: G.P. Putnam's Sons, 1938), vii.

1930년대 히틀러의 성공적인 비밀 재무장처럼 북한의 김정일도 1990년대에 북한의 핵무장을 비밀리에 준비했다. 그는 이라크 전쟁이 있던 2000년대 초반에 더욱 박차를 가했고 2006년 10월에 핵무기 보유를 성공적으로 공개했다. 그 이후, 북한은 핵무기확산금지체제에 대해 더욱더 도전적인 태도를 보여 왔고 국제평화와 안보를 위협했다. 하지만 유엔, 미국, 그리고 가장 직접적으로 영향을 받는 국가인 한국은 세계의 평화를 사랑하는 다른 대부분의 국가들과 더불어 20년 동안 잠을 잤다(아니 너무 많이 잤다). 한국의 경우에 이전의 두 명의 대통령이 추진한 유화정책이 부분적이나마 북한 핵개발에 실질적인 도움을 주었을 수도 있다. 그 결과 한국은 지금 불길한 징조를 마주하고 있다.

지역 내 좀더 중·장기적인 문제로 돌아가보자. 21세기에 미국과 중국 간 군사적 대결은 거의 불가피한 것인가? 불가피하다면, 그러한 대결은 예방할 수 있는 것인가? 물론, 그들 간에는 자유주의적 국제주의자들이 주장하는 바와 같이 완화시키는 중요한 요소들도 존재한다. 무역과 과학, 문화, 교육분야에서의 연계와 교류가 양국관계에 있어 완화시키는 역할을 할 것이라고 기대되는 요소들이다. 이 상호연결성이 높아질수록 충돌의 가능성은 낮아질 것이다. 그러나 "완화"한다는 것이 충돌의 가능성을 "제거"한다는 것은 아니다. 자유주의적 국제주의자들은 세계화되고 있는 사회에서 증가하는 상호연결성의 새로운 현상과 그에 따른 상호의존성에 너무도 빈번하게 현혹되어왔다. 칸트가 말한 "신의 섭리"(Providence)는 인류를 영구평화라는 "약속의 땅"(the Promised Land)으로 이끌지 못했다. 아시아·태평양 지역을 유엔 체제(국제기구), 민주주의, 경제적 상호의존성으로 이루어진 칸트의 삼위구조의 영구평화 신전으로 들어가게 하기 위해서는 중국뿐만 아니라 러시아도 그 체제에 들어가야 한다. 그러나 그것은 현 세대에서는 이루기 힘든 긴 여정이 될 것이다. 그때까지 평화가 지속될 수도 있지만, 우리가 살아가야 할 아시아·태평양 지역에서는 무력 충돌이 일어날 가능성이 더 있어 보인다. 바로 이러한 점에서 아시아·태평양 지역은 여전히 이상적인 신세계로의 직선적 역사(칸트)보다는 순환적 역사의 세계(마키아벨리)에 속해 있다. 종군기자였던 마거리트 히긴스(Marguerite Higgins)는 한국에 묻혀 있는 유엔참전용사들에게 헌정된 *War in Korea*(1951)에서 민주주의 시민들에 대한 경고를 다음과 같이 했었는데, 이는 오늘날까지도 여전히 적실성을 갖는다.

> 불행하게도 자유국가들은 독재국가로부터의 위협을 무시하는 만성적인 기질이 있다. 히틀러는 그가 무엇을 할 것인지를 말했었다. 북한은 그들이 무엇을 할 것인지를 말했고 중국 또한 그랬다. 그러나 우리는 그들이 말하는 것

을 좋아하지 않았기 때문에, 우리는 그들이 하는 말을 믿지 않았었다.

제3장

한국인의 전쟁과 평화의 개념: 유교적 미래에로의 복귀인가?

고래 싸움에 새우 등 터진다.
—한국 속담

I. 프롤로그

2013년 6월 27일, 박근혜 대통령과 시진핑(習近平) 중국 주석 간 정상회담은 전례 없는 친선의 분위기와 북한 핵무장 불관용(intolerance)에 대한 무조건적 합의로 대부분의 한국인들에게 한중관계의 '역사적 전환점'을 생각하게 했다. 냉전 종식 이후 중국은 대외정책에 있어 공산국가보다는 유교적 국가였다. 대한민국은 과거 어느 때보다도 중국과 더 가까워지고 있는 듯하다. 양국이 가까워지고 있다는 것이 동아시아와 세계의 미래에 대해 양국의 국민들이 같은 관점을 공유하게 되었다는 것인지 아니면 양국의 국민들이 동상이몽(同床異夢) 하고 있는 것인지 검토가 필요하다. 달리 말하면, 최근의 한중관계가 한국이 과거 500년 이상 조선인들의 유일한 국가 이념이었고

1895년 청일전쟁의 종결과 더불어 결정적으로 벗어났던 중국중심의 유교적 세계관으로 복귀하는 것을 의미하느냐는 것이다. 이에 대한 답이 무엇이든 현재는 우리가 유교적 세계관과 전쟁과 평화에 대한 개념이 무엇인지 그리고 현재의 한국인들이 원한다면 미래에 회귀할 수도 있는 그 세계관이 어떻게 전통적인 한국 정치문화에 뿌리내리게 되었는지를 상기할 필요가 있다. 또한 그것이 한국인의 현대적인 현재의 전쟁과 평화의 개념과 어떻게 다른지도 살펴보아야 할 것이다.

다른 민족과 마찬가지로, 한국인들은 전쟁보다 평화를 선호하지만, 여전히 군사적 대치와 무력 충돌의 위험이 있는 세계에서 평화와 안보를 지키기 위해 만반의 준비가 필수라는 것을 알고 있다. 고대 로마인들이 "평화를 원한다면 전쟁을 준비하라"고 말했던 것과 같은 이치다. 한국인들은 민주주의 정부체제를 기타 정부의 형태보다 선호한다. 정부에 대한 계약론적 관념은 민주적 가치 발전에 도움이 되었다. 현재의 개념들의 기원을 밝혀내고 한민족 격동의 역사를 통해 이루어진 변화를 검토하는 것은 향후 전쟁과 평화의 문제에 관한 보다 적절한 답을 구할 수 있도록 할 것이다.

한국인들의 전쟁과 평화에 관한 개념은 1948년 8월 15일 한반도의 남쪽에서 "대한민국"이라는 독립주권국가가 선포되면서 하룻밤 사이에 형성된 것이 아니다. 한민족은 19세기 후반에 개념의 변화를 요구받기 이전까지 수 세기 동안 세대 간에 전해 내려온 전쟁과 평화에 대한 전통적인 개념을 가지고 있었다. 그리고 격동의 역사 전반에 걸친 고통스럽고 기나긴 동화(同化)의 과정을 통해 새로이 서양식의 전쟁과 평화에 대한 개념을 채택하기에 이르렀다. 제2차 세계대전 종전 후 분단되어 1948년 남한과 북한에서 각각 정부가 수립되었을 때, 남북한 정부는 서로 다른, 상반된, 양립할 수 없는, 상호 배타적인 전쟁과 평화에 대한 서양의 개념을 받아들였다. 그 후 남북한은 동족상잔(同族相殘)의 전쟁이라는 비극적 수단을 선택하기까지 하는 등 각자의 개념을 한민족 전체에 적용하기 위해 끊임없이 투쟁하고 싸웠다. 그리고 남북한은 여전히 서로의 개념을 배제하고 스스로의 방식에 의한 통일을 통한 통합된 개념을 세우려는 투쟁을 계속하고 있다. 다시 말해, 이념 투쟁은 "신들의 전쟁"처럼 계속되고 있으며 그 누구도 언제, 어느 쪽이 한반도에 단일화된 개념적 지위를 차지할지 알 수 없는 상황이다. 그러나 이 장은 대한민국 국민들에게 있어서 역사적으로 변화해 온 전쟁과 평화의 개념에만 초점을 맞출 것이다.

II. 한민족의 중국화: 한반도의 유교국가화

"태초에 중국이 있었다"[159]라는 서구의 저명한 중국학자 코헨(Warren I. Cohen)의 말은 중국국가의 발생 기원이 역사 이전의 안개 속에 가려져 있다는 점에서 과장된 것임이 틀림없다. 그러나 근대 이전의 중국이 아테네(Athens)가 고대 그리스 세계의 학문적 중심지(school of Hellas)였던 것과 마찬가지로 동아시아의 학문적 중심지(school in East Asia)라는 점에는 의심의 여지가 없다.[160] 중국대륙에 하나가 아닌 여러 학파들이 있었고 그중 유가(儒家)가 왕조에 따른 성쇠를 겪기는 했지만 전근대(pre-modern)시대까지 지배적인 위치를 차지했었다는 점 또한 사실이다.[161] 정치적 이념으로서의 유교가 중국이 통일되고 천자(天子)라는 한 명의 황제에 의해 통치되고 나서야

159 Warren I. Cohen, *East Asia at the Center* (New York: Columbia University Press, 2000), p. 1.

160 Thucydides, *The Landmark Thucydides*, Robert B. Strassler ed. (New York: The Free Press, 1996), p. 114.

161 중국인들은 고대중국에 백가(百家)가 있었다고 말하는경향이 있는데, 중국인들이 "백"을 말할 때에는 100이라는 "딱 떨어지는 수"보다는 "많음"을 의미한다고 보는 것이 보다 진실이다. 사실상 수 개의 학파만이 있었다. 유가 외에, 법가(法家), 도가(道家), 묵가(墨家)가 가장 잘 알려져 있고, 종교이기는 하나 불교가 중국인들을 설득하는데 있어 다른 세속적 학파 또는 이념과 경쟁하였다.

만연하게 되었다는 점도 강조되어야 한다. 중국이 분할되어 있거나 황제가 혁명 세력의 도전을 받게 되었을 때에는 법가 또는 법가적 이념이 지배적이었고 군부 세력이 주저 없이 중용되었다.[162] 유교적 황제도 하룻밤 사이 전제 군주로 돌변했고, 적을 진압하는 데에 있어서는 관용을 보이지 않았다. 이러한 점에서 중국제국의 유교적 천자는 정치적 도전에 직면했을 경우에 극단적인 법률주의자의 모습을 보이기도 했다. 더욱이, 중국의 황제들은 평시에 때때로 장성의 축조와 관개시설 건설 등에 노동력을 확보하고자 대규모 인구를 동원했고 노역을 무자비하게 강제했다.[163]

---

162 법가는 중국에서 유가, 도가, 묵가와 함께 고대 중국의 4대 사상이었다. 중국사에서 "법가"는 법치를 중시하는 철학적 의미를 가지지만 서양적 의미와는 구별된다. 법가는 삶의 본질이나 목적과 같은 높은 차원의 문제들을 다루지 않는 실용적 정치철학이다. 이는 1800년여 후 서구에서 등장하는 마키아벨리주의와 닮은 바 있다. 법가는 공식적인 창시자가 없고 스승으로부터 제자로 가르침이 전수되지도 않았다. 가장 유명한 법가사상가는 한비(韓非)로 알려져 있지만 그와 다른 법가사상가들은 중국 정치발전에 지대한 영향을 미쳤음에도 서양에서는 잘 알려져 있지 않다. 유가를 다룬 많은 책들이 있고, 심지어 황로(黃老)학파에 관한 책도 있는데, 법가의 영향에 대해서는 여전히 서구의 주목을 받지 못하고 있다. William Theodore de Bary ed., *Han Fei Tzu: Basic Writings,* trans. by Burton Watson (New York: Columbia University Press, 1964) 참고.

163 이것이 칼 아우구스트 비트포겔(Karl August Wittfogel)이 중국을 동양적 전제주의국가의 하나로 부른 이유이다. 그의 *Oriental*

아시아 대륙의 동쪽 끝에 자리잡은 한반도는 예로부터 중국대륙의 강한 영향권 아래 있었다. 비록 인종적으로 만주–퉁구스족에 더 가깝기는 하나 한민족은 일찍부터 중국인들을 모방해 왔다. 한반도로 이주한 후 한민족은 사냥과 유목생활을 버리고 농경문화를 채택하였다. 이후 만주–퉁구스족보다 중국대륙의 민족과 더 가까운 문화적 유대를 느껴 온 것이다. 북방유목민족의 반복적인 침략을 겪어야 했던 중국인들과 마찬가지로 한민족은 그 유목민족들로부터의 위협과 싸워야 했다. 중국대륙의 제국이 한반도를 침략한 사례가 있기는 하나 몽고나 만주족의 파괴적 잔인성에 비하면 그 침입이란 미미한 것이었다. 1620, 30년대의 굴욕적이고 파괴적인 패배로 정점에 이르렀던 만주족과의 수세기에 걸친 국경 다툼은 이를 잘 보여 준다. 이와 같이, 급격한 변화에 대한 거부감으로부터 북방유목민족에 대한 인종적 경멸감에 이르기까지 한민족은 중국인들의 가치관의 많은 부분들을 공유하게 되었다.

그러나 19세기 후반까지 중국은 근대적 의미에 있어서의 국제법과 국제관계를 알지 못했다.[164] 통치자들이

Despotism: A Comparative Study of Total Power (New Haven: Yale University Press, 1957) 참고.

164 Kung-chuan Hsiao, 'The Chinese Philosophy of War: the traditionalists' Arguments', p. 153. in Joel Larus ed., *Comparative*

두 상반되는 철학 내지 이념을 그들의 목적과 편의에 따라 이용하였다는 점에서 중국은 야누스의 얼굴을 가진 제국이었다. 엄격하게 보면 중국은 유교적 국가 내지 제국은 아니었다. 보다 정확한 의미에서 "유교 국가"가 존재하였다면, 그것은 유교에 근거해 1392년 세워지고 1910년까지 유교를 유일한 국가 이념 내지 국가 신조로서 유지했던 한민족의 조선 왕조였다. 이것은 한민족이 처음부터 유교를 갖고 있었던 것은 아니고, 중국으로부터 유교를 채택함으로써 명백한 변화를 겪었던 것이며, 그 변화들이 한민족에게 큰 영향을 끼쳤다는 것을 의미한다. 그러나 한민족은 중국으로부터 법가의 유산을 제외한 채 유교만을 받아들였으며[165] 이것을 500년 이상 동안 제도화하고, 동화하며, 내적화하고 엄격히 실행에 옮겨 왔다. 유교는 한민족의 자발적 선택이었으며 중국제국에 의해 강요된 것이 아니었다.[166] 어떠한 점에서는 한반도가 유

World Politics: Readings in Western and Premodern Non-Western International Relations (Belmont, California: Wadsworth Publishing, 1965).

165 더 정확히 말하자면, 신(新)유교주의는 도교와 불교의 영향을 받았고 주로 송대(960-1279)에서 발전했다. 가장 중요한 신(新)유학자는 주희(1130-1200)였다. 유교는 청나라(1644-1911)의 근본 또한 형성했다.

166 이러한 점에서, 조선의 건국은 한용운이 말한 바와 같이 "유교적 혁명"이었다. 조선이 건국된 1392년은 원명 교체기였고 새로운 조

교의 발생지인 중국보다 더 유교적이었다.

한민족의 유교와의 접촉은 한나라가 한반도에 한사군을 설치한 기원전 2세기까지 거슬러 올라간다.[167] 그러나 유교적 성격이 본격적으로 드러난 것은 고구려였고, 백제가 그 뒤를 따랐다. 7세기 초 신라는 유교적 성격의 정부를 채택하는 시도를 했다. 신라가 유교를 통해 추구했던 것은 중앙집권의 수단, 전쟁과 평화에 있어 전사 계급이 따라야 할 애국적 행동 규율, 그리고 이들에 대한 통치술의 전수였다.[168] 그러나 이들 3국에 미친 유교의 영향은 제한적이었다. 당시 우세했던 종교는 불교였고, 4세기에서 6세기 사이에 한민족이 불교화되었기 때문이다. 유교적 관행은 유교적 사회 윤리가 화랑도에 적용된 것처럼 신라의 공공영역에 국한되었다. 668년 삼국통일 이후에 통치의 사적 영역이 보다 강조되었다. 682년 설립된 국학은 귀족자제들에게 보다 체계적인 교육을 제공했는데, 교과과목에 유교 경전과 역사가 포함되어 있었다. 788년에는 국가관료를 선발하는 국가시험인 독서삼품과(讀書

선왕조는 자율성을 유지할 수 있었다. 명왕조는 조선의 유교이념을 바꾸려고 하지 않았고 스스로도 유교국가가 되었다.

167 Ja-Hyun Kim Haboush, 'TheConfucianization of Korean society' in Gilbert Rozman ed., *The East Asian Region: Confucian Heritage and Its Modern Adaptation* (Princeton, NJ: Princeton University Press 1991), p. 86.

168 *Ibid.*, p. 87.

三品科)가 제정되었다. 고려왕조에 들어서서 유교는 초기부터 정치이념과 정부형태를 구성하는 데 큰 역할을 하였다.[169] 고려의 태조 왕건(王建)은 그의 정치적 정당성을 강화하기 위해 천명(天命)이라는 유교적 개념을 쓰기 시작했다. 당시까지 이전 왕국들의 통치자들의 정당성은 신화적 출생에 근거했다. 왕건의 천명설에 근거한 정당성 주장은 한반도 통치의 정치이론에 있어 획기적인 것이었다. 그가 이를 성공적으로 사용했다는 사실은 당시 한민족에 대한 유교적 정치기풍이 이미 상당한 영향력을 발휘하고 있었음을 보여 준다.[170]

그러나 고대와 중세사회의 관행은 유교적인 것과는 달랐다. 유교의 영향은 공공적인 행태와 담론에 국한되었다. 강력한 불교적 신앙은 여전했다. 1170년 군사정변부터 1258년 몽고의 침입까지의 기간 동안 지배적인 풍조는 민족주의와 불교였으며 유교의 영향은 축소되고 있었다. 오히려 신(新)유교가 뿌리를 내린 것은 몽고(元)가 한반도를 지배한 1258년부터 1359년까지 시기였다. 몽고제국의 일부가 된 한민족은 중국과 그 수도에 어느 때보다 쉽게 왕래할 수 있게 되었다. 이것이 고려 학자들에게 새로운 학문을 접할 기회를 제공했고 몽고가 영향력을 잃

169 *Ibid.*, p. 88.

170 *Ibid.*, p. 89.

었을 때쯤에는 신진학자들이 신(新)유교적 교육과정에 근거한 성균관을 재설립할 수 있었다. 바로, 젊은 신(新)유학자들은 불교세계에서 그동안 맡아 왔던 유교의 제한적 역할을 거부했다.[171] 그들은 그들의 도덕적 세계관에 부합하는 유교적 사회질서로의 대전환을 갈구했다. 그러나 이를 위해서는 새로운 정권 내지 새로운 국가의 건설이 불가피했다. 유학자들은 신(新)유교의 교리에 따른 초월적 도덕성의 정당성을 이용해, 새로운 국가의 정치적 권위를 정당화할 일련의 목표들을 제시했다. 이러한 변화의 중심에 정도전(鄭道傳)이 있었다.[172] 이러한 의미에서, 조선 왕조는 현대 정치학 용어로 급진 이념의 혁명 레짐이라고 볼 수 있을 것이다.

몽고제국의 몰락 후 명(明)나라가 유교문명의 계승자임을 한민족이 인정한 것은 유교문명이 중국적이라던가 유교문명에 대한 중국의 소견이 더 우수하다는 것을 의미하지는 않았다. 한국의 유학자들은 중국의 유학자들처럼 유교를 모든 문명사회에 적용 가능한 보편적 진리라고 여겼다. 사실 쇠약해지고 부패하기까지 한 명나라는 과도

171 *Ibid.*, p. 90.

172 Chai-sik Chung, 'Chong Tojon: 'Architect' of Yi Dynasty Government and Ideology' pp. 59-88. in William Theodore de Bary and Ja-Hyun Kim Haboush eds., *The Rise of Neo-Confucianism in Korea* (New York: Columbia University Press, 1985).

하게 낙관적이었던 한국의 개혁가들이 창조하려고 했던 이상적인 유교사회의 대용(代用)이었다.[173] 서원의 증가와 한글의 창제에 힘입어 유교 윤리와 도덕은 전국적으로 확산되었다. 18세기 정도에 이르러, 조선은 규범적인 유교사회가 되었다. 유교적 세계관과 그에 입각한 윤리와 도덕이 한민족의 삶의 방식으로 자리 잡게 되었다.[174]

III. 중국에 의지한 한민족의 전쟁과 평화의 유교적 개념

중국 연구자들 사이에서 전쟁과 평화의 유교적 개념은 통상 "중국적 세계질서관"으로 일컬어져 왔다.[175] 중

---

173 Ja-Hyun Kim Haboush, *A Heritage of Kings: One Man's Monarchy in the Confucian world* (New York: Columbia University Press, 1988), pp. 23-25.

174 다른 종교적 전통들은 사라지지 않았다. 불교와 다양한 민속적 샤머니즘은 특히 여성과 하위계층에 남아 있었다. Haboush, 'The Confucianization of Korean society', pp. 84-110 참고. 한국의 샤머니즘에 관하여는 Kim In Whoe, 'Educational Possibilities of the Values of Peace and Harmony Inherent in Korean Culture' in Zhou Nan-Zhao and Bob Teasdale, eds., *Teaching Asia-Pacific Core Values of Peace and Harmony: A Sourcebook for Teachers* (Bangkok, Thailand: UNESCO Asia and Pacific Regional Bureau for Education, 2004) 참고.

175 John King Fairbank, ed., *The Chinese World Order: Traditional China's Foreign Relations* (Cambridge, Massachusetts: Harvard

국대륙이 공산화되기 전까지 유교적 세계관과 중국의 전쟁과 평화에 대한 개념 내지 중국의 국제관계이론이 거의 혼용되었다. 도덕 세계에 대한 신(新)유교적 관점은 서구에서 고대와 근대 자유주의의 경우처럼 인간의 완전성에 대한 믿음에서 비롯된 것이었다.[176] 도덕 교육으로 도덕 사회를 만들 수 있다고 보았다.[177] 조선의 새로운 지도자들은 교육이 사회를 변화시키는 데 있어 중요한 역할을 한다는 확신으로 국가 수준의 교육체계를 만들었다. 이러한 과정에서 최우선적 과제는 신(新)유교적 정치이념을 가진 관료들을 양성하는 것이었다.

이러한 도덕적 접근은 유교적 국제관계라는 독특한 패러다임을 만들어냈고, 고착화되면서 한민족에게 있어 전시와 평시에 관계없이 활용되게 되었다. 유교적 세계관에 따르면, 세계는 가장 낮은 자로부터 하늘 그 자체에 이르는 일련의 수직적 질서로 이루어진 하나의 단위이다. 한민족은 이 하늘을 니원으로 보시 않았다. 오히려 하늘은 그 자체가 근본적으로 도덕적인 지배정신이나 원

University Press, 1968) 참고.

176 Leo Strauss, *Liberalism Ancient and Modern* (New York: Basic Books, 1968) 참고.

177 서양의 고전철학자들도 유사한 접근법과 기대를 가지고 있었다. Werner Jaeger, *Paideia: The Ideals of Greek Culture* (New York: Oxford University Press, 1939) 참고

칙으로, 서양의 운명, 섭리와 유사한 것이었다. 하늘은 상과 벌을 주고, 하늘의 명령은 사람들 마음속에 자리잡는다.[178] 마치 고대 그리스인들의 "신"이나 근대 서양의 "자연"과 같은 것이었다. 유교는 모든 인간이 하늘의 의지에 따르도록 하고, 황제조차도 이 자연의 섭리에 따라야 하며 그렇지 않으면 천명에 따라 통치할 권리를 상실하게 되는 것이다. 이처럼 미리 예정된 자연적 섭리의 개념은 모든 사물 사이에 분명한 관계가 있고, 모든 상황에서 행위의 옳고 그름은 행위자의 지위에 달려 있다는 것을 시사한다.

이러한 행동 원칙 그리고 유교사상의 전체적 체계의 근본적 요소는 바로 "불평등"이다.[179] 이 이론은 유교 이념의 계층적 성격을 보여 준다. 계층 내 모두가 윗사람과 아랫사람을 갖고 있다. 윗사람으로부터는 책임감과 관대함이 나오고, 아랫사람으로부터는 복종과 존경이 우러나온다. 모든 것이 천자인 황제로부터 기인하고 황제로 최고조에 이르는데, 결국 황제는 하늘을 그의 유일한 명령자로 보고, 마치 중세 서구의 "왕권신수설"과 같이 하늘로부터 통치할 권리를 위임받는다. 아니 오히려, 황제는

178 M. Frederick Nelson, *Korea and The Old Orders in Eastern Asia* (New York: Russell & Russell, 1967) (originally by the Louisiana State University Press in 1945), p. 4.

179 *Ibid.*, p. 6.

서양의 절대군주 개념보다 더 강하며 플라톤이 기원전 4세기에 말한 '철인군주'가 되어야 했다. 또한 그는 동시에 단테가 13세기에 인류의 단일성과 평화를 위해 주장했던 세계정부의 유일 군주처럼 세계 유일의 황제이다.[180] 유교적 관점에서 보면, 이러한 불평등이 없다는 것은 인간의 욕망을 통제할 수 없는 야만과 혼돈의 상태로 복귀하는 것을 의미했다.[181] 따라서, 욕망은 상하구분에 따라 다르고, 이 차이는 본래의 자연으로부터 부과된 것으로 이로운 사회적 관계를 구성한다. 이것은 필연적으로 인류가 타고난 능력에 있어서 불평등하다는 것을 의미하는 것은 이니다.

이와 같은 계층적 질서는 타고난 능력에 따른 것이 아닌 발전과정에 있어서의 불평등에 근거한 도덕적인 질서이다. 모든 아랫사람은 윗사람을 본받고, 위로는 황제로부터 구성된 정부는 군대가 아닌 교육기관이다. 정의의 원칙에 대한 적절한 예와 교육으로 모든 사람들은 ("체면"을 생각하듯) 수치심을 알게 되고, 그로 인해 예의범절을 따르게 될 것이다. 사람들이 수치심을 모르고, 이성과 가르침을 따르지 않을 때에 비로소 처벌이 가해진다. 이

---

180 Dante Alighieri, *On World-Government or De Monarchia,* trans. by Herbert W. Schneider (New York: The Liberal Arts Press, 1949).

181 유교에서의 야만과 혼돈의 상태는 17세기 서구에서 홉스가 말한 전쟁상태로서의 "자연상태"와 닮은 듯 하다.

론상 황제는 대부분의 경우 교육자이자 본받아야 할 모범이고, 극단적인 경우에 통치자가 된다. 따라서 전쟁은 복종하지 않는 이들을 교양(civil power)과 덕으로 굴복시켜야 한다는 유교적 이론과 양립할 수가 없는 것이다.[182] 이러한 전쟁의 포기로 유교는 법가를 제외한 중국의 다른 사상들과 함께 했다.[183] 노자의 무위사상은 그를 평화주의자로 만들었고, 묵자도 공자의 전쟁혐오를 받아들여 평화주의를 그의 주 원칙 중 하나로 삼았다. 중국은 중요한 철학적 의견들 대부분이 전쟁에 반대하는 매우 특수한 상황을 보인다.

그러나 아이러니하게도 유교는 천명의 원칙에 따라 내전을 조장한다. 통치자가 부패하였을 때 일부 사람들은 혁명 제기를 정당한 것으로 보았다.[184] 중국에서 내전은 흔했지만 외국의 정복은 다른 범주에 속하는 것으로

182 군주가 공자에게 군사전략에 대해 가르침을 청했을 때, 공자는 이를 거절하고 그처럼 고결하지 않은 군주의 국가를 떠났다.

183 법가와 마르크스-레닌주의의 합치에 관하여는, Zhengyuan Fu, *China's Legalists: The Earliest Totalitarians and Their Art of Ruling* (Armonk, New York: M.E. Sharpe, 1996), 제7장. 리더십에 관한 중국의 개념 연구에 대해서는 Roger T. Ames, *The Art of Rulership: A Study in Ancient Chinese Political Thought* (Honolulu, Hawaii: University of Hawaii Press, 1983) 참고.

184 투키디데스는 모든 것은 부패하기 나름이라고 말했다. 따라서, 내전 또한 불가피한 것이다.

인식되었고 유교교리에 의해 정당화되지 않았다. 중국 본토는 세계의 중심이라는 "중화(中華)"라 일컬어졌고 중국 본토 외에 거주하는 사람들은 "야만족"으로 분류되었다. 중국 본토 사람들과 본토 밖의 사람들 사이에는 유교의 도덕적, 법적인 평등에 기반한 실질적인 정부 간 관계가 존재할 수 없었다. 그 결과, 이 야만족들은 완전한 인간이 아닌 그 이하의 존재로서 하등 동물이나 제어하기 어려운 아이들에게 하듯 친절하고 자비롭게 대해야 하는 상대로 여겨졌다. 시간이 지남에 따라, 중국을 둘러싼 동아시아의 "야만족"들은 유교 사상의 영역으로 점점 진입하였고 마침내는 유교를 행동 규칙으로 삼고 중국의 문명과 힘을 존중하기에 이르렀다. 중국의 가장 지속적인 힘은 군사가 아닌 문화에 근거했다. 따라서, 유교국가들 간의 국제관계를 위한 새로운 이론의 필요성은 존재하지 않았다.

이론상으로 전 세계가 천자인 중국의 황제에게 종속되어 있었고, 유교적 레짐은 계속 뻗어 나가고 있었다. 여기에 기본적으로 위계적인 유교적 또는 중국적 국제관계 이론이 있다.[185] 다시 말해, 중국적 국제이론은 제국의

185 국제적 위계질서에 대한 최근의 관심에 관하여는 Adam Watson, *Hegemony and History* (London: Routledge, 2007); Alexander Cooley, *Logics of Hierarchy: The Organization of Empires, State, and Military Occupation* (Ithaca, New York: Cornell University Press,

이론으로서 황제가 고전 속에 묘사되어 있는 모습을 달성하는 것이었다. 중국의 유교제국은 하나의 하늘 아래에 있는 모든 것이 하나의 황제에 의해 통치되는 대규모의 가족이다. 동아시아라는 하나의 가족을 통치하는 규칙은 일반적 의미의 가족을 다스리는 자연적인 규칙과 일치했다. 불평등은 자연적 가족의 중심적 요소였고 이러한 원칙은 국제적 영역에서도 마찬가지로 적용되었다.[186] 중화(中華)가 우위를 점하고 있는 중국은 하위의 국가들에 의해 둘러싸여 있었고, 이들의 관계는 마치 중국 제국이라는 국제적 가족 내의 형제나 부모자식 간의 그것과 같았다. 따라서 가족에서와 마찬가지로 중국과 그 주변국들의 친밀한 관계는 정기적인 중국 사절의 방문과 "많은 공물을 지닌" 주변국들의 비정기적인 사절의 방문으로 유지되었다.

시간이 지남에 따라 중국에 대한 이러한 "조공 사절"은 제도화되어 "조공 제도"로 자리잡았고 거대한 제국 내

2005) 참고.

186 Melvin Frederick Nelson, *Korea and The Old Orders in Eastern Asia,* (New York: Russell & Russell, 1067), p. 14. 이것이 중국인들이 전통적으로 전쟁의 도덕적, 윤리적 면을 강조하는 이유일 수 있다. Zhang Junbo and Yao Yunzhu, 'Differences Between Traditional Chinese and Western Military Thinking and Their Philosophical Roots,' *Journal of Contemporary China,* Vol.5, No.12 (1996), pp. 209-221 참고.

상품 교환의 형태가 되었다. 조공은 각국의 산물로 이루어졌지만 경제적 거래와는 달랐다. 형이나 아버지와 같은 존재인 중국은 종속국들의 공물보다 더 가치 있는 선물을 제공했다. 따라서 이 국제레짐은 오늘날의 용어로 말하면 후진국에 대한 보조 또는 공적개발원조(ODA)로서 야만족들을 중국제국의 영역으로 끌어들이는 역할을 했다. 무엇보다도 중국은 이들 국가들의 국내문제에 직접적으로 개입하거나 통제하려고 의도하지 않았지만, 조공제도가 동아시아 국가들의 유교적 가족 내 서열을 인정하는 공식적 표현이자 행위였다. 사실 주변 국가들은 완전히 독립적이지는 않았지만 자치적이었다. 힘의 정치는 유교에 의해 완전히 배제되었다. 이러한 태도는 정복에 의한 국가의 소멸이 가족 간 살해와 같은 것으로 여겨졌던 사실로 설명된다. 이처럼 유교 이론은 근본적으로 평화주의적이었다. 그리고 이러한 전쟁과 평화에 대한 평화주의적 유교 개념이 한반도 전(前)근대사의 이념적 배경이었고 매우 유교적이었던 조선왕조에서 중추적인 역할을 했다. 이것은 한민족이 중국에 의지하는 것이 국가안보에 충분하지 않다는 것을 깨닫고 서구에 문호를 개방하기로 결정한 19세기 후반까지 지속되었다.

Ⅳ. 산산조각 난 한민족의 유교적 세계관

19세기 초반 유럽 내 힘의 균형(클라우제비츠 체제) 및 소위 앙시앙 레짐(ancien régime)의 복구 이후, 팽창적인 서구 제국들이 중국과 동아시아를 유럽식 국제사회로 통합시키려는 시도는 중국 자체에 대한 도전이었을 뿐만 아니라, 수세기 동안 유지되어 온 조공레짐 내지 "종주(宗主) 제도"에 토대를 둔 중국적 세계질서에 대한 거대한 위협이었다.[187] 당시까지 중국인들은 그들이 이제 막 진입한 국제정치세계와 유사한 역사 속 "춘추전국시대"를 거의 망각했었다.[188] 유교 가족의 중화로서 중국인들은 그들의 역사적 문명과 동아시아 내 전통적 조공제도에 대한 유럽의 도전에 격렬하게 저항했다. 오랫동안 내려온 한

187 이 개념에 관하여는 Martin Wight, *Systems of States* (Britain: Leicester University Press, 1977), 제1장 참고.

188 Ni Lexiong, 'The Implications of Ancient Chinese Military Culture' in Daniel A. Bell, ed., *Confucian Political Ethics* (Princeton: Princeton University Press, 2008), 제10장; Richard Louis Walker, *The Multi-State System of Ancient China* (Handen, Connecticut: Shoe String Press, 1953); Victoria Tin-bor Hui, *War and State Formation in Ancient China and Early Modern Europe* (Cambridge: Cambridge University Press, 2005); Victoria Tin-bor Hui, 'Toward a Dynamic Theory of International Politics: Insights from Comparing Ancient China and Early Modern Europe', *International Organization,* Vol.58, No.1 (Winter 2004), pp. 175-205.

반도에 대한 종주권도 예외가 아니었다. 동아시아와 유럽의 대립은 단순히 정치, 군사, 경제적인 것을 뛰어넘었다. 그것은 문화적인 것이었고 근본적으로 양립할 수 없는 "문명의 기준" 간의 진정한 충돌이었다.[189] 문명의 기준은 한 사회가 국내적으로나 국제적으로 그 구성원들을 특징화하고 그들의 상호작용에 있어 규칙, 규범, 수칙을 규정하며, 그것들로 외부세력과 구분하는 방식을 의미한다.[190] 중국은 자국의 역사적 문명의 기준이 "야만적" 문명의 기준을 지닌 외국 세력에 의해 공격받자 깊은 문화적 트라우마를 겪었다. 불평등 조약의 문화적 굴욕은 서양 국제법적 부당함과 이념적 불평등에 의해 더욱 심화되었다. 중국인들이 이따금 19세기를 "국가적 굴욕의 세기"라고 말하는 이유가 이것이다.

동시에, 수세기 동안 중국에 의존하며 동아시아 종주제도에 안주하던 고립적이고 내향적인 한민족에게도 중국제국의 갑작스러운 몰락과 이에 따른 유교적 세계질서의 파괴는 상상하기 어려운 것이었다. 유교권의 동아시아에서도 가장 유교적이었던 조선은 사회진화론 등

189 Gerrit W. Gong, *The Standards of Civilization in International Society* (Oxford: Clarendon Press, 1984), pp. 3-23.

190 Gerrit W. Gong, 'China's Entry into International Society' in Hedley Bull and Adam Watson, eds., *The Expansion of International Society* (Oxford: Clarendon Press, 1984), p. 172.

에 근거한 서양세력들의 "야수 같은" 제국주의를 이해하지 못했다.[191] 그러나 한민족이 가지고 있던 유교적 평화 세계관은 돌이킬 수 없을 만큼 무너지기 시작했다. 임진왜란 후에도 언제나 열등한 야만족으로 여겼던 일본이 메이지 유신과 뒤따르는 급속한 서양화 이후 서구 제국주의의 선두에서 한반도로의 세력확장을 시도하는 것은 한국인들에게 결코 환영받을 수 없는 것이었다. 열강들이 한반도에서의 영향력을 행사하기 위해 경쟁을 시작했을 때 조선인들은 비로소 자신들을 둘러싼 위험을 감지했다. 이때 "고래싸움에 새우등 터진다"라는 속담이 생겨났고 그때 이후로 외국세력에 의한 압력과 위협이 등장할 때마다 한민족들에 의해 널리 사용되었다. 국제사회는 선량한 작은 나라에 대한 권리를 획득하려는 야만적인 열강들의 "경쟁의 바다"로 보여지기 시작했다. 실제로 조선이라는 이름의 미약한 전(前)근대적 국가는 "제국주의 시대"를 지나가고 있었다.[192]

자신들이 당시 한반도를 둘러싼 제국주의의 적나라

191 한국인들이 서양인들과 일본인들을 "야수"라고 비난했을 때, 그들은 19세기 중반 이후 나온 허버트 스펜서(Herbert Spencer)의 진화적 사회진보의 개념과 다윈의 생물학적 진화에 대한 개념을 알지 못했다.

192 이 구절은 역사학자 William L. Langer의 *The Diplomacy of Imperialism, 1890-1902* (New York: Alfred A. Knopf, 1935)에서 처음 사용되었다.

한 국제적 투쟁의 무기력한 대상이란 것을 깨닫게 된 한국인들은 처음으로 근대 국제정치의 잔인한 정치적 현실주의를 느끼고 배우기 시작했다. 한반도에서의 투쟁이 격렬해지자, 일본은 1894년에 중국과의 전쟁을 감행했고 그에 따른 1895년의 시모노세키(下關) 조약은 중국의 완패를 의미했을 뿐만 아니라 중국이 조선과 유지하고 있던 조공관계를 종결시켰다. 아울러 그 조약은 그동안 지속되어 오던 동아시아적 국제질서의 붕괴를 나타냈다.[193] 일본인들은 10년 후인 1904년에 러시아와 전쟁을 벌였고 1905년 승리를 거두었을 때 이미 한반도에 대한 그들의 정치적 목표를 보다 솔직하고 대담하게 드러내게 되었다. 결과적으로, 한국인들은 당시 제국주의적 강대국이었던 아테네인들로부터 다음과 같은 말을 들었던 고대 멜로스인들과 거의 같은 운명에 처하게 되었다.

> 우리의 목표와 행동은 인간이 신에 대해 가지고 있는 믿음 그리고 신들의 행동을 지배하는 원칙과 완전히 일치한다. 신에 대한 우리의 생각과 인간에 대한 우리의 지식은 우리로 하여금 통치할 수 있는 것은 통치해야 한다는 일반적이고 필연적인 법칙에 도달하게 한다. 이것은 우리

193 Shogo Suzuki, *Civilization and Empire: China and Japan's Encounter with European International Society* (London: Routledge, 2009), p. 10.

가 만든 법칙이 아니며 우리가 최초로 그 법칙에 따라 행동하는 것도 아니다. 이것은 이미 존재했던 것이며 우리 후세들 사이에서도 존속할 것이다. 우리는 이러한 법칙에 따라 행동할 뿐이고, 그대들이든 다른 누구든 우리들과 같은 힘을 갖고 있다면 우리와 똑같이 행동할 것이라는 것을 알고 있다.[194]

사실 이러한 국제정치적 관점은 중국의 지성사에 있어 매우 오래된 것이었다. 이것은 고대 법가의 교리에 있는 것이다. 그러나 법가는 뿌리를 내리지 못했고 가장 유교적인 국가인 한반도에는 변화된 내용으로 전달되었다. 한국인의 지성 세계에 어떠한 영향도 미치지 못한 것이다.[195] 한국의 모든 지도자들은 철저한 유교주의자들이었다. 따라서 정치 권력을 두고 유교적인 지배 관리들 간의 지적 투쟁이 격렬한 적이 있기는 했었지만, 그 투쟁 조차도 여전히 최고의 순수한 유교주의자들 간의 경쟁이었다. 이 때문에 유럽식의 국제정치 개념은 한국인들에게 매우 이질적인 것이었다. 그리고 한국인들이 이것을 이해하고, 수용하고, 적응하고, 적용하기까지에는 상당한

194 Thucydides, *History of the Peloponnesian War,* trans. by Rex Warner (Penguin Classics, 1954), pp. 404-405.

195 한국의 비법적 전통에 대하여는, Hahm Pyong-Choon, *The Korean Political Tradition and Law* (Seoul, Korea: Hollym, 1967) 참고.

시간이 걸렸던 것이다. 유교에 심취한 한국인들은 고대 멜로스인들처럼 다음과 같이 생각했다.

> 인류의 일반선(general good)에 부합하는 원칙—즉, 위험에 처한 사람들에 대해 공정한 경쟁, 정의로운 거래를 해야 한다는 원칙 그리고 그러한 사람들이 수학적으로 정확하지 않는 주장을 하며 이익을 가져가도록 해야 한다는 원칙—을 파괴하지 않는 것이 그대 아테네인들에게도 유용할 것이다. 이것은 타인만큼 그대들에게 큰 영향을 미치는 원칙이다. 왜냐하면 그대들의 몰락은 가장 큰 보복을 초래할 것이고 세상에 본보기가 될 것이기 때문이다.[196]

서양적 관점에서 보았을 때, 한국인들의 사고방식은 "정치적"인 것이 아닌 "도덕적"인 것이었다. 한국인들은 동양의 법가 그리고 서양의 마키아벨리주의자들과 같이 실제의 힘을 중시하기보다는 유교적 덕목을 존중했고 믿었다.

그러나 결국에는 한국인들 중에서도 젊고 계몽된 정치지도자들이 등장하기 시작했고 이들은 일본을 본 따 전(前)근대적 한국을 근대국가로 급격하게 바꾸고자 했다. 하지만 이러한 혁명적 노력은 여전히 강력했던 보수적인 정치 파벌과의 내부적 갈등의 심화를 유발할 뿐이었다.

---

196 *Ibid.*, p. 402.

이들의 노력은 실패했다. 왜냐하면, 혁명적 변화를 가져오는 데 필요한 실질적 수단이 부족했기 때문이다. 여전히 유교 왕국이었던 조선은 중국과 러시아를 상대로 승리를 거둔 일본제국에게 주권을 잃을 때까지 무기력했다. 외부세계에 개방을 한 이후 한반도에 대한 사건들과 전쟁들 전반에 있어 한국의 전쟁과 평화에 대한 지배적 개념은 거듭 손상되기는 했어도 여전히 유교적이었다. 일본이 이룬 것과 같은 "부국강병"을 이루지 못하는 한, 유교가 더 이상 의미가 없다는 것을 깨달은 이후에도 한국인들은 별다른 대책이 없었다. 결국 한국인들은 순진하지만 비극적인 "이상주의자"들로서, 정치적 효용에 관계없이 유교적 덕목을 신봉했다. 그들은 조지 산타야나가 묘사한 것과 같이 목표를 잃고 난 후에 노력을 배로 하는 광신도와 같았다.

V. 1948년 탄생한 안보국가와 한국인의 새로운 전쟁과 평화의 개념

미국과 유엔의 후원과 조력 아래 1948년 건국된 대한민국은 미소 간 냉전의 중심에 놓여 있었다. 한국인들이 미국적 자유민주주의를 정치이념으로 채택하고 그 정치이념의 세계관을 수용하고 제도화한 것은 매우 자연스러운 것이었다. 미국적 세계관은 자유와 압제라는 문제에 맞추어졌다. 자결(自決), 다수결, 반대할 권리 등으로 이해되는 자유는 자유민주주의의 핵심 가치들 중 최상위 목표였다. 정치적, 종교적 자유는 경제적 번영과 경제적 정의의 문제보다 우선시되었다. 영국식 민주주의에 비해 미국식 민주주의가 계층 간 불평등에 관심이 적었던 것은 유럽의 중세봉건시대 경험 부재에서 기인한 것이다. 부재지주제도(不在地主制度)와 봉건주의의 다른 단점들은 많은 나라들에서 계층 갈등이라는 유산으로 남았지만, 미국에서는 그런 현상이 매우 드물었다.[197] 미국 이민자들은 계층 혁명 대신 정치적, 종교적 자유와 경제적 성공의 기회를 추구했다. 또한 자본주의 자체가 자유시장, 기업의 자유 그리고 정치적 자결을 필요로 했다. 이러한 출발은 사회계약이라는 근대 개념의 정치사상적 진화와 일치했다. 혁명은 계층 변화가 아니라 정치적 압제에 대한 대응으로 정당화되었다.

35년간의 긴 일제강점기로부터 자유를 되찾은 남한의 한국인들은 이러한 정치적 개념들을 빠르게 수용했다. 게다가 자유민주주의가 제시하는 독재자에 대한 혐오는 폭정이란 천명을 따른 것이 아니기 때문에 전복되어

197 Louis Hartz, *TheLiberal Tradition in America: an Introduction of American Political Thought since the Revolution* (New York: Harcourt Brace, 1991) (originally in 1955).

야 한다는 유교적 이념과도 일치하는 것이었다.[198] 당시 남한 땅에 이식된 미국적 자유민주주의는 자유를 수호하고 세계평화를 파괴하는 침략국가에 맞서기 위해 참전한 윌슨-루즈벨트적인 것이었다.[199] 통제되지 않는 권력이 독재로 나아갈 때 시민의 자유가 위협받듯이 국가들 사이에서의 자유는 하나의 국가나 국가들의 연합이 다른 국가들에 세력을 확장할 때 위협받게 된다. 국제사회에서 개인의 자유에 상응하는 것이 민족 독립과 민족 자결의 원칙이다. 다시 말해, 미국 민주주의와 한국 민주주의는 모두 개인의 자유와 민족 독립을 지키기 위한 것이었고, 그것들은 북한과 소련의 공산주의로부터 위협을 받고 있

---

198 이러한 일종의 혁명의 권리는 공자에 대한 권위 있는 해석가로 인정받은 맹자의 사상이었다. Peter Nosco, 'Confucian Perspectives on Civil Society and Government' in Daniel A. Bell, ed., *Confucian Political Ethics* (Princeton: Princeton University Press, 2008), p. 31참고. 이것은 "인민을 위한"을 의미했지만 유교사상에서 "인민의"와 "인민에 의한"이란 개념은 없다. 따라서 "유교적 민주주의"는 유교의 과장으로 볼 수 있다. 고대 로마인들에게 폭군살해라는 개념이 있었지만 우리는 이것을 '로마의 민주주의'라고 부르지 않는다. 유교적 민주주의에 대해서는, David L. Hall and Roger T. Ames, 'A Pragmatic Understanding of Confucian Democracy,' pp. 124-160. in Daniel A. Bell, ed., *ibid* 참고.

199 대한민국의 건국의 아버지이자 초대 대통령인 이승만은 프린스턴대학에서 정치학 박사과정을 밟았고, 훗날 미국 대통령이 되는 우드로 윌슨의 애제자였다. 윌슨은 이승만을 "조선독립의 희망"으로 주변에 소개했다. David Halberstam, *The Coldest Winter: America and the Korean War* (New York: Hyperion, 2007), p. 66 참고.

었다.

한반도에서 전쟁의 근본적 원인을 제거하고 평화를 보장받기 위한 유일한 최선의 방법은 북한을 포함한 전 세계의 공산주의자들과 맞서는 것으로 여겨졌다. 공산주의자들은 국가의 적이었고 공산주의 정권은 악으로 여겨졌다. 무차별적인 반공투쟁은 국가의 책무가 되었다. 특히 한국전쟁 발발 이후, 한국은 "국가안보국가"[200] 내지 "병영국가(兵營國家)"[201] 같은 것이 되도록 강요받았다. 한국에 있어 국가안보는 국가 의제 중 최우선적인 것이 되었고, 이에 북한의 어떤 침략이든 억지할 수 있을 만큼 강한 군을 건설하고 "국가안보 우선" 정책을 뒷받침할 빠른 경제발전을 이루는 것이 국가적 과제였다. 결국 한국인들은 국제관계학에서 정의하는 정치적 현실주의자가 되었다. 따라서 이러저러한 점에서 1990년대 민주화 시기까지 한국에서는 민주주의라는 국가적 이념과 남한의 정치 현실 사이에는 큰 괴리가 존재했다. 그럼에도 불구하고, 한국의 전쟁과 평화에 대한 개념은 이론상으로든, 실제로든 단순 명료하고, 확실했다. 미국과 한국의 자유민

200 이 개념에 관하여는 Daniel Yergin, *Shattered Peace: The Origins of the Cold War and the National Security State* (Boston, Mass.: Houghton Mifflin, 1997), 제1장 참고.

201 Frank Gibney, *Korea's Quiet Revolution: From Garrison State to Democracy* (New York: Walker and Co., 1992).

주주의 이념에 기초한 당시의 지배적이고 포괄적이며, 선전적인 반공 개념과 경쟁할 만한 대안적 개념은 존재하지 않았다.

하지만 소비에트 공산제국의 붕괴로 확연하게 변화된 국제정치, 이어진 양극적 냉전체제의 종식 그리고 1990년대 한국정부의 민주화와 문민화는 한국인들의 전쟁과 평화에 대한 개념에 영향을 미치지 않을 수 없었다. 특히 김대중 정부가 등장하고 소위 대북 햇볕정책이 발표되면서 대다수 한국인들은 무차별적인 반공주의에서 벗어나기 시작했고, 부분적으로는 민족이 국가안보와 반공 자유민주주의보다 앞선다고 생각하면서, 북한의 대남 정책이 변화할 것이라는 부푼 기대를 갖고 새로운 대북정책을 지지하기 시작했다. 이를 계승한 노무현 정부는 김대중 정부가 시작한 친북 유화정책을 보다 강화했다. 하지만 그 정책은 북한체제에 대해 일방적으로 막대한 시혜적 재정 지원을 하면서도, 그에 상응하는 어떤 이익도 요구하지 않는 것이었다. 당시 여당은 한반도에서 미래에 전쟁을 야기할 잠재적 원인은 미국과 같은 강대국의 외교정책일 것이라고 생각했다. 그들은 한미동맹 체제 내 "연루"(entrapment) 가능성에 대해 걱정하기 시작했고,[202] "전

---

202 이것은 미국에 의한 "방기(abandonment)"에 대한 전통적인 우려와 다른 것이었다. 동맹 안보딜레마에 관하여는 Glenn H. Snyder, *Alliance Politics* (Ithaca, New York: Cornell University Press, 1997),

시작전권 반환"을 요구했다. 그러나 국가 안보와 통일의 문제를 "한국화" 하려던 노무현 정부의 노력은 북한의 김정일 정권의 호응을 전혀 이끌어내지 못했다.

오히려 북한은 심각한 경제적 어려움 속에서도 핵무기 개발을 위한 갖은 노력을 계속했고, 결국 2006년과 2009년에 핵실험을 감행했다. 2차 핵실험 직후, 북한은 국제사회에 핵보유국 지위를 선언했다. 유엔과 국제사회는 마키아벨리적인 북한지도자 김정일에 의해 완전히 기만 당했다. 그것은 특히 지난 10여 년 동안 계속된 경제적 어려움에 대해 형제애로 만성적인 경제적 어려움을 줄여주기 위해 북한 정권을 도와줬던 한국인들에게는 "등에 비수를 꽂히는 것"과 같았다. 대한민국은 갑자기 북한으로부터 핵위협을 받는 상황이 되면서, 궁지에 몰렸다. 이후 좌파와 우파 간 이념 대결이 격렬해지기 시작했다. 이러한 상황에서 대다수 한국인들은 북한 김정일 체제에 대한 그들의 인식과 기대를 바꾸기 시작했다. 한국인들의 대북 개념과 정책은 다소 위험스럽게 수정해 적으로 인식하던 북한을 형제로 보고 상호존중과 공동번영을 통한 평화통일을 위해 노력하려 했지만, 북한의 대남 개념과 정

특히 pp. 180-190 참고. 빅터 차(Victor D. Cha)는 이러한 스나이더(Snyder)의 모델을 한국의 안보딜레마 분석에 적용했다. *Alignment Despite Antagonism: The US-Korea-Japan Security Triangle* (Stanford: Stanford University Press, 1999) 참고.

책은 전혀 바뀌지 않았다는 결론을 내릴 수 있게 되었다.

결국 한국인들은 평정을 되찾았지만, 이제는 "귀중한 것을 하찮은 것과 함께 버릴" 수 없기 때문에 딜레마에 처하게 되었다. 한국인들은 쉽게 무차별적인 반공주의 대북정책으로 회귀할 수 없었다. 지난 10년의 매몰비용이 클 뿐만 아니라 국내정치적 고려사항들이 갑작스런 방향전환을 허용하지 않았다. 게다가 과거로 돌아가는 것이 유일한 방안은 아니었다. 강력한 탈근대주의와 그에 따른 동아시아 지역의 관점에서의 전쟁과 평화의 개념이 부상했다. 그것들은 지적으로 매력적이고, 서유럽으로부터 북아메리카에 걸친 탈근대 사회에 만연해 있으며, 한국에도 이제 막 유입된 것이다. 달리 말하면, 이명박 정부는 대북정책의 갈림길에 서 있었다. 그러나 이제 그 어느 정부보다도 중국과 가까워지고 있는 것으로 보이는 박근혜 정부에서 한국의 전쟁과 평화에 대한 개념이 큰 변화의 충동을 경험하고 있는 것은 분명해 보인다.

VI. 결론

전쟁과 평화에 대한 개념은 동양과 서양이 서로 달랐고, 같은 동양과 서양의 지역 내에서도 시기마다 상이했다. 전쟁과 평화의 개념에 대한 초점은 개인으로부터 국제사회에 이르기까지 다양하게 변화하기도 했지만, 시간과 공간에 따라 변화하기도 했다. 서양에서는 개인수준의 개념이 호머(Homer)와 헤로도토스(Herodotus) 시대에 등장했다. 개개 영웅이나 영웅들이 전쟁과 평화의 주요 행위자였다. 권력, 명예, 부, 심지어 복수를 추구하는 영웅이나 지도자의 욕구가 전쟁의 원인으로 이해되었다. 전쟁 원인을 주목할 만한 삼위일체구조로 보다 정교화해 제시한 사람은 투키디데스였다. 그에 따르면 전쟁의 원인은 공포심, 명예, 이익을 쫓는 개인, 민주정이나 전제정과 같은 정치체제 그리고 패권 경쟁으로 특징되는 변화하는 힘의 균형이었으며, 그것들이 바로 그 거대하고 비극적인 펠로폰네소스 전쟁을 야기했던 것이다. 그때부터 오늘에 이르기까지 전쟁연구를 하는 사람들은 이러한 투키디데스의 분석방법을 따르고 있다. 국제관계학에서 신현실주의의 최고참자인 케네스 왈츠(Kenneth Waltz) 또한 이것을 채택하고 "전쟁의 세 가지 이미지"라는 개념으로 보편화시켰다.[203] 물론 이후에 그는 국제정치를 세 번째 이미지에 기초해 이론화했다.[204] 그러나 투키디데스는 이미 펠로폰네소스 전쟁의 숨겨진, 진정한 원인이 아테네

203 Kenneth N. Waltz, *Man, the State and War: A Theoretical Analysis* (New York: Columbia University Press, 1959).

204 Kenneth N. Waltz, *Theory of International Politics* (Reading, Mass.: Addison-Wesley, 1979).

의 부상이고 이것이 전쟁을 불가피하게 만들었다고 강조한 바 있다.[205]

동양, 보다 정확히 말하면, 동아시아에서는 호머와 헤로도토스 사이의 시대를 살았던 공자가 개인, 즉 국가의 통치자의 "기만과 교활함"에서 전쟁의 원인을 찾았고, 이에 인간의 교육이 평화의 유일한 길이라고 결론 내렸다. 이와 같은 유교적 전쟁과 평화의 개념은 국가정치이념으로서 2000년 넘게 바뀌지 않았는데, 1949년 유교 자체가 비판받으면서 마르크스-레닌-마오의 공산주의가 그 역할을 맡게 되었다. 1948년 북한에서도 동일한 일이 벌어졌다.

하지만 남한에서는 1948년 미국식 자유민주주의가 국가정치이념으로 유교적 개념을 대체했음에도, 암암리에 정치 행태와 사회 조직 형성에 유교가 영향을 미치고 있다.[206] 인간 관계와 가족에 대한 유교적 가치관은 오늘날의 한국에도 강하게 남아 있다. 이러한 의미에서 한국의 유교전통은 스스로 복원력을 입증해 왔다.[207] 더욱이

205 *The Landmark Thucydides* (New York: The Free Press, 1996), Robert B. Strassler, ed., p. 16.

206 현대 한국정치의 전통적 요소에 관하여는, Pyong-choon Hahm, 'Toward A New Theory of Korean Politics' in Edward Reynolds Wright, ed., *Korean Politics in Transition* (Seattle and London: The Washington University Press, 1975), pp. 321-356참고.

207 Michael Robinson, 'Perceptions of Confucianism in Twenty-

많은 한국인들은 여전히 바로 그 유교적 세계관에 따라 북한을 불쌍한 아우로 보고 미국을 형과 같은 강한 동맹국으로 보는 경향이 있다. 유교는 이처럼 지엽적이고 제한적인 의미에서 한국인들의 국제정치관 속에 존재하고 있는 것이다.

그럼 이제 다음과 같은 질문이 제기될 수 있다. 우리의 시대에도 유교가 전쟁과 평화의 개념에 관해 적실성이 있는가? 적어도 다음 세 가지 이유로 "그렇다"라고 답할 수 있다.

먼저, 유교의 전쟁 개념과 평화에 대한 접근이 국제정치학의 정치적 현실주의가 제시하는 국가 중심의 "당구공" 이론과 대조되는 소위 "인간의 생각" 이론의 하나이다.[208] 국가보다 인간을 강조하고 정책결정자뿐만 아니

Century Korea' in Gilbert Rozman, *The East Asian Region: Confucian Heritage and Its Modern Adaption* (Princeton, New Jersey: Princeton University Press, 1991), p. 204.

208 Arnold Wolfers, 'The Actors in International Politics' in William T. R. Fox, ed., *Theoretical Aspects of International Relations* (Notre Dame, Indiana: University of Notre Dame Press, 1959), pp.83-106. 국제관계학에서 분석단위에 관한 질문은 중요한 주제이다. Oran R Young, 'The Actors in World Politics'in James N. Rosenau, Vincent Davis, and Maurice A. East, eds., *The Analysis of International Politics: Essays in Honor of Harold and Margaret Sprout* (New York: The Free Press, 1972), pp. 125-144참고. James N. Rosenau, 'Analyzing Actors: Individuals and collectivities' in his *Turbulence in World*

라 일반인들에게도 관심을 가진 결과, 분쟁과 전쟁, 그리고 힘의 정치의 출구를 제시했다. 이러한 접근법의 가장 대표적인 주창자는 유네스코이다.[209] 유네스코헌장 서문에는 다음과 같은 문장이 명시되어 있다.

> 전쟁은 인간의 생각에서 시작되기 때문에 평화의 방벽을 세워야 할 곳은 바로 인간의 생각 속이다.

2000년이 넘는 시차(時差)에도 불구하고 둘 사이에 놀랍도록 유사한 점이 있다는 것을 생각하면, 전쟁과 평화에 관한 매우 오래된 유교적 개념이 어떤 점에서는 매우 젊다는 것을 보여 준다. 유교적 세계와 우리가 살고 있는 세계 간의 유사성은 여기서 그치지 않는다.

둘째, 전쟁에 관한 유교적 개념은 사회적, 정치적 질서를 유지하려는 원래의 의미로부터 인간들의 삶의 권리를 보호하고 윤리와 도덕을 실천하는 것으로 변화했다. 맹자에게 있어 유교적인 왕도정치(王道政治)란 현실정치

Politics: A Theory of Change and Continuity (Princeton, New Jersey: Princeton University Press, 1990), 제6장 참고.

209 유엔대학과 유엔평화대학은 현대국제정치에서 전쟁과 평화를 다루는 데 있어 유네스코의 방식을 따르는 또 다른 기관이다. 이들의 이상적인 목적에 상관없이, 이러한 인간중심의 접근법의 전근대적 그리고 포스트모던 세계에서 국제정세의 현실적 이해에 대한 공헌을 폄훼해서는 안 된다.

에서 인(仁)을 실현하는 정부였다. 그는 백성들이 다음 끼니를 걱정하고 있다면, 도덕적 행동을 장려하는 것은 부질 없는 일이라고 주장했다. 백성들의 기본적인 생계 수단이 부족해지면, 내부 갈등을 유발할 것이고 이러한 상태에서 평화는 불가능하기 때문이다. 따라서 평화를 추구하는 지도자는 최소한 백성들이 잘 먹도록 보장해 줘야 한다고 했다. 더욱이 맹자는 폭군이 사람들을 잔인하게 죽이고 왕도정치를 하지 않는다면, 인의(仁義)의 군대가 이러한 폭군을 벌하도록 활용되어야 한다고 했다. 맹자의 사상에서 전쟁은 도덕과 윤리의 도구가 된 것이다. 그러나 "민본" 사상을 염두에 둔 맹자는 권력과 이익을 위한 국가 간의 전쟁을 반대했다. 이와 같이 국경을 뛰어 넘는 도덕적 정치의 개념은 맹자라면 "토벌"정도로 불렀을 법한 오늘날의 인도주의적 개입의 탈근대적 생각에 가깝다.[210] 정의로운 전쟁에 관한 공자와 맹자의 이론은 규범적으로 서양의 전통적인 정의로운 전쟁에 관한 이론보나 더 매력적일 수 있다.[211]

셋째, 맹자는 통치자란 무릇 세계의 평화적 통일을

---

210 이론적으로만 봤을 때 맹자에 따르면 북한 체제는 내부에서 전복이 일어났어야 하는 것이다. 그러나 이것이 현실적으로 가능한지는 또 다른 문제이다.

211 Daniel A. Bell, "Just War and Confucianism: Implications for the Contemporary world" in Daniel A. Bell, *ibid.*, p. 239.

도모할 의무가 있다고 주장했다. 플라톤의 철인왕과 같은 현명한 군주가 다스리는 어떠한 영토적 경계도 없는 이상적인 통일세계에서는 모든 전쟁이 정의롭지 못한 것이 되는 것을 넘어 아예 불필요하게 될 것이다. 이러한 맹자의 세계정부에 대한 개념은 고대 서양에서의 아리스토텔레스의 생각과 놀라울 정도로 유사하다.[212] 아리스토텔레스는 "복이 있는 사람은 인간들이 하나의 지배 권위와 하나의 왕국을 이루는 데 동의하는 찬란한 날을 보는 자다. 그때는 전쟁과 분쟁이 멈출 것이고 모두가 자신과 도시 그리고 국가들의 안녕을 위해 헌신할 것이다"라고 말했다.[213] 맹자와 아리스토텔레스는 모두 각자의 시대와 공간에서 제국의 통치가 생기기 전에 세계정부를 주창했다. 아리스토텔레스의 세계정부 개념은 기독교적 이상에 따른 팍스 로마나(Pax Romana)로서 14세기 초 중세 이탈리아에서 단테의 세계정부이론으로 재등장했다.[214] 이러한

---

212 더욱이 신유교주의는 중국문화를 위한 중화(中華)를 회복하는 데 만족하지 않고 몽골제국을 넘는 다문화세계를 흡수하려고 했다. William Theodore de Bary, 'Introduction' in William Theodore de Bary and JaHyun Kim Haboush, eds., *The Rise of Neo-Confucianism in Korea* (New York: Columbia University Press, 1985), pp. 1-58 참고.

213 Aristotle, 'Epistle to Alexander the Great on World Government' in Howard P. Kainz, ed., *Philosophical Perspectives on Peace* (London: Macmillan Press, 1987), p. 3.

214 이러한 사실들을 고려한 이니스 클로드(Inis L. Claude)는 1962

의미에서, 유교적 이상에 의거한 하나의 세계는 보편적 세계사(Universal History)의 맥락에서 혼자가 아니었다.[215] 그러나 힘에 근거한 서구적 이상에 따른 하나의 세계와 달리 유교적 이상에 의거한 하나의 세계는 도덕적 설득에 토대를 둔 것이었다. 따라서 유교에 기반한 이상적 신세계는 결국 어느 누구도 자기 생에서 볼 것이라고 기대할 수 없는, 실제로는 실현되기 어려운 영원한 유토피아로 남을 것이다.

년 미국정치학회상 수여식에서 세계정부의 개념이 세력균형과 집단안보보다 더 새로운 것으로 여겨져야 한다고 말했을 때 틀렸다고 볼 수 있다. 그러나 세계정부의 설립이 우리 시대의 국제정치의 위험요소들을 다루는 수단으로서 현실적인 전망이 없다고 말한 것은 옳다고 보인다. Inis L. Claude, Jr., *Power and International Relation* (New York: Random House, 1962), pp. 205-206; p. 208 참고.

215 "Universal History"의 개념은 1960년 레이몽 아롱(Raymond Aron)의 런던 강의에서 만들어졌다. Raymond Aron, *The Dawn of Universal History* (New York: Basic Books, 2002), pp. 461-486.

제4장

유엔(UN)을 통한 글로벌 거버넌스: 지정학의 대안이 될 수 있을까?

평화로운 미래는 진리의 탐구 위에서만 세워질 수 있다.
—다그 함마르셸드 유엔 사무총장

플라톤의 이상국가를 고대하지 마라! 하나의 사소한 일이라도 발전이 있다면 그에 만족하고, 그 사소한 일이 가져오는 결과는 무엇이든 사소한 일이 아니라는 점을 생각해라!"
—마르코스 아우렐리우스 황제의 〈명상록〉

I. 프롤로그

"글로벌 거버넌스"(global governance)는 21세기 국제관계에서 새롭게 자주 사용되는 용어가 되었다. 이 용어의 다소 빈번한 사용과 관심은 다음의 세 가지 현상으로부터 받은 자극에서 비롯되었다. 그 첫 번째 현상은 냉전의 종식이다. 냉전의 종식은 유엔이 주도하는 국제제도가 국제관계를 국제평화와 안보가 유지되도록 관리하는데 있어 중추적인 역할을 할 것이라는 기대를 증대시켰다. 두 번째 현상은 현대적인 사고를 반영하고 있는 세계화의 부상과 "범지구성"(globality)이다. 일부 사람들은 세계화를 그것이 국가들로 하여금 세계시장의 경쟁적인 요구에 따르도록 한다는 점에서 글로벌 거버넌스의 구현(manifestation) 그 자체로 본다. 세 번째는 이 세상이 서로 협조하고 조정해야 하는 지구적 접근을 필요로 하는 문제들로 싸여 있다는 인식이다.

그러나 글로벌 거버넌스는 아직까지도 논란의 여지가 많은 개념이다. 글로벌 거버넌스는 그 개념을 정의하고 평가하는 데 사용되는 이론적 틀에 따라 각각의 사람들에게 다른 의미를 갖는다. 보다 중요한 점은 글로벌 거버넌스라는 개념이 정치적으로 논란의 여지가 있다는 사실이다. 글로벌 거버넌스는 국제적 사안을 다루는 적절한 권한의 소재, 세계적 제도의 책무(accountability), 그리고 국제 정의의 본질 등에 관해 근본적인 문제를 제기하는 매우 정치화된 개념이다. 좌경화된 많은 사람들은 글로벌 거버넌스가 가난하고, 약한 국가들을 희생시키면서 부유하고, 강한, 자본주의 국가들의 가치와 이해만을 반영할 것이라고 우려하면서, 글로벌 거버넌스에 대해 의혹을 갖고 있다. 한편으로 일부 보수적인 사람들은 글로벌 거버넌스가 국가의 주권을 잠식시키면서, 세계정부를 향해 한 단계 더 나아갔음을 보여 준다고 주장한다. 그러나 가까운 미래에 그러한 일이 일어날 가능성은 매우 희박하다. 따라서 당분간은 글로벌 거버넌스를 일종의 "유사 세계 정부"로 이해하기보다는 국제적 사안의 세계적 관리라는 측면에서 이해하는 것이 타당할 것이다. 그 경우, 세계적 관리의 실재로서 글로벌 거버넌스의 이슈란 국제 관계에서 반복해 나타나는 것들이다. 본 장은 첫 번째 현상, 즉 글로벌 거버넌스 메커니즘이 발전하고 있는 가운데 유엔의 역할을 중심으로 국제안보와 평화 부문에 있어 글로벌 거버넌스의 제도적 측면을 다룰 것이다.

II. "글로벌 거버넌스"로서는 결함 있는 국제제도

강대국들이 나폴레옹 전쟁 이후의 안정을 보존하고자 "유럽 협조체제"를 구성했던 것은 19세기가 되어서였지만, 그 협조체제는 주로 회의(consultation)의 메커니즘이었고 국내 사안에 개입하는 문제에 있어서는 여전히 분열되어 있었다. 제1차 세계대전 이후 정치가들과 시민들은 주권국가의 범위를 넘어서는 것을 생각하기 시작했다. 승전국들에 의해 만들어진 국제연맹(League of Nations)은 연맹 규약의 침략 전쟁을 막는 규정과 평화적 전환 절차 때문에 국가를 넘어선 큰 진전처럼 보였다. 그러나 엄밀한 의미에서 국제연맹은 국가의, 국가에 의한, 국가를 위한 국제 기구였다. 국제연맹의 강제력은 그 힘을 집행하는 주요 강대국들의 의지에 달려 있었고, 베르사유 조약 이후 설정된 영토의 현상유지에 대한 강대국들의 강한 결속은 평화적 변화에 관한 국제연맹의 규정 적용을 어렵게 만들었다. 1945년 유엔의 구상은 제2차 세계대전에 의해 만들어진 혼란을 다루는 것이라기보다는 국제연맹의 실패를 반복하지 않는 것을 목표로 한 듯했다. 유엔안전보장이사회는 국제연맹의 이사회보다 훨씬 더 큰 권한을 부여받았다. 그러나 유엔창설 후 채 2년도 되지 않아 국제적 냉전이 도래했을 때 주요 국가들이 일종의 이사국으로 활동할 수 없었다면, 유엔이 부여받은 권한은 냉전 시기 동안 단지 문서로만 남았을 것이었다.

더우이 유엔의 집단안보(collective security) 개념의 결함은 국제관계의 본질적 논리와 모순되는 것이었다. 국가들은 동맹국들과 적국들을 갖고 있다. 국가들은 적국들이 다른 국가의 정치적, 영토적 보전을 침해하지 않았더라도 그 적국들과 싸우려는 경향이 있는 반면에 동맹국들과의 관계에선 설령 동맹국들이 다른 국가의 정치적, 영토적 보전을 침해하고, 그리하여 유엔헌장을 위반하는 행위를 했더라도 그 동맹국들을 보호하려는 경향이 있다. 국제정치는 확실한 이해관계와 제휴에 관한 것이다. 그런데 집단안보는 일종의 "모두가 하나를 위해, 하나가 모두를 위해"(one for all, all for one)라는 식으로 국가들로 하여금 국제정치의 본질 위에 추상적인 원칙을 두도록 요구한다.

냉전 종식과 더불어 유엔에 대한 희망, 특히 집단안보라는 아이디어에 대한 희망이 다시 솟아났다. 베를린 장벽이 허물어지던 짜릿한 날에 많은 유엔 지지자들(lovers)과 자유주의적 국제주의자들이 느꼈던 흥분은 과장된 것이 아니다. 쿠웨이트(Kuwait)에 대한 사담 후세인(Saddam Hussein)의 노골적인 군사침공과 합병조차 적어도 글로벌 거버넌스의 이론적 측면에서 보면 사악한 우발사건이었다. 그 사건은 유엔헌장의 중요한 조항을 노골적으로 위반한 것이었기 때문에, 국제평화와 안전에 대한 매우 노골적인 위반이라며 모두가 반대할 명분이 있었다. 그러나 1990년대 유고(Yugoslav)의 내전과 르완다(Rwanda)의 학살은 우리 모두로 하여금 강대국들이 서로 다른 이해관계를 갖고 있거나 무관심하다는 점을 일깨워줬고, 더 나아가 냉전의 종식과 더불어 유엔의 집단체제가 마법처럼 해결했을 것으로 생각했던 집단 행동과 국제적 무임승차의 문제가 여전히 남아 있다는 점을 일깨워 줬다.

냉전 종식 후에는 두 가지 이슈가 나타났다. 그 첫 번째가 국가 간 분쟁이다. 국가 간 분쟁에 대해서는 유엔 창설자들의 희망에 따라 헌장의 새로운 황금기의 많은 희망이 표현되었다. 실제로 걸프전은 침략자 사담 후세인에 대해 집단안보체제가 빛을 발하는 순간이었다. 안전보장이사회가 쿠웨이트의 독립 복원을 위한 무력 사용을 결정하고 "자발적 참여국의 동맹"(coalition of the willing)이 이라크군을 철수시켰다는 점에서 그것은 성공적이었다. 그러나 후세인에 대해 취해진 집단안보체제는 전쟁 후에 해체되게 마련인 유엔의 임무나 국가 간의 연합이 아니었다. 그것은 본질적으로 유엔의 이름으로 미국이 주도하는 작전이었다. 이에 그 작전은 집단안보의 의무가 아니라 국가이익에 따라 결정을 내리는 전통적인 국가의 양상을 보여 준 것이다. 소련의 붕괴 후, 중국 고유의 전통 외교 추구와 미국의 예방전쟁에 대한 선호는 집단안보의 잠재력을 제약하고 있는데, 이란과 북한의 핵확산의 경우가 이에 해당한다. 그리하여 새로운 교훈이 1990년 이전에 있었던 국제연맹과 국제연합의 교훈에 추가되있다. 그 새로운 교훈이란 국제적 단극체제의 세계에서 세계 기구는 현재의 유일한 초강대국이 설정한 방향으로 진행되는 경우에만 작동할 수 있다는 것이다.[216]

두 번째 이슈는 지난 10여 년 이상의 기간 동안 국제평화를 위한 집단안보체제의 문제들을 거의 압도했던 것이다. 그것은 국제법을 "새롭게" 보강하는 것이다. 즉, 국가들이 국내 분쟁에 무력을 사용하는 것을 제한하는 반면에 국경 내의 인종 집단이나 정적들을 학살하여 인권을 심각하게 침해하는 국가에 대해 집단적 개입과 무력사용을 오히려 합법화하는 것을 포함하는 것이다. 안전보

216 Stanley Hoffmann, *Chaos and Violence* (Lanham, Maryland: Rowman & Littlefield, 2006), p. 44.

장이사회는 국내 분쟁에서 행해지는 정부의 무력 사용이 지역안보나 국제안보에 위협이 된다고 판단될 때마다 유엔헌장 제7장에 호소해 왔다. 이 경우에 그 목적은 (과거 19세기의 신성동맹처럼) 무력에 의해 현상을 변화시키려는 시도를 막는 국가 간(inter-state) 현상 유지가 아니다. 새롭게 제시되는 인도주의적 개입은 자결의 원칙에 토대를 둔 새로운 국가의 수립을 독려하기 때문에 유고슬라비아(Yugoslavia)나 동티모르(East Timor)에서처럼 현상을 변화시킬 수 있다. 외부의 합법적인 개입을 촉발할 정도의 인권 침해가 무엇인지에 대한 합의가 어떤 형태로도 이루어진 것이 없기 때문에, 국가가 국내 문제에 있어 폭력을 사용하는 것을 금지하는 범위가 평화의 파괴와 침공의 행동에 대한 헌장 개념보다 훨씬 더 가변적이다. 이러한 법의 보강은 많은 국가들이 국내 문제 개입에 강하게 반대하고 있기 때문에 논란이 되고 있다. 이에 지금까지의 인도주의적 개입은 국제법의 확고한 원칙에 의해서가 아니라 전례법에 따라 진행되고 있다. 더욱이 인도주의적 개입에 있어서 집단안보 활동의 필수적인 정당성 부여자(legitimizer)로서 유엔의 역할은 국가 간 분쟁에서 분열을 가져왔던 동일한 문제, 즉 거부권에 의해 유엔 안전보장이사회가 역할을 할 수 없을 때 어떻게 해야 하는가라는 문제를 제기한다.

윌슨(Woodrow Wilson) 대통령 이후 거의 1세기 동안 집단안보가 갖고 있던 어려움은 여전히 그대로 남아 있다. 유엔은 대내적 주권을 보호하려는 국가들의 비판에도 불구하고 다수의 국가들이 합법적으로 무력에 호소할 명분을 보강하고 있고, 유엔사무총장은 그러한 법의 보강을 옹호하고 있다. 하지만 법적으로나 도덕적으로 "옳은" 명분을 가진 모든 경우에도 유엔을 통한 집단안보가 강화될 가능성은 한계가 있다. 왜냐하면 옳은 것을 행하는 데 대한 국가들의 관심은 자국의 이익을 추구하고 보호하려는 욕구보다 훨씬 더 적은 경우가 많기 때문이다. 언제라도 이런 상황이 되면 승리를 원하는 국가들은 무행동(inaction), 즉 유엔 밖에서의 "자발적 참여국 동맹"과 일방적 행동(unilateral action) 중에 선택을 해야만 한다.

III. 유엔체제가 글로벌 거버넌스의 유일한 메커니즘인가?

유엔은 스스로 약속했던 국제 평화와 안전을 실제로 보장해 주기 때문이 아니라 유엔이 갖고 있는 절차와 형식이 안전보장이사회의 상임이사국을 비롯해서 수많은 관련 국가들에게 혜택을 제공하기 때문에 유지되고 있다. 특히 유엔은 안보 문제를 다루는 세계 포럼을 주재하는데, 그 포럼은 토론회의 기본 조건을 규정하는 절차적 구조를 제공한다. 이는 토론회에 직접 참여하는 국가들에게 도움이 된다. 그래서 외교적 개입이 반드시 필요하지 않더라도, 그 토론회에 참여할 수 있다면 다른 국가들에게도 좋거나 중요하다. 국제평화와 안전의 문제들은 대중의 시각에서 다뤄지기보다는 다국적 포럼에서 공론화되는 것이 더 낫다. 그러나 안보 문제를 논의하는 것은 실제로 집단안보를 제공한다는 것과는 다르다. 유엔은 평화유지 임무와 그에 관련된 활동을 구성하는 상황을 제외하고, 세계의 집단안보에 관해서는 대체로 심각한 정체 상태에 있었다.

그렇다면 냉전 종식 이후 현재까지 유엔은 다른 형태로 진전되거나, 사라지거나 혹은 아주 별개의 다른 것으로 변질되었어야 하는데 왜 그렇지 못했는가? 그에 대한 답은 미국이다. 우리 모두는 미국이 상대적으로 위상에서 하락하고 있다고 하더라도, 초강대국, 엄밀히 말하면 패권이라는 점을 인정한다. 그러나 유엔체제 지지자들 중에는 미국을 단순히 유엔집단안보 체제 내의 단지 하나의 큰 행위자로 취급하는 잘못된 경향이 존재한다. 그러나 유엔이 중세 기독교세계에서의 교황처럼 합법적인 국제적 권위체의 대표라면, 미국은 거의 로마제국의 황제처럼 국제 평화의 유지를 위한 견줄 수 없는 능력을 갖고 있는 실권자이다. 유엔 집단안보체제 내에서 이러한 능력을 가진 국가는 미국 외엔 없다. 따라서 국제 외교 업무는 미국과 유엔 체제 내에서의 미국의 능력을 확보하는 것이다. 미국이 규칙을 깨거나 유엔 헌장을 적용할 수 없는 것으로 간주될 때조차도, 미국은 여전히 집단안보체제 내의 중요한 행위자로 간주된다. 그러나 이러한 접근은 유엔이라는 집단 체제가 사실상 단일의 체제가 아니라는 현실, 그리고 이라크 전쟁의 사례에서 드러났듯이 미국이 유엔집단안보 체제 내에서 가장 중요한 역할을 하고 있지 않다는 현실을 보지 못하게 만든다.

유엔체제의 유지는 근본적으로 미국을 단일의 세계 안보체제 내의 우세한 행위자로 다루는 것만으로는 포착되지 않는 무엇인가에 달려 있다. 냉전 종식 이후 국제 안보정치의 가장 솔직한 설명은 사실상 완전히 다르다. 실상은 두 개의 세계 안보체제가 존재한다. 즉 유엔집단안보체제와 미국의 패권안보체제가 그것이다. 국제 거버넌스나 전쟁의 부재는 국가들 간에 팽배해 있는, 그리고 하나의 국가 혹은 연합의 의지가 반영되는 것을 금하는 군사력의 대략적 균등함으로부터 기인한 것이 아니다. 반대로 국제 거버넌스나 전쟁의 부재는 그 국가들 중 한 국가가 압도적으로 우세한 경우에 나타난다. 우세란 불만족한 국가들이 현상유지를 변경하는 것을 체념하고 패권국가는 무능력한 국가들을 흡수하려 하지 않는 상태를 말한다. 패권국가는 패권을 남용하지 않고, 국가의 독립이라는 대외적 형태를 존중하며, 제국건설을 열망하지 않는다.[217] 이러한 체제가 완전히 새로운 국제 안보체제는 아니다. 북미에서 미국에 의해 이뤄진 패권적 평화는 미국과 이웃 국가들의 군사력 간의 불균형에서 비롯된 것이다. 미국의 패권은 또한 미주기구(OAS)가 국가들 간 전쟁을 금한 이후 남미에 확산된 평화에 기여했다. 동아시아에서 2000년 이상 중국이 성취한 제국적 통일성은 분열과 복원, 내전, 평화의 교체 시기를 통해 문명과 제국을 계승했다. 대외관계에 있어서 중화제국은 만리장성을 통한 방어와 팽창충동의 경향 사이에서 주저했다. 몽골과 만주족에 의해 정복된 중국은 19세기까지 동등한 국가들 간의 국제관계의 영구체제로 들어가지 못했다. 그때까지 동아시아는 중국의 패권에 의해 "통치"되었다.

유엔체제와 미국체제는 냉전 종식 이후에 몇 가지 점에서 결합되기도 했지만 별개의 체제로 동시에 작동하고 있다.[218] 유엔체제가 약한 체제인 데 반해, 미국 체제는 강한 체제이다. 이렇게 봤을 때, 미국은 세계안보의 체제 내에서 단순히 가장 강력한 행위자의 하나에 그치는 것이 아니며, 그렇다고 체제 내의 가장 강력한 행위자도 아

---

217 Raymond Aron, *Peace and War: A Theory of International Relations* (New Brunswick, New York: Transaction Publishers, 2003) (Originally published in 1966 by Doubleday & Company), p. 152.

218 Kenneth Anderson, *Living with the UN: American Responsibilities and International Orders* (Stanford, California: Hoover Institution Press, 2012) p. 99.

니다. 오히려 유엔집단안보체제 내에서 지배적인 행위자로서의 역할을 하고 있는 미국 패권은 국제 평화와 안보의 순수하게 대안적인 체제, 즉 유엔체제가 제공하는 세계 공공재와는 다른 공공재를 제공하는 국제체제를 제공한다.

세계의 상당 부분으로까지 안전 보장을 확장하려는 미국의 의지는 의도적으로든 암묵적으로든 유엔 자체가 갖고 있는 집단 안보의 의미, 필요성, 성질 등을 변화시켰다. 유럽, 아시아, 라틴 아메리카 그리고 심지어 중동의 대부분 국가들은 유엔안보체제의 힘에 의존하려고 하지 않는다. 그 국가들은 유엔체제에 대해서는 립 서비스(lip service)만을 하면서 실제로는 미국에 의존하고 있다. 그리고 이는 그리 놀랄 만한 사실도 아니다. 미국에 대한 의존은 미국의 세계안보 정책의 토대였고 오랫동안 세계의 대부분의 국가들이 적과 동지를 구분하는 대외정책의 근본적인 기정이었다. 많은 국가들이 미국의 패권을 받아들인 근거로는 안보 비용을 미국으로 치환하려는 합리적 욕구가 있었다. 이 경우에 미국이 상당한 비용을 지불하고 있기 때문에 미국은 그만큼 자국의 국가이익을 우선시 할 합리적 근거를 갖고 있다.

물론 미국에 의한 안전 보장은 집단안보체제가 아니다. 미국에 의한 안전 보장은 북대서양조약기구(NATO)에 관해서조차 집단안보체제 형태가 아니다. (엄격하게 말하면 그 반대로 집단방어체제이다.) 그러나 미국에 의한 안전 보장은 그 보장이 집단안보체제가 아니고 그래서 집단행동의 실패로 인한 고통을 겪지 않아도 되기 때문에 거의 집단안보체제처럼 작동한다. 이것이 바로 세상 사람들이 미국의 안전 보장을 신뢰하는 이유이다. 그들의 이익이 미국의 이해와 충분히 부합하는 한, 그 국가들은 미국의 이해뿐만 아니라 자국의 이해를 반영해 행동하는 미국을 신뢰할 수 있기 때문이다.

그러나 세계에는 유엔체제에 의존해야만 하는 사람들이 있다. 그것은 언제나 그들 자신의 선택인 것만은 아니고, 종종 그들의 이해가 아니기도 하다. 미국의 안전 보장이 매우 광범위하기는 하지만, 세계의 모든 곳에 미치는 것은 아니다(예를 들어, 다르푸르(Darfur)와 아프리카의 많은 다른 장소들). 그의 힘이 정점에 이른 미국이라도 전 세계적으로 힘을 투사할 수는 없다. 미국은 경쟁하는 강대국들이 부상하는 다극세계에서 힘의 투사를 훨씬 줄일 수 있다. 패권적인 미국의 힘은 양국 간 지원, 경제 정책, 무역 동기, 그리고 그 밖의 수단들을 통해 지역 안보를 증대시키기 위해 종종 명분, 레짐, 정책 혹은 다른 것을 지원하는 데 투사될 수 있다.[219] 그러나 미국의 힘에도

219 소프트파워(soft power) 혹은 스마트파워(smart power) 지지자들은 그 힘이 존재하지 않는 상황에서 너무 성급하게 소프트파워나 스마트파워를 찾거나 하드파워에 힘을 실어 주는 것으로 보기보다는 대

한계가 존재한다. 또한 미국의 이해에도 한계가 있다. 어쨌든 안 좋은 상황이 벌어지더라도 그 상황이 미국에 직접적인 안보 위협이 되지 않기 때문에 미국이 돌볼 필요가 없는 장소들, 또한 테러리스트들의 낙원이 되는 실패국가에 대해 관심조차도 가질 필요가 없는 많은 장소들은 미국의 힘이 미치지 않을 수 있다. 하지만 1946년 이란이 국제적 이슈로 등장했을 때 미국 국무부 차관보 딘 애치슨(Dean Acheson)이 "이란은 더 이상 유엔보다 강하지 않고, 유엔은 더 이상 미국보다 강하지 않다"[220]고 솔직하게 말했었다.

따라서 우리는 국가 간 침공을 저지하기 위해 홀로 행동하려 하거나 동맹국들을 동원하려는 미국의 의지에 좌우될 미래, 혹은 미국의 이해에 중요하지 않은 지역이나 승리가 불확실한 지역에서 벌어진 내전과 미국 외의 국가들이 전투 병력을 보낼 의지와 수단을 갖고 있지 않은 시기에 벌어진 내전에 대해 미국의 지도자들이 무력으로 개입하지 않고자 하는 경우 국가 간 침공에 대한 집단저지가 실현되지 않을 수도 있는 미래를 고려해야 한다. 이는 보기 좋은 미래의 모습은 아니지만 원래의 유엔체제

체하는 것으로 보는 경향이 있다.

220 Anthony Gaglione, *The United Nations under Trygve Lie, 1945-1953* (Lanham, Maryland: The Scarecrow Press, 2001), p. 46.에서 재인용.

와 확대 보강된 유엔 체제 모두에서 유엔의 우세한 능력을 보고 싶어하는 유엔지지자들까지도 마주해야 하는 현실이다. 이제는 유엔집단안보 체제가 전형적인 상호 이익의 체제가 아니고, 적어도 그 체제의 안보 제공자들 입장에서 볼 때 이타주의의 가장 중요한 특색을 가진 체제라는 점을 인지할 때이다. 유엔의 집단안보는 안보제공자들이 관대한 행동으로써 안보를 보장해 주기를 원하는 경우에만 실현 가능한 옵션이라고 이해되어야 한다. 유엔의 집단안보는 상호성을 완전히 결여하고 있고 그에 따라 예측성과 안정성도 결여하고 있는 것이다.

IV. 효과적인 글로벌 거버넌스에 비해 너무도 복잡한 세계

현 국제관계의 복잡성은 글로벌 거버넌스의 공정하고 효과적인 체제를 더 필요로 하게 만들었지만, 동시에 그 체제를 실행하기 어렵게 만들고 있다. 세계화가 많은 국가들에 만연해 있다 하더라도, 국가들 위에 존재하는 어떤 우위의 힘은 없다. 세계적 리바이어던(Leviathan), 즉 세계정부가 부재하고 가치기준이나 분쟁 해결의 절차에 대한 세계적 합의가 없기 때문에, 휴전, 일시적인 완화, 평화지대 등이 있을 수 있다고 하더라도 국제관계는 실제든 잠재적이든 국제관계에 대한 루소의 표현대로 여전히

"자연 상태"이다.

이것은 이 세계를 덜 혼란스럽고, 덜 폭력적이며, 좀 더 잘 관리되도록 하기 위한 많은 조치들이 취해지고 있지 않다는 것을 의미하지는 않는다. 여전히 논쟁의 대상이기는 하지만 두 가지 경향이 주목할 만하다. 우리는 인종적인 이유로 대량 살상이 일어나는 것을 막으려는 수많은 인도주의적 개입을 보아 왔고, 새로운 형태의 국제형사재판소의 창설은 이러한 노력의 결과로 이뤄졌다. 그러나 국가주권의 옹호자들은 이와 같은 인권의 국제화와 국내 분쟁의 국제 분쟁화에 반대하고 있다. 이러한 두 가지 경향에 관한 실패는 성공만큼 눈에 띈다. 가령 르완다 사태 개입 반대와 미국의 국제 형사 재판소 창설 반대는 각각의 두드러진 사례이다. 한편 대량살상무기라는 중요한 이슈는 허점이 많고 집행력이 약한 법적 책임과 종종 실패하는 전통적인 국가의 유인과 압박의 혼용으로 불안정하게 다뤄지고 있다. 유엔과 지역 기구가 국내 분쟁과 국가 간 분쟁에 대해 재량권을 행사하는 평화유지와 평화중재의 수단은 안타깝게도 군사적 조건뿐만 아니라 재정적 조건에 있어 충분하지 않다.

국제적 평화와 안전의 문제들은 충분히 복잡하게 얽혀 있음에도 마치 그렇지 않은 것처럼 다른 종류의 새로운 현상이 나타나고 있다. 무력과 정복의 역할이 보다 덜 중요하고, 국가뿐만 아니라 점차 국경을 넘어서고 있는 시장이 행위자들인 '범지구적사회'의 부상이 그것이다. 이러한 세계사회에서 행위자들은 수많은 개인 투자자들과 투기업자들, 수많은 비정부 기구들과 탈국가적 기업들, 그리고 특화된 관료들의 탈국가적 동맹이다. 이러한 사회에서 정보 기술과 통신수단의 도약은 군사력의 변화하는 분포가 국가들의 사회에 있어 권력(power)의 주요 결정 요인인 것만큼 큰 추동력이 되고 있다. 또한 이런 범지구적 사회에서도 불협화음이 없는 것은 아니다. 즉 부국들은 빈국들을 어떻게 도울 수 있는지—사실은 도울지 여부—에 합의하지 못했고, 빈국들은 다소 경도되는 종속과 비참하지만 자립적인 독립 사이에서 선택을 주저하고 있는 듯 하며, 전문가들은 세계발전에 대한 최선의 방식에 대해 합의하지 못하고 있는 것이다. 환경에 대한 관심은 종종 근대화의 요구와 충돌하고, 기업가의 관심은 노동의 관심과 상충한다. 자유 시장의 옹호자들은 자본주의의 불평등한 경향이 좋지 않은 추세라거나 해로운 것이라고 보는 이들과 충돌하고 또한 개인들의 이동의 자유가 상품과 용역의 이동에 훨씬 못 미친다고 보는 이들과 충돌한다.

거버넌스는 범지구사회에 있어서하나의 무모한 결속(crazy quilt)을 상정하고 있다. 그러나 그런 거버넌스는 분열되어 있고 불완전하다. 거버넌스는 특화되고 종종 정책들에 있어서 상반되는 기관들로 파편화되어 있고, 서로 다른 힘을 부여받는다. 환경, 인구, 여성과 같은 이슈 영역에 존재하는 기존의 국제제도는 일종의 "토크쇼" 정도에 지나지 않는다. 그 제도는 규제로 시장을 제한할 수 있는 것에 대한 일부 강력한 국가들과 이익 집단들의 강한 반대와 자유시장에 대한 모든 장애물을 제거하는 결정 때문에 불완전하다.

21세기에 들어와서 범지구적 사회는 그것에 영향을 주고 암담하게 하는 한 가지 현상인 테러로 인해 비난받고 갈피를 못 잡게 되었다. 테러는 대규모의 폭력행위가 더 이상 국가의 영역에 국한되지 않는다는 것을 보여 주기 위해 새로운 기술 수단, 세계 경제의 열린 국경, 정보와 오보(誤報)의 온갖 수단을 모두 이용하고 있다. 이러한 새로운 폭력의 형태는 국가들의 사회(society of states)와 범지구적 사회의 행위자들(actors of global society) 간의 결합에서 비롯되었다. 알 카에다(al-Qaeda)와 같은 테러리스트 집단은 그들을 숨겨 주는 국가들의 적극적인 지원이나 소극적인 관용에 의존하고 있다. 그러한 탈국가적 테러는 근본적인 딜레마를 낳고 있다. 국가가 테러리스트들과 같은 사적 행위자들의 희생물이라면, 국가들은 테레리스트들의 피난처를 제거하고 아프간 전쟁의 경우에서처럼 그들을 숨겨주는 국가들을 응징함으로써 이러한 집단을 제거하려 할 것이다. 따라서 공격받는 국가의 국가이익은 테러리스트들을 지원하는 정부에 대해 무장 개입을 필요로 하거나 다른 정부로 하여금 테러리스트들을 법의 심판 앞에 세우도록 조심스럽게 압력을 가하는 신중한 수단을 필요로 할 것이다. 어떤 선택이 되었든 현실주의 이론에서의 신성한 개념인 "주권"의 문제가 뒤따를 것이다. 따라서 테러의 위협에 직면해 그 윤곽이 점점 흐릿해지고 어려운 선택들만을 제시하더라도, 한스 모겐소(Hans J. Morgenthau)와 레이몽 아롱(Raymond Aron)의 전통적 현실주의의 영역은 국가들의 세계에서 그 생명력을 잃지 않고 꾸준히 존속할 것이다.

게다가 강대국들 간의 경쟁과 그러한 긴장을 활용하는 보다 작은 국가들의 능력이 사라지지 않을 것이라는 것도 말할 필요가 없을 것이다. 국가들 간의 전쟁이 점차 보기 어려워지고 있다면, 국가들 내에서의 전쟁은 오히려 증가하고 있다. 그리고 오늘날 국가들의 대외정책은 과거 그 어느 때보다도 더 많이 지정학적 요인뿐만 아니라 국내 정책에 의해 형성된다. 비민주적 정치체제에서도 외국인을 싫어하는 경향, 경제적 불만, 탈국가적 인종 및 종교적 연대에 기반한 세력들이 정책결정을 훨씬 더 복잡하고 예측하기 어렵게 만들 수 있다. 많은 국가들이 경쟁하는 다른 국가정부의 부처들과 빈번한 상호작용을 해야 한다. 따라서 헤겔의 역사철학적 개념으로서 역사는 아직 끝나지 않았다. 오히려 우리는 역사가 돌아왔다고 말해야 할 것이다.

이 모든 결함과 한계는 현재의 글로벌 거버넌스 메커니즘에 대한 다각적인 공격을 초래하고 있다. 국가들의 사회에서 주된 불만은 강대국들, 특히 거부권을 부여받은 국가들이 유엔에 부과하고 있는 제약에 관한 것이다. 군사력 사용을 안전보장이사회에 주도록 하고자 했던 유엔헌장 제7장의 규정은 실현되지 않았다. 인도주의적 개입이 채택될 수 있고, 채택되어야 하는 조건을 규정하는 법 규준은 입안되지 않았다. (여전히 대량학살을 규정하는 데 합의가 이뤄지지 않았다.) 미국은 자국의 안보가 위협을 받고 외부의 지원을 청하지 않고 단독으로 제재하고자 할 때, 유엔의 승인 없이 행동할 권리를 소리 높여 주장한다. 미국은 최근 유엔의 군비 통제 노력을 거부하고 있다.

경제 및 사회 거버넌스의 제도에 관해 말하자면, 그 제도들은 가장 합법적이고 특화된 제도이기는 하지만 국가들로 하여금 자유시장의 이데올로기에 따르도록 하고, 국제통화기금(IMF)의 지시에 따르도록 요구해, 국가에 대한 국내 지지를 약화시키기 때문에 비민주적이라고 비난받아 왔다. 많은 국제기관들은 미국에 기여한다거나, 보다 가난한 국가들과 위기에 처해 있는 국가들을 희생시킨다거나, 환경이나 인권 기준을 지키지 않는다거나 혹은 비밀리에 행동한다는 등의 이유로 비난받고 있다. 탈국가 기업들은 거버넌스의 침략적 권력이라는 이유로 공격받고 있다. 즉 탈국가 기업들이 자원, 생산품, 금융, 보험 등을 통제하면서 점차 세계화되고 있다는 것이다. 또 한탈국가 기업들의 관료들과의 연계는 탈국가 기업들을 점차 우세하게 만들며, 그들의 활동을 저임금 국가들로 이동하는 탈국가 기업들의 능력은 철저하게 경쟁을 조장하고 있다는 것이다. 탈국가 기업들은 쇠퇴하는 국가들과 약한 공공의 국제제도 사이의 공간을 침투해 차지하고 있다. 이는 범 지구적 사회의 아름다운 모습은 아니지만, 세계주의자들이 정면으로 맞닥뜨려야 하는 현실이다. 이를 거부하는 것과 안주하는 것은 진보적 변화에 방해가 되는 한 쌍의 적들(twin enemies)이다.

V. 역사의 거울을 들여다보면

20세기의 전야인 1899년 독일의 저명한 지리학자이며 정치학자인 프리드리히 라첼(Friedrich Ratzel)의 영향을 받은 스웨덴의 젊은 학자 루돌프 쉘렌(Rudolf Kjellen)이 지정학(Geopolitik)이라는 용어를 창조하고 정의했다. 그것의 핵심적 요소는 국가 간 경쟁을 접근하는 하나의 방법으로 국가 간 경쟁을 우주의 영토화가 충돌하는 정치적 욕구의 표현으로 간주하는 것이었다.[221] 자연과학 분야에서 훈련받았고 또 보불전쟁(1870-1871)에 참전했던 라첼은 국제관계를 생존을 위한 투쟁이라는 다윈주의적 관점에서 설명했다. 그리하여 소위 독일판 지정학이 탄생했던 것이다. 이것은 결국 제국의 건설 정책을 정당화하고 동시에 촉구하는 이론으로 발전되었다. 그러나 세계는 아이러니하게도 바로 그 해에 당시 26개 국가들이 참가하는 제1차 헤이그 평화회의(the First Hague Peace Conference)를 개최하여 국제법과 국가 간 협력의 제도화를 통해 세계평화의 구축을 시도했다. 그러나 이런 시도는 1907년에 개최된 제2차 헤이그 평화회의처럼 국제법의 발전에 기여하기도 했지만 국가 간 분쟁을 해결하는 데 성공하지 못했다. 독일식 지정학의 대안이 되지 못했던 것이다. 그 사이에 1904년 영국의 지리학자 할포드 맥킨더(Halford Mackinder)의 영국식 지정학 이론은 유라시아 대륙의 제국과 해양제국 간의 피할 수 없는 글로벌 대결을 상정한 지리-전략이론(geo-strategic theory)을 제시했다. 그러나 이론은 1910년 노만 에인젤(Norman Angell)의 경제적 상호의존 시대의 전쟁무용론(futility)의 도전을 받았다.[222] 4년 후에 발발한 제1차 세계대전은 누가 옳았는지를 분명하게 보

221 Jeremy Black, *Geopolitics and the Quest for Dominance* (Bloomington: Indiana University Press, 2016), p. 120.

222 Christopher J. Fettweis, *Dangerous Times? The International Politics of Great Power Peace* (Washington, D.C., Georgetown University Press, 2010), p. 4.

여 주었다. 그리고 제1차 세계대전 후 탄생한 최초의 범세계적 평화를 위한 보편적 기구인 국제연맹은 1930년대 심각한 국가 간 지정학적 대결 속에서 19세로 요절해 버렸다. 제2차 세계대전의 치열한 와중인 1942년에 니콜라스 스파이크만(Nichoas Spykman)이 맥킨더의 지정학 이론을 미국의 관점에서 재해석한 미국판 지정학이론을 제시했다. 그러나 세계는 유엔을 창설하여 세계평화를 기약했다. 그러나 미국과 소련은 이념적 대결이라는 깃발을 내걸었지만 실제로는 지정학적 대결을 계속했다. 냉전 종식 후 세계는 평화의 신인 국제질서를 기대했지만 이번에는 중국과 미국 간의 지정학적 대결을 목격하게 되었다. 그리고 이것이 21세기 초반에 현재 우리 모두가 살아가고 있는 세계의 현실이다.

역사의 거울을 좀 더 깊이 들여다보면 유엔에 의한 글로벌 거버넌스가 국제정치의 지정학적 투쟁의 현실에 대한 대안이 되기엔 여전히 거의 불가능하다는 것을 알 수 있다. 1795년 칸트가 강대국들이 지배하는 유럽의 국제정치세계에 "영구평화론"을 제시했던 당시에 그의 조국 프러시아는 유럽의 강대국들 중에서 가장 열세의 취약한 국가였다. 상대적으로 열세인 국가가 상대적으로 보다 강한 국가로부터 오는 위험이나 그에 따른 두려움으로부터 보다 용이하게 벗어나는 길은 그 국가로부터 공동의 이익인 국제평화의 이름하에 안전을 보장받는 것이다. 그래서 칸트는 항구적 평화를 위해서는 국가 간 전쟁을 종결할 때 맺는 일시적 "평화의 조약"(Treaty of Peace)이 아니라 국가 간 항구적인 "평화를 위한 조약"(Treaty for Peace)의 필요성을 주창하면서 그 보장을 국제적 제도(기구)를 통해 달성할 수 있다고 믿고 유럽에서 계속되는 베스트팔리아 체제(Westphalia System)를 대치할 소위 국가 간의 연합체(the Confederation of the States)를 제안하였다. 그런 칸트의 구상은 당시 대서양 건너 저편 미 대륙에서 1777년 13개국의 대표들이 모인 미국의 헌정의회가 미국의 최초 성문헌법인 "연합과 항구적 병합의 문건"(The Articles of Confederation and Perpetual Union)을 채택하고 1781년까지 모든 국가들이 비준하여 1789년(4월 조지 워싱턴 초대 대통령으로 취임) 미 합중국 정부가 성공적으로 수립되는 소위 '필라델피아 체제'(Philadelphia System)의 성공에서 영감을 얻었었다. 여기서 강조해야 할 사항은 이 체제에 참가한 13개국 모두가 비슷한 역사들이었으며 영국에 대한 공동의 두려움을 갖고 있었다는 사실이다. 칸트는 이 필라델피아 체제를 유럽에 접목시키려 했던 것이다. 그러나 소수의 강대국이 평화보다는 자국의 국가이익을 추구했던 유럽에서 칸트의 제안은 20세기에 와서 제1차 대전 후 국제연맹이 탄생할 때까지 시도되지도 않았으며, 그 후 국제연맹과 유엔의 평화기구로서의 참담한 실패는 지금도 국제정치의 세계가 칸트가 아니라 마키아벨리의 세계에 머물고 있다는 사실을 입증해 주고 있는 것이다.

제2차 세계대전이라는 참담한 비극 후에 등장한 데이비드 미트래니(David Mitrany)의 기능주의 이론은 유엔의 전문기구들의 발전에 머물렀고 1950년대 말과 1960년대 초에 등장한 소위 유럽통합이론으로 간주되는 칼 도이치(Karl Deutsch)의 안보공동체 이론이나 언스트 하스(Ernst Haas)의 신기능주의 이론들도 당시 소련의 위협으로부터 집단적 방어체제인 북대서양동맹기구(NATO)에 의해 회원국들의 안보가 보장된 서유럽 국가들 간의 일체감을 심화시키는 과정에 관한 것들이었다. 다시 말해 국가안전이 보장된 국가 간 정치적 조건이 유럽공동체 탄생의 핵심적 조건이었다. 그런 조건이 아-태지역엔 마련되어 있지 않다. 그리하여 이 지역에선 오히려 치열한 군비경쟁이 벌어지고 있는 중이다. 따라서 20세기에 국제평화와 안전을 담당한 유엔 안전보장이사회가 미-소 간의 이념적 대결로 사실상 마비되었었다면 21세기 오늘날 유엔 안전보장이사회는 중-미간의 지정학적 대결로 마비상태에 빠져 있다. 그리하여 한반도의 긴장을 첨예화시키는 북한의 핵 문제가 북한에 대한 안보리의 거듭된 제제에도 불구하고 안보리의 상임이사국인 중국의 지정학적 이익의 우선시로 인해 전혀 해결될 기미를 보이지 않고 있는 것이다.[223] 하물며 유엔을 통한 한국의 통일은 상상하기도 어려운 형편이다. 유엔은 본질적으로 국제정치의 현상(the status-quo)의 유지를 관리하는 데에는 어느 정도 기여할 수도 있으나 한국의 통일과 같은 현상의 중대한 변화를 초래할 수는 없는 국제체제적 한계가 분명하다. 오늘날 안전보장 이사회는 본질적으로 과거 요절한 국제연맹처럼 상임이사국들의 만장일치를 요구하는 제도적으로 단위거부체제(the Unit-veto System)이기 때문이다.

VI. 결론 삼아서

현재의 유엔은 오랫동안 그 모습으로 그 자리에 머물 것이며 어디로 가지도 않을 것이다. 유엔거버넌스는 여전히 미래의 꿈이다. 유엔에 관한 저작들이 글로벌 거버넌스로 나아가는 것을 다루는 상황도 새로운 강대국들이 세계의 낙후지역에 대해서도 다투고 있는 경쟁적인 다극적 세계의 부상 속에서 그 꿈이 도전받고 있고, 후퇴하고 있음을 인식하게 하는 것일 수 있다.이는 일부 유엔 지지자들이 가장 선호하는 꿈과 충돌하는 것이기는 하지만, 그들을 절망시키려는 충고는 아니다.

본 장의 결론적 함의란 유엔과 그 지지자들은 현재의

223 강성학,《평화神과 유엔사무총장: 국제평화를 위한 리더십의 비극》(서울: 고려대학교 출판부, 2013), pp. 287-302.

유엔이 합리적으로 잘 할 수 있는 제한적인 임무에 헌신해야 한다는 것이다. 현재는 염원하던 유엔의 영광에 대한 기대를 포기할 때다. 지금은 유엔이 세계 문제의 해결자라거나 어느 정도의 도덕적, 정치적, 법적 보편성을 독점하고 있고, 그리하여 바로 그 보편성을 가지고 기존 국가들의 편파적이고, 편협하며, 미개하고, 이기적인 주권국가들에게 모든 국가의 이익과 불편부당에 대해 지도할 독점권을 갖고 있다는 지나친 자만을 버려야 할 때이다. 또한 유엔이 일정 정도의 시간이 지난다고 해서 오늘날의 작은 묘목에서 글로벌 거버넌스라는 영광스러운 나무로 성장하지도 않을 것이라는 전망을 수락해야 한다. 미래에 백조가 될 현재의 미운 오리새끼는 존재하지 않는다. 그러나 여전히 많은 자유주의적 세계주의자들은 거칠고, 위험하며, 무정부적인, 세계적 자연상태를 너무도 낙관적으로 보며, 세계정부 없이 통치되는 일종의 "세계 공동체"로 오인하고 있다. 오히려 지금은 우리가 다음과 같은 경계를 해야 할 때이다. 즉 "유엔은 '인류를 위한 글로벌 거버넌스'라는 매력적이지만 추상적인 개념상의 깃발 아래 국제연맹의 유령에 사로잡혀 있다"고 말이다. 요컨대, 유엔 중심의 글로벌 거버넌스는 국제정치의 본질인 강대국 중심의 세계가, 즉 일반적 국제정치의 현실이 계속되는 한 오늘날 다시 부활하고 있는 지정학적 경쟁의 대안이 될 수 없을 것이다.

제2부
에이브러햄 링컨의 리더십

제5장

링컨 대통령의 정치 리더십의 본질: 무장한 예언자

만일 링컨이 그 운명적인 공연 날 밤에 감기에 걸려
집에 그냥 머물러 살아 남았더라면 그의 위대성은
후세에게 우드로 윌슨의 수준으로 삭감되었을 것이다.
윌슨의 운명은 전쟁을 승리로 이끈 위신만으론 전후 복구의 문제들을
해결해 나가는 데 충분하지 않다는 것을 말해 준다.
—시드니 후크

링컨은 한 인간이 할 수 있는 일은 다했다.
—월트 휘트먼

I. 프롤로그

20세기 유럽과 미국에서 학문 활동한 저명한 근대 국제정치학의 아버지 한스 모겐소(Hans J. Morgenthau)가 그의 말년에 미완성으로 남긴 연구에서 "링컨의 정치철학은 이론적 성찰과 공부 아니 심지어 경험의 결과가 아니라 인격과 마음의 내재적 성질이다. 그의 마음의 성질은 인격의 성질만큼이나 비범했다. 링컨의 순수한 지력은 토마스 제퍼슨을 포함하여 모든 다른 대통령들의 그것

을 능가했음이 분명하다. 그 비범한 지성은 공적 문제들의 철학적 이해에서 저절로 드러났다"고 평가했다.[224] 그 어느 미국 대통령도 자신의 정책과 행동이 토대를 두고 있는 저변의 정치적 및 도덕적 원칙들을 더 선명하게 제시하지 않았다. 자신의 시대에 맞게 그리고 동시에 시대를 초월하여 말하는 지도자의 모델을 위해 우리는 링컨의 정치적 수사학과 정책천명을 되돌아볼 필요가 있다. 정치 지도자들의 입에서 나오는 그 수많은 말들이 교육시키기보다 오히려 헷갈리게 하거나 오도하려고 하는 오늘날 링컨의 단순한 정직성과 겸허함은 참으로 예외적이다. 그런 점에서 미국의 제16대 링컨 대통령은 역사상 그리고 세계의 정치 지도자들 가운데 유일하다. 링컨의 전기작가인 역사학자 도리스 컨즈 굿윈(Doris Kearns Goodwin)은 링컨을 "정치적 천재"(political genius)라고 기술했다.[225] 굿윈에 의하면 링컨의 정치적 천재성은 과거의 정치적 경쟁자들과 우정을 수립하고, 영구적 적대감으로 확대될 상처받은 감정을 치유하고, 하급자들의 실패에 대한 책

---

224 Hans J. Morgenthau, "The Mind of Abraham Lincoln: A Study in Detachment and Practicality," in Kenneth W. Thompson, ed., *Essays on Lincoln's Faith and Politics* (Lanham: University Press of America, 1983), p. 59.

225 Doris Kearns Goodwin, *Team of Rivals: Political Genius of Abraham Lincoln* (New York: Simon & Schuster, 2005), p. xvii.

임을 스스로 지고, 공헌을 공유하며 실수로부터 배우는 개인적 특징으로 나타났다. 또한 그는 대통령직에 고유한 힘의 원천에 대해 예리한 이해력과 자신의 정치적 연대를 집권시기 내내 그대로 유지하는 등 비교할 수 없는 통합 능력, 자신의 대통령직의 특권을 보호할 필요성에 대한 강인한 인식과 중대한 결정의 타이밍에 대한 달인적 감각의 소유자였다. 게다가 내각에서 강력한 자부심의 소유자들을 다루는 그의 성공적 솜씨는 우리가 일반적으로 품위와 도덕성과 관련시키는 성질들이 위대한 정치인의 손에서는 동시에 인상적인 정치적 자원이 될 수 있다는 것을 보여 주었다는 것이다.

링컨은 미국 역사상 최대의 위기에서 미합중국을 구원했으며 노예들을 해방시켰다. 물론 링컨 혼자서 그 모든 일을 해낸 것은 아니다. 아마도 2백만 명에 달하는 연방정부 병사들이 그런 목적을 달성하기 위해서 싸웠다. 여성들은 전선의 뒤에서 그리고 전투 현장 근처에서 남사들이 하려고 하지 않거나 할 수 없는 일들을 했다. 농장과 공장에서 노동자들은 거대한 군대와 그것을 지탱하는 사회를 위해 물자를 공급했다. 관리자들과 기업가들은 승리를 획득하는 데 도움이 될 자원들을 조직했다. 그러나 군인들과 민간인들이 그 투쟁을 계속하도록 고무하고 설명하고 또 지도했던 것은 링컨 대통령의 목소리, 즉 그의 리더십이었다. 널리 인용되는 리처드 노이슈타트(Richard

E. Neustadt)의 주장처럼, 대통령의 가장 중요한 힘은 설득하는 힘이다.[226] 대통령은 최고의 지도자로서 국민들에게 알리고, 고무하고, 경고하고 또 정부에 힘을 실어주고 인간 본성의 보다 나은 천사들을 끌어 내어, 그리하여, 국민들이 최고의 염원을 달성하게 하는 것이 가장 중요하다. 링컨은 시대와 공간을 초월하여 모든 민주주의 국가의 국민들이 기대하는 바로 그런 정치적 리더십의 전형이었다.

링컨은 원래 보수주의적 정치가였다. 그러나 대통령이 된 뒤에 혁명가가 되었다. 그는 아주 아이러니컬한 역사적 위인이었다. 그의 시대가 그런 변신을 요구했고 그는 시대적 사명에 몰두했다. 그리고 성공했다. 그런 점에선 그도 시대적 산물이었다. 그러나 링컨이 그때 그 자리에 없었더라면 그 시대적 사명도 한갓되이 지나쳐 갔을 것이다.[227] 그래서 위대한 역사는 영웅에 의해서 창조되는 것이다. 토마스 칼라일(Thomas Carlyle)의 〈영웅숭배론〉(*On Heroes, Hero–Worship, and Heroic in History*)이 1841년이 아

---

226 Richard E. Neustadt, *Presidential Power and the Modern Presidents: The Politics of leadership from Roosevelt to Reagan* (New York: Free Press, 1990), 제3장.

227 역사창조에서 리더십이 갖는 의미를 포함해 리더십에 대한 다양한 영구방법에 관한 간략히 정리된 소개를 위해서는Ronald A. Heifetz, *Leadership Without Easy Answers* (Cambridge: The Belknap Press of Harvard University Press, 1994), 제1장을 참조.

니라 링컨이 미국의 참혹한 내전을 승리로 이끌고 승전의 문턱에서 암살당한 1865년 이후에 나왔더라면 링컨을 그의 영웅목록에 포함시켰을 것이다. 왜냐하면 칼라일의 영웅은 "인격적 성실성"과 "도덕적 통찰력"이라는 정신적 자질을 갖춘 "위인"을 의미했으며[228] 링컨은 분명히 바로 그런 정신적 자질의 소유자였기 때문이다. 아니 링컨은 인격적 성실성과 도덕적 통찰력이라는 두 개의 속성을 넘어 훨씬 다양한 속성의 소유자였다. 인류의 영원한 스승으로 삼을 만한 진실로 위대한 정치지도자가 될 수 있기엔 칼라일이 지적하는 속성만으로는 부족하다. 왜냐하면 그런 속성만으로는 어떤 전체주의적 시악한 지도자도 영웅으로 분류될 수 있기 때문이다.[229] 즉 그것들만으론 처칠과 히틀러 혹은 루즈벨트와 무솔리니를 확연히 구별하기 어려울 것이기 때문이다.

링컨은 칼라일의 영웅들과는 달리 "생각하는 철인"과 "행동하는 정치가"라는 서로 벌다른 두 세계의 여러 가지 미덕들을[230] 동시에 겸비한, 즉 사고와 행동이 통

228 토마스 칼라일 지음/박상익 옮김, 《영웅숭배론》(서울: 한길사, 2003), p. 12.

229 Sidney Hook, *The Hero in History* (Boston: Beacon Press, 1941), pp. 14-15.

230 여기서 "미덕"이란 말은 서양 철학자들이 보다 보편적으로 사용하는 "virtue"를 지칭한다.

합된 탁월한 정치 지도자였다. 바꾸어 표현한다면 미국의 제16대 대통령 링컨은 미국의 유일한 철인-대통령(philosopher-president)이었다.[231] 그는 자신의 정치철학과 행동이 일치한 역사에서 찾아보기 힘든 그런 아주 드문 철인-정치가(philosopher-statesman)[232]였다. 우선 링컨은 위대한 철학자로서 그는 인간의 평등과 민주주의, 자유노동, 개인의 자유 및 자유로운 사회에 관한 지속적인 지혜를 제공했다. 뿐만 아니라, 그는 행동하는 지도자로서 참혹한 내전을 승리로 이끌어 미합중국을 붕괴로부터 구했으며 노예제도의 종식을 주도하고 나아가서 인종간 민주주의의 길을 놓는 데 기여했다. 정치에서 이런 이론과 실천의 결합은 서양의 역사에 전례가 없는 것은 아니었다. 로마의 키케로(Cicero), 영국의 토마스 모어(Thomas More)와 에드먼드 버크(Edmund Burke), 그리고 미국에선 토마스 제퍼슨(Thomas Jefferson), 알렉산더 해밀턴(Alexander Hamilton)과 제임스 메디슨(James Madison) 같은 국부들이 있었다. 그러나 그 누구도 에이브러햄 링컨처럼 모세(Moses) 같은 거룩한 해방자라거나 혹은 고결한 "작은 구세주"(A Christ in Miniature)로 불려지진 않았다.[233]

---

231 David Lowenthal, *The Mind and Art of Abraham Lincoln, Philosopher Statesman* (Lanham: Lexington Books, 2012), p. 3.

232 Joseph R. Fornieri, *Abraham Lincoln: Philosopher-Statesman,* (Carbondale: Southern Illinois University Press, 2014).

뿐만 아니라 링컨은 미국의 국가 원수(the head of the state)로서 합법적으로 무장한 최고 군 통수권자였다. 다시 말해 그는 무너진 국가를 새롭게 재수립한 일종의 "무장한 예언자"(an armed prophet)였다.[234] 링컨은 군 최고통수권자로 무장하지 않았더라면 그리고 내전에서 승리를 거두지 못했더라면 결코 정치적으로 성공할 수 없었다. 그리고 그가 없었더라면 오늘날 세계 최고의 공화정, 최대의 민주주의 국가인 미 합중국은 없었을 것이다.

그렇다면 무장한 예언자로서 불멸의 정치가인 링컨 대통령의 정치적 미덕들은 어떤 것들이, 언제, 어떻게 발휘되었던 것일까? 위대한 국가의 통치자나 정치가에게 요구되는 미덕들은 동서양의 정치 철학자들과 역사가 혹은 정치가들이 꾸준히 제시하고 거듭해서 강조해 왔다. 그들 중에서 플라톤, 아리스토텔레스, 키케로(Cicero), 토마스 아퀴나스(Thomas Aquinas) 그리고 마키아벨리 등이 제시했던 덕목들은 잘 알려져 있다. 그들이 제시한 중요한 미덕들 중에서 링컨은 그의 대통령직 수행과정에서 어

233 동 시대의 레오 톨스토이(Leo Tolstoy)가 링컨을 그렇게 불렀다. Donggil Kim, *Abraham Lincoln: An Oriental Interpretation*, Seoul: Jungwoo-sa, 1983, p. 18.

234 이것은 마키아벨리의 유명한 표현으로 이에 관해서는 Niccolo Machiavelli, *The Prince*, trans, by Harvey Mansfield, (Chicago: University of Chicago Press, 1984), 제6장을 참조.

떤 덕목들을 보여 주었는가? 여기에서는 그의 크고 작은 많은 덕목들 중에서 아주 현저하게 드러났던 미덕들만을 골라 분석함으로써 그의 성공적인 정치적 리더십에 접근하려고 한다.[235] 이 미덕들은 결코 상호 배타적인 것이 아니다. 예를 들어 링컨의 어떤 행동이나 조치는 그것이 동시에 분별력 있고, 애국적이며, 용기 있고 그리고 또 장엄할 수 있기 때문이다. 그러나 저자가 여기서 상이한 미덕으로 구분하여 링컨의 정치적 리더십을 분석하는 것은 그 특성을 좀 더 집중적으로 논하기 위한 임의적 방법으로 분류한 것에 지나지 않는다는 사실을 강조해 두고자 한다. 그리고 정치 지도자로서 링컨이 보인 미덕들 중에서 가장 현저했던 군사천재의 미덕은 다음 장에서 별도로 상세히 분석할 것이다.

---

235 여기서 이 미덕의 순서는 반드시 중요성의 우선순위를 의미하지 않는다. 주어진 사명이 시대와 공간에 따라 다를 뿐만 아니라 동일한 인물의 경우에도 일을 수행하는 과정에서 그 중요성의 순서는 달라질 수 있기 때문이다. 엄격한 순서의 문제는 마치 달걀이 먼저인가 아니면 닭이 먼저인가 같은 끝 없는, 그래서 쓸모 없는 논쟁이 될 것이다. 여기서 분석의 순서는 기본적으로 저자의 아주 임의적인 결정일 뿐이다.

II. 링컨 대통령 취임 당시 미국의 역사적 유산과 현실

우선 모든 것에 앞서, 링컨의 나라 미국은 당시 다른 모든 나라들과 여러 가지로 다른 매우 특이한 국가였다는 사실이 이해되어야 한다. 당시 미국은 자신의 심장에 아주 다른 도덕적 모순을 갖고 있는 비교적 신생국가였다. 어떤 혁명적 충동이나 발작이 없진 않지만 당시 지구상의 다른 대부분의 국가들은 미국과는 달리 자기가 새로운 세상을 시작했다고 주장하지 않았고 자신들의 도덕적 본질을 위해 창세기까지 거슬러 올라 가거나 "자명한 진리" 위에 수립되었다고 주장하지도 않았다. 더구나 자기들이 전 인류에 적용할 이상들을 획득했다고 주장하지 않았다. 다른 국가들은 자신들이 역사적으로 성장해왔다는 것을 알고 있었던 반면에 미국인들은 자신들이 필라델피아(Philadelphia)에서 솟아났다고 생각했다. 다른 사회들은 자신들의 기원이 어떤 고대의 신화적 출발까지 시간의 안개 속을 거슬러가는 반면에 미국인들은 초기의 계몽시대에서 출발을 발견했다.

미국인들은 자신들의 국가를 혈연이나 신성한 땅, 혹은 고대의 종교나 부족신화 아니면 정복 위에 세웠다고 제시하지 않는다. 그리고 그들은 자신들의 국가가 무력에 의해서 창설되거나 우연의 산물, 혹은 무정한 전통의 산물이 아니라 "협의와 선택"에 의해서 창설되었다고 믿었다. 위대한 국부들은 링컨이 대통령이 되기 약 80년 전 자유에 대한 자신들의 권리주장을 명시적으로 평등과 연계되고 모든 인간들에게 명시적으로 부여되는 그런 보편적 도덕질서에 명시적으로 그 근거를 두었다. 그리고 미국인들은 자신들의 신생 국가가 다가오는 세기들을 위한 신 질서라고 주장했다. 그러나 그들의 사회는 하나의 아주 특수하게도 불건전한 낡은 질서를 포함시켰다. 즉 건국 세대는 자유와 평등이라는 보편적 이상들과 이런 이상들에 아주 모순되는 제도라는 하나의 갈등적 이중유산을 남겼다. "자유가 아니면 죽음을 달라"고 절규했던 위대한 웅변가가 패트릭 헨리(Patrick Henry)도 노예들을 소유했다. 국부인 조지 워싱턴도 177명의 노예들을 소유했으며 "모든 인간은 평등하게 태어났다"는 독립선언서의 작성자 토마스 제퍼슨도 거의 비슷한 수의 노예들을 소유했었다.

뿐만 아니라, 헌법 전문에서 "우리 미국인들은"(We, the People of the United States) 정의를 수립하고 자신들과 미래의 후손에게 자유의 축복을 확립할 것이라고 천명하여 미국인들의 많은 숭상을 받는 헌법도 헌법 작성자들이 이름으로 부를 수 없었던 주민의 1/6에게 그런 축복과 정의를 부인하는 당혹스런 완곡한 표현으로 스스로를 왜곡시켰다.[236] 그리하여 자유의 위대한 실험이라는 미국의 당시 헌법은 노예제도를 보호했다. 18세기 후반에 미국인들은 인류의 역사에서 가장 치열한 지성적 토론을 수행했지만 그것이 끝났을 땐 그들은 자유에 대한 토론을 시작했을 때보다 배나 많은 노예들을 갖고 있었다.

1861년 링컨이 대통령으로 취임했을 때 미국의 노예제도는 하나의 거대하고, 경제적으로 강력하고 단호하게 옹호되며, 점점 더 많은 이윤을 남기는 제도로 굳어져 있었다. 국가 수립 시에 50만 명에 달했던 노예들이 그 동안에 계속 늘어나 인구의 1/8에 해당하는 4백만이 되어 있었다. 노예제도는 그 자체가 대단한 경제력이었을 뿐만 아니라 목화, 설탕, 쌀 및 담배와 같은 다른 산업에 근본적으로 연계되었고, 그리고 사실상 선 경제와 간접적으로 연계되었다. 뿐만 아니라 노예제도는 노예들의 수가 전 인구의 거의 절반이나 되는 남부 지역에서 독특한 사회적 질서, 즉 생활방식의 토대가 되어 버렸다. 영국이 1833년 의회의 투표로 노예제도를 종식시켰을 때 영국은 대서양 건너 편의 미국에 비해 2가지의 크게 유리한 점들을 갖고 있었다. 하나는 해방시킬 노예들이 머나먼 서인도의 섬들에 안전하게 있었다는 점이고 또 하나는 그들을 해방시키는 조치를 취할 권한이 하나의 국가적 중앙정부에 집중되어 있었다는 점이었다. 그러나 미국에선 노예제도와 노예들 그리고 노예 소유주들이 하나의 정치적 질

236 William Lee Miller, *President Lincoln: The Duty of a Statesman* (New York: Alfred A. Knopf, 2008), p. 232.

서 안에 있었지만 그 문제를 다룰 권한들은 노예 소유주들이 막강한 힘을 갖고 있는 각 주들에 분산되어 있었던 것이다. 노예제도의 경제력이 그것을 종식시키는 데 하나의 거대한 장애물이었다면 거의 일반적으로 이해되고 있는 헌법의 제약이 또 하나의 거대한 장애물이었다. 그래서 링컨도 자신의 취임사에서 연방정부는 주들의 노예제도에 대한 아무런 권한을 갖고 있지 않다고 말했었다.

건국시기에는 자유의 감화력 하에서 노예제도가 점진적으로 종식할 것으로 생각되었다. 그러나 역사학자 피터 콜친(Peter Kolchin)이 지적했던 것처럼, 링컨의 시대에까지 "그 특이한 노예제도가 사라질 것이라는 기대 그 자체가 대체로 사라져 버렸다. 내전 전야에 남부의 노예제도는 오랫동안 살아남을 것으로 보였다."[237] 15명에 달하는 링컨 대통령의 전임자들 중 8명이 노예소유주들이었다. 초대 조지 워싱턴 대통령이 취임했던 이래 72년 중 50년 동안 미국의 국가원수는 노예소유주였다. 그리고 노예제도는 경제적 이익과 정치적인 힘뿐만 아니라 깊은 인종의식과 인종적 두려움도 갖고 있었다. 미국에서 "재산"이 심하게 학대받는 수백만 명의 인간들로 이루어졌기 때문에 노예해방이 무엇을 의미할 것인가에 대한 특이한 공포의 요소들은 남부에서뿐만 아니라 북부에서도 존

237 Peter Kolchin, *American Slavery, 1619-1877* (New York: Hill & Wang, 1993), pp. 98-99.

재했었다. 이것이 링컨이 미국의 제16대 대통령으로 취임할 때 미국의 건국정신과 헌법 그리고 실제 세계의 현실이었다. 따라서 미국의 정치세계에서 일어나는 중요한 정치적 논의는 자연스럽게 미국의 독립정신과 헌법, 그리고 기독교 정신을 포함한 보편적 윤리의 문제와 실제 미국의 정치적 현실 간 괴리에 관련될 수밖에 없었다고 해도 과언이 아닐 것이다.

III. 지식(Knowledge)

오늘날 우리는 지식과 지혜를 구별한다. 지식이란 단순히 사실에 관해서 아는 것을 의미한다. 그래서 지식이 많다는 것은 많은 사실들을 알고 있다는 뜻이다. 반면에 지혜란 그 알고 있는 사실을 올바르게 사용하는 것을 의미한다. 지혜로운 결정이나 행동을 위해서는 많은 사실을 알아야겠지만 지식이 많은 사람이 반드시 지혜로운 사람을 의미하지는 않는다. 지식이 지혜의 자원이라면 지혜는 지식의 열매라 할 수 있을 것이다. 지혜는 지식을 필요로 하며 때론 전제조건이 된다. 플라톤에 의하면 "아는 자"(knower)가 국가 혹은 공동체를 통치해야 한다. 무지한자가 공동체라는 항해하는 선박의 선장이 되어서는 안 되는 자명한 이치 때문이다. 이때 아는 것을 플라톤은 지혜(wisdom)라고 불렀다. 그러나 아리스토텔레스는 지혜를 지적(intellectual), 즉 이론적(theoretical) 미덕과 윤리적(ethical), 즉 실천적(practical) 미덕으로 구분했다. 그리고 그는 실천적 미덕을 다른 말로 정치적 분별력(prudence)이라 불렀다.[238] 오늘날의 흔한 말로는 현실주의(realism)라고 불러도 좋을 것이다. 어찌되었건 이런 혼란스러운 개념상의 복잡성을 피하기 위해서 본서에서 저자는 이론적 지혜를 "지식"으로, 그리고 실천적 지혜를 "분별력"으로 구분하여 사용하기로 했다. 따라서 여기에서 논하려는 지식은 플라톤이 말하는 지혜와 같은 것이며 오늘날 보다 널리 사용되는 용어인 "비전"과 유사한 것이라고 간주해도 좋을 것이다. 정치의 영역은 정치적 원칙들과 그것들의 분별 있는 적용에 관한 분쟁의 세계이다.[239] 그런 점에서 이 비전도 정치적 원칙들과 같은 의미로 사용될 것이다.

1. 평등과 민주주의

어려운 시대는 명상을 진작한다.[240] 플라톤의 정치철

238 Aristotle, *The Nicomachean Ethics* (Cambridge: Harvard University Press, 1875), Book II, i-vi, pp. 71-97.

239 Christopher Lynch and Jonathan Marks, eds., *Principle and Prudence in Western Political Thought* (Albany: State University of New York Press, 2016), p. 4.

학이 아테네 민주주의의 무질서와 소크라테스의 죽음에 대한 반응으로 쓰여졌다면 링컨의 고결한 정치의 비전도 민주주의에 자명한 평등과 동의의 원칙을 거부하는 미 공화국의 정치적 삶에서 친(親)노예제도가 팽배한 미국인들의 삶에 대한 거부반응으로 표출되었다. 내전의 시기에 남부의 최고의 지성들이 자신들의 지적 능력을 능란하게 이용하여 노예제도와 그것을 방어하는 각 주들의 권리를 정당화했다. 이런 지적 성향은 노예제도에 대한 남부 여론의 변화와 일치했다. 19세기 중반까지 남부 여론은 더 이상 노예제도를 봉쇄되어야 하고 미국의 국부들이 희망했던 대로 궁극적으로 소멸되어야 할 필요악으로 간주하지 않았다. 오히려 노예제도는 포용되고 무한히 항구화해야 할 주인과 노예에게는 물론이고 사회 전체에 긍정적 축복으로 간주되었다. 이렇게 변화한 데 대해 역사학자들은 여러 가지 이유를 제시했다. 그것들은 목화의 이윤성, 노예반란에 대한 두려움, 의회에서 정치권력의 상실, 대영제국에서 폐지된 데 대한 불안감, 폐지론주의자들의 수사학에 대한 반작용, 그 특이한 제도를 방어하는 남부의 명예, 그리고 흑인들에 대해 보장된 인종적 우월성의 상실에 대한 가난한 남부 백인들의 두려움 등이었다.[241] 그리고 그러한 새로운 태도는 노예제도가 악이기

240 Raymond Aron, *Peace and War: A Theory of International Relations* (New York: Doubleday, 1966), p. 1.

는커녕 오히려 긍정적 선이라고 선언했던 남부의 지도자인 존 칼훈(John C. Calhoun) 상원의원에 의해 주도되었다.

오늘날 우리는 노예제도와 민주주의가 절대로 양립할 수 없다는 것을 당연시한다. 그렇게 하는 데 있어서 우리 모두는 사실상 링컨에게 빚을 지고 있다고 해야 할 것이다. 왜냐하면 그의 이론적 지혜가 그것들의 불가양립성을 과시했으며 그의 실천적 지혜가 노예제도에 대한 종지부를 찍었기 때문이다. 그러나 당시 미국의 남부인들이 능란하게 지적했던 것처럼 노예제도는 그리스와 로마의 옛 공화정의 일부였고 또 사실상 일부분이었다. 이런 역사적 전례를 들먹이면서 남부의 지식인들은 남부가 고대의 공화정들처럼 통치되고 있다고 변명했다. 당시 인간의 평등 사상에 대한 반박이 남부에만 국한된 것은 아니었다. 칼훈의 제자인 인디애나 주의 페티트(Pettit)는 그것을 "자명한 거짓말"이라고 불렀으며 링컨의 정적이었던 일리노이 주의 스티븐 더글라스(Stephen A. Douglas)는 평등의 개념이 백인의 우월성과 노예제도와도 완전히 양립할 수 있다고 해석했다. 그러나 링컨은 당시의 친(親) 노예제도의 가르침이 남부뿐만 아니라 북부에서도 위험스런 변환을 가져왔다고 경고했다. 링컨에 의하면 평등을 자명한 거짓말이라고 거부하는 것은 미국 건국의 원

241 Joseph R. Fornieri, *Abraham Lincoln: Philosopher Statesman* (Carbondale: Southern Illinois University Press, 2014), pp. 32-33.

칙들을 과격하게 뒤집고 정면으로 배반하는 행위였다.[242] 해리 자파(Harry Jaffa)가 주장했듯이, 평등과 동의 그리고 민주주의간의 상관관계에 대한 링컨의 간파와 주창은 그의 이론적 지혜, 즉 정치적 지식에 결정적으로 중요한 것이었다.[243] 링컨은 이 세 가지 원칙들이 서로가 어떻게 논리적으로 관련되어 있는가를 잘 보여 주었다. 평등한 동의의 자명한 진리가 정치와 민주주의에 대한 모든 추론과 성찰의 출발점이나 원칙이라는 것을 링컨은 잘 알고 있었으며 평등이 미국 정치체제의 중심적 아이디어이며 모든 "도덕적 원칙의 아버지"라는 것도 잘 알고 있었다.

철학적으로 링컨은 평등을 인간들의 공동의 인류애(common humanity)라는 관점에서 이해했다. 그에게 자치(autonomy)의 독트린은 옳았다. 만일 백인이 스스로 자신을 다스릴 때 그것은 자치이다. 그러나 그가 자기 자신뿐만 아니라 타인도 다스린다면 그것은 자치를 넘어서는 것이다. 그것은 전제정치다. 만일 흑인이 인간이라면 한 인간이 타인을 노예로 만들 도덕적 권리는 있을 수 없는 것이다. 어느 누구도 타인의 동의 없이 그를 통치할 만큼 선한 인간은 없다는 것이다. 이것이 바로 미국 공화주의의 주도적 원칙이라고 링컨은 설명했다.[244] 링컨은 인종이

242 *Ibid*., p. 34.

243 Harry V. Jaffa, *How to Think about the American Revolution: A Bicentennial Celebration* (Durham: Carolina Academic Pres, 1978).

인간의 공동의 인류애를 규정하는 특징이라고 보지 않았다. 인종은 인간에게 본질적인 것이 아니라 우연적인 것이다. 링컨은 지성과 피부색 그리고 이해관계에 있어서 차이를 언급하지만 그러나 그런 차이란 타인의 동의 없이 그를 절대적으로 지배할 자격을 정당화할 본질적 차이가 아니라 동일한 종(species) 사이의 "정도의 차이"에 지나지 않았다. 이런 점에 대해서는 링컨에 앞서 이미 거의 반세기 전인 1809년 토마스 제퍼슨(Thomas Jefferson)이 "아이작 뉴턴 경(Sir Isaac Newton)이 사물의 이해에서 타인들보다 더 우수하다고 해서 그가 타인의 신체나 재산의 주인은 아니다"라고 말했을 때 그는 "정도의 차이"가 어떻게 우수한 인간에게 타인에 대한 정치적 지배권을 부여하지 않는가에 대해 정확하게 설명했었다.[245]

링컨은 공동의 인류애에 기초한 평등뿐만 아니라 "자기가 대접받고 싶은 대로 타인을 대하라"는 성경의 황금률(Golden Rule)도 민주주의의 자명한 이치로 간주했다. 민주주의에 대한 링컨의 정의는 간결하고도 선명했다.

> 내가 노예가 되고 싶지 않은 것처럼 나는 주인이 되고 싶지도 않다. 이것이 민주주의에 대한 나의 개념을 표현한다. 이것과 다른 것은 그것이 무엇이든 민주주의가 아니다.[246]

---

244 Joseph R. Fornieri, *op. cit.*, p. 38.

245 *Ibid.*, P. 39.

링컨의 민주주의에 대한 이런 정의는 "인간을 수단이 아니라 목적으로 대하라"는 이마누엘 칸트(Immanuel Kant)의 세속적 도덕률, 즉 그의 도덕적 지상명령(moral imperative)을 자연스럽게 상기시켜 준다. 즉 미국 남부의 노예제도는 흑인이라는 타인을 주인의 이익을 위한 단지 수단으로만 간주함으로써 종교적 황금률뿐만 아니라 세속적인 도덕률을 모두 그리고 완전히 위반하는 것이다.[247] 칸트는 인간들이 출생, 부, 명예 혹은 권력이나 학식 같은 여러 가지 근거 위에서 자기가 타인들보다도 더 낫다고 판단하는 경향이 있다면서 그러나 그런 판단은 자기 기만적 환상에 근거한 잘못된 의견에 지나지 않는다고 주장했다.[248] 모든 인간들의 평등한 가치에 대한 칸트의 헌신은 그의 윤리사상을 지배한다. 그는 프러시아의 절대군주체제 하에서 살았지만 공화주의의 헌법이 권리의 개념과 유일하게 일치하는 것이라고 주장하면서 공화주의에 공개적으로 찬동했다. 그리고 인류의 평등주의의 원칙에 따라 그는 상이한 사람들이 소유하는 인권에 어떤

246 Lincoln, "Definition of Democracy," 1958년 8월 1일, *Ibid.*, p. 39에서 재인용.

247 링컨은 칸트를 공부한 적이 없는 칸트주의자였다, 그것은 마치 클라우제비츠의 저작을 읽은 적이 없었던 링컨이 클라우제비츠의 전략적 실천가가 된 것과 비슷하다. 이 점에 대해서는 다음 장을 참조.

248 Allen W. Wood, *Kant's Ethical Thought* (Cambridge: Cambridge University Press, 1999), pp. 5-6.

차이가 있다고 생각하지 않았다. 그리하여 당시 유럽의 식민주의에 대한 칸트의 태도는 강력하고 무조건적 불승인이었다. 칸트는 유럽의 국가들이 지구의 다른 곳에 살고 있는 주민들은 자신들의 땅을 주장할 권리가 없고 또 심지어 인간으로서 아무런 권리가 없는 것처럼 비 유럽인들을 침공하고 정복한다고 개탄했다.[249]

링컨의 생각도 칸트와 같았다. 따라서 남부 종교인들과 지식인들의 친노예제도적 신학(proslavery theology)과 사상이란 미국을 건국한 국부들의 공화주의 바로 그것의 반(反)테제인(the anti-thesis)인 중세의 왕권신수설(the divine right of kings)과 그 원칙에 있어서 철학적으로 구별될 수가 없었다. 전제주의의 원칙은 그것이 자기의 신민들 위에 군림하는 왕으로부터 나오거나 혹은 노예 위에 군림하는 주인으로부터 나오거나 아무런 차이가 없었다. 왜냐하면 양자가 다같이 신민이나 노예의 동의를 부인함으로써 타인에 대한 절대적 지배권을 주장하기 때문이다. 그러한 점에서 신수권의 원칙과 노예제도는 같았다. 이 두 지배의 형태는 한 사람에게 타인의 동의 없이 그 사람에 대해 절대적 지배권을 부여하는 것이다. 미국이 독립혁명을 할 때 철학적으로 일관되고 통일성 있었던 바로 그 평등의 이해는 이제 노예에 대한 인종적 우월성의 형

249 *Ibid.*, p. 7.

식으로 주장되는 일종의 신수권의 거부가 요구되었다.

인간과 정부에 대한 링컨의 철학적 비전은 노예제도에 대한 부정적 비판에 머물지 않고 자유노동과 자유사회에 대한 긍정적 처방도 포함하고 있었다. 미국독립선언의 원칙들은 미국인들의 공동인류애를 긍정할 뿐만 아니라 동시에 재산권, 경제적 자유 그리고 사회적 이동성을 보장했다.[250] 미합중국의 창설자들처럼 링컨은 정치적 자유와 경제적 자유는 서로 결합되어 있다고 보았다. 정치적 자유와 평등 그리고 동의는 경제에서도 그대로였다. 독립선언서에 있는 자유에 대한 불가양도의 권리는 자신의 신체에 대한 권리와 타인에게 도둑맞지 않고 자기 노동의 결실을 향유할 동일한 권리를 보장했다. 따라서 "사람들이 스스로 자신들을 위해 잘 할 수 있는 모든 일에서 정부는 간섭하지 말아야 한다."[251] 정부에 대한 링컨의 비전은 최소정부를 넘어 공동선을 확보하는 데 있어서 정부이 어떤 긍정적 역할도 원칙적으로 의심하는 엄밀한 자유의지론주의(libertarianism)와 정부개입에 아무런 원칙적 제한을 두지 않아 일종의 유모국가(the nanny state)로 가는 진보주의(progressivism)를 모두 피한다. 그에게 정부는 불가양도의 권리를 보호하는 데 있어서나 기회의 사

250 Joseph R. Fornieri, *op. cit.*, p. 44.

251 Lincoln, "Fragment on Government," July 1, 1854, *Ibid.*,에서 재인용.

다리를 제공하는 데 있어서, 그리고 자유의 조건들을 향상하는 데 있어서 정당하지만 그래도 제한된 목적을 갖는다. 정부는 개인들에게 스스로 일하고, 자신들의 능력을 개발해서 그것을 국가에 의지하거나 사적 자아몰입에 빠지기보다는 공동 선에 봉사하기 위해 사용하도록 권한을 부여하는 것이다. 미국건국의 원칙들은 모든 사람들에게 출세할 권리를 포함했다. 평등한 인간들의 민주사회에서 흑인 남성도 백인 남성과 동일하게 성취할 기회를 부여받을 권리가 있는 것이다. 정부는 도덕적 지상명령으로부터 각 근로자들이 자신의 전 생산품을 가능한 한 거의 다 확보하게 하는 행동을 취해야 한다.[252] 노예제도는 재능 있는 개인들이 출생의 위치를 넘어서 출세하는 것을 막는 세습적 계급제도이다. 요컨대, 조셉 포니리(Joseph Fornieri)에 의하면, 링컨의 평등은 보다 포괄적 개념인 "정의의 원칙"으로 인식되었으며 그에게 정의란 권리의 평등, 평등한 동의, 법 앞에 평등, 그리고 평등한 기회, 즉 출세할 권리로 집약될 수 있다는 것이다.[253]

---

252 Joseph R. Fornieri, *op. cit.*, p. 45.

253 Joseph R. Fornieri, "Abraham Lincoln and the Declaration of Independence: The Meaning of Equality," in Frank J. Williams, William D. Pederson, and Vincent J. Marsala, eds., *Abraham Lincoln: Sources and Style of Leadership* (Westport: Greenwood Press, 1994), pp. 45-69.

2. 미국 독립선언서의 도덕과 헌법의 동일성

링컨 대통령은 연방국가로서 미합중국 창설자들의, 즉 국부들의 아들이었다.[254] 건국 초기 연방정부의 수립을 설명하고 옹호한 〈페더럴리스트 페이퍼즈〉(*Federalist Papers*) 제9번에서 대표적 국부들 중의 한 사람이었던 알렉산더 해밀턴(Alexander Hamilton)은 공화정의 약점을 이렇게 경고했었다:

> 국내적 파벌과 반란에 대한 장벽으로서 굳건한 통일이 국가들의 평화와 자유에 극히 중요하다. 그들이 끊임없이 선동에 시달리는 혼란과 폭군체제와 무정부의 사이에서 항구적 진동 상태에 빠져있게 하는 급속히 계속되는 혁명들에 대해 공포감과 역겨움을 느끼지 않고 그리스와 이탈리아의 작은 공화정들의 역사를 읽기는 불가능하다.[255]

링컨도 인민정부란 원래 폭군체제와 무정부의 양 극단 사이에서 머뭇거리는 성향이 있다고 주장했다. 질서 있는 자유의 헌법을 제정하는 데 있어서 창설자들은 이 양극단을 피하려고 했다. 이런 주장에 의존하여 링컨은

254 Richard Brookhiser, *Founders' Son: A Life of Abraham Lincoln* (New York: Basic Books, 2014).

255 *The Federalist Papers*, ed. by Clinton Rossiter (New York: A Mentor Book, 1961), No. 9, p. 71.

남부 이탈의 중심적 개념을 무정부의 본질과 동일시했다. 그는 헌법적 억제에 의해 제약되는 다수와 항상 쉽게 변하는 인민들의 의견들과 감정들의 한계를 두는 것이 자유민들의 진정한 주권이라고 설명했다. 그 다수와 한계를 거부하는 자는 누구나 어쩔 수 없이 무정부나 전제정치로 빠져들게 된다. 만장일치는 불가능하다. 항구적 제도로서 소수의 지배는 전적으로 용인될 수 없다. 따라서 다수결의 원칙을 거부하면 무정부나 어떤 형식의 전제정치만이 남게 될 것이다.[256] 그러므로 링컨 대통령에게 소수가 헌법에 따라 선출된 다수의 의지를 무시하고 바로 그 다수의 동의 없이 정부를 해체하도록 허용하는 것은 인민정부의 바로 그 본질을 손상시키는 일이 될 것이다. 링컨에게 연방정부를 온전히 유지하는 것은 독립선언서에 신성화된 원칙들 즉 건국의 원칙들을 보존하는 것이었다. 따라서 독립선언은 도덕적 지위뿐만 아니라 동시에 헌법적 지위를 가졌다.

1861년 2월 21일과 22일 취임식을 위해 워싱턴으로 가는 도중에 들린 뉴저지 주의 트렌턴(Trenton)과 필리델피아의 독립기념관(Independence Hall)에서 각각 행한 연설에서 링컨은 미국의 도덕적 비전을 표현했다. 먼저 트렌턴에서 링컨은 조지 워싱턴과 창설자들의 유산을 성찰하

256 1861년 3월 3일 링컨 대통령의 첫 번째 취임사에서.

면서 미국과 헌법 그리고 인민들의 자유가 독립투쟁을 이끈 원래의 아이디어들과 일치하게 그대로 영구화되길 간절히 바란다고 선언했다. 독립혁명의 원래 아이디어들은 평등의 건국 원칙이었다. 독립기념관에서도 링컨은 이와 비슷하게 자신의 통치를 지도해갈 도덕적 목적들을 명백하게 재확인했다. 그는 독립전쟁을 수행하던 당시의 국가연합(the Confederacy)을 그렇게 오랫동안 단결시킬 수 있었던 위대한 원칙과 아이디어는 독립선언서에 그것이 단지 식민지들을 모국으로부터 분리시키는 문제가 아니라 미국인들에게만 자유를 주는 것에 국한되지 않고 미래의 전 세계에 희망을 주는 그 어떤 것이 들어 있었다고 강조했다. 링컨에게 바로 그것은 적절한 때에 모든 인간들의 어깨 위에서 무거운 짐이 내려지고 모두가 평등한 기회를 갖게 될 것이라고 약속하는 것이었다. 그리고 바로 그것이 독립선언서에서 구현된 감정이라고 링컨은 확신했다. 남부가 분리해나가기 바로 직전에 행했던 링컨의 이 두 연설은 미국의 단합과 미국인들의 꿈에 대한 링컨의 도덕적 비전을 드러냈다. 그것들은 권리의 평등과 기회의 균등을 부인하는 당시 남부의 친노예제도적 궤변들에 대한 대응의 형식으로 작성되었던 것이다.[257]

링컨의 지적 능력과 그의 꾸준한 자율학습은 과격한

257 Joseph R. Fornieri, *op. cit.*, p. 54.

남부의 분리주의자들에 대항하여 건국의 원칙들을 옹호할 아이디어의 전투를 갖추게 해주었다. 남부 분리주의자들의 헌법적 권리주장은 강력했고 연방정부에서 주의 우선적 권리주장은 건국 당시부터 반연방정부주의자들(Anti-Federalists)에 의해 끊임없이 주창되어 왔었다.[258] 요컨대 링컨은 인간과 사회에 대한 포괄적인 지식과 비전을 갖고 있었을 뿐만 아니라 인간의 평등과 피치자의 동의의 원칙에 입각한 민주정부를 법적으로는 물론이고 도덕적으로도 정당화할 충분한 지성적 능력을 갖고 있었던 것이다.

Ⅳ. 분별력(Prudence)

정치는 가능성의 예술이라고 한다. 그것은 추상적 논리의 세계가 아니라 실천적 행동의 세계이다. 이상주의자들에게 추상적인 도덕적 원칙들은 모든 다른 고려 사항들을 압도해 버린다. 세속적 완성의 추구가 그들에게

258 미국의 반(反)연방헌법주의자들의 다양한 주장에 관해서는, Herbert J. Strong, ed., *The Anti-Federalist* (Chicago: The University of Chicago Press, 1981)을 참조. 반면에 연방주의자들의 주장에 대한 이론적 접근을 위해서는 David F. Epstein, *The Political Theory of The Federalist* (Chicago: The University of Chicago Press, 1984)를 참조.

정치의 본질적 한계나 인간의 본성에 대해 눈을 멀게 한다. 그럼에도 불구하고 추상적 진리는 정책의 방향을 제공하고 법의 향상을 지향케 한다. 그러나 실제로 그렇지 않은 때나 장소에서 바람직한 것을 언제나 어디에서나 실현 가능한 것으로 취급하는 시도에서 폭군체제의 위험이 있다. 그래서 링컨은 일찍이 자유인들을 노예로 삼음으로써 노예들을 자유롭게 하는 데 대해 경고했었다.[259] 이상주의자들은 정치에서 법과 도덕을 엄격하게 동일시하는 경향이 있다. 그리하여 그들은 너무도 빈번하게 어깃장 놓는 대중들에게 비현실적인 도덕적 기준들을 강요하기 위해 국가의 강제력을 사용하고 싶어한다. 그러나 정치 지도자가 정치의 세계에서 성공하기 위해서는 추상적 지식뿐만 아니라 실천적 지혜가 요구된다. 그 실천적 지혜는 보통 "정치적 분별력"(political prudence)으로 불려졌다. 다시 말해 정치적 원칙들은 저절로 적용되지 않는다. 그것들은 무엇을 어떻게 할지를 말해주지 않는다. 그것들은 적용을 위해서 분별력과 판단이 요구된다. 철학자의 관심은 시민들이나 정치가의 관심과 같지 않다.[260] 정치가와 시민의 관심은 실천적 결과에 있다. 정치의 영역

259 Harry V. Jaffa, *Crisis of the Strauss Divided: Essays on Leo Strauss and Straussianism, East and West* (Lanham: Rowman and Littlefield, 2012), p. 18.

260 Christopher Lynch and Jonathan Marks, *op. cit.*, p. 5.

에선 그래서 추상적 비전이나 원칙들을 실제 구체적으로 구현하는 실천력이 요구된다. 막스 베버(Max Weber)식으로 말한다면 분별력은 "신념의 윤리"보다는 "책임의 윤리" 영역에 속하는 것이다. 링컨도 만일 끝이 좋으면 자기를 반대한 말은 아무것도 아니지만 끝이 안 좋으면 자기가 옳았다고 맹세하는 열명의 천사들도 별 소용이 없을 것이라고 말했었다.[261] 자신의 고결한 도덕적 이상이 단지 웅장한 추상의 세계에 머물지 않기를 원한다면 그런 정치 지도자에겐 실천을 위한 역사적 실현 가능성을 판별할 분별력이 있어야 한다. 그리고 그는 과감하기 전에 우선 신중해야 된다. 링컨은 대통령직이 요구하는 실천적 능력을 발휘했는가? 그는 자신의 비전과 지혜를 구체적 상황에 성공적으로 적용할 수 있었는가? 대통령으로서 그리고 최고 군 통수권자로서 의무와 책임을 실현할 수 있었는가? 그는 모든 "미덕의 어머니"라는 분별력을 갖고 있었는가?

모든 철학자는 비전을 제시한다. 그러나 오직 정치가만이 그것을 실현할 수 있다. 좋은 의도만으론 불충분하다, 좋은 의도의 실현은 실제상황에 적절한 행동을 가정한다. 링컨은 노예제도에 분명히 반대했다. 그러나 그는 결코 당시의 급진주의적, 무조건적 폐지론자들

261 George McGovern, *Abraham Lincoln* (New York: Times Books, 2009), p. 113.

(abolitionists)을 지지하지 않았다. 그가 보기에 노예제도의 무조건 폐지는 불가능했다. 그래서 그는 점진적 폐지를 추구했다. 링컨의 정치적 분별력은 노예제 폐지로 가는 길에서 신중했을 뿐만 아니라 남북전쟁의 개전 시 경계선상의 노예제도를 유지하고 있고 그래서 내부적 투쟁에 빠져있던[262] 3개 주들이 남부의 반란에 끝까지 가담하지 못하도록 하고 또 1개 주는 분리시켜 새로운 주(West Virginia)를 탄생시키면서 펼친 그의 노련한 솜씨에서, 그리고 유럽 특히 영국과 또 하나의 전쟁을 방지하려는 그의 신중한 외교관계의 수행에서 링컨의 정치적 분별력이 뚜렷하게 과시되었다.

링컨은 개전 초 객관적 상황의 형태를 정확히 이해했다. 그래서 그는 막연한 꿈이나 상상, 혹은 이념적 편견에 입각하지 않고 아주 신중하게 행동했다. 비록 노예제도가 미국을 분열시켰지만 그것은 남부를 단결시켰다. 노예제도는 그것을 보호하기 위해 모든 것을 기꺼이 희생하려는 잠재적 동지애를 창출했다. 일탈이 이미 그것을 입증했다. 그러나 왜 경계선 주들은 남부연합에 가담

262 그래서 역사학자 윌리엄 프릴링(William Freehling)은 주들 간의 전쟁은 동시에 주들의 내전 특히 경계선상 주들의 내전이었다고 말했다. William W. Freehling, *The South vs. the South: How Anti-Confederate Southerners Shaped the Course of the Civil War* (New York: Oxford University Press, 2001), p. 57를 참조.

하지 않았을까? 그 이유는 연방정부 군대가 연방에 충성스런 사람들의 노력을 보완했고 또 켄터키와 다른 경계선 주들을 연방정부로부터 장악하려는 친노예주의자들의 힘을 약화시켰기 때문이다. 링컨은 만일 경계선 주들이 노예 없는 자유의 주들로 전환된다면 노예제도가 궁극적 소멸로 나아갈 것이라는 예언들이 진실임이 입증될 것이라고 믿었다. 남부마저도 그것을 알게 될 것이다. 만일 경계선 주들이 노예제도를 폐지하도록 설득될 수 있다면 남부의 반역 주들에 대한 치명적 타격이 될 것이다. 링컨의 생각엔 남부 국가연합의 주된 희망이란 노예제도의 힘이 충성스런 노예제도를 시행하고 있는 주들을 결국 남부 쪽에 가담하게 만들 것이라는 기대였다.[263] 남부 세력이 확장되면 연방정부의 희망은 꺾이고 말 것이다. 링컨은 바로 그 가능성을 가장 효과적인 방법으로 뒤바꾸길 원했다. 그래서 링컨에겐 경계선 주들을 붙잡는 것이 참으로 긴요했다.

링컨은 지도를 보고 숫자를 따져보면서 북부 연방국의 승리에 긴요한 경계선상에 있는 노예 주들을 찾았다. 중대한 영토적 확장은 작은 델러웨어 주가 있는 대서양에서 시작하여 메릴랜드를 가로질러서 버지니아 서쪽 지방으로, 그리고 오하이오 강(Ohio River)과 함께 쭉 늘어진

263 Phillip Shaw Paludan, *The Presidency of Abraham Lincoln,* (Lawrence: University Press of Kansas, 1994), p. 127.

켄터키 주에서 미시시피 주로 통하고 미시시피 강을 지나 미주리 주의 서쪽으로 이어졌다. 만일 이탈한 7개 주가 4개의 주들과 그에 따른 4백만 주민들을 흡수한다면 미 연방정부는 인구의 1/3을 잃고 당시 미국 영토의 거의 반을 잃는 것이었다.[264] 이 거대한 일대의 영토는 숫자와 자원의 균형을 위해서뿐만 아니라 수송과 진입로를 위해서 긴요했다. 즉 오하이오 강, 미시시피 강 그리고 볼티모어 주와 오하이오 철로가 지금 창설 중인 북부 군대에게 필요불가결할 것이라고 내다보았다. 켄터키 주가 넘어가면 남부 군이 오하이오 강까지 북쪽으로 이동할 것이다. 메릴랜드가 넘어가면 수도가 포위되어 지키기 어려울 것이다. 미주리 주가 넘어가면 미시시피 강이 결코 조용히 흐르지 않을 것이다. 이 경계선상의 3개 주들이 반란에 가담한다면 숫자상으로 남부의 백인 주민과 가용할 군사적 인력이 45%나 증가할 것이고 제조업 가동 능력은 80%나 증가할 것이었다.[265] 그런데 이 3개 주에선 남부에 가담하려는 적극적 운동이 있었다. 그래서 그들은 모두 내부적으로 투쟁을 겪고 있었다.

264 *Ibid.*, p. 10.

265 William Lee Miller, *op. cit.*, pp. 110-111.

1. 메릴랜드(Maryland)

메릴랜드 주와 볼티모어 시는 북부 지역에서 워싱턴으로 이동하는 연반군의 병력 이동을 거부했다.[266] 링컨 대통령은 지리적 조건으로 이곳에선 정부 군대가 땅에 굴을 파거나 하늘을 날 수 없기 때문에 메릴랜드 주를 통과해야만 하지만 반드시 볼티모어 시를 통과할 필요는 없다는 입장을 고수함으로써 링컨은 단호함과 동시에 융통성을 보였다. 군대를 우회시키자는 스콧 장군의 건의를 받아들여 링컨은 군대가 배로 동부해안 반도를 돌아 치사피크 만(Chesapeake Bay)으로가서 볼티모어의 남쪽에 있는 아나폴리스(Annapolis)로 그리고 그곳에서 도보와 철도를 이용해 워싱턴으로 이동하게 했다. 배 편으로 도착한 벤자민 버틀러(Benjamin Butler) 장군하의 다른 매사추세츠 부대가 워싱턴으로 가는 부대의 착륙 지점일 뿐만 아니라 주의 수도인 아나폴리스를 점령했다. 메릴랜드의 토마스 힉스(Thomas Hicks) 주지사는 켄터키나 미주리의 주지사들과는 달리 조금 흔들리고 있었지만 북부 연방국의 지지자였다. 그는 이탈 문제를 논의하기 위해 주 의회를 소집했다. 주의 수도 아나폴리스가 연방국 군대에 의해 점령 당해 있고 부글거리는 볼티모어는 좋은 대안 같지가

266 Gary Lawson Brown, *Baltimore in the Nation, 1789-1861*, (Chapter Hill: University of North Carolina, 1980).

않았기 때문에 4월 26일 안전한 메릴랜드 서부의 프레더릭(Frederick) 시에서 특별회의를 소집했다. 분명히 몇 이탈주의자들이 소란을 피웠다. 솔직한 버틀러 장군이 링컨 대통령에게 반역적 메릴랜드의 주 의원들의 체포를 허락해 달라는 탄원적 요청서를 보냈다. 그러나 링컨은 버틀러의 제안을 그리고 초기에 곧바로 개입하는 다른 어떤 제안도 채택하지 않았다. 우선 그들은 집회를 할 권리가 있으며, 둘째로는 어차피 그들의 행동을 항구적으로 막을 수 없다는 이유에서였다.[267] 두고 감시하는 것이 낫다는 입장이었다. 그러나 그것이 끝은 아니었다. 만일 메릴랜드 입법부의 조치가 합중국에 대항하여 주민들을 무장시키는 것으로 판명된다면 그땐 스콧 참모총장이 그런 적대적 행위에 대항할 가장 즉각적이고 효율적인 수단을 채택하도록 지시할 것을 스스로 고려해야 한다는 것이었다. 메릴랜드 주 의원들은 버틀러 장군을 짐승으로 부르고 링컨을 전제자라고 주장했으며 정부의 강제력을 괴물이라고 비난했다. 그러나 그들은 군대를 소집하지는 않았다. 그들은 이탈을 위한 회의를 소집하지도 않았다. 그들은 링컨 대통령에게 온갖 모욕만 퍼부었다. 링컨은 모욕에 반격마저 하지 않았다.[268]

267 William Lee Miller, *op. cit*., p. 113.

268 *Ibid*., p. 141.

그러나 남북 간 첫 무력 충돌인 불런(Bull Run) 전투에서 남부가 승리하자 사기가 오른 메릴랜드의 이탈주의자들이 또다시 9월 19일에 프레더릭에서 제2의 회의를 소집할 계획이고 이탈 여부를 표결에 부칠 것이라는 소문이 돌았다. 이 소문은 정부의 정보망에 의해 확인 되었다. 그러자 이번에는 링컨 총사령관으로부터 두고 감시만 하라는 명령이 없었다. 그리하여 몇 사람의 이탈주의자 의원들이 합중국 군 당국에 의해 체포되었다. 힉스 주지사도 그들의 체포에 동의했다. 1861년 11월의 선거에서 정부의 입후보자들이 선거에서 대거 승리했다. 새로운 주지사는 애국적 연방정부 지지자였다. 메릴랜드인들은 연방 정부군에 게릴라식 저항을 계속하지 않았고, 교량을 파괴하지도 않았으며 남부의 리(Lee) 장군의 군대가 메릴랜드 주 안으로 행진할 때에도 봉기하지 않았다. 그들은 남부 군에 가담하는 수보다도 배가 많은 수가 정부군에 가담했다. 그리하여 메릴랜드는 확고하게 정부편에 서게 되었다. 이러한 결과는 링컨의 분별력 있는 정책의 결과라고 해도 과언이 아니었다. 링컨은 첫 번엔 자제했지만 두 번째엔 요란한 이탈주의자들의 체포를 수용했다. 그는 결코 조급하게 서두르지 않았다. 그러나 단호해야 할 때에는 주저하지도 않았다. 바로 링컨의 이러한 자세가 1861년 말까지 메릴랜드 주를 정부 쪽으로 확고하게 끌어들이는 데 크나큰 도움이 되었던 것이다.[269]

2. 켄터키(Kentucky)

1861년 4월 15일 링컨 대통령의 민병대 파견요청에 켄터키의 베리아 매고핀(Beriah Magoffin) 주지사는 남부의 자매 주를 굴복시키려는 사악한 목적을 위해서는 어떤 병력도 제공할 수 없다고 비우호적으로 대응했다. 반면에 많은 켄터키인들은 이탈 그 자체를 사악한 목적으로 간주했다. 그리고 또 많은 켄터키인들은 양쪽 모두를 사악하다고 양비론적 입장을 취했다. 켄터키는 경계선상의 주들 가운데 주민의 거의 20%가 노예라는 가장 큰 비율을 갖고 있었다. 켄터키는 오하이오 강을 넘어 북부와 통상하고 강력한 유대관계도 갖고 있었다. 남부와 북부는 다 같이 전략적인 이유에서 켄터키의 중립적 입장을 지지하는 형편이었다. 매고핀 주지사는 개인적으로 이탈주의자였지만 켄터키의 동향에 따라 5월 16일 켄터키의 무장 중립을 선언했다. 그리고 그는 켄터키 땅에 어떠한 비켄터키 군대의 이동도 금지했다. 5월 24일엔 주 상원도 무장한 중립의 정책을 가결했다. 따라서 켄터키 주는 공개적이고 공식적으로 그리고 법적으로 중립이었다.[270]

그런데 9월 3일 남부군의 레오니다스 폴크(Leonidas

269 *Ibid.*, p. 117.

270 *Ibid.*, p. 123.

Polk) 장군이 자신의 군대를 켄터키로 진입시키고 콜럼버스(Columbus) 마을을 점령했다. 그리고 뒤늦게 매고핀 주지사에게 북부군이 콜럼버스를 장악하려고 하기 때문에 사전 예방조치로서 켄터키의 중립을 지킬 수 없었다고 정당화했다. 그는 콜럼버스의 건너편에 있는 미주리 주의 벨몬트(Belmont)를 점령한 북부의 그랜트(Grant) 장군 지휘하의 소규모 북부 군을 구실로 내세웠다. 이에 켄터키 상원위원회 위원장이 폴크 장군에게 켄터키 땅에서 병력을 철수하라고 요구했다. 그러나 남부의 데이비스(Davis) 대통령의 지지를 받고 있던 폴크 장군은 철수 하지 않았다. 그 사이에 북부의 그랜트 장군은 켄터키의 또 다른 전략 마을인 파두카(Paducah)를 점령했다. 폴크 장군은 북부 군이 철수하면 자기도 철수하겠다고 했다. 그러나 결정적인 사실은 남부 군이 켄터키 땅으로 먼저 진입했다는 것이었다. 9월 18일 켄터키 주의회는 켄터키가 남부군에 침략당했다며 침략자들은 격퇴되어야 한다는 결의안을 채택했다.

링컨은 그의 취임사와 7월 4일 연방의회에 보내는 메시지에서 "주의 주권"의 불가능성을 일찍이 설명했었다. 그리고 그 메시지에서 주정부의 "중립" 가능성도 명시적으로 부인했었다. 그럼에도 불구하고 링컨은 켄터키의 정치적 요소들을 인정했다. 그래서 이 메시지에서 켄터키를 언급하지 않았으며 켄터키 주지사의 도전에도 직접 대응하지 않았었다. 반면에 주의 독립적 주권을 내세워 독립을 선언한 남부의 데이비스 대통령은 오히려 주의 주권은 물론 중립마저 인정하지 않는 자기 기만적이고 이율배반적 행동을 취한 셈이 되었다. 켄터키의 중립선언에 대한 링컨의 묵시적이고 암시적인 존중은 그의 분별력 있는 현실에의 적응이었다. 그는 중대한 경계선상 주들에서 여론이 강제처럼 보이는 것에 얼마나 강력히 반대하는 지를 알고 있었다. 그래서 그는 켄터키 내 아슬아슬한 균형을 뒤엎을 어떤 선언을 하는 것도 피했던 것이다.

사실 지난 4월 매고핀 주지사가 링컨의 사악한 목적이라며 병력제공 요청을 반항적으로 거부했을 때 링컨은 연방군대를 파견하거나 아니면 적어도 주지사의 무례에 맞는 호전적인 말들을 쏟아 부을 수 있었지만 아무 일도 하지 않았다. 그 당시에 남부가 켄터키에서 주지사의 묵인하에 비밀리에 병사들을 모집하자 전 해군장교이며 켄터키인인 윌리암 넬슨(William Nelson)이 주도하는 켄터키 친연방정부주의자들의 위원회에 비밀리에 무기를 제공하기 시작했었다. 그러나 5월에 들어서 켄터키 주 의회와 주지사가 공식적으로 중립을 표방하자 링컨은 연방 군의 켄터키에 대한 주권 침해를 금지시켰다. 그는 켄터키의 군사부(military department)를 설립했지만 그 주의 충성분자들만을 포함시키고 그 수장으로 켄터키인이며 포트 섬터의 영웅인 로버트 앤더슨(Robert Anderson) 소령을 임명했다. 이처럼 링컨은 말과 행동에 있어서 자제력을 보여 주면서 여론이 스스로 정화되길 기다렸다. 그 결과 초기의 충격이 어느 정도 사그라진 뒤 친연방주의자들이 특별 선거에서 의회의 10석 중 9석을 석권했다. 그리고 8월에 실시된 또 다른 선거에서 친연방정부 인사들이 큰 격차로 주 의회의 통제력을 쟁취했다. 그리하여 새 주 의회가 소집되었을 때 연방정부 측 세력이 켄터키 정치에서 강력한 지위를 갖게 되었다.

그러나 이때 켄터키에서 링컨의 신중하고 노련한 분별력의 성공은 뜻밖에도 인접 경계 주에서 발생한 한 사건으로 갑자기 위협을 받게 되었다. 1861년 8월 30일 미주리 주의 세인트 루이스(St. Louis)에 본부를 둔 서부 사령부의 존 프레몬트(John C. Fremont) 사령관이 계엄령을 선포하고 자신의 권한으로 모든 불충한 미주리인들의 노예들에 대한 즉시 해방을 선포했다. 그는 잘 알려진 노예제도의 급진적 폐지론자였다. 그는 미주리의 게릴라 세력들을 무력으로 진압하고 또 반(反)노예제도 급진주의로 자신의 명성을 부활시키려는 시도에서 이 선포를 단행했던 것이다. 링컨은 이 사실을 신문을 보고 알았다. 링컨은 특별 메신저에게 직접 전달시킨 놀라울 정도로 부드럽고 엄격히 사적인 편지에서 그 선포의 두 가지 문제점들을 조용히 지적했다. 우선 대통령인 자신의 사전 승인 없이는 어떤 사람도 총살을 허용하지 말라고 프레몬트 장군에게 명령했다. 그리고 둘째로는 의회가 이제 막 통과시킨 압류법(the Confiscation Act)과 일치하도록 그의 선포를 수정하도록 프레몬트 장군에게 요청했다. 이 압류법은 연방정부에 대항하는 전투에 실제로 사용된 재산(노예 포함)의 압류만을 규정하고 있었다. 링컨은 프레몬트 장군으로 하여금 대통령인 자신이 보는 보다 큰 그림을 보게 하려고 노력했다. 그것은 그의 선포로 이렇게 돌발적으로 노예를 해방하는 것은 남부의 친정부 동지들을 경각시켜서 그들을 적으로 돌릴 것이며 켄터키에서 좋은 전망을 어쩌면 망치게 될 것이라는 점이었다.[271] 실제로 그런 일이 벌어지고 있었다. 앤더슨 소령은 연방정부를 위해 싸우겠다고 자원했던 켄터키인들의 한 부대가 프레몬트 장군의 선포를 듣고는 무기를 던져 버리고 모두 해산해 버렸다고 보고했다. 링컨도 켄터키에 제공했던 정부의 바로 그 무기들이 정부군을 향할 것이라고 생각했다. 그래서 링컨은 공개적으로 프레몬드에게 선포를 바꾸라는 명령을 내렸다.

그러자 이번에는 링컨이 프레몬트의 선포를 파기한 데 대한 공개적 분노들이 물밀듯이 쏟아져 나왔다. 줄줄이 강력한 신문들이 프레몬트의 선포를 환영하면서 그것을 폐기한 데 대해 링컨을 책망했다. 그러나 링컨은 프레

271 *Ibid*., p. 128.

몬트 선포를 수정함으로써 켄터키의 친정부주의자들의 환호를 위안으로 삼았다. 프레몬트 장군의 선포는 켄터키의 입법부가 "중립"을 이제 거부하는 의제를 고려하기 위해 모임을 갖고 있던 바로 그 위험스런 순간에 나왔었다. 그리하여 그 입법부는 프레몬트 선포가 수정되지 않는 한 거부하는 입장을 유지했다. 링컨이 수정을 명령한 후에야 그 입법부는 중립을 철회하고 연방정부를 위한 4만 명의 지원병을 소집했다. 미합중국을 보전하는 것이 링컨에겐 최우선 과제였다. 통치의 도덕성은 여러 층의 행동과 결과의 순서를 내포한다. 전 세계에 대한 선포의 위대한 약속도 그것을 지켜줄 미합중국이 존속하지 않는 한 실현되지 않을 것이다. 그리고 미합중국은 켄터키가 그 편에 장악되지 않는 한 존속되지 않을 것이다. 그리고 켄터키는 프레몬트 장군의 선포가 폐기되지 않는 한 장악되지 않을 것이다. 링컨은 자신의 분별력 있는 정치적 수완으로 1861년 12월의 연례교서에서 켄터키가 한동안 의심스러웠지만 이제는 결정적으로 그리고 변함없이 연방정부 편에 배치되었다고 주장할 수 있었다.[272]

272 *Ibid.*, p. 130.

3. 미주리(Missouri)

미주리는 그 유명한 1820년 미주리 타협(the Missouri Compromise)의 결과로 노예제도가 있는 주이며 메릴랜드와 켄터키처럼 경계 주였으며 따라서 연방정부가 지정학적 및 군사적인 이유에서 꼭 장악해야만 하는 바로 그런 곳이었다. 미주리는 이미 노예제도 문제로 "유혈의 캔사스"(Bleeding Kansas)와 길고 쉽게 넘나들 수 있는 경계선을 공유했다. 어떤 의미에서 미국의 내전은 링컨이 대통령에 취임하기 6년 전에 야만적 게릴라전이 발생한 미주리-캔사스의 경계선에서 이미 시작되었다고 말할 수도 있을 것이다.[273] 1854년 연방의회에서 스티븐 더글라스(Stephen Douglas)의원의 주도하에 미주리 타협을 폐기하고 노예제도문제를 각 해당 주의 소위 "인민주권"에 위임하는 캔사스-네브라스카 법안(the Kansas-Nebraska Act)이 가결되자 캔사스는 자기 주의 노예제도 문제를 스스로 결정하게 되었다. 그러자 캔사스에선 내부적 투쟁이 가열되었고 이 곳의 투쟁이 인접한 미주리의 게릴라 전투에 영향을 미쳤다. 유혈의 캔사스가 미주리로 파급되었다. 캔사스의 반노예제도 활동가들이 1854년 이후 캔사스로 몰려들었고 습격과 학살을 이곳에서 경험한 뒤 종종 그들

273 *Ibid.*, p. 131.

도 과격해졌다. 반면에 노예제도의 지지자들은 미주리로 몰려와서 게릴라식 습격과 보복을 수행하는 토착 미주리인들 편에 가담했으며 그들도 마찬가지로 과격해졌다. 1861년 4월 미국이 내전으로 빠져들자 이렇게 이미 전투 중인 미주리 주는 중요한 순간에 링컨 대통령이 지원하는 신속하고 특이한 일련의 파격적 조치들에 의해서 연방에 남게 된 것이다.

내전 초기 미주리 주에서는 철저한 이탈론자인 클레이본 폭스 잭슨(Claiborne Fox Jackson) 주지사가 링컨 대통령의 민병대 파견요청을 경멸적으로 무시했다. 그리고 그는 남부의 제퍼슨 데이비스(Jefferson Davis) 대통령에게 당시 노예제도 주들 가운데에서 가장 큰 병기고였던 세인트 루이스(St. Louis)에 있는 연방병기고를 장악하기 위해 남부의 도움을 요청하는 서신을 보냈다. 또한 그는 분명히 남부를 지원하고 그 병기고를 장악하는 데 사용될 민병대를 훈련시키기 위해 세인트 루이스 변두리에 잭슨 캠프(Camp Jackson)를 세웠다. 이때 체신부 장관의 동생인 프랭크 블레어(Frank Blair)와 세인트 루이스 병기고 경비부대의 나타니엘 라이온(Nathaniel Lyon) 대위가 대응세력으로 세인트 루이스에서 친(親)연방 독일인들로 구성된 비정규 지원병들을 훈련시키기 시작했다. 그리고 블레어는 자신의 형인 체신부장관을 이용하여 세인트 루이스 주둔 연방군 사령관인 하니(W.S. Harney) 장군을 갑작스럽게 워싱턴으로 소환하게 만들었다. 그리고 링컨은 이 결정에 동의했었던 것이다. 하니 장군은 연방정부에 충성스러웠지만 그는 구식 군인이었다. 그래서 그는 주지사의 명령에 따라 그대로 움직일 위인이었다. 5월 29일 블레어가 하니 장군에게 그를 직위 해제하는 대통령의 명령서를 전달했다. 하니 장군이 능숙하게 제거되자 아주 특별하고 중대한 명령서가 링컨 대통령으로부터 하달되었다. 그 명령서의 수령자는 나타니엘 라이온 대령이었다. 그 명령서는 하니 장군이 부재하기 때문에 그를 4월 30일자로 서부지역 사령관으로 임명한다는 링컨 대통령의 명령을 담고 있었다.[274] 그것은 일개 대위를 일순간 준장으로 승진시키는 파격적 조치였다.

이제 미주리 주 당국자들은 나타니엘 라이온 준장을 다루어야 했다. 연방군이 미주리 주내에서 아무 곳으로나 이동하도록 허용해선 안 된다는 잭슨 주지사의 요구를 라이온 장군이 전시라는 이유에서 거절하자 잭슨 주지사는 급히 주의 수도인 제퍼슨 시티(Jefferson City)로 돌아가면서 도중에 철교들을 파괴했다. 라이온은 즉시 증기선을 이용해 부대들을 이끌고 제퍼슨 시티까지 진격하여 마을을 장악하고 연방정부의 국기를 게양했다. 잭슨과 그의 주정부가 자기들이 어느 곳에 있는 공식적인 주정부라

274 *Ibid.*, p. 133.

고 내세우기 위해 미주리 주의 문장(the state seal)을 갖고 도주했다. 프라이스(Price) 장군이 반란군을 강 위쪽 부니빌(Booneville)에 집결시키자 라이온 사령관은 자기 부대를 재 승선시켜 7월 17일 미주리 내전의 첫 전투인 이 실제 충돌에서 그들을 참패시켰다. 잭슨 주지사는 주의 문장에 매달리며 훨씬 더 남쪽으로 도주했다. 그래서 이제 문제는 어떻게 민간 주정부를 재건할 것인가였다.

전쟁 초기에 잭슨 주지사는 대표자 대회가 열리면 그것이 미주리를 연방정부에서 이탈하여 남부에 가담하기로 의결할 것이라는 기대에서 그 대회를 소집했었다. 그러나 주 내에서 친연방주의 감정이 크게 분열되고 다루기 힘들었음에도 불구하고 그 대회는 연방주의로부터의 이탈을 막았다. 그리고 나서 그 대회는 그 자체로 재비상소집을 결정했다. 많은 회원들이 반란에 가담했음에도 불구하고 재소집된 비상대회는 정족수를 채웠고 그 정족수는 보수주의자 해밀턴 갬블(Hamilton Gamble)을 주지사로 하는 임시 주정부를 수립했다. 그리고 이 임시 주정부가 전쟁기간 내내 권위를 행사했다.[275] 그리하여 미주리는 제법 일찍 연방정부에 편입되었으며 따라서 일종의 성공이었다. 그러나 다른 한편으로 미주리 주는 전쟁 중 최악의 게릴라 전투의 현장으로, 그리하여 잔혹함과 시민 자

275 *Ibid.*, p. 135.

유의 위반의 현장이기도 했다. 이러한 미주리 확보의 과정에서 링컨은 일련의 반칙적 조치들을 통해 라이온과 블레어의 쿠테타를 포함하여 모든 결정적 지점에서 법률조항에 매달리지 않고 현실주의적 분별력을 발휘함으로써 미주리 장악에 성공할 수 있었던 것이다. 이 과정에서 링컨에겐 반칙의 문제보다 미주리 주를 연방정부 쪽에 묶어두는 것이 훨씬 더 중요했던 것이다.

4. 버지니아(Virginia): 웨스트 버지니아(West Virginia)의 탄생

링컨은 지도와 숫자를 바라보면서 메릴랜드, 켄터키 그리고 미주리의 핵심적 중요성뿐만 아니라 버지니아 주의 엘리게니(Allegheny) 횡단지역이 제공하는 본질적 연계의 중요성도 보았을 것이다. 이 지역은 산악지역으로 메릴랜드를 오하이오 강을 향해 단검을 들이낸 켄터키와 연결시키고 볼티모어와 오하이오 철로에서 중요한 연결을 이루고 있었다. 어디로 보나 연방정부가 서부 버지니아를 통제해야 된다는 것을 링컨은 알고 있었다. 링컨이 취임할 때 버지니아 주는 치사피크 만(Chesapeake Bay)과 대서양으로부터 쭉 오하이오 강에 이르면서 엘리게니 산맥에 의해 둘로 나누어지는 거대한 영토에 걸쳐 있었다. 1860년에 동 버지니아는 472,494명의 노예들을 소유하고 있었고 서 버지니아는 18,571명만 소유하고 있었다.[276] 동 버지니아는 부와 많은 주민을 갖고 있으면서 세금정책과 의회의석의 배분에서 그리고 지역적 발전에서 자기들에게 유리하게 주정부의 정책을 수립했다. 산악지대와 그 너머는 주의 일부로 취급되지 않고 하나의 지방으로 취급되었으며 그 곳의 주민들은 자신들이 무시당하고 있다고 인식했다. 그래서 서 버지니아는 그 자신이 전제군주의 발 밑에 있지만 그러나 그 전제군주는 링컨이나 연방정부나 북부가 아니라 바로 동 버지니아라고 느끼고 있었다.

1861년 4월 17일 리치몬드에서 비밀리에 개최된 연방정부로부터의 이탈대회에서 동부출신의 압도적 다수의 대표자들은 이탈에 찬성표를 던졌지만 서 버지니아 대표자들의 다수는 이탈에 반대표를 던졌다. 그리하여 연방정부로부터 이탈이 제안되는 바로 그 순간에 서 버지니아인들은 즉각적으로 그 이탈로부터의 이탈을 생각했던 것이다.[277] 연방정부가 이 서 버지니아인들을 동 버지니아인들의 압제로부터 구출하는 일은 무력의 사용 없이는 그 성공이 불가능했을 것이다. 이때 조지 맥클런(George McCellan) 소장이 우월한 무력과 지리를 잘아는 현지인들

276 *Ibid.*, p. 118.

277 *Ibid.*, p. 119.

의 도움을 받아 7월에 두 번의 초기 전투에서 반란자들을 패배시키고 북서쪽 버지니아에서 남부군을 소탕했다. 비록 서 버지니아 전투에 참가한 수는 적었지만 그것들이 연방정부가 경축할 첫 승리들이었다. 그 결과 맥클런 장군은 영웅이 되었고 연방정부를 지지하는 새로운 자유 주가 수립되는 정치적 조치가 취해졌다.

그 전인 6월 20일에 휠링(Wheeling)에서 소집된 대회는 리치몬드 반역자들을 불법적이라고 명명하고 버지니아의 회복된 정부를 결성하고 모든 관직은 비어있음을 선언했다. 그리고 나서 그 대회는 프란시스 피어폰트(Francis Pierpont)를 만장일치로 비지니아의 주지사로 선택하여 버지니아를 회복시켰다. 북서지역 출신의 잔여기간의 입법부가 회복된 버지니아의 새로운 연방의회 상원들을 선발하고 이들이 상원직을 사임한 이탈주의자들을 대체했다. 잠깐 목청을 다듬고 눈망울을 굴린 뒤 상원은 새 상원의원들을 착석시켰다.[278] 링컨 대통령은 리치몬드에 있는 반역자들이 아니라 산맥 너머에 있는 지역에서 지방정부를 수립한 이 충성스런 시민들을 인정하고 보호해야 한다고 생각했다. 1861년 7월 새로 선출된 주지사가 링컨 대통령에게 지원을 요청했을 때 그는 버지니아 주지사로서 긍정적인 반응을 받았다. 링컨은 전쟁장관에게 회복

278 *Ibid.*, pp. 119-120.

된 주정부가 연방정부를 지원하기 위해 소집하는 모든 병력에게 무기를 제공하라고 지시했다. 피어폰트 주지사는 1861년 말까지 연방정부를 위해 싸울 병사들의 소집에서 버지니아 주에 할당된 수보다도 훨씬 많은 수의 병력을 소집했다.

이 회복된 주정부의 지도자들과 서 버지니아 주민들은 새로운 주의 수립을 원했다. 그리고 연방 정부군의 통제가 새 주의 수립에 대한 주민투표를 가능하게 해주었다. 새 주는 투표자들의 압도적인 지지를 받았고 그들은 헌정대회에 갈 대표자들을 선출했으며 이 헌정대회는 웨스트 버지니아(West Virginia)라고 오늘날 불려지는 새 주의 헌법을 제정했다. 그리고 이 헌법은 웨스트 버지니아에 포함되는 지역의 사람들에 의해서 또다시 압도적으로 수용되었다. 그러나 새로운 주가 기존 주의 영토로부터 분할해 나오기 위해서는 미합중국의 헌법에 따라 관계된 주의 의회로부터 동의가 있어야만 했다. 그러나 자부심에 찬 구 버지니아주가 자체의 분할에 동의할 리가 없었다. 따라서 이 문제는 다시 어느 버지니아의 동의를 구하느냐의 문제였다. 1862년 5월 13일 휠링(Wheeling)에 모인 회복된 버지니아 주정부가 새 주의 수립에 동의했다. 이 주정부는 새 주를 구성할 산맥 너머 지역뿐만 아니라 그 당시에 연방정부 군대가 지배하는 동 버지니아 지역에 대해서만 권한을 행사했다. 새로 수립된 주를 인정하는 법안은 연방 상·하원에서 그것의 헌법상 그리고 법률적인 적합성에 대해 상당한 적대적 공격을 받았지만 의회의 상하 양원은 최종적으로 새 주를 인정하는 것으로 가결했고 그 법안을 1862년 12월 링컨의 책상 앞으로 보내졌다. 12월 23일 링컨은 그 법안에 관해 각료회의를 열었고 내각은 의견이 반납으로 갈렸다. 링컨은 소위 "이탈"을 지지하는 것이 거북스러웠을 것이다. 그러나 링컨은 미합중국의 헌법에 반해 이탈하는 것과 헌법을 위해 이탈하는 것 사이에는 아주 큰 차이가 있다는 입장을 밝혔다. 이것이 전례가 될 수 있다는 광범위한 불안감에 대해서 링컨은 전쟁에 의해서 이루어진 조치가 평화 시의 전례가 될 수 없다는 입장이었다. 그에게 웨스트 버지니아는 평화의 건전한 조건이 되돌아 왔을 때 제거되거나 뒤집을 수 없는 조치였다.[279]

1862년 12월 말에 링컨의 유일한 대안은 웨스트 버지니아 인들에 의해서 수립되고 투표까지 서쳤고 또 의회의 양원에 의해 가결된 새 주에 관한 법안을 서명할 것이냐 아니면 거부권을 행사하느냐였다. 충성스런 웨스트 버지니아인들은 대통령의 거부권 행사를 모욕으로 간주할 것이다. 링컨은 그 법안에 서명했고 그리하여 마침내 웨스트 버지니아 주가 탄생하게 되었다. 이 과정에서 링

279 *Ibid.*, p. 121.

컨은 유권자들이 자유롭게 투표할 수 있도록 군대를 주둔시켰다. 그는 주의 1/4도 되지 않는 지역의 대표자들이 임명한 사람을 주지사로 인정했다. 그리고 링컨은 기존 주의 분할을 아주 미약한 정당성에 입각하여 인정했으며 동정심이 가는 민간인들에게 무기를 보냈다. 이 모든 조치들은 전시에 오직 연방정부의 보전이라는 보다 큰 목적을 위해 취해진 것들로서 그의 정치적 분별력으로 가장 잘 설명될 수 있는 것들이었다.

5. 영국 및 프랑스와의 외교

군사분야에서 용기가 최고의 덕목이라면 외교분야에서 최고의 덕목은 신중함과 분별력이다. 링컨의 분별력은 그의 외교력에서도 빛을 발했다. 내전이 발발했을 때 남부는 유럽의 강대국 특히 영국을 이 내전에 끌어들이려고 노력한 반면에 북부 즉 연방정부는 외국의 개입을 막으려고 했다. 유럽 제국들 특히 영국은 관망하면서 기회가 주어진다면 개입도 불사할 입장이었다. 개전과 함께 남부의 지도자들은 유럽 국가들 특히 영국과 프랑스가 남부국가연합을 독립국으로 인정해줄 것이라는 희망을 갖고 있었다. 5월에 영국은 중립을 선언했지만 1861년 11월 8일 소위 트렌트(Trent) 사건이 발생하면서 링컨은 영국의 개입 가능성을 걱정하기 시작했다. 영국의 개입은 링컨에게 양면전쟁을 의미했기 때문이다.

미국의 전함 산 파친토(San Facinto) 호의 허세를 부리는 찰스 윌키즈(Charles Wilkes) 선장은 하바나(Havana)에서 두 명의 남부 밀사들과 그들의 비서들이 덴마크의 세인트 토마스(St. Thomas) 섬으로 가는 영국의 우편선인 트렌트 호에 승선 예약을 했으며 그들은 그곳에서 유럽으로 갈 것이라는 사실을 알게 되었다. 그는 자기 멋대로 항해하여 바하마 채널(Bahama Channel)을 공습하고 나아가 11월 8일 트렌트 호를 경고사격을 하면서 가로막았다. 그리고 그는 일단의 해병대를 우편선에 승선시켜 남부 밀사들을 빼내갔다. 그리고 그는 그들을 11월 15일에 도착한 포트 먼로(Fort Monroe)로 데려 갔다. 이 체포의 소식은 즉각 북부 전역으로 퍼져 갔고 환호하는 국수주의를 분출시켰다. 북부 대중들은 그 동안 환호할 뭔가를 애타게 기다렸었다. 4월에 전쟁이 시작한 이래 1861년 내내 큰 공적 소시의 대부분은 나쁜 소식들뿐이었다. 불린에서의 패전을 시작으로 맥클런의 무전투 소식에 이르기까지 답답한 소식들뿐이었다. 그런데 갑자기 윌키즈 선장이 반역의 밀사들을 낚아채 왔다는 소식은 아주 만족스러운 소식이었다.[280]

더 나아가서 이 두 밀사의 신분이 그들을 더욱 만

280 *Ibid.*, pp. 193-194

족스럽게 했다. 그들은 버지니아의 제임스 메이슨(James Mason)과 루이지아나의 존 슬라이델(John Slidell)이었다. 두 사람은 1850년대의 소란 때 분명한 친노예주의, 그리고 친이탈주의 상원 의원들 가운데 가장 불쾌한 인물들이었다. 메이슨은 영국으로 그리고 슬라이델은 프랑스로 가서 남부의 지원을 모색하기 위해 유럽으로 가는 중이었다. 그들을 영국의 선박에서 낚아채 왔다는 사실이 처음에 생각 없이 환호하는 순간엔 기쁨을 더했을지도 모른다. 비록 영국이 모국이고 아마도 미국의 첫 우방국이었다고 할지라도 영국은 또한 미국인들이 두 차례나 전쟁을 치르고 1841년 또 하나의 전쟁을 치를 뻔 했던 첫 번째 적이기도 했다. 또한 영국은 보수당 계급들이 대중적 미국 민주주의를 내려다 보고 런던 타임즈(The Times) 지가 남부 국가연합에 우호적 입장을 낸 그런 나라였다. 나아가서 특히 1833년 서인도(West Indies)에서 자국의 노예제도를 폐지한 이래 영국의 여론은 바다 건너 노예를 소유하는 공화국에 대해 고도의 비난으로 충만했다. 그리고 동시에 내전이 발생한 이래 대체로 영국은 진짜로 노예의 소유자들과 전투 중인 연방정부를 지원하고 나서지 않았다. 그러나 여기서 중대한 점은 행동으로 보인 반역자들에 대한 연방정부를 위한 승리였다는 점이다. 그리하여 윌키즈 선장은 즉시 전 북부의 영웅이 된 것이다.[281]

그러나 다행히도 1861년 당시엔 대서양 횡단 커뮤니

케이션이 고마울 정도로 느렸다. 대서양 횡단 해저전신은 아직 깔려 있지 않았다. 그리고 메시지를 수송하는 선박은 장중한 속도로 대서양을 통과했다. 영국은 이때 밀사들의 체포나 미국인들의 환호를 알지 못했다. 영국인들은 11월 27일에야 트렌트 호에 승선했었던 몇 명의 승객들의 도착으로 그 사건에 관해 알게 되었다. 그러자 영국인들은 즉각 분노의 폭발을 시작했다. 그들이 보기에 여왕폐하의 우편물을 싣고 한 중립적 항구에서 다른 중립적 항구로 합법적이고 결백하며 평화적인 항해를 하는 중립국의 선박이 미국의 전함으로부터 경고사격을 받고 강제로 정지되었으며 무장한 대규모의 해병대원들이 승선하여 영국의 국기의 보호하에 여행 중인 4명의 승객들을 강제로 데려간 사건이었다. 이것은 영국 국기에 대한 모독이며 국제법의 위반이었다. 북부를 지지했던 사람들을 포함하여 영국 각계각층의 여론은 분노를 폭발시켰다. 모든 신문의 사설들이 그 모독을 규탄했다. 파머스턴(Palmerston) 수상의 영국 내각은 탄약의 공급과 함께 8천명의 군대에게 캐나다로 이동할 준비를 하라는 명령을 내렸다.[282]

역시 커뮤니케이션의 느림으로 인해서 미국인들은

281 *Ibid.,* p. 194.

282 *Ibid.,* p. 195.

한사(Hansa)라고 불리는 배가 12월 12일 뉴욕에 도착할 때까지 영국의 분노에 관해서 알지 못했다. 11월 15일부터 12월 12일까지 거의 한 달 동안 미국인들은 영국인들의 분노를 알지 못한 채 윌키즈 선장의 행위를 즐길 수 있었다. 그러나 12일 이후 신문을 통해 영국인들이 화를 내고 있다는 것을 마침내 알게 되었다. 바다 건너편으로부터 분노의 폭발을 직면한 미국 정부의 중심에는 단 한번도 미국 밖을 나가본 적이 없으며 외국어도 전혀 모르고 개인적 해외 친구도 없으며 국제정치에 아무런 경험도 없는 신임 대통령 링컨이 있었다. 트렌트 사건에 참여한 여러 핵심인사들은—영국대사 라이온즈(Lyons)경, 영국 외무장관 존 러셀(John Russell)경, 윌리암 스워드 미 국무장관, 찰스 섬너(Charles Sumner) 미 상원 외교분과 위원장, 그리고 찰스 프란시스 애담즈(Charles Francis Adams) 런던 주재 미국대사—모두가 이런 저런 기회에 최고 수준의 국제정치를 다룰 링컨의 능력에 대해 심각한 유보를 표현했었다. 대부분의 미국 정치인들보다 해외 및 국제정치에서 훨씬 더 많은 경험을 가진 스워드 국무장관은 링컨 행정부 출범 초기에 이 주제에 대한 행정수반의 전적인 친숙함의 부재로 자신이 정부의 주도적 일손이 될 것이라고 설명했었다.[283]

283 *Ibid.*, p. 196.

링컨은 실제로 행정부의 외교관계의 많은 부분을 스워드 국무장관에게 일임했지만 링컨은 이미 트렌트 사건이 있기 훨씬 전에 중대한 개입을 했었다. 4월 1일 링컨은 미 연방국에 평화를 가져오는 길은 전쟁을 이용하는 것이라는 스워드 국무장관의 어처구니 없는 정책 건의서를 조용히 무시해 버렸다. 이것은 국내가 혼란스러울 때 국내적 단결과 충성을 달성하기 위해 전쟁을 벌인다는 전쟁이론들 가운데 소위 속죄양 이론(the scapegoat theory of war)으로 아주 낡은 것이다. 그런데 스워드 국무장관이 외국에 대항하여 남북을 통일시키는 제안을 한 것이다. 스워드의 생각으론 그렇게 되면 미국인들의 공유된 민족주의가 분열주의적 이념을 압도할 것이고 남부의 사우스 캐롤라이나 주가 누군가에 대항하는 전쟁에서 북부 매사추세츠 주의 교전적 전우가 될 것이라는 것이었다. 그러나 이것이 결코 좋은 생각이 아니라는 것은 수년간 최고 수준의 외교적 경험을 필요로 하지 않았다. 링컨이 일리노이 주의 하원의원 시절에 제임스 폴크(James K. Polk) 대통령의 멕시코 전쟁에 반대했던 사실이 말해주듯이 미국의 대통령이 의도적으로 전쟁을 도발하는 것을 믿지 않았었다. 이제 대통령으로서 그는 원칙뿐만 아니라 분별력도 필요했다. 1861년 4월 초 당시에 링컨이 생각하기에는 사우스 캐롤라이나 주의 선동가들이 방향을 바꾸어 매사추세츠 주의 노예제도 폐지론자들과 함께 영국, 러시아, 스페인 아니면 프랑스와 같은 타국과 전쟁을 수행할 시나리오의 가능성보다는 이들 나라 중 누군가가 남부 국가연합을 승인하고 원조할 가능성이 더 높았다. 남부가 합류할 것이라고 생각하면서 워싱턴이 그들 중 어느 나라와 전쟁을 도발한다는 것은 분명히 아주 어리석은 짓이 될 것이다.

4월 17일 남부 국가연합의 제퍼슨 데이비스(Jefferson Davis) 대통령이 북부 연방국 선박에 대한 나포행위를 승인했다. 해상 봉쇄의 문제는 그것이 주권국가 간 전쟁행위이고 따라서 그것이 국제법상 효과를 보려면 타국의 인정을 받아야 했다. 그러나 링컨과 미국은 남부 국가연합을 국가로 인정하지 않았다. 따라서 여기에 모호성이 존재했다. 5월 13일 영국정부가 자국은 이번 미국의 싸움판에서 중립이라는 빅토리아 여왕(Queen Victoria)의 선언을 공표했다. 그것은 적어도 영국정부가 남부 연합국에 교전국(a belligerent power)이라는 지위를 부여한다는 것을 의미했다. 그것은 위험스런 기반이었다. 5월 21일 스워드 국무장관은 이제 막 런던에 귀임한 애담스 미국대사에게 보낼 훈령의 초안을 작성했다. 그 초안은 영국의 중립선언에 대한 대응으로 영국의 조치에 대한 호전적인 용어와 불쾌감의 표현으로 짜여 있었다. 링컨은 그것을 읽고 또 읽은 후에 이 중요한 서류를 수정했는데 이것이 국제문제에 대해 링컨이 실제로 행한 최초의 개입이었다. 그는 여러 군데를 수정하였는데 그러한 수정들은 서류의 표현들을 덜 호전적이고 덜 불만스럽게 만드는 것이었다. 스워드의 초안 가운데 가장 호전적인 대목은 고도의 수사학적 주장으로 신생국가를 자처하는 국가에 대한 영국의 승인은 미 공화국 자체를 타도하면서 미국의 영토 내에 적대적 국가를 수립하는 영국의 개입이 될 것이라는 표현이었다. 그리고 스워드는 만일 이런 개입행위가 분명하게 시행된다면 바로 그 시간부터 양국은 더 이상 우방이 아닐 것이며 미국인들은 과거에 두 차례나 그랬던 것처럼 또다시 대 영국의 적이 될 수밖에 없을 것이라는 말로써 독립선언의 요란한 메아리로 끝을 맺었다. 링컨은 바로 그것을 삭제하라고 지시했다.[284]

또한 링컨은 그 외교문서에서 1776년의 선언문과 사건들을 상기시키는 두 개의 긴 수사학적 단락도 빼버리라고 지시했다. 그 문서 초안에 만일 전쟁이 일어난다면 그것은 미국이 아니라 미국의 국내 적과 친구가 되기로 결정한 영국의 행위가 초래한 것이 될 것이라면서 지난 세기 말 동일한 당사자들 사이의 전쟁과 다르지 않을 것이라면서 만일 그 국가가 동일한 실수를 지금 다시 한다면 전후 과거처럼 미국이 아니라 유럽에 사회적 격동이 있을 것이라고 되어 있었다. 그리고 만일 영국이 미국과 전쟁에 들어가면 미국은 캐나다를 장악할 것이라는 위협이 암

284 *Ibid.*, pp. 197-198.

시되어 있었다. 그리고 영국은 영국에 동정심과 애정을 갖는 유일한 국가를 이제 영원히 상실할 것이라고 표현되어 있었다. 링컨은 이 모든 단락들을 잘라내 버렸다. 그리고 링컨은 보다 나은 아이디어를 채택했다. 비록 그 문서가 기술적으로는 애담스 대사에게 보내는 훈령으로 이루어졌지만 스워드는 그 문서의 한 부를 영국 외무성에 설명 없이 제출하도록 지시했었다. 즉 스워드는 애담스 대사에게 보내는 훈령이 아니라 영국의 지도자들이 읽을 것을 염두에 두고 그 문서를 작성했었던 것이다. 링컨은 바로 그 지시를 철회시켰다. 링컨은 그 문서의 마지막 단락을 지운 뒤에 그 자리에 그 문건은 오직 대사를 위한 지침으로 타인이 읽거나 타인에게 보여 주어서는 안 된다는 문장을 써 넣음으로써 모든 것을 해결해 버렸다. 만일 영국의 외무성이 아무런 코멘트 없이 스워드가 작성한 원안의 문서를 그대로 받았더라면 영국인들은 국가의 긍지와 이익을 대변하는 외교관들이 취해야 할 대응적으로 위협적인 자세를 취하도록 요구되었을 것이다. 그런데 링컨이 바로 그것을 뭉개 버렸던 것이다.[285]

5월 21일 영국대사에게 보낼 훈령의 초안을 작성했던 당시 스워드 국무장관은 남부 국가연합에 대한 영국의 호의적 자세에 대해 저돌적으로 대응했었다. 수도를 몽

285 *Ibid.*, p. 199.

고메리에서 리치몬드로 옮긴 남부 국가연합은 5월에 남부에서 가장 호전적인 윌리엄 옌시(William L. Yancey)를 단장으로 하는 대표단을 영국에 파견했었다. 스워드는 러셀(Russell) 외무장관이 그와 그의 대표단에게 두 차례의 면담을 승인했을 때 스워드가 몹시 화가 났었던 것은 충분히 이해할 만한 일이었다. 미국의 입장에서 볼 때 이 사람들은 반란자들이고 반역자들인데 우방국가라는 영국의 외무장관이 그들에게 면담을 허락했던 것이다. 그리고 바로 그 때 영국 여왕의 중립선언이 나왔었다. 따라서 스워드가 애담스에게 보낼 전문을 작성할 때 그는 화가 나 있었던 것이다. 그리고 링컨이 조용히 그의 화풀이를 미리 잠재운 셈이었다. 링컨의 수정 훈령은 미국인들이 미국의 반란자들과 영국의 어떤 교섭에 대해서도 불행하게 생각한다는 사실을 영국정부에게 전달하는 방식에서 노련한 애담스에게 외교적인 여유를 남겨주게 되었다. 비록 링컨은 애담스 내사가 얼마나 훌륭한 외교관이었는지에 대해서 충분히 알지 못했을 것이고 또 애담스도 분명히 링컨이 얼마나 위대한 대통령이었는지에 대해서 알지 못했을 것이지만 그럼에도 불구하고 미국의 대 영국 관계는 발생했을지도 모르는 재앙들을 고려할 때 비교적 잘 다루어졌던 것으로 보인다.[286] 왜냐하면 러셀 영국외무장

286 *Ibid.*, p. 199.

관이 남부의 대표단장인 옌시와의 면담은 더 이상 없을 것이라고 암시했기 때문이다.

1861년 11월 말과 12월 초 링컨은 12월 3일 의회에서 서기가 읽을 연두교서를 준비하고 있었다. 여기서 그는 전쟁과 군사적 문제 그리고 외교관계도 빼놓지 않았다. 외국의 개입을 가져오려는 불충한 일부의 시도에 대한 언급이 있었고 또 영국과 봉쇄에 관련된 지난 6월의 사건에 대한 언급도 있었지만 여기에 트렌트 사건이나 윌키즈 선장 혹은 메이슨과 슬라이델에 관해서는 전혀 언급이 없었다. 그것은 의미 있는 대통령의 침묵이었다. 바로 그 시기에 미국 내에서 비록 윌키즈를 국제법상 정당화하는 많은 이론화 작업들이 있었지만 미국인들 가운데에는 그런 체포는 좋은 생각이 아니라고 처음부터 생각하는 사람들도 있었다. 섬너(Sumner) 상원의원은 영국의 친구들로부터 모든 영국인들이 분개했고 내각은 두 번이나 회의를 열어 전쟁을 고려하고 8천 명의 영국 군대가 캐나다로 보내지고 있었다고 들었다. 그가 링컨에게 자신이 받은 편지들을 보여 주었을 때 어려움에 빠진 링컨 대통령은 그에게 영국이 전쟁을 하려고 들지 않는 한 전쟁은 없을 것이라고 말했다. 링컨의 냉정한 판단력은 그 사건으로 인해서 발생할 위험과 함의를 즉시 인식했다고 그의 비서관들인 니콜레이(Nicolay)와 헤이(Hay)는 썼다. 그리고 그들은 그 사건 소식을 들은 바로 그 날 링컨이 반역자들은 무용지물이 되고 말 것이라고 말하는 것을 들었다는 기록을 인용했다.[287] 이 사건의 도덕적이고 실질적인 모습을 파악하기 위해서 국제법의 전문가이어야 할 필요는 없을 것이다. 트렌트 사건에서 링컨에게 정책상 가장 필요한 것은 그것이 전쟁으로 끝이 나서는 안 된다는 것이었다. 그는 분별력 있는 대안을 갖고 있었다. 링컨에 의하면 그의 주된 생각은 한 번에 2개의 전쟁을 자기의 손에 갖는 어리석음을 피하는 것이었다.[288]

영국은 적절한 사과와 함께 메이슨과 슬라이델이 영국의 보호하에 석방될 것을 요구하고 만일 이것이 7일 이내에 실행되지 않는다면 리이온즈(Lyons) 영국대사와 그의 대표단이 워싱턴에서 철수할 것이라고 암시했다. 비록 이 말이 정확하게 최후통첩의 형식을 취하지는 않았지만 그럼에도 불구하고 미국의 정책결정은 분명히 시간을 다투는 긴급성을 갖게 되었다. 당시 8천 명의 영국 군대는 여전히 개나다를 향하고 있었기 때문이다. 12월 25일 크리스마스 날에 4시간에 걸친 각료회의에서 링컨은 스워드 국무장관에게 포로들의 석방을 제안하는 문서의 초안을 작성하도록 했다. 스워드의 전문은 절묘한 솜씨를 보였다. 윌키즈 선장이 선박을 정지시키고 승선한 것

287 *Ibid.*, p. 201.

288 *Ibid.*, p. 202.

이나 혹은 남부의 밀사들을 포획해온 것은 잘못이 아니었다. 왜냐하면 그들이 실제로 전시금제품으로 그들을 체포하는 것은 합법적이기 때문이다. 그러나 윌키즈 선장이 그 선박을 해상 포획물 재판소가 심판을 할 수 있는 미국의 항구로 데려가지 않은 데 있다는 것이었다. 윌키즈의 실수는 1812년 전쟁 시 영국인들이 자신들의 징발에서 범했던 것과 같은 실수라는 것이다. 따라서 영국은 메이슨과 슬라이델의 석방을 강요하는 데 있어서 이제 미국의 원칙들을 묵시적으로 인정하고 있으며 그들을 석방하는 데 있어서 미국은 오랜, 명예로운 그리고 소중한 미국의 대의명분을 따르고 있다는 것이다. 그런 결론에 도달한 스워드의 방식을 어떻게 생각했든지 간에 링컨의 내각은 그 전문을 채택했고 또 메이슨과 슬라이델이 이제 기꺼이 석방될 것이라는 메시지가 발표되었다.

새해 첫날 보스턴에서 온 한 척의 예인선이 메이슨과 슬라이델을 포트 워런(Port Warren)으로부터 프린스타운(Princetown)에 정박 중인 영국의 한 범선으로 데려다 주었다. 그리고 마침내 트렌트 사건은 마무리가 되었다. 그 발표가 있자 런던의 극장들에 있던 관중들은 환호했다. 영국은 그들의 석방을 사과에 버금가는 것으로 기쁘게 수용했다. 이제 영-미 간 전쟁은 없을 것이다. 그러나 비록 전쟁을 피하는 것이 필수적이었지만 폭발적인 미국인들의 환호의 풍선에서 서서히 공기가 빠지게 하는 것도 또한 중요했다. 갑자기 구멍을 낼 수는 없는 일이었다. 미국의 긍지는 비록 굴복했지만 미국인들도 무엇인가를 동시에 성취했다. 미국인들은 영국인들을 바다의 자유에 대한 미국인들의 견해에 동의하게 했던 것이다. 바다의 자유에 대한 미국의 원칙들이 엄중하게 확인되고 극적으로 실천된 것이다.

그 동안 중립국에 대한 말도 안 되는 영국해군의 방식이 명확하게 거부된 것이다. 미국인들은 도덕적 승리를 구가할 수 있었다. 그러나 당시 현직 대통령인 링컨은 그럴 수 없었다. 국제정치에서 추상적인 "옳음"은 오직 하나의 고려 사항일 뿐이다. 타이밍이 모든 것이고 맥락이 모든 것이다. 윌키즈 선장이 행했던 것은 잘못된 것이고 실수였다. 물론 메이슨과 슬라이델은 넘겨주어야 했다. 그러나 윌키즈에게 면박을 주고 미국인들의 환호에 갑자기 찬물을 끼얹는 것은 국내 정치적으로 재앙이 될 것이다. 미국 대통령에게 미국인들의 여론은 무시할 수 없는 엄연한 사실이었다. 따라서 보다 조용하고 서서히 그리고 보다 덜 극적인 길을 택하는 링컨의 자세는 훨씬 더 현명한 것이었다. 실제로 이루어진 트렌트 사건의 결과는 전쟁을 피했고 또 바다에서 선박에 관한 미국의 원칙들이 확인되었을 뿐만 아니라 영국과 미국 간의 관계가 비록 일시적이나마 향상되었다는 것이다. 링컨은 머지않아 지혜와 분별력을 요구하는 또 다른 사건에 직면하게 될 것이다.

또 하나의 중대한 사건은 영국의 항구에서 앨러바마(Alabama)와 같은 남부의 선박이 건조되고 있다는 사실이었다. 남부에 동조하는 영국의 한 하원의원의 리버풀(Liverpool) 조선소에서 건조된 앨러바마의 명령은 소위 미국의 국기를 단 모든 것들을 침몰시키고 불태우며 파괴하는 것이었다. 앨러바마는 1864년 미국의 선박에 의해 침몰당할 때까지 거의 2년 동안 20여 척 이상의 미국 선박들을 나포하고 불태웠다. 그 배는 영국의 배고 탄약도 영국 것이고 모든 승무원들도 영국인들이었지만 미국 반란자들의 파괴적 행위를 했던 것이다. 애담스 미국대사는 끈질기게 인내하며 그러나 단호하게 영국정부에 항의했다. 링컨은 영국이 내전에서 남북 가운데 어느 쪽이 승리할지에 대해 불확실한 상황에서 그렇게 행동한다는 것을 예리하게 인식하고 영국인들에게 확신시키길 원했다.[289] 1864-1865년에는 영국이 통제하는 캐나다에서 남부 국가연합의 테러분자들의 은닉처들을 용인함으로 인한 전쟁의 불평들이 발생했다. 남부 테러분자들이 그 곳에 숨어서 미국을 공습하고 중서부 선거에 정치적으로 개입했으며 과감한 반란행위를 저질렀기 때문이다. 그들은 레이크 에리(Lake Erie)에서 배를 나포하고 침몰시켰으며 연

289 *Ibid.*, p. 206.

방국 포로수용소인 존슨 아일랜드(Johnson Island)에서 반란자 포로들을 석방시키려 시도했고 북 뉴욕에선 철로를 탈선시키고 뉴욕 시내에선 10동의 호텔과 바넘스 박물관(Barnum's Museum)을 포함하여 32동의 건물을 방화하려고 했다. 또한 1864년 말에 캐나다의 기지에서 버몬트(Vermont) 주의 세인트 올반스(St. Albans)를 공습하여 마을을 약탈하고 은행을 털고 말들을 훔쳐가고 시민 한 명을 살해했다. 수색대가 공습자들을 체포하자 영국인 시장이 이들을 캐나다 당국에 넘기라고 요구했다. 그러자 캐나다 행정관이 그들을 송환하는 대신에 석방함으로써 미국의 여론을 분개시켰다. 그리하여 심지어 전쟁이라는 호전적 말들이 나왔다. 뉴욕 주재 군 사령관인 존 딕스(John A. Dix) 장군은 화를 참지 못해 자의로 그런 침략자들에 발포하고 공습자들을 국경선 너머 캐나다까지 추격하고 어떤 경우에도 체포된 공습자들을 캐나다의 영국 당국에 넘기지 말도록 모든 지휘관들에게 명령을 내렸다. 그러나 다음 날 링컨은 딕스 장군의 명령을 철회했다. 딕스 장군의 명령을 신속하게 철회한 링컨의 조치를 감사하는 캐나다 수상이 그 도망자들을 다시 체포해서 세인트 올반스 마을에 보상하고 국경을 감시하는 조치를 취했다. 그러자 링컨은 그에 대한 보답으로 캐나다에서 미국으로 입국할 때 여권이 필요하다는 제안을 철회해 버렸다.[290]

이 시기에 프랑스가 전쟁을 확대시킬 추가적인 기회

들을 제공했다. 프랑스의 황제 나폴레옹 3세는 트렌트 사건으로 일순간 명성을 얻은 남부의 밀사 존 슬라이델에게 면담을 허락하고 그에게 남부에 대한 자신의 공감을 피력했으며 프랑스도 남부 연합국의 선박을 건조하는 사업에 들어가겠다고 제안했다. 또한 1964년 나폴레옹은 멕시코에 개입하여 괴뢰정부를 세웠다. 링컨은 개인적으로 서반구에 프랑스 제국의 비공화국 정권이 수립되는 것을 개탄했지만 그러나 그의 공식 성명에선 미국은 개입할 의사가 없으며 프랑스나 멕시코의 괴뢰정부에게 적대적이지 않다고 프랑스 정부를 안심시켰다. 이제는 미국이 엄격하게 중립을 지킬 차례가 되었다. 그래서 링컨 대통령은 당시 의회 내 많은 급진주의자들과 언론이 목청을 높여 그가 해야만 한다고 주장하는 일을 하지 않았다. 즉 링컨 대통령은 먼로 독트린(the Monroe Doctrine)을 발동시키지 않았던 것이다. 왜냐하면 이것은 링컨 대통령이 진작시키지 않으려는 또 하나의 다른 추가 전쟁이었기 때문이다.[291] 그는 영국과는 물론이고 프랑스와도 외교적 마찰을 해소함으로써 내전에서 유럽 강대국의 개입을 방지함으로써 양면 전쟁의 가능성을 최소화하면서 남부와의 전쟁에 집중할 수 있었던 것이다.

---

290 *Ibid.*, p. 207.

291 *Ibid.*, p. 207.

링컨이 영국과 미국을 상대로 한 외교정책에서 보여준 현명하고 신중한 외교력은 그의 분별력이 유감없이 발휘된 또 하나의 영역이었다. 외교문제에 완전히 문외한이었던 링컨의 솜씨는 탁월했다. 그는 아무런 외교적 경험이나 기술적 지식이 없었지만 그럼에도 불구하고 그는 중요한 사실들을 간파하고 그것들에게 적합한 가치를 부여했다. 그는 외교의 전문가들인 스워드 국무장관, 섬너 상원외교분과 위원장, 그리고 애담스 대사에게 귀를 기울이고 그들로부터 배웠지만 동시에 그는 그들을 주도해 나갔던 것이다. 역사학자 티 헤리 윌리암스(T. Harry Williams)가 링컨이 전쟁 수행에 관해 했던 말을 그의 외교 수행 그대로 적용할 수 있을 것이다. 즉 "그는 완전한 아마추어치고는 놀랄 만큼 훌륭했다."

V. 의무(Duty)

"의무"는 로마의 철학자 키케로(Cicero)가 그의 〈의무론〉(*On Duty*)에서 가장 선명하게 제시한 정치 지도자의 덕목이다. 그에 의하면 의무란 우선 인간이기에, 또 자신의 지위와 인격, 그리고 자신에 대한 스스로의 도덕적 기대에서 기인한다.[292] 그리하여 정치지도자는 헌법상 및 법률적 의무에 의해서뿐만 아니라 도덕적 의무에 의해 제약을 받는다. 혁명가나 급진적 개혁자의 리더십과는 달리 오늘날 정치가의 리더십은 국가에서 주어진 지위와 어쩔 수 없이 연계되고 또 공식적 의무와 책임에서 대중의 신임에 의해 구속을 받는다.

미국의 모든 대통령은 헌법 제2조 1절 "직(職)의 서약" 규정에 따라 취임식에서 최선의 능력을 다해 헌법을 보존하고(preserve), 보호하고(protect), 방어하겠다(defend)는 선서를 한다. 미국의 제16대 링컨 대통령도 그렇게 선서했다. 그러나 그는 자신의 의무수행에서 법적 및 도덕적 의무를 조화시키려고 노력했다.

1. 도덕적 의무

링컨은 추상적인 도덕적 명령을 배타적으로 추종하거나 대법원 판결에 맹목적으로 굴복하려는 그의 정치적 경쟁자들과는 달리 미국 독립선언서의 도덕적 원칙들과 헌법에 의해 수립된 법의 지배를 분별력 있게 조화시키고자 했다. 링컨의 그러한 노력은 아직 주로 승격되지 않

---

292 Neal Wood, *Cicero's Social and Political Thought* (Berkeley: University of California Press, 1988); Anthony Everitt, *Cicero: The Life and Times of Rome's Greatest Politician* (New York: Random House, 2003); Catherine Steel, ed., *Cicero* (Cambridge: Cambridge University Press, 2013).

은 미국의 영토에서 노예제도를 금지하려는 공화당의 강령이 위헌이라고 선고한 대법원의 1957년 드레드 스코트(Dred Scott) 사건의 판결에 의해서 더욱 복잡하게 되었다.[293] 이 대법원 판결은 노예제도를 보호하고 영구화하며 또 확장하는 것을 공직자들에게 하나의 의무로 만들었다. 당시 로저 테니(Roger B. Taney) 대법원장은 수정헌법 제5조에 입각하여 노예에 대한 재산권이 헌법에서 분명하고 명시적으로 승인되고 있다고 주장함으로써 헌법의 극단적 친노예제도를 옹호했다. 그러나 링컨과 공화당은 드레드 스코트 판결을 노예제도에 대한 하나의 정착되거나 구속력 있는 전례로 간주하지 않고 있었다. 오직 연방 대법원만이 헌법의 의미를 선언할 수 있다는 개념은 당시엔 아직 정착되지 않았었다. 링컨은 의회와 대통령은 근본적 법률을 정의할 동등한 권위를 갖고 있다고 주장하기 위해서 앤드류 잭슨(Andrew Jackson) 전직 대통령의 망령을 끌어들이기까지 했다.[294] 스스로 투표하여 자신들의 내표자들에게 지시하는 국민 자신들이 헌법적 방향을 형성해갈 수 있으며, 따라서 대통령인 링컨과 국가의 입법자들이 반노예제도의 헌법적 대안을 자유롭게 제시할 수 있다는 것이다.

---

293 Joseph R. Fornieri, *op. cit.,* p. 80.

294 Phillip Shaw Paludan, *op. cit.,* p. 13.

그러나 링컨은 대통령이 되기 이전에 이미 헌법 수정안 제5조를 들어 헌법의 텍스트가 노예에 대한 국가적 재산권을 주장하는 테니 대법원장의 주장을 뒷받침하지 않는다는 자신의 입장을 분명히 했었다. 헌법은 노예제도를 실행하는 주들에서 재산권은 분명하고 명시적으로 승인되지 않았을 뿐만 아니라 헌법에서 재산권이란 용어는 테니 대법원장이 주장하는 것처럼 노예제도나 노예라는 용어와 결코 연계되어 언급되지도 않았다는 것이다. 오히려 미국의 국부들은 헌법에서 "노예"나 "노예제도" 라는 용어의 사용을 의도적으로 회피하고 그 대신에 "노역에 묶인 사람들"(persons held to labor)과 같이 완곡어법과 애매한 언어를 사용했다고 링컨은 주장했었다. 그리고 링컨은 국부들의 헌법대회에서 노예제도에 관해 국부들이 양보했던 것은 헌법이 비준될 수 있도록 하기 위해서 어쩔 수 없이 그렇게 된 것으로 그 타협은 법적으로 구속력이 있었지만 자유의 규칙에 대한 예외로 간주되었다고 주장했던 것이다. 따라서 미국 건국 시 헌법상 타협은 테니 대법원장의 주장처럼 준부동산적 노예에 대한 근본적인 국가적 권리의 열거가 아니었다는 것이다.[295]

1861년 그의 첫 취임사에서 링컨은 기존의 노예제도에 직접 혹은 간접적으로 개입할 목적을 갖고 있지 않으

295 *Ibid.*, p. 88.

며 그렇게 할 권한이나 의향이 없음을 분명히 했다. 그러나 그는 기존의 노예제도와 그것이 아직 주로 승격되지 않은 영토로 확장되는 것과의 차이를 일관되게 법적으로 구별했다. 미국의 헌법하에서 연방국가의 권력분립은 주들에서 시행되고 있는 기존의 노예제도에 연방정부가 개입하는 것을 금지했다. 헌법적으로 말하면 노예제도는 각 주의 내부적 경찰의 권한에 속하기 때문에 연방정부의 관할권 밖에 있었다. 그렇기 때문에 내전이 발발하기 전에는 대통령의 의무가 기존의 노예제도에 관한 한 링컨을 제약했다. 그러나 링컨에겐 법원의 권한 남용에 굴복하는 것은 사법부에 의한 정부를 위해 인민주권의 정부를 포기한 것이었다. 따라서 그의 취임사에서 드레드 스코트 판결을 권위 있는 전례로 인정하지 않을 것이라는 링컨의 명시적 선언은 아직 주로 승격되지 않은 영토들에서 노예제도를 금지하려는 공화당의 도덕적 권리와 법적 의무에 대해 계속해서 확고한 입장을 유지할 것이라는 사실을 분명히 했다.

2. 법률적 의무

링컨은 1776년을 미연방국가의 성숙에서 중대한 순간으로 간주했다. 링컨에게 독립선언은 영혼이 인간의 본질이듯 미국 연방국가의 공식적 명분이나 통치의 원칙으로서 우선적이었다. 바꾸어 말하면 독립선언서가 연방 정부와 헌법에 생명력을 불어넣는 활성 정신이었다. 따라서 어떤 주도 스스로 연방에서 합법적으로 탈퇴할 수 없다고 링컨은 주장했다. 헌법이 항구성을 의미하고 이탈에 아무런 법적 근거를 제공하고 있지 않지만 그럼에도 불구하고 남부는 혁명권(the right to revolution)을 발동함으로써 헌법 밖에서 호소할 수 있으리라는 점은 링컨도 인정했다. 그러나 혁명권은 가볍고 일시적인 명분에 근거해서 정당화될 수 없고 그것은 오직 "오랜 권력남용과 박탈"의 경우에만 정당화될 수 있다고 독립선언서는 지적한다. 따라서 사실적 근거가 남부의 혁명이나 이탈을 정당화하지 않는다는 것이 링컨의 입장이었다. 남부는 공화당 정부가 위반한 헌법이나 권리장전(the Bill of Rights)의 어떤 구체적 권리도 지목할 수가 없었기 때문이다. 링컨은 헌법 제2조 제3절에서 대통령은 법률이 충실하게 집행되도록 살펴야 할 공적 책무를 언급했다. 전 국가를 대표하도록 유일하게 선출된 대통령은 정부를 운영하고 법을 집행할 임무를 맡고 있다. 그리고 이 공적 임무는 헌법의 어느 곳에서도 연방의 해체를 감독하도록 요구하고 있지 않다. 오히려 자기의 의무는 헌법을 후임자에게 신성하게 영속되길 요구하고 있다는 것이다. 링컨은 그의 의무란 자기가 물려받은 대로 현 행정부를 운영하고 그가 정부를 손상시키지 않고 그 정부를 그의 후임자에게 전달하는 것이라고 주장했다.[296] 바로 이러한 대통령의 의무감에서 포트 섬터가 반란군들에 의해서 포위되었을 때 링컨은 행정수반으로서 자기의 공식적 의무는 법을 집행하고 연방정부의 재산을 보호하는 것이라는 점을 분명히 했다.

3. 수도에 머물 도덕적 의무

국가원수의 의무 중의 하나는 수도가 적에 점령되는 굴욕을 막는 것이다. 수도 워싱턴은 1861년 4월 12일 새벽 4시 30분 포트섬터에 대한 남부군의 포격으로 사실상 전쟁이 시작된 다음 날 민병대를 소집했다. 그러나 수도 워싱턴을 지킬 군대가 없었다. 메릴랜드 주와 볼티모어 시가 워싱턴으로 이동하는 북부로부터의 병력 통과를 거부했던 1861년 4월 21일부터 25일까지 4일간 워싱턴은 완전히 고립된 수도였다. 주민들은 불안에 떨었다. 주민들은 보따리를 쌌고 여자들과 어린아이들은 안전한 곳으로 보내졌다. 물가는 치솟았고 극장들은 문을 닫았다. 매일 매일 예상은 틀렸다. 온다는 병력은 도착하지 않았다. 희망은 연기되었다. 배들도 들어오지 않았다. 철로는 파괴된 채로 방치되었다. 메신저들은 목적지에 다다르지

296 *Ibid.*, p. 94.

못했다. 왜 아직도 오지 않는 거야?라는 말을 모두가 애타게 되풀이했다. 이때 워싱턴은 위험했고 적군에게 포위되어 공포에 휩싸인 도시 같았다. 4월 25일 정오쯤에 뉴욕의 제7여단이 백악관을 향해 펜실베이니아 애버뉴(Pennsylvania Avenue)를 행진할 때까지 워싱턴은 적진의 바다에 있는 작은 섬이었다. 그러나 링컨 대통령은 수도를 떠나지 않았다. 용기 없이는 어려웠다. 그러나 링컨은 무엇보다도 국가원수는 절망적 위험 속에서도 수도를 지키고 있어야 한다는 의무에 충실했다.

4. 전시의 특별조치 의무

링컨은 1861년 3월 4일 취임식과 7월 4일 의회의 특별회의 소집 사이의 80일간 반란을 진압하기 위해 일련의 특별조치들을 취했다. 이 조치들은 인신보호영장제도의 중단, 남부의 봉쇄, 각 주의 민병대 소집요구, 그리고 의회의 사전승인 없이 예산을 집행하는 것 등이었다. 비록 의회가 이런 조치들을 사후에 승인할 것이지만 링컨 대통령이 의회를 보다 일찍 소집하지 않은 데 대한 의문들이 제기되었다. 내전을 수행하는 데 있어서 링컨 행정부는 징집제도를 실시했고 메릴랜드 주의 입법부 의원들을 체포했으며 또 미주리 주의 일부 지역을 소개시켰다. 링컨 행정부는 소득세법을 통과시켰고 군사재판소를 설치했고 셔만(Sherman) 장군을 보내 조지아 주민들이 아우성치게 만들었다. 반란자들을 진압하기 위해 전쟁의 필요하고 적합한 조치로서 해방선언을 정당화했다. 내전 중 행정권 혹은 대통령의 전쟁권한의 광범위한 사용이 있었다. 이러한 특별조치들을 정당화하기 위해서 링컨은 인민의 안녕이 최상의 법이라는 초헌법적 원칙에 호소했다. 내전 중 이러한 광범위한 권한의 행사의 관점에서 클린턴 로시터(Clinton Rossiter)는 제16대 대통령이 하나의 "헌정적 독재"(a constitutional dictatorship)의 본보기를 제공한다고까지 주장했다.[297]

링컨은 헌법상 의회의 소집을 좀 너 일찍 요구할 수도 있었지만 그러나 적어도 3가지 이유에서 그렇게 하지 않았다. 첫째로 여러 주에서 아직도 선거가 진행 중이었다. 미국의 역사상 당시엔 획일적인 선거 날짜가 정해지지 않았었다. 둘째로 수도가 충분히 안전하지 않았으며 노예제도를 시행하는 메릴랜드 주와 버지니아 주에 의해 포위된 상태라서 남부군의 예방적 공격이나 포위작전에 취약했다. 셋째로 의회의 휴회상태가 오히려 사태가 안정화될 때까지 눈 앞의 위기를 보다 결정적으로 다룰 수 있는 기회를 제공했다.[298] 반란자들을 진압하기 위한 광

297 Clinton Rossiter, *Constitutional Dictatorship: Crisis in the Modern Democracies* (New Brunswick: Transaction, 2006), pp. 222-245.

298 Joseph R. Fornieri, *op. cit.*, p. 96.

범위한 조치들을 정당화하는 데 있어서 링컨은 1861년 7월 4일 의회에 보낸 그의 특별 메시지에서 의무에 호소했다. 그의 첫 취임에서 선서에 기반한 자신의 의무를 재천명하면서 링컨은 자신의 조치들은 위기에 대처하라는 인민들의 요구와 공적 필요의 문제로 취해졌다고 주장했다. 엄격하게 합법적이든 아니든 그 조치들은 의회가 곧바로 비준할 것이라고 믿었고 인민들의 요구와 공적 필요로 보이는 것하에서 이루어졌다. 그리고 의회의 헌법상 권능을 넘어서는 그 어떤 조치도 취해지지 않았다는 것이다. 자신의 조치들이 엄격하게 합법적이지 않을 수도 있다는 것을 인정하면서도 링컨은 그것들이 여전히 인민들의 안녕이 최고의 법이라는 원칙에 입각한 필요의 문제로 정당화 될 것이라고 시사했다. 그러면서 링컨은 이 모든 것들이 대통령의 의무에 따른 것이라는 점을 강조했다.

정치가로서 링컨의 의무를 생각할 때 연방을 보존하고 노예제도를 종식시키는 그의 결합된 국가전략은 무엇보다도 연방의 군사적 승리에 달려 있다는 사실을 잊어서는 안 될 것이다. 그리고 이것은 곧 전시에 최고 사령관으로서 그의 역할에 달려 있었다. 해방선언도 최고 사령관으로서 대통령의 권위하에서 "전쟁조치"로 정당화되었던 것이다. 내전의 와중에서 링컨이 선거까지 치른 사실은 헌법적 의무와 민주적 과정에 대한 그의 존중을 말해준다. 국가의 위급 상황을 구실삼아 링컨은 제2차 대전 중 윈스턴 처칠(Winston Churchill)이 했던 것처럼 선거를 중단시킬 수도 있었을 것이다. 그러나 링컨은 선거와 인민의 동의라는 핵심적 원칙을 준수함으로써 개인적 야심과 정치적 패배의 모험을 했다. 링컨은 선거를 위기 시 자치정부가 과연 생존할 수 있느냐는 시험으로 간주했다. 링컨에게 선거 없이 자유정부는 있을 수 없었다. 만일 반란이 국민적 선거를 포기하게 하거나 연기시킨다면 반란이 이미 연방을 정복하고 파멸시킨 것이나 마찬가지라고 링컨은 믿었던 것이다. 요컨대 링컨은 정치적 편의를 위해 핵심적 원칙을 포기하기보다 그 핵심적 원칙을 굳건히 지켰다. 링컨의 리더십은 대통령으로서 자신을 제약하는 혹은 권한을 부여하는 모든 의무를 고려하여 행사되었던 것이다.

VI. 애국(주의)심(Patriotism)

링컨의 대표적 정적들 중 한 사람이며 당시 남부 국가연합의 부통령이었던 알렉산더 스티븐스(Alexander Stephens)가 연방에 대한 링컨의 헌신이 종교적 신비주의의 숭고함에 달했다고 말했을 때 그는 적어도 제16대 대통령의 애국적 동기를 이해했다.[299] 진정한 정치가는 공동선을 향한 봉사와 희생을 불러일으키는 조국에 대한 사랑으로 충만하다. 애국심은 정치가들을 사로잡고 그들을 공동의 도덕적 계획에서 자신의 동포들과 일치시킨다. 그러므로 애국심은 인간의 공동생활, 특히 정착된 공동생활과 항상 함께 있었다. 고대 아테네의 지도자 페리클레스(Pericles)의 그 유명한 "장례연설"(Funeral Oration)이 대표적이지만 당시 조국의 사랑을 의미하는 애국심은 공화정을 향한 것이었고 정치 지도자들도 전시에 공화정을 찬양했다. 로마 공화정 시대 키케로(Cicero)도 애국심을 자유와 법의 통치체제와 연계시킴으로써 고대인들에겐 자기가 살고 있는 아버지의 땅(land of the fathers)이나 고향이 곧 애국심의 대상은 아니었다. 그들이 함께 목숨을 걸고 싸우는 목표는 그들의 공동의 삶을 가능케 해주는 정치 공동체였기 때문이다. 그러나 중세의 시대에 들어서는 신(God)에 대한 사랑이 조국에 대한 사랑을 대치해 버렸다. 근대에 들어서 조국에 대한 사랑을 부활시키고 모든 미덕을 넘어서 애국심을 인간의 최고 미덕으로 규정한 사람은 근대의 문턱에 서있던 마키아벨리였다.[300] 그에겐 애국심이 곧 정의였다. 그리하여 그는 자신의 영혼보다도 조국을 더 사랑한다고 고백했었다. 그러나 마키아벨리의 애국심에 대한 호소는 황야에서 울부짖는 소리에

299 Joseph R. Fornieri, *op. cit.*, p. 147.

300 Leo Strauss, *What Is Political Philosophy*? (Westport: Greenwood Press, 1959), p. 42.

지나지 않았다. 역사의 수레바퀴는 다른 방향으로 굴러갔다. 그리하여 1618년부터 1648년까지 30년에 걸친 종교전쟁 이후에 등장한 근대국가는 마키아벨리가 꿈꾸던 공화정이 아니라 군주국가들이었다. 프러시아 왕국의 프레더릭 대왕(Frederick the Great)처럼 "나는 국가의 하인이다"(I am the servant of the state)라고 천명한 계몽군주가 없진 않았지만 그 시대는 "짐이 곧 국가이다"(I am the state)라고 말하고 그렇게 통치한 프랑스의 "태양 왕"(the Sun King) 루이(Louis) 14세가 군주들의 롤 모델이었던 절대군주의 시대였다. 이 시대의 정치적 원리는 마치 동아시아의 "하늘의 명령"(the Mandate of the Heaven)과 유사한 개념인 "왕권신수설"(the divine right of the king)이었으며 따라서 애국은 "왕에 대한 충성"을 의미했다. 고대의 공동체 공화정에 대한 사랑 그리고 근대 초기에 잠깐 비추다가 사라진 마키아벨리의 조국에 대한 사랑인 애국(주의)심이 다시 등장하게 된 계기는 1776년 미국의 독립선언과 함께 미 대륙에서 수립된 공화정(the Republic)의 부활이었다.[301] 이런 점에서 미국이야말로 로마 공화정의 진정한

301 역사적으로 말하면 시기에 유럽에서는 절대군주제 하의 애국주의가 프랑스 대혁명을 영향으로 19세기 유럽의 민족주의로 변질되었고 이 민족주의가 또다시 제국주의로 변질되어 갔다. 애국주의와 민족주의의 차이에 관해서는, Maurizio Viroli, *For Love of Country: An Essay on Patriotism and Nationalism* (Oxford: Clarendon Press, 1995)을 참조.

후계자이자[302] 마키아벨리의 근대 공화국 건설이라는 꿈의 실현이었다.

링컨의 애국심은 당시 세계에서 실험중인 유일한 미국의 정치체제, 즉 미국의 연방 공화제의 성공과 실패 그리고 약속과 전망에 대한 비판적 자아성찰과 관련되었기 때문에 일종의 성찰적 혹은 철학적 애국주의로 볼 수 있을 것이다. 그래서 이 철학적 애국주의란 이성과 보편적 정의의 원칙들과 양립할 수 있었다. 그것은 미국의 국가적 주체성을 비록 완전히 배타적이지는 않지만 독립선언서의 이상들에 대한 충성의 관점에서 보았고 또 그렇기 때문에 다인종(multi-racial) 사회의 약속을 제시했던 셈이다. 링컨의 철학적 혹은 성찰적 애국주의는 내전 중에 비이성적이고 부당한 것이라고 그가 반대했던 경쟁적 형태의 충성에 대한 구체적 대응으로 표출되었다.[303] 그 경쟁적 충성들이란 도덕적 및 법률적 규범을 위반하고 공동선을 침해하는 인종적, 지방적 혹은 제국의 자만심에 기초한 것들이었다. 이것들은 링컨이 애국심을 통해 영구화하려는 자유와 연방의 도덕이고 형제애적 유대를 깨는

---

302 Raymond Angelo Belliotti, *Niccolo Machiavelli: The Laughing Lion and the Strutting Fox* (Lanham: Lexington Books, 2009), p. 179; John Lamberton Harper, American Machiavelli: Alexander Hamilton and the Origins of U.S. Foreign Policy (Cambridge: Cambridge University Press, 2004).

303 Joseph R. Fornieri, *op. cit.,* p. 147.

것들이었다. 링컨의 철학적 애국주의는 독립선언서에 있는 자연법의 가르침과 국부들의 공화주의의 유산 그리고 성서적 믿음에 대한 호소로 이루어졌다. 미국의 공적 삶에 대한 그의 궁극적인 정당화는 이성과 계시 그리고 공화주의가 그의 정치적 신념의 원천들이었다. 그의 성찰적 애국주의는 지성과 애국주의 그리고 기독교 정신을 그의 첫 취임사에서 생생하게 나타낸 것처럼 연방에 대한 헌신을 불러일으키기 위해 이런 원천들을 통합시켰다. 그리하여 링컨은 연방의 지지를 규합하는 데 있어서 공동의 기억에 호소했고 그의 철학적 애국주의를 미국인들의 머리와 가슴에 동시에 호소했다.

젊은 시절에 링컨은 플루타르크(Plutarch)의 〈영웅전〉(*Lives*)과 파슨 메이슨 록 윔스(Parson Mason Locke Weems)의 〈워싱턴의 일생〉(*Life of Washington*)이라는 워싱턴의 전기를 읽었다. 이 작품들의 애국주의적 테마는 링컨에게 아주 선명했었을 것이다. 왜냐하면 링컨이 워싱턴을 자신의 애국주의적 롤 모델로 간주했기 때문이다. 실제로 워싱턴은 1796년에 행한 그의 고별연설(Farewell Address)에서 애국심을 지방적인 이익을 국가의 공동선에 종속시키는 관점에서 정의했었다. 링컨의 공화주의적 자유에 대한 사랑은 민주주의 그 자체에 내재적인 국민투표로 해결하려는 충동, 즉 군중지배(mob rule)의 열정에 반대하게 만들었다.[304] 그래서 그는 민주 공화국에서 질서 있는 자유의 보존이란 자유가 합법적 경계선 내에서 행사되는 것이 요구된다는 것을 강조했다. 그는 군중지배에 대한 해결책으로 법에 대한 존중에 기초한 정치적 종교를 호소했다. 법의 제약에 의해 구속받지 않는다면 열정은 자신을 향하게 되고 애국자들이 독립혁명 동안에 확보하기 위해 그렇게 열심히 싸웠던 바로 그 자유를 위태롭게 할 것이다. 그래서 링컨은 법에 대한 존경심이 이성과 지성 그리고 건전한 도덕에 의해 지도되어야 한다면서 만일 그렇지 않으면 그 열정이 장래에 우리의 적이 될 것이라고 주장했다. 링컨은 열정에 근거한 맹목적 충성과 이성에 입각하고 건전한 도덕에 맞는 사려 깊은 존경심 사이의 차이를 구별했다. 바꾸어 말하면 그는 성찰적 애국주의를 주창했다.

링컨의 성찰적 애국주의는 미국을 전 세계에 대한 자유정부의 본보기로 내다보았다. 그는 미국을 전 세계에 걸쳐 자유를 사랑하는 사람들이 가장 좋아하는 희망으로 생각했다. 그리하여 그는 전 세계를 위한 민주주의의 횃불을 드는 미국의 사면에 대한 견해를 표출했다. 그는 애국주의를 언급할 때마다 그것을 지혜와 관련시켰다. 나아가서 그는 이런 형태의 애국주의를 충동적이라기보다는 사려 깊은 것으로 거듭해서 한정했다. 그의 말과 글에

304 *Ibid.*, p. 152.

서 지성과 지혜라는 단어를 언제나 애국심이라는 단어의 앞에 두었다. 그런 점에서 본다면 링컨은 애국심을 최우선시한 마키아벨리보다는 도덕과 명예를 앞세운 키케로에 더 가까웠다고 생각된다. 그래서 그는 모든 형태의 애국심이 다 현명하고 지성적이라고 믿지 않았다. 그는 원주민 보호주의(nativism)나 영토 팽창주의의 소위 자명한 운명(Manifest Destiny)을 지혜와 정의에 입각한 보다 성찰적 혹은 철학적 애국주의에 반하는 무질서한 형태의 사랑으로 반대했다.[305] 링컨의 성찰적 애국주의는 자신의 정부가 스스로를 배신했을 때 그것에 도전하는 것을 요구했다. 말과 행동에서 그의 조치들은 "우리가 나라를 사랑하게 만들기 위해서는 우리나라가 사랑스러워야만 한다"는 에드먼드 버크(Edmund Burke)의 언명과 일치했다. 링컨의 성찰적 애국주의는 미국이 부당하고 염치없는 정책을 추구할 때 자기 나라에 대한 비판적 개입을 요구했다. 이런 비판적 개입은 멕시코 전쟁에 대한 그의 반대에서 생생하게 드러났다. 링컨은 노예제도와 제국주의를 동일한 권력욕에 뿌리를 둔 쌍둥이 악으로 반대했다.

링컨은 남부와 북부의 극단적 지방주의를 자유와 연방정부의 분리할 수 없는 유대에 대한 위협으로 비난했다. 그는 독립선언서를 다시 채택하고 그것과 조화되는

305 *Ibid.,* p. 154.

정책과 실천을 주장했다. 남과 북, 즉 모든 미국인들이 그리고 어느 곳에 있는 자유를 사랑하는 모든 사람들이 그 위대하고 선한 일에 동참하자고 촉구했다. 그러면 미국인들은 연방정부를 구원할 뿐만 아니라 전 세계에 걸쳐 수백만 명의 자유롭고 행복한 후세대들이 일어서서 우리의 세대를 축복할 것이라고 생각했다. 그는 원주민 보호주의도 연방의 도덕적 신뢰에 대한 또 하나의 위협으로 간주했다. 그리하여 링컨에게 있어 그것은 자신의 성찰적 애국주의와 양립할 수 없었다. 배타적인 민족주의와는 달리 연방에 대한 링컨의 비전은 포섭적이었다. 미국 연방의 구성원이 된다는 것은 정치적이었다. 링컨은 평등의 원칙을 확대하여 인종이나 신념 혹은 피부색과는 관계없이 과거 노예들과 이민자들을 위한 국가적 시민권을 포함했다. 이런 신념은 다원주의적 사회에서 공유된 공적 삶을 가능하게 하는 최소한의 핵심적 신념을 이루었다. 그리하여 링컨은 남부의 이탈을 일종의 배신행위로 간주했다. 그에게 지방적 자부심은 터무니없고, 비이성적이며, 불법적이고 부당했다. 노예제도를 수호하기 위해 남부가 이탈한다는 것은 연방의 형제애적 유대를 파괴하고 그리하여 미국의 질서 있는 자유의 실험을 위태롭게 하는 것이었다.

1861년 7월 4일 의회에 보내는 메시지에서 링컨은 "소박한 사람들의 애국적 본능"에 호소함으로써 워싱턴의 유산을 다시 한 번 상기시켰다. 링컨은 그의 첫 취임사의 말미에 사용했던 "보다 나은 천사들"(better angels)을 고무시키기 위해서 미국의 예외주의(exceptionalism)에 호소하면서도 동시에 그는 미국인들에게 있을 수 있는 승리주의(triumpahalism)를 견제했다.[306] 링컨의 보편주의는 인간애의 약점에 대한 성서적 현실주의와 조합을 이루었다.[307] 21세기 오늘의 시점에서 생각할 때 링컨의 성찰적 혹은 철학적 애국주의는 미국의 독립선언서에서 천명된 제1의 원칙들에 대한 국민적 자아 검토와 비판적 성찰을 요구하면서도 또한 동시에 좌파들의 자아 모멸적이고 포스트 모더니즘의 해체주의적 역사관이나 극우파의 맹목적 민족주의나 국수주의적 역사관에 대한 고귀하고 유용한 방부제를 제공해주고 있다고 해도 과언이 아닐 것이다. 이 장에서는 링컨의 애국주의를 설명해주는 하나의 역사적 사건의 실례를 서술할 것이다.

1. 전쟁의 와중에 선거를 실시한 링컨

1864년 여름 링컨은 주로 전선으로부터 전해 오는 소름 끼치는 소식들 때문에 심각한 정치적 곤경에 처해

---

306 *Ibid.,* p. 166.

307 Grant N. Havers, *Lincoln and the Politics of Christian Love,* (Columbia: University of Missouri Press, 2009), p. 75.

있었다. 초봄의 높은 희망들이 갑자기 뒤집히면서 5월에 접어들자 실패와 교착상태 패배와 살육을 말해 주는 보고들이 들어오기 시작했다. 새로운 그랜트 참모총장의 총체적 전투계획이 모든 지점에서 비틀거리기 시작했다. 그리고 특히 가장 통렬한 보고는 관심의 주된 초점인 포토맥 군대(the Army of the Potomac)로부터 올 것이다. 그랜트 장군이 직접 남부의 로버트 리(Robert Lee) 장군과 유혈의 두 달 동안 잔인하고 혹독하며 끝날 것 같지 않은 전투를 벌이고 있었지만 아무런 소득이 없었다. 그랜트 장군은 과거 포토맥 군대의 사령관들과는 달리 철수하는 대신에 리 장군을 계속 추적하면서 스포칠바니아(Spotsylvania)에서 처참한 전투를 벌이고 나서 그 후 곧 콜드하버(Cold Harbor)에서 참호로 방어망을 구축한 남부군을 공격했다. 이것은 1시간도 채 안 되어 7천 명의 사상자가 발생한 섬뜩한 전투였다. 만일 6월 3일 콜드하버에서 치른 살육전에 총괄적 보고서가 일반 대중들에게 전달되었다면 북부 대중들의 절망감은 그 어느 때보다도 깊어졌을 것이다. 그랜트 장군이 버지니아에서 이 승산 없는 죽음의 전투현장으로 병사들을 보내고 있을 때 셔만(Sherman) 장군은 애틀란타(Atlanta)를 목전에 두고 난감한 상태에 빠졌으며 케네소 산(Kennesaw Mountain)에서 벌어진 전투에서 패배했다. 바로 그 직후에 남부의 주벌 얼리(Jubal Early) 장군이 북부 대중들에게 또 다른 절망감을 안겨 주었다. 즉 그는 메릴랜드 마을들까지 굴욕적인 기병대 공습을 감행했던 것이다. 그리고 그는 7월 11일 수도 정부의 바로 코 밑인 워싱턴의 변방에 있는 실버 스프링(Silver Spring)에 출현하여 수도 그 자체를 위협했다.

7월 12일에는 남부군의 포트 스티븐스(Fort Stevens)에 대한 공습이 치열한 상황에서 전투를 직접 참관하며서 있던 링컨 대통령에게 올리버 웬델 홈즈(Oliver Wendell Homes)라는 한 장교가 그가 대통령임을 알아보지 못하고 "엎드려! 이 바보야!"라고 소리쳤다는 위험천만한 사건이 발생했다.[308] 7월 말에 얼리 장군은 펜실베이니아 주의 체임버스버그(Chambersburg)를 전소시켜 북부에 또 하나의 굴욕을 안겨 주었다. 3년 반 동안의 근거 없는 희망과 왜곡된 실망의 기간을 보낸 뒤 전쟁으로부터 거의 끊임없이 전해지는 나쁜 소식들은 평화에 대한 열망을 팽배시켰으며 총사령관인 링컨의 정치적 입지를 심하게 부식시켰다. 전시 대통령의 인기와 전쟁의 진행 사이의 보통 언세 밀도는 당시 대통령이 그 전쟁과 얼마나 자신을 밀접하게 동일시 하느냐에 달려 있다. 링컨 대통령은 장군들을 임명했고 또 그들을 촉구하고 지원했다. 그는 분명히 그 누구 못지않게 이 전쟁의 혹독한 비용을 알고 있었다. 그러

308 Matthew Pinsker, *Lincoln's Sanctuary: Abraham Lincoln and the Soldiers' Home* (New York: Oxford University Press, 2003), 제7장, 특히 p. 140.

나 동시에 그는 전쟁의 목적이 달성될 때까지 그 전쟁이 끝나지 않을 것이라는 것도 알고 있었다.

전투장의 참화에 대해 을씨년스럽게 느껴지는 것은 다가오는 11월 대통령 선거에 대한 예상이었다. 정치와 전쟁은 그것이 특히 내전일 경우에 서로 깊은 영향을 미치지 않을 수 없다. 다가오는 선거는 남북 양측 모두에게 군사적 계산을 하지 않을 수 없게 만들었다. 북부의 그랜트 장군은 자신의 군대가 끔찍한 손실을 입고, 그러한 상태가 여름 내내 계속된다고 해도 그 전선에서 싸울 수밖에 없었다. 왜냐하면 만일 철수하거나 후퇴한다면 그것은 부분적으로나마 정부에 정치적으로 손상을 입힐 것이기 때문이었다. 남부의 리 장군도 무시무시한 손실과 예비인력 탕진에도 불구하고 선거로 북부의 총사령관이 교체되어 그에 따른 정책변화가 있기를 기대하면서 싸웠다. 이런 상황 속에서도, 참으로 위태로운 순간에서도 링컨 대통령은 예정대로 선거를 실시했으며 그 선거과정에 어떤 부정도 전혀 없었던 것이다. 이것은 민주주의를 위한 참으로 놀라운 결정이었음을 높게 평가하지 않을 수 없다. 선거가 있기 전인 1864년 10월 19일 링컨은 자신이 정부를 타도하기 위해서가 아니라 유지하기 위해 투쟁하고 있는 것이며 선거 없이는 자유 정부를 가질 수 없다고 말하면서 "만일 반란이 국가적 선거를 그만 두거나 연기하게 만든다면 반란이 우리들을 이미 정복하거나 파멸시켰다고 주장할 만 할 것이다"라고 말했었다.[309] 모든 투쟁을 하면서도 계획대로 선거를 실시한 것은 참으로 좋은 일을 한 것이다. 그것은 인민들의 정부가 거대한 내전의 와중에서도 국가적 선거를 지탱할 수 있다는 사실을 전 세계에 과시했다. 그때까지만 해도 그것이 가능할 것이라는 것을 전 세계는 알지 못했었다.

어려운 대통령 선거를 앞둔 상황임을 잘 알면서도 그랜트 장군은 7월 19일 링컨 대통령에게 30만 명의 병사들을 추가로 즉시 모집해 줄 것을 요청했다. 그는 링컨 대통령이 이미 하루 전날 30만 명이 아니라 50만 명의 병사들을 소집한 걸 알았을 때 링컨 대통령에 대한 그랜트 장군의 존경심은 더 한층 증대되었다. 그 소집은 재선으로 가는 대통령 자신의 길에 일종의 정치적 다이나마이트를 심는 것이나 마찬가지였다. 비록 그것이 지원병을 소집하는 것이라 할지라도 정치적으로 당연히 비난받고 실제 지원자들도 별로 없을 것이기 때문이다. 게다가 링컨은 지원자의 수가 배당된 인원을 충족시키지 못할 경우에 9월 5일부터는 1년 복무기간의 병사들을 징집하겠다고 했다. 이것은 당시 10월과 11월의 선거를 앞둔 최악의 시점이었다. 그랜트와 셔만(Sherman) 장군은 물론이고 전장의 북부 병사들은 링컨의 추가병력 소집을 아주 고마워했다. 왜

309 William Lee Miller, *op. cit.*, p. 373.

냐하면 그 병력이 자신들을 강화시키고 약화된 반역자 군대들에게 절망적 새로운 압력을 가할 것이기 때문이다.

그러나 추가병력 소집은 북부의 대중들이나 공화당 정치인들에게서는 당연히 환영받지 못했다. 그들은 오히려 링컨 대통령이 그 소집을 수정하거나 연기하도록 촉구했다. 그러나 링컨은 그렇게 하지 않을 것이다. 링컨은 항의하는 오하이오 주의 공화당 위원회에 "내게 조국이 없다면 대통령직이 내게 무슨 의미가 있겠는가?"라고 반박했다.[310] 특히 인디애나 주의 공화당 지도자들이 선거 이후로 징집을 연기해 달라고 링컨에게 간청했을 때 링컨은 다른 주들과는 달리 전장에서 병사들이 투표할 수 없게 되어 있는 인디애나 주의 어려운 상황을 도울 수 있는 일을 했다. 그것은 셔만 장군에게 서한을 보내 인디애나 출신의 병사들이 고향에 가서 투표할 수 있도록 하라고 촉구했다. 그러나 링컨은 동일한 바로 그 서신에서 인디애나 주 선거에서 패배할 강력한 경향에도 불구하고 징집은 시행될 것이라고 단호하게 잘라 말했다. 군대에 중대한 결정에서 당파적 관심을 개입시키지 않으려는 링컨의 결의는 민주주의 국가에서 큰 전쟁에서 승리하는 데 심대한 것으로 하나의 찬양할 만한 속성이었다.

그러나 큰 조망에서 징집이 아무리 찬양할 만한 일

310 *Ibid.*, p. 373.

이라 할지라도 그것은 단기적 관점에서 정치적으로 아주 혼비백산하게 하는 일이었다. 그것은 군사적 교착상태와 유혈의 사상자 명단과 함께 링컨의 재선을 위협하는 또 하나의 요소였다. 3년 반 동안 계속된 전쟁 후 그리고 초 여름 패배에 대한 충격 이후 전쟁에 대한 혐오감은 깊었다. 평화에 대한 열망은 아주 뚜렷하고 만연했으며 대단했다. 그리하여 무조건 평화를 주장하는 민주당원들인 코퍼헤드들(Copperheads)의 세력이 치솟고 평화에 대한 열망이 모든 정당에 영향을 미쳤다. 대중들은 이제 평화를 열망했다. 그러나 동시에 대중들의 마음은 연방을 보존하고 회복시키길 갈망했다. 바로 이러한 열망으로부터 그들은 이 무서운 전쟁을 종식시키고 동시에 조국도 하나로 회복하는 두 가지 모두를 어찌하면 얻을 수 있을 것이라는 환상이 등장했다. 가장 기민한 반란자들은 지금 평화를 달성하는 것이 연방국가의 회복을 가져오지 않을 것이라고 북부의 대중들을 계몽하는 것은 자신들의 역할이 아니라고 보았다. 만일 평화가 올 수 없다면 그것을 열망하는 자들은 친숙한 희생양을 갖고 있었다. 즉 흑인들 말이다.

해방선언에 대한 적대감은 평화와 국가회복을 모두 다 가질 수 있다는 환상의 유해한 부분이었다. 해방선언과 흑인병사들의 충원은 옛 반노예주의자들의 집단들을 넘어서 대중들의 상당 부분들 사이에서 그리고 흑인병사들이 용감하게 싸움에 따라 장군들과 일반병사들 사이에서 호의적이었다. 그러나 이와 동시에 과거 250년간의 문화 속에 깊이 뿌리내린 단단한 인종적 편견도 여전히 계속되었다. 그것은 남부뿐만 아니라 북부에서도 만연했다. 이 적대감의 많은 부분은 후에 "인종주의"라고 불리게 된 것에 뿌리를 두고 있었다. 그것은 이미 존재했었다. 그리고 그것은 교착상태, 유혈 그리고 패배의 좌절감에 의해 확대되었다. 그리고 그것은 정치적 목적을 위해 조작되고 이용되었다. 1862년 선거에서 공화당원들을 인종평등주의자들로 낙인을 찍어 재미를 보았던 민주당원들이 1864년 링컨과 공화당에 대항하는 선거운동에서 그 짓을 되풀이 했다.[311] 아니 그 정도가 더욱 심해져서 1864년 그들의 선거운동은 미국의 역사에서 가장 명시적이고 악의에 찬 인종주의적 선거운동이었을 것이다.[312]

재선을 앞둔 링컨은 정치적 곤경에 처했다. 코퍼헤드들은 링컨의 노예제도 폐지론자들의 전쟁을 수행하고 있다고 규탄했고 폐지론자들은 링컨이 그렇지 않다고 규탄했다. 그리고 분명히 유혈의 전쟁 교착 상태가 모든 면에서 부정적인 것들을 심화시켰다. 링컨은 모든 공화당원들의 지지도 결코 보장받지 못했다. 공화당은 대통령

311 James M. McPherson, *Battle Cry of Freedom: The Civil War Era* (Oxford and New York: Oxford University Press, 1988), p. 789.

312 William Lee Miller, *op. cit.*, p. 375.

직이나 행정부의 사전 경험이 전혀 없이 완전히 새로 형성된 기구였다. 링컨 대통령의 선출로 처음으로 공화당이 공직을 갖게 된 것이다. 공화당은 링컨의 예비해방선언 후인 1862년 의회선거에서 타격을 입었다. 공화당이 다음 해인 1863년 선거에서 선전(善戰)했을 때 그 공은 급진주의자들이 차지했다. 당시엔 대통령이 연임한다는 것은 가정되지 않았다. 앤드류 잭슨(Andrew Jackson)대통령 이래 8명의 대통령 중 누구도 연임한 적이 없었다. 어느 현직 대통령도 1840년 밴 버랜(Van Buren) 이래 자신의 당에 의해서 재지명되지 않았으며 1836년 앤드류 잭슨 이래 어느 현직 대통령도 재선되지 않았다.

그리하여 링컨은 1864년 8월 23일 11월의 선거에서 자신의 재선 가망이 없음을 예상하고 선거 패배 후 자신의 의무를 구체화시키기까지 했었다.[313] 그러나 9월 초에 셔만 장군이 애틀란타를 점령함으로써 정치적 분위기가 급변했다. 애틀란타의 함락은 공화당원들의 분위기에서 현저한 변환을 낳았다. 링컨의 오랜 비판자였던 시어도어 틸턴(Theodore Tilton)까지도 모든 분열이 치유될 것이며 그들은 대통령 선거에서 승리할 것이라고 썼다. 애틀란타에서 승리 이후처럼 대중들의 마음이 그렇게 갑자기 밝아진 적이 없었다. 그 사건은 링컨에게 갑작스런 만

313 *Ibid.*, pp. 386-387.

장일치를 확보해 주었다.[314] 그리고 그런 분위기의 전환은 9월 중순 셰리던(Sheridan) 장군의 승리로 강화되었다. 그리하여 11월 선거에서 링컨은 무난히 대통령으로 재선되었다. 그의 정치적 승리는 장군들의 군사적 승리에 의해 크게 영향을 받았을 것이라는 사실을 부인할 수 없을 것이다. 그러나 링컨 대통령이 승리한 장군들과 군대들을 정치적인 어려움에도 불구하고 그들의 승리를 위해 강력히 지원했던 사실을 간과해서는 안될 것이다. 그런 점에서 링컨의 재선은 전적으로 장군들의 선물이었다고 단언할 수는 없을 것이다. 자신의 재선보다도 인기 없는 전쟁의 승리를 통해 연방국가를 회복시키려는 애국심을 우선시했던 그의 정치적 미덕이 보답을 받은 것이라고 말하는 것이 더 적절하지 않을까 하고 생각된다. 링컨이 전시에 선거를 실시했던 것은 당시까지 세계사에 없었던 최초의 대사건이었으며 그 후 민주정치의 본보기가 되었다.

VII. 용기(Courage)

정치지도자의 결연함(determination)이란 용기의 표현이다. 그것은 인격과 일부이고 정신적 습관이다. 여기서

314 Doris Kearns Goodwin, *op. cit.*, p. 656.

지도자의 용기란 신체적 위협에 무감각한 그런 용기를 말하는 것이 아니라 치명적 위험 앞에서 두려움 없이 책임을 수락하는 것을 말한다.[315] 용기는 지성의 산물이지만 지성의 산물만이 아니라 기질(temperament)의 산물이기도 하다. 지성만으론 용기가 따르지 않는다. 우리는 아주 지성적인 사람이 결단하지 못하고 우왕좌왕하는 것을 흔히 보기 때문이다. 물론 지성에 의해 통제되지 않은 맹목적 용기란 어리석은 만용에 지나지 않는다. 그러나 바삐 돌아가는 사건들 속에서 인간이란 사고에 의해서보다 감정에 의해서 지배되기 때문에 결단의 행동을 취할 때 지성은 그것을 지원하고 지탱해 줄 용기라는 성질을 불러일으킬 필요가 있다. 용기와 지성은 다른 영역에 속한다. 그래서 우리는 차가운 머리와 뜨거운 가슴이라고 말하지 않는가. 결연함은 정신의 산물이다. 대담성은 정신의 산물이고 대담성만이 의지에 방향을 제시하는 것이다. 우수한 지성에 의해 통제되는 대담성은 영웅의 징표다. 대담성은 지성과 통찰력에 날개를 달아주는 것이다.[316] 결정적 타이밍을 놓치지 말라.

1861년 3월 4일 링컨이 취임했을 때 요즈음 말하는

315 Carl von Clausewitz, *On War,* eds. and trans. by Michael Howard and Peter Paret (Princeton: Princeton University Press, 1976), p. 102.

316 *Ibid.,* p., 192.

소위 100일간의 허니문 기간이 전혀 없었다. 그가 대통령 관저에 정착할 수 있게 해줄, 관저의 통로를 발견하고 대통령의 칭호에 친숙해지고, 각료들을 알아보게 되고, 연방정부가 어떻게 작동하는지를 배우고, 신중한 단계를 밟아가며 자기가 하고자 하는 것을 향해 나아갈 길을 생각할 취임 초기의 조용한 며칠간도 없었다. 그는 관저에 들어서자마자 결정의 필요성, 그것도 대단히 중대한 결정에 직면했다. 남부군에 포위당한 포트섬터의 지휘관인 앤더슨(Anderson) 소령으로부터 온 병참 지원요청에 관한 것이었다. 이 문제는 결코 완전히 새롭게 발생한 문제는 아니었다. 그의 전임 정부에서 이 문제에 대한 결정을 회피하여 그동안 계속해서 상황이 악화되어 온 것이었다. 다만 링컨이 그러한 사실을 취임 후에 처음 알게 된 것뿐이었다. 그는 자신의 생에 비견할 수 없는 시련의 시간에 맞닥뜨렸지만 결코 전임자를 탓하면서 불평하지 않았다. 그는 이미 자신의 과업이 조지 워싱턴에 부여되었던 것보다 더 막중하다는 것을 알고 있었지만 단지 그 막중함이 그렇게 즉각적으로 자신에게 내려 안겨질 것으로 기대하진 않았었다.[317] 그러나 그는 조금도 당황하지 않았다. 오히려 그는 지리적이고 최근 역사의 이유에서 포트섬터의 문제가 남북 양측에 갖는 "막강한 상징적 중요성을"[318] 거

317 William Lee Miller, *op. cit.,* p. 48.

의 즉각적으로 간파했고 그에 따라 정부가 처한 전체적, 즉 정치적 및 군사적으로 처한 중대한 상황을 정확하게 이해하는 계기로 삼았다. 그래서 그는 신중하게 대처해 나갔다.

링컨 대통령은 군사문제에 대해 최선의 자문을 받아야 했다. 그래서 그는 당시 윈필드 스콧(Winfield Scott) 참모총장에게 자문했다. 스콧 장군은 미군의 군사의 역사에서 거물들 중 한 사람이었다. 그는 1812년 전쟁의 영웅이었고 1841년에 이미 참모총장이 되었고 멕시코 전쟁에서 승리한 두 장군들 중 하나였다. 스콧 참모총장은 포트섬터를 구할 기회가 이미 사라져 버렸다며 내어 줄 수밖에 없다고 건의했다. 우선 요새를 구할 만한 충분한 병력이 없었으며 그때부터 준비하자면 적어도 반년은 걸릴 거라는 이유에서였다. 그의 각료들도 한결같이 그렇게 하길 지지했다. 링컨은 전임 뷰캐넌(Buchanan) 대통령에 책임을 돌리면 그만이었다. 특히 대통령과 함께 정당 간의 정권교체가 이루어졌을 때 이전 행정부에 책임전가는 전례가 없는 일이 아니었지만 특히 이 사건의 경우처럼 그렇게 할 근거가 풍부한 경우는 없었다. 그럼에도 불구하고 링컨은 전임 뷰캐넌 정부가 자신을 이런 어려운 지경에 빠뜨렸다고 전혀 시사하지 않았다. 그 대신 그는 자기

318 *Ibid.*, p. 51.

가 처한 상황에서 포트섬터의 위기를 어떻게든 헤쳐 나가려고 했다. 그는 스콧 참모총장이나 각료들의 의견과는 달리 그 요새의 항복을 명령할 생각이 전혀 없었다. 그는 모든 전문적 권고를 거부했다. 왜냐하면 링컨은 군의 총사령관일 뿐만 아니라 그는 동시에 국가의 지도자였기 때문이다.[319] 순전히 군사적인 관점에서만 본다면 포트섬터의 수비대들을 단지 안전하게 빠져 나오도록 할 책임에 국한되지만 링컨은 이 문제가 단지 군사적인 문제 이상이라고 내다 보았다.

링컨은 포트섬터로부터 자발적 철수가 국가의 붕괴를 가져올 것이라는 데 3가지의 이유를 제시했다. 즉, 그것은 우선 합중국의 친구들을 낙담시키고, 둘째로 적들의 사기를 높일 것이며, 셋째로 적들이 해외로부터 승인을 받게까지 할 것이라는 이유에서였다. 이리하여 링컨은 고도의 정치적 목적에 대한 완전히 독립적인 파악과 의지의 힘을 보여 주었다.[320] 뿐만 아니라 링컨은 노련한 생각을 갖고 있었다. 그것은 이 중요한 정부의 재산을 유지하고 소유하는 상징성을 보이면서 동시에 갈등을 시작하지 않겠다는, 즉 침략자가 되지 않겠다는 취임사에서의 약속을 지킬 방법이었다. 이 방법은 무기를 배제하고

319 *Ibid.*, p. 59.

320 *Ibid.*, p. 60.

오직 식량만 보급하는 것과 섬터의 항복을 요구하는 사우스 캐롤라이나인들에게 그 사실을 미리 통보하는 것으로 이 두 가지를 밀접히 연계시키는 전략이었다. 수비대 병사들은 식량이 필요했다. 워싱턴에 있는 정부는 식량만 보내되 그러한 사실을 공개적으로 수행하는 것이다. 이 전략은 놀라운 수완이었다. 공이 완전히 남부 측으로 넘어간 것이다.

그러나 남부는 열기에 젖어 있었다. 독립을 선언했던 남부의 제퍼슨 데이비스(Jefferson Davis) 대통령과 지도자들은 독립선언으로 열기에 찬 모멘텀을 잃고 싶지 않았다. 링컨도 그렇게 예상했다. 그들은 배고픈 병사들에게 식량의 보급을 허용하지 않았다. 그 대신 그들은 포트 섬터에 자신들의 일방적 계획대로 포격을 가했다. 포트 섬터의 앤더슨 소령과 수비대원 병사들은 36시간의 집중 포격을 당한 뒤 어쩔 수 없이 백기를 들었다. 거의 기적적으로 포격에 따른 인명의 손실은 없었다. 그 결과 남부는 파괴된 요새를 확보했다. 그러나 배고픈 병사에게 식량 보급을 거부하고 포격한 남부의 무력행사는 여론의 공분을 샀다. 남부는 침략자가 된 것이다. 링컨은 먼저 공격하지 않겠다는 약속을 지키면서 북부 여론의 전폭적 지지지를 얻게 되었다. 링컨은 도덕적으로뿐만 아니라 법적으로 미합중국의 수호자로서 군사적 조치를 취할 수 있게 된 것이다. 그 결과 애국심과 전쟁에 대한 지지가 분출되

었고 지원병들이 넘쳐나게 되었다.[321]

링컨은 스콧 참모총장이나 내각의 일치된 건의와는 아주 다르게 포트섬터를 남부군에 포기하지 않았다. 그것은 단순히 군사적 의미를 넘어 높은 정치적 상징성이 고려되었다. 동시에 링컨은 그곳에 지원군을 보내는 군사적 조치 대신에 식량공급이라는 온건한 전략으로 대응했다. 당시 그러한 용기는 오직 링컨 대통령만이 소유한 정치적 자질과 속성이었다. 링컨은 포트섬터의 상실이라는 군사적 손실을 입었지만 방어의 입장에서 "방어적 전쟁", 아니 이제 정의의 편에서 "정의로운 전쟁"을 수행할 수 있는 대의명분을 일시에 확보하는 "정치적 승리"를 거둔 것이다. 링컨은 "전쟁이란 단지 정치적 수단에 지나지 않는다"는 칼 폰 클라우제비츠의 전쟁사상을 스스로 이해하고 있었던 것이다.

VIII. 수사학(Rhetoric)

정치지도자의 제1차적 과제는 수사학을 통해 일반 대중과 자신의 동료 정치인들에게 현실(reality)을 올바르게 가르치는 것이다.[322] 현실을 가르친다는 것은 현실적

321 *Ibid.*, p. 95.

문제들과 당면 과제들에 대한 설명을 의미하는 것이고 가장 좋게는, 과거와 현재에 드러난 국가적 경험의 이상들을 해석하고 미래의 지침으로 제시하는 것이다. 그러나 그 모든 것은 헌법을 준수하면서 이루어져야 한다. 그래서 현직 대통령은 무엇보다도 시민들에게 "헌법의 정신"을 가르치는 것이다. 링컨 대통령은 내전에 직면하여 바로 미국의 독립선언서와 헌법을 미국인들에게 올바르게 이해시키는 그런 교육자적 역할을 수행했다.

링컨이 대통령으로 당선되자 남부 7개 주들이 이탈을 선언했다. 대통령 당선자 신분으로 링컨은 새로운 사태에 대해 취임 때까지 침묵으로 일관했다. 그것은 올바른 행동 전략이었다. 상하 양원이 각각 위원회를 구성하여 여러 가지로 타협점을 모색했다. 링컨도 그런 노력에 찬성했다. 그러나 링컨은 아직 주로 승격되지 않은 영토에 노예제도를 확장하는 문제에 대해서는 추호도 타협할 수 있음을 공화당의원들에게 분명히 했다. 공화당 지도자로서 링컨은 타협에 대한 압박을 받았지만 자신의 주요 업적이 1776년 독립선언의 인간평등과 1787년의 헌법절차를 연계시킨 것이었기 때문에 그것들을 분리시키는 요구에 굴복할 생각이 없었다. 질서를 존중하고 보존

322 Erwin C. Hargrove, *The President as Leader: Appealing to the Better Angels of Our Nature* (Lawrence: University Press of Kansa, 1998), p. vii.

하라는 요구에 직면한 링컨은 사람들에게 반 노예제도의 도덕적 원칙들을 상기시킴으로써 대처했다. 링컨에게 모든 "사람들에게 자유"의 원칙을 표현하는 독립선언서는 헌법의 "은빛 그림"(picture of silver) 속에 있는 "금빛 사과"(apple of gold)였다. "그 그림은 사과를 감추거나 부셔버리기 위해서가 아니라 그것을 꾸미고 보존하기 위해서 만들어졌다. 그림이 사과를 위해 만들어진 것이지 그림을 위해 사과가 만들어진 것이 아니다. 그림이나 사과가 흐려지거나 상처받거나 혹은 파괴되지 않도록 행동합시다"[323]라고 링컨은 소수의 지인들에게만 서간으로 호소했다.

1861년 3월 4일 마침내 그 취임식이 거행되고 취임사에서 링컨은 자신의 언어 사용에서 초당파적 입장을 취하려고 노력했다. 그는 자신의 이제 들어서는 새 행정부에 대해 많은 얘기가 있다는 것을 알고 있었으며 자신의 리더십의 능력과 내각의 구성을 둘러싸고 불안감이 있다는 것도 잘 이해하고 있었다.[324] 그러나 그는 취임사에서 청중들의 걱정의 진정한 원천으로 곧바로 접근했다. 남부 주들의 주민들 사이에 신행정부가 들어서 자신들의 재산과 평화 그리고 개인적 안위가 위험해질 것이라는 걱정

323 Phillip Shaw Pauludan, *op. cit.*, p. 33에서 재인용.

324 Ronald C. White, Jr., *The Eloquent President: A Portrait of Lincoln through His Words* (New York: Random House, 2005), p. 80.

이 있어 보인다고 말하면서 링컨은 그런 걱정에 아무런 이성적 근거가 없음을 주장했다. 그는 기존의 노예제도에 간섭할 직접적이나 간접적인 목적을 갖고 있지 않다는 것을 밝히면서 자신에겐 그렇게 할 법적 권한이나 의도가 없다는 것을 분명히 했다. 이런 남부에 대한 화해의 메시지에서 더 나아가 링컨은 "도망친 노예에 관한 법률"(the Fugitive Slave Law)을 계속 지지할 것이라고 말함으로써 남부와의 화해를 향해 더 나아갔다. 그리고 보다 더 중요한 문제로 들어가 링컨은 보편적 법과 헌법을 고려할 때 미 연방국은 영원하고 그 영원성은 모든 정부의 기본법에 암시되어 있다고 말하면서 어느 정부도 그 자체의 종식을 위한 규정을 유기적 법으로 갖고 있지 않다고 주장했다. 그리고 이 지점에서 그는 역사적 교훈을 제시했다. 그는 청중들에게 미 연방국이 헌법보다 훨씬 더 오래되었다는 것이다. 따라서 미국의 헌법은 미 연방국가를 보다 더 단단히 동일시키기 위한 목적을 갖고 있다는 것이다.

그러므로 남부 이탈의 중심적 아이디어는 무정부의 본질이라고 주장했다.

링컨은 처음 화해에서 단호함으로 축을 이동했다. 그는 남부의 이탈을 무정부와 전제정치라고 부르면서 이탈의 정당성을 박탈해 버린 것이다. 헌법과 법률의 관점에서 미 연방은 깨어지지 않았다고 선언하면서 자신의 의무는 연방정부의 법률이 모든 주에서 충실하게 집행되도록 확실히 하는 것이라고 말했다. 그러면서도 화해의 측면을 상기시키듯 자신의 주장이 위협으로 간주되지 않고 연방정부가 스스로 자신을 헌법적으로 옹호하고 유지할 것이라는 연방정부의 선언된 목적으로 간주될 것으로 믿는다고 첨언했다. 그리고 링컨은 또다시 자신이 아니라 연방정부와 헌법에 초점을 맞추었다:

> 신체적으로 말해서 우리는 분리될 수 없습니다. 우리는 신체의 각 부분들을 제거하거나 그것들 사이에 통과 못할 장벽을 세울 수 없습니다. 남편과 아내는 이혼하고 서로가 꼴을 안 볼 수 있고 또 서로가 닿지 않는 것으로 갈 수 있을 것입니다. 그러나 우리 조국의 각 부분들은 이렇게 할 수가 없습니다.[325]

이렇게 링컨은 인간의 신체와 미국의 물리적 지리 그리고 결혼을 비유해 말함으로써 연방정부가 인간의 신체는 물론이고 부부보다 더 분리할 수 없는 유기체임을 강조한 것이다. 그러면서 그 책임이 자신의 손이 아니라 남부 분리주의자들에게 있음을 분명히 했다. 정부는 그들을 공격하지 않을 것이라고 천명했다. 그리하여 남부인들에게 화해의 손짓을 하면서 동시에 링컨은 자신이 연방

---

325 Maureen Harrison and Steve Gilbert, eds., *Abraham Lincoln in His Own Words* (New York: Barnes and Noble, 1996), p, 302.

정부를 보존하고 보호하며 방어할 것이라는 대통령의 선서를 상기시키는 단호함을 보였다. 그리고 그는 "우리는 적이 아니라 친구들이고 우리는 서로 적이 되어서는 안 된다"는 소망을 감성적으로 피력했다. 링컨은 취임사에서 남부인들을 향한 호소와 대통령으로서의 결연한 의무감을 그들의 이성과 감성에 동시에 호소하는 놀라운 수사학을 발휘했다. 그러나 남부인들은 설득되어 연방정부로 돌아오지 않았다. 어쩌면 그러기엔 모든 것이 너무 늦어버렸다.

1861년 4월 15일 링컨 대통령은 민병대를 소집하면서 동시에 7월 4일자로 의회를 소집했다. 이 새 대통령은 반란과 전쟁의 비상시국에 의회의 비상 회기에 보낼 최대의 비상 메시지를 작성했다. 그는 자신이 취한 조치들을 의회에 보고하면서 그것들에 대한 소급승인을 요청하고 새로운 요청도 그 메시지에 담았다. 그리고 그는 더 나아갔다. 링컨은 이 메시지를 통해 전쟁의 근본적인 도덕적 의미를 다루었다. 이 7월 4일의 메시지는 링컨이 대통령으로서 처음 쓴 것이다. 그의 취임사는 대통령 당선자 신분으로 쓴 것이었기 때문이다. 그의 취임사와는 달리 의회의 특별 회기에 보내는 메시지는 링컨에 의해 공개적 청중들에게 제시되지 않았다. 당시엔 대통령이 자신의 메시지를 의회에 친히 제시하는 것이 관습이 아니었다. 당시엔 의회에서 의회의 서기들이 대신 그 메시지를 읽었다. 이 메시지에서 링컨은 의회에 자신이 이미 취한 조치들의 소급 재가를 요청하고 적어도 40만 명의 병사와 4억 달러의 예산을 요청했다. 남부 의원들의 철수로 공화당이 상당한 다수를 이룬 당시 의회는 대통령의 요청을 승인했을 뿐만 아니라 링컨의 요청보다 더 많은 50만의 병사와 5억 달러의 예산으로 오히려 증가시켰다.

링컨은 자신이 의회에 보낸 이 메시지의 핵심부분에서 자기가 직면한 선택은 전쟁권한을 요구하는 의무를 수행할 것인가 아니면 정부를 포기할 것인가의 문제라고 말했다. 그는 이 문제가 불만을 품은 개인들이 정부를 파괴하여 지상의 자유정부를 실제로 종식시킬 수 있는가라는 문제라고 말했다. 굴복하는 것은 미국인들의 국가를 완전히 파괴하는 것이라고 주장하면서 자신의 의무를 수행하는 데 대한 대안이란 정부의 존재를 포기하는 것이 될 것이라고 역설했다. 링컨에게 반란의 성공은 미합중국이 단지 축소되거나 손상되는 것이 아니라 완전히 파괴되는 것을 의미했다. 국가의 이성과 국가의 이익을 말하는 정치가들은 종종 그것을 치명적(vital) 국가이익이라고 서술함으로써 특수한 국가적 걱정거리를 심화시킨다. 그러나 면밀히 조사해 보면 그런 문제들이 글자 그대로 치명적인 경우는 드물다. 링컨에게 내전에서 미국이 직면한 문제는 참으로 치명적이었다.[326] 포트섬터에서 자신들의 행위로 정부를 공격한 자들은 국가에서 즉각적인 붕괴냐 아니면 유혈이냐를 강요했다고 결론지었다.

링컨은 미국의 당면 문제를 범세계적이고 역사적인 문제로 확장했다. 그것은 미국의 운명을 넘어서 헌정 공화국 혹은 민주주의가 자체의 국내 적들에 대하여 영토적 순결을 유지할 수 있느냐 아니면 없느냐의 문제로 인류 앞에 제시했다.

1863년 11월 게티스버그에서 묘지를 헌정하는 자리에서 링컨은 바로 이 점을 "국민의, 국민에 의한, 국민을 위한 정부가 지상에서 사라지지 않을 것이다"라는 보다 높은 결의를 요구하면서 보다 간결하고 우아하게 표현할 것이다. 처음부터 링컨은 미국에서 정부에 대한 이번 폭행에 따른 광범위하고 과감하며 일반적인 결과들을 내다보았다. 모든 공화정에는 이런 내재적이고 치명적인 약점이 있는 것일까? 그런 정부는 내부로부터 그것을 전복하려는 강력한 시도에 대항하여 유지될 수 있을까? 그것은 그런 정부가 투표로부터 다시 총알로 돌아가자는 성공적 호소를 막을 힘을 갖고 있다고 전 세계에 과시할 수 있을까? 인류와 방대한 미래를 위해 그런 정부가 파괴되지 않도록 방어하는 것이 링컨이 수행하는 전쟁의 목적이었다.[327] 공화정부, 즉 지금 우리가 말하는 민주주의라고 부

326 William Lee Miller, *op. cit.*, p. 145.

327 *Ibid.*, p. 144.

르는 것은 다수와 소수 사이에 묵시적 이해를 필요로 한다. 다수가 정당하게 지배하지만 그러나 그들은 그들을 대체하려고 노력하는 소수의 자유를 존중해야 한다. 반면에 소수는 자신들의 견해를 표현하고 조직할 권리를 갖지만 그러나 표결이 끝나면 그들이 굴복해야만 한다. 그런데 미국에서 이번 경우에 그렇지 않았다. 그 의미는 실로 굉장했다. 우선 총알들이 투표를 대체했으며 선거에 패배한 자들이 결과를 수용하지 않고 반란을 일으키고 무력에 호소했다. 따라서 만일 그들이 성공한다면 이런 행위는 어느 정부도 지탱할 수 없는 지속적인 분열의 원칙을 도입하는 셈이 될 것이다. 또한 그것은 공화정부, 즉 인민정부가 치명적 약점을 갖고 있다는 것을 전 세계에 과시하게 될 것이다.[328]

링컨은 남부 연합국의 헌법(Confederate Constitution)을 제정한자들이 스스로 직면할 선택을 지적했다. 이탈자들은 미합중국의 헌법이 이탈을 주장한다. 그리고 이탈자들이 바꾸지 않은 미국헌법의 핵심적 조항 가운데 하나는 그들의 헌법이 주들을 묶는 지상의 최고의 법이라는 규정이다. 이 이탈자들은 그렇게 뒤돌아서서 자기들이 수립한 국가의 통치 도구에서 이탈의 권리를 부인했다. 이런 일반적 최고의 부인에다가 그들은 주들의 주권에 대한 구

328 *Ibid.*, p. 145.

체적이고 실제적인 부인을 대표하는 미국헌법으로부터 많은 규정들을 몽땅 가져갔다. 따라서 남부의 헌법하에서 예를 들어 어느 주도 스스로 동맹을 맺을 수 없고 조약도 체결할 수 없으며 화폐도 주조할 수 없다. 그래서 남부국가연합의 헌법 규정들은 그들이 입각해 반란을 일으킨 주의 우선권에 관한 모든 이단적 도그마를 일거에 실제로 부인했다는 것이다. 7월 4일의 메시지에서 링컨은 이 문제를 인간의 전 가족의 문제로 보았다. 미국에서 반란의 성공이 인간의 전 가족에게 보여 줄 것이라곤 공화정의 정부란 치명적 약점을 스스로 갖고 있다는 것이 될 것이다.

링컨의 주장은 내세로 헌정적이고 역사적인 것이었다. 링컨은 미국의 짧은 역사에서 독립적이고 자체적으로 설 수 있는 그런 "주" 같은 건 없었다고 주장했다. 미국의 주들이 어떤 입장을 취하든 그들은 오직 미합중국의 피조물로서만 입장을 갖고 있다고 링컨은 역설했다. 주들은 합중국 내에서 사신들의 지위를 가지며 다른 어떤 법적 지위도 갖고 있지 않다는 것이다. 미국의 역사에서 주들은 오직 미합중국을 통해서만 자신들의 존재와 자유를 성취했다. 각 주들이 개별적이 아니라 오직 합중국만이 그들의 독립과 자유를 쟁취했다는 것이다. 정복을 통해서든 구매를 통해서든 합중국이 그들 각 주들에게 어떤 독립이나 그들이 갖고 있는 자유를 부여했다는 것이다. 연방정부가 어느 주보다도 더 오래되었으며 또한 실제로 그들을 주로서 창조했다고 링컨은 말했다. 변호사인 링컨은 그의 땅을 연방정부의 돈으로 구입했었던 이탈주들은 미국 연방정부에게 그 비용을 반환할 필요가 있을 것이라는 아주 야릇한 주장을 포함하여 다양한 재간과 설득력으로 다양한 주장을 했다.[329] 무엇보다도 이탈자들은 다음 선거에서 승리하기 위해 주장하고 노력할 미합중국의 헌법상의 모든 자유를 갖고 있었다.

7월 4일의 메시지 말미에서 링컨은 취임사에서처럼 미국의 공화정을 경축하고 그것을 반란자들이 제안한 대안과 대조시켰다. 반란자들이 성공한다면 미합중국을 파괴할 것이라고 말하면서 그 파괴는 미국정부가 세상에서 자유의 역사를 위해 의미했고 또 앞으로 의미할 것의 종말을 의미할 것이라고 말했다. 남부가 연방정부를 대체하겠다고 제안한 사회적 질서는 어떤 것이 될 것인가? 미국의 적들은 독립선언서를 채택했지만 그것은 토마스 제퍼슨이 작성했던 옛 좋은 것과는 달리, 그들은 "모든 인간은 평등하게 창조되었다"는 말을 생략했다. 그들은 조지 워싱턴이 서명했던 미국인들의 좋은 옛 헌법 전문과는 달리 일시적 국가헌법을 채택했다. 그들은 "우리 인민들은"이라는 구절을 생략하고 "우리 주권적이고 독립적 주들의 대표자들은"이라는 구절로 대체했다. 즉 그들의 헌

329 *Ibid.*, pp. 147-148.

법엔 인간의 권리와 인민의 권위가 빠졌다는 것이다. 따라서 남부가 제시하는 것은 미국적 실험의 대안적 해석이 아니라 그것의 배신이며 위반인 것이다.[330]

1863년 1월 1일 해방선언(Emancipation Proclamation)에 서명하기 전에 링컨의 명시적 목적은 오직 연방정부를 회복하는 것이었다고 링컨은 당시 미국에서 가장 널리 읽혀지는 신문의 유력한 편집자인 호레이스 그릴레이(Horace Greeley)에게 쓴 편지에서 스스로 말했다.

> 나는 연방정부를 구원하려 한다. 나는 헌법하에서 가장 짧은 방법으로 구원하고자 한다. 국가의 권위가 빨리 회복될 수 있을수록 연방정부는 과거의 모습 그대로 더 가까울 것이다. 만일 노예제도를 동시에 구원할 수 없는 한 연방정부를 구원하지 않으려는 사람들이 있다면 나는 그들에게 동의하지 않을 것이다. 만일 동시에 노예제도를 무너뜨릴 수 없는 한 연방정부를 구원하지 않으려는 사람들이 있다면 나는 그들에게 동의하지 않을 것이다. 이 투쟁에서 나의 최우선적 목표는 연방정부를 구원하는 것이지 노예제도를 구원하거나 무너뜨리는 것이 아니다. 단 한 명의 노예를 해방시키지 않고도 연방정부를 구원할 수 있다면 나는 그렇게 할 것이다. 그리고 모든 노예들을 해방시킴으로써 연방정부를 구원할 수 있다면 나는 그렇게 할 것

330 *Ibid.*, p. 150.

> 이다. 그리고 만일 일부를 해방시키고 나머지는 그냥 둠으로써 연방정부를 구원할 수 있다면 나는 그렇게 할 것이다. 내가 노예제도와 그리고 유색인들에 대해 뭔가를 한다면 그것이 연방정부를 구원하는 데 도움이 된다고 믿기 때문에 한다.[331]

이렇게 전쟁이 제한되어야 한다는 링컨의 천명된 염원은 그의 목적이 단지 국가보존이었다는 증거로 인용될지도 모른다. 그리나 가장 중요한 것은 널리 알려진 그 편지에서 그가 노예제도를 유지함으로써 연방정부를 구할 수 있다면 그렇게 하겠다는 문장이 아니라 모든 노예를 해방함으로써 연방정부를 구할 수 있다면 그렇게 하겠다는 문장에 주목해야 하는 것이다. 왜냐하면 비록 나중에 알려진 사실이지만 바로 그때 링컨은 자신의 책상 서랍 속에 이미 해방선언의 초안을 가지고 있었기 때문이다. 링컨 대통령은 미국을 보존하고 보호하며 방어한다는 자신의 취임 시 행했던 대통령선서가 당장 노예제도에 대해 무엇을 의미했든 그것에 묶여 있음을 이해하고 있었다. 그러나 그것이 노예제도가 항구적이고 또 옳다고 수락될

331 1862년 8월 22일 호레이스 그릴레이(Horace Greeley)에게 보낸 편지 중에서, David Lawenthal, The Mind and Art of Abraham Lincoln, *Philosopher Statesman: Texts and Interpretation of Twenty Great Speeches,* Lanham: Lexington Books, 2012, pp. 241-242에서 번역.

것임을 의미하지 않았다. 링컨에겐 노예제도에 대한 자신의 입장을 분명히 해온 과거 정치경력의 생생한 기록이 있었기 때문이다. 링컨 자신은 노예제도가 옳지 않을 뿐만 아니라 괴물 같은 부정의 일뿐만 아니라 특히 모든 인간이 평등하게 창조되었음을 인정하는 미국의 도덕적 토대인 독립선언서에 비추어 볼 때 그릇되고 부정의하다고 믿었다. 그는 노예제도가 그릇되지 않다면 아무것도 그릇되지 않다고 주장했었다.[332]

그리고 같은 해 11월 19일 그의 가장 유명한 게티스버그 연설로, 단지 272개의 단어로 구성된 3분간의 연설로 링컨은 게티스버그라는 죽음의 현장을, 그 추악한 현실을 미국인들의 목적과 자부심 그리고 이상(ideals)의 상징으로 영원히 전환시켰다.[333] 링컨은 이 연설에서 87년 전 미국의 국부들이 미 대륙에 자유 속에서 착상되고 모든 인간들이 평등하게 창조되었다는 명제에 헌신한 새로운 국가를 수립했다는 사실을 미국인들에게 일깨웠던 것이다. 즉 미국의 탄생은 곧 "새로운 자유의 탄생"이었다는 것이다. 링컨은 그곳에서 싸웠던 사람들이 그때까지 그렇게 고결하게 증진시킨 미완의 작업에 헌신하는 것은 살아 있는 사람들의 과업이라고 인식시켰다.

332 William Lee Miller, *op. cit.,* p. 153.

333 Garry Wills, *Lincoln at Gettysburg: The Words That Remade America* (New York: Simon & Schuster, 1992), p. 20.

새로운 자유의 탄생이란 문구는 정치적이고 종교적인 의미를 동시에 내포하고 있었다.[334] 새로운 탄생이란 그가 첫 취임사에서 의미했던 구 연방국가의 옹호가 아니라 신 연방국가의 선포였다. 구 연방은 노예제도를 유지했고 노예제도를 억제하려 했었다. 그러나 신 연방은 자유의 약속을 실현할 것이고 이것은 과거 국부들이 취하지 못했던 미래를 향한 중대한 조치일 것이다. 기독교적 설교와 신학에서 새로운 탄생이란 인간이 세상에 나오는 구 신체적 탄생과 종종 귀의를 통해서 갑자기 이루어지는 신 영적 탄생과 대조된다. 영적인 새로운 탄생은 이제 풍요로운 삶과 함께 영생을 제공한다. 새로운 탄생은 정치와 종교에서 하나의 패러독스였다. 링컨은 내전을 정화의 예식으로 보았다. 구 연방은 죽어야만 했다. 늙은이는 죽어야만 했다. 그 죽음 속에 새로운 연방과 새로운 인간애를 위한 준비가 있었다. 링컨은 이 연설의 절정에 다가가면서 그 연설에서 가장 많이 기억되는 구절을 언급했다: "국민의, 국민에 의한, 국민을 위한 정부가 지상에서 사라지지 않을 것이다."링컨의 게티스버그 연설은 1863년 11월 19일 그날 그 자리에 운집했던 청중들을 넘어 멀리 퍼져 나갔고 세월이 흐름에 따라 전 세계에 메아리쳤

334 Ronald C. White, Jr.. *The Eloquent President: A Portrait of Lincoln Through His Words* (New York: Random House, 2005), pp. 251-252.

다. 그의 연설문은 여러 개의 언어로 번역되었고 어떤 구절들은 외국의 국가원수들, 분리주의자들 급진적 혁명가들과 국가주의적 보수주의자들에 의해서 널리 인용되었다.[335] "세상은 우리가 이곳에서 말하는 것을 별로 주목하지 않고 오래 기억하지도 않을 것이다"라고 링컨은 그 연설에서 말했지만 실제로는 그가 그곳에서 말했던 것보다도 더 열심히 연구된 사건은 별로 없을 것이다.[336] 민주정치에 대한 링컨의 정의가 지금도 우리와 함께 있다는 사실이 그의 수사학의 위력에 대한 명백한 증거일 것이다.

IX. 장엄함(Magnanimity)

아리스토텔레스에 의하면 장엄함이란 영혼의 위대성(the Greatness of Soul)을 지칭하는 것으로 모든 미덕들 가운데 최고의 장식이다.[337] 왜냐하면 그것이 다른 미덕들을 더 위대하게 만들지만 그것들 없이는 존재하지 않는 것이

335 Don H. Doyle, "Widely Noted and Long Remembered," in Sean Conant, ed., *The Gettysburg Address* (Oxford: Oxford University Press, 2015), p. 275.

336 Thomas A. Desjardin, "The Search for Meaning in Lincoln's Great Oration," in Sean Conant, *ibid.*, p. 318.

337 Aristotle, *The Nicomachean Ethics* (Cambridge: Harvard University Press, 1975), Book IV, iii, 16, p. 219.

다. 그러므로 진실로 위대한 영혼이 되기는 어렵다. 왜냐하면 영혼의 위대성이란 도덕적 고결함이 없이는 불가능하기 때문이다.[338] 정치적으로 말해서 장엄함이란 인간들로 하여금 타인들에게 거대한 선을 행하도록 하는 미덕이다. 토마스 아퀴나스(Thomas Aquinas)는 아리스토텔레스의 가르침을 기독교와 융합시켜 겸허함(humility)을 이 미덕의 일부로 포함시켰다. 이런 점에서 이 장엄함의 미덕은 유교에서 말하는 군자(君子)의 최고 미덕인 인(仁)과 아주 유사한 것으로 생각된다.

1961년 6월 초 윌리엄 스워드(William Seward) 국무장관은 링컨의 인품을 서서히 알아가던 중 링컨 대통령에 대해 "우리들 가운데 최고다. 그의 장엄함은 거의 초인간적이다"(Lincoln's magnanimity is almost superhuman)라고 찬양했다.[339] 자기 손아귀에 역사의 수레바퀴를 돌리는 권한을 가진 위대한 지휘관들과 국가 원수들 중 링컨처럼 품위와 인도주의적 고려를 염두에 주고 그 권한을 행사할 사람은 많지 않을 것이다. 반면에 힘들고 탄압받는 이들에게 비상한 동정심을 보여 준 많은 마음이 따뜻한 사람들 중에 전투 시에 결단력 있고 일관되며 끈질기고 결의에 찬 사령관들과 권한을 행사하는 통치의 달인들은 많지

338 *Ibid.*

339 William lee Miller, *op. cit.,* pp. 227-228.

않을 것이다. 왜냐하면 깊은 자비심과 가차없는 강압적 행동은 아주 대조적인 것들이라서 한 사람 속에서 조화되고 융합되기가 대단히 어렵기 때문이다. 그러나 링컨은 바로 그런 속성들을 아주 깊은 내면에서 융합되고 조화된 아주 드문 인격의 소유자였다. 링컨에게 장엄한 말과 행동은 그래서 아주 자연스러운 것이었다.

1. 링컨의 조각과 내각 운영

링컨은 대통령에 당선된 후 그의 내각을 구성하는 과정에서 자신의 장엄성을 처음으로 보여 주었다. 새 정당을 창당한지 겨우 6년 만에 대통령을 배출한 공화당은 당내 지배권을 다투는 파벌들과 함께 활기차고 강력한 지도자들을 배출했다.

링컨은 그런 강력한 지도자들로 내각을 구성했다. 도리스 컨스 굿윈(Doris Kearns Goodwin)의 링컨에 관한 책 〈경쟁자들의 팀〉(*Teams of Rivals*)의 제목이[340] 말해 주듯 링컨은 자신의 거물급 경쟁자들로 자신의 첫 내각을 구성했다. 그의 각료들의 평균 나이가 56세로 그것은 링컨의 52

340 Doris Kearns Goodwin, *Teams of Rivals: Political Genius of Abraham Lincoln* (New York: Simon & Schuster, 2005). 이 책은 스티븐 스필버그(Steven Spielberg) 감독이 2012년에 만든 영화, "Lincoln"의 원작이었다.

세 나이보다 4년이나 많았다.[341] 그는 자신의 각료들의 선택을 직면했을 때 그들의 견해를 화해시킬 자신의 기술과 설득력을 믿고 공화당내 모든 주요 파벌들의 대표자들을 자신의 내각에 끌어들일 계획이었다.[342] 공화당의 통합을 위해서 링컨은 파벌 지도자들을 워싱턴으로 불러 통치에 참여시키는 것이 필요했다. 그가 맨 처음 선택하고 또 명성이 가장 높은 국무장관을 위해 그가 선택한 인물은 자신의 당내 최고의 경쟁자인 윌리엄 스워드(William Seward)였다. 그는 링컨의 공화당 대통령 후보의 지명을 도왔고 당내에서 가장 유명했으며 아마도 가장 강력한 공화당원으로 누구나 빤히 알 수 있는 선택이었다. 링컨은 6년밖에 안된 공화당을 통합시킬 때에만 효율적일 수 있을 것이다. 그러기 위해서는 스워드의 지지가 절대적으로 필요했다. 스워드도 그런 사실을 알고 있었다. 그는 자신이 한동안 공화당의 지도자로 생각했었다. 그는 링컨보다 8살이나 연상이었고, 좋은 교육을 받았으며, 또한 미 연방공화국 내에서 가장 큰 주의 주지사로서 4년간의 행정 경험을 갖고 있었다. 또한 그는 링컨이 연방 하원에서 겨우 2년간 의원 생활을 한 것과는 대조적으로 미 연방정부의 상원의원으로 12년간 봉직했었다. 그는 1850년대에 중요

341 Phillip Shaw Paludan, *op. cit.*, p. 44.

342 Benjamin P. Thomas, *Abraham Lincoln: A Biography* (Carbondale: Southern Illinois University Press, 1952, p. 232.

한 국가적 인물들을 알고 지냈고 1860년대에는 미국에서 가장 잘 알려진 공화당원이었다. 그는 헌법보다 더 높은 법이 노예제도를 망하게 할 것이라는 주장으로 급진주의자라는 명성을 갖고 있었으며 그의 정적들은 그를 헌법을 불사르는 무조건 폐지론자들과 연계시켰다.

링컨은 재무부장관으로 사몬 체이스(Salmon Chase)를 선택했다. 그는 링컨보다 단지 한 살 위였지만 체이스도 아주 인상적인 경력들을 갖고 있었다. 다트머스(Dartmouth) 대학 졸업생으로 그는 두 차례 오하이오 주의 주지사를 역임했었으며 두 번이나 상원에 선출되었었다. 그는 링컨 대통령보다 더 순수한 반노예제도론자라는 자격도 갖추고 있었다. 체신부, 내무부, 해군, 그리고 법무부 장관들은 지리와 공화당에 대한 충성 그리고 그 인물의 영향력을 고려하여 선택되었다. 체신부 장관에 임명된 몽고메리 블레어(Montgomery Blair)는 북부에서 가장 잘 알려진 정치 가문의 출신이었다. 그의 부친이 앤드류 잭슨(Andrew Jackson) 대통령의 측근이었다. 내무부 장관에 임명된 켈리브 스미스(Caleb Smith)가 링컨의 각료들 중에서 가장 덜 알려진 인물로 링컨의 오랜 친구였다. 법무부 장관에 임명된 67세의 에드워드 베이츠(Edward Bates)는 경제에 밝고 서부의 경제개발에 열정적이었다. 해군장관 기디언 웨리스(Gideon Welles)는 뉴 잉글랜드(New England) 출신으로 그 지역에서 널리 존경받는 인물로 링컨의 공화당 대통령 후보 지명에 크게 기여했다. 전쟁부 장관으로는 사이몬 캐머론(Simon Cameron)이 임명되었는데 그는 펜실베이니아 주의 지도자급 공화당원이었다.

링컨은 내각에서도 어느 정도의 국가적 통합을 부여하려고 했다. 여러 명의 남부 사람들이 각료 자리에 고려되었지만 그들이 거절했다. 그 결과 북부만의 통합을 이루게 된 셈이었다. 링컨의 내각은 영향력 있는 인물들의 내각이었다. 그러다 보니 한두 명은 장래에 대통령직에 대한 잠재적 경쟁자들이었다. 당시 공화당원들에는 제도적 전통이 확립되지 않았기 때문에 링컨에게는 새 정당을 안정적으로 이끌 만한 인물들(anchors)로서 그런 인물들이 필요했다. 따라서 당의 저명한 경쟁자들로 내각을 구성했다. 그런 내각은 재능이 부족한 대통령에겐 관리가 불가능했을 것이다. 링컨은 결코 재능이 부족하지 않은 대통령이라는 것을 그 후 역사가 입증해 주었다.

링컨은 각 부처의 대부분의 운영에서 장관들에게 자율권을 부여했다. 각 장관들은 자신들의 업무와 관련된 문제들에 대해서 의회와 각각 직접 협의해 나갔다. 행정적 고립과 이따금씩 갈등이 없진 않았지만 링컨은 오히려 자신의 행정적 경험의 부족이 도움이 되기도 했다. 즉 그는 군대나 재무 혹은 해군이나 해외 문제들에 관한 상세한 내용들을 직접 다루려 하지 않았다. 그 대신에 그는 자신이 보다 잘 이해하는 문제들, 즉 정치와 군사작전의 상호연계를 인정하고 대 전략과 같은 중대한 문제들에 치중했다. 다시 말해 그는 세부적인 사항들은 장관들에게 위임하고 자신은 거대한 국가적 과업에 자신의 에너지를 집중했던 것이다.

2. 조지 브라운(George W. Brown)과의 약속이행

링컨의 장엄한 속성과 미덕도 대통령 취임과 함께 거의 동시에 발생한 심각한 위기 속에서 과시되었다. 포트 섬터의 철수 다음날인 4월 14일 링컨 대통령은 "1795 민병법"(1795 Militia Act)을 시행하여 7만 5천 명의 민병대의 소집명령을 발했다. 이 법은 1795년 조지 워싱턴 대통령 재임 시 위스키 반란(the Whiskey Rebellion) 진압을 위해 제정된 것이었다. 이 법은 대통령이 주의 민병대를 연방정부를 위해 사용할 수 있는 법률적 근거를 제공할 것이다. 당시 링컨은 수도인 워싱턴을 방어할 만한 병력마저 갖고 있지 않았다. 4월 17일 버지니아 주가 반란하여 남부에 가담하자 수도가 위태롭게 되었다. 링컨의 소집 명령에 따라 4월 19일 제6 매사추세츠 여단이 워싱턴으로 이동하던 중 볼티모어(Baltimore) 시에서 폭도들의 공격을 받아 9명의 병사들과 12명의 민간인들이 사망하는 사건이 발생했다. 당시 메릴랜드 주는 아직 남부에 가담하지는 않았지만 기회를 엿보고 있는 경계선상의 주였다. 메릴랜드인들은 수도 워싱턴과 북부지역을 연결하는 유일한 2개의 노선에 있는 철교들을 파괴하여 수도는 지원군을 보내려는 북부와 연결되는 모든 철로와 완전히 단절되었다. 만일 메릴랜드가 반란에 가담한다면 워싱턴은 완전히 적진에 포위되어 1814년 영국군이 대통령관저를 불지르자 황급히 피신했던 제임스 메디슨(James Madison) 대통령의 전철을 밟게 될지도 모르는 상황이었다. 메릴랜드는 지리적으로 중요했다. 4월 20일 링컨은 메릴랜드의 토마스 힉스(Thomas H. Hicks) 주지사와 벌티모의 시의 조지 브라운(George W. Brown) 시장을 "메릴랜드의 평화유지에 관한 논의"를 위해 특별열차 편으로 워싱턴으로 소환했다.

힉스 주지사는 종국에 가서는 연방정부 편에 서지만 당시 주지사와 브라운 시장은 철교를 불태우는 데 관련된 인물들이었다. 링컨은 이들에게 상황을 요약했다.

> 나는 남부를 침공하고 싶지 않지만 수도를 방어할 군대가 필요하다. 지리적으로 수도는 메릴랜드의 땅으로 둘러싸여 있다 그리고 수학적으로 병사들은 메릴랜드의 땅을 넘어올 필요가 있다. 병사들은 두더지들이 아니다. 그래서 땅밑으로 파고들 수 없다. 그들은 새들도 아니라서 하늘을 통해 날을 수도 없다. 통과하여 행진하는 수밖에 없다. 그들은 그래야만 한다. 그러나 그렇게 하는 데 충돌할 필요

가 없다. 볼티모어에서 폭도들을 감금하라, 그러면 유혈사태가 없을 것이다. 돌아가서 사람들에게 그들이 우리를 공격하지 않는 한 우리도 그들을 공격하지 않을 것이라고 말해라. 그러나 만일 그들이 공격한다면 우리는 반격할 것이다. 그것도 아주 혹독하게.[343]

그러면서 링컨은 그들에게 수도를 방어하기 위해 군대가 필요하다는 것을 역설했다. 군대가 워싱턴으로 와야 하지만 그러나 그들이 볼티모어 시를 통과해야 하는 것은 아니라고 링컨이 말하자 브라운 시장은 볼티모어 시 밖 메릴랜드 땅으로 통과하는 군대를 공격하지 않도록 폭도들을 막기 위해 모든 노력을 다한다는 데 동의했다. 그리고 그와 그의 일원들은 자리를 떴다.

그러나 오후 중반 때 시장과 그의 위원들은 볼티모어에서 겨우 14마일 떨어진 코키스빌(Cockeysville)에 3천 명의 연방 군대가 있다며 폭도들이 흥분하고 있다는 전문을 가지고 다시 나타나 모든 사람들을 경악하게 했다. 이제 브라운 시장과 그의 일원들은 자신들이 기만당했다고 불같이 화를 냈다. 그들이 대통령과 협의하는 동안 북부 군들이 자신들의 부재를 이용하여 펜실베이니아 군대를 볼티모어 가까이 몰래 이동시켰다는 것이다. 내각과 스콧 참모총장이 다시 소집되어 논의가 뒤따랐다. 그러나 링

343 William Lee Miller, *op. cit.*, pp. 98-99에서 재인용.

컨 대통령은 단호하게 결정을 내렸다. 그는 오늘 그곳에 군대가 있을 것이라는 것을 알지 못했다고 말하면서 가장 결연한 방식으로 당장 군대의 소환을 촉구했다. 이렇게 그는 가장 영리한 궤변론자마저도 자신의 행동과 의도를 곡해할 수 없을 그런 조치를 취했던 것이다.[344] 링컨은 시장을 워싱턴으로 소환하고 그의 부재 중 군대가 그의 시로 행진하는 것을 허락하는 것과 같은 기만적인 일에 대해 자신이 관련되었다는 어떤 일말의 의심도 있어서는 안 되었기에 군대가 당장 되돌아가길 바랐던 것이다. 링컨은 비록 수도를 방어할 군대가 하루 속히 워싱턴에 도착하기를 누구보다도 더 절박하게 갈망했지만 그는 군대를 얻기 위해 메릴랜드인들을 기만한 것으로 보이길 결코 원치 않았다. 그리하여 그는 캐머론(Cameron) 전쟁부 장관으로 하여금 매사추세츠 군대가 뉴욕으로 되돌아가도록 명령하게 했다. 그리고 그는 스콧 참모총장으로 하여금 펜실베이니아 군대는 치사피크(Chesapeake)와 아나폴리스(Annapolis)에서 기선으로 이동할 것을 명령케 했다. 그 결과 수도 워싱턴은 4월 21일부터 25일까지 4일간 사실상 그곳이 통치하는 나라로부터 완전히 고립되는 상황에 빠져 있었다. 이 기간 동안 무방비 상태의 워싱턴 주민들은 심각한 불안에 떨고 있었다. 이것은 미국의 내전의 전쟁

344 *Ibid.*, p. 100.

사에서 참으로 유명한 일화이다.[345] 그는 자신에 대한 볼티모어 시의 브라운 시장과 그 일행의 믿음을 저버리지 않기 위해 군사적인 관점에서 참으로 불리한 결정을 내렸다. 이 결정은 정치적으로뿐만 아니라 개인적으로 참으로 장엄한 결정이었다. 이것은 링컨이 대통령으로서 수도 워싱턴의 안전에 대한 점증하는 불안감 속에서 그리고 군사적으로 절박한 상황 속에서도 윤리적으로 올바른 결정을 하는 데 전혀 주저하지 않는 장엄함을 여실히 보여준 경우라 하겠다.

3. 조지 맥클런(George McClellan) 장군과의 관계에서

미국은 상비군제도를 명시적으로 반대하는 공화주의적 전통의 산물이었다. 미국은 당시에도 군사 지도자들을 별로 훈련시키지 않았다. 내전이 발발하자 가장 유능한 몇 사람을 포함하여 군사지도자들 중 1/3이 남부 반란군에 가담해 버렸다. 남아 있던 경험 있는 군사 지도자들 가운데에는 윈필드 스콧(Winfield Scott) 참모총장과 그의 부하 조지 맥클런 장군이 있었다. 맥클런 장군은 1861년 7월 26일 오후에 수도 워싱턴에 부임했다. 그러나 그는 전투의 도사(Master)가 아니라 지연(delay)의 도사임이 드

345 *Ibid.*

러났다. 그는 여러 가지로 링컨의 인내심을 시험하게 된다. 링컨은 전장에서 승리를 얻기 위해 이 젊은 장군을 인내하며 견뎌 냈다. 그러나 그를 전투현장으로 진격시키는 일은 쉽지 않았다. 그는 온갖 핑계와 요구만을 늘어놓으며 늘 기회를 놓쳐 버렸기 때문이다. 링컨의 장엄함은 맥클런 장군과의 관계에서도 여실히 과시되었다.

링컨과 맥클런 두 사람은 다같이 1861년에 갑자기 큰 권한을 갖게 되었으며 자신들 앞에 떨어진 거대한 책임을 완수하기엔 많은 사전 준비를 하지 못했었다.

맥클런은 링컨보다도 훨씬 더 잘 교육받고 보다 널리 여행을 했던 유능하고 지적인 인물이었다. 그는 적어도 훌륭한 조직자요, 행정가로 알려져 있었다. 그가 워싱턴으로 링컨의 부름을 받았을 때 그는 오직 34세의 젊은이였다. 그는 웨스트 포인트(West Point)에서 차석을 했었으며 멕시코 전쟁에서 명예로운 봉사를 했고 유럽의 군대와 크리미아 전쟁(the Crimean War)의 공부를 위해 선발되었었고 군무를 사직한 후엔 고액을 받는 철도회사의 중역이었다. 1858년에 그는 링컨이 일리노이 주 상원 의석을 놓고 벌린 선거운동 때 링컨의 상대 후보였던 더글라스(Douglas) 상원 의원에게 자신의 개인용 기차 칸을 임대해 주기도 했었다. 내전이 터지자 가장 인구가 많은 뉴욕, 펜실베이니아 그리고 오하이오 3개 주들이 각각 그를 자기네 민병대의 사령관으로 영입하려고 했었다. 그리하여 맥클런 장군은 결국은 오하이오 주의 군대를 지휘하면서 버지니아 주의 내전 중 서 버지니아에서 몇 개의 승리를 거두었는데 그것이 당시 북부가 처음에 거둔 유일한 승리들이었다. 따라서 불런(Bull Run)전투의 시련 후 링컨의 부름을 받은 맥클런 장군은 급속히 확장하는 연방정부 군대에서 중요한 역할을 수행할 명백한 선택이었다.[346]

맥클런은 불런 전투 후 사기가 떨어진 병사들로 군대로 변모시켰다. 워싱턴 거리를 배회하던 병사들을 다시 군대로 복귀시키고 새로운 부대명을 주었다. 워싱턴 앞 강의 이름을 딴 포토맥 군대(the Army of Potomac)가 탄생했다. 맥클런은 자신의 지위가 갑작스럽게 올라감에 따라 보다 많은 책임감을 느끼기보다는 보다 노골적인 인간이 되어 갔다. 그는 자신이 조국을 구원하라는 소명을 받았다고 자부하기 시작했던 것이다. 그러면서 그는 윈필드 스콧 참모총장을 시작으로 자기의 모든 상급자들과 경쟁자들에 대해 경멸적 언사를 서슴지 않았다. 당시 75세의 스콧 참모총장은 맥클런이 세상에 태어나기도 전에 미국의 전쟁 영웅이었고 맥클런의 후원자였다. 스콧 장군은 야심적 맥클런에 의해 거듭해서 묵살당하고 있다고 느꼈다. 최소 사령관인 링컨은 한편으론 스콧 장군의 상처받은 자존심을 달래면서 또 다른 한편으론 맥클런의 자부

346 *Ibid.*, p. 170.

심을 키워줘야 했다. 그러나 결국 스콧 참모총장은 1861년 11월 1일자로 은퇴하고 그 후임으로 맥클런이 임명되었는데 그는 자신이 조직한 포토맥 군대의 지휘도 계속 지휘할 수 있게 되었다. 링컨이 방대한 일을 수행해야 할 두 개의 직책을 동시에 수행할 수 있겠느냐고 물었을 때 맥클런은 전부 다 할 수 있다고 차갑게 대답했다.[347] 맥클런은 자신의 상급자인 스콧 장군에게는 승리했지만 전쟁의 상대편인 남부군의 뷰레가드(Beauregard) 장군이나 존스턴(Johnston) 장군 혹은 다른 어떤 장군과의 싸움에서는 아무런 승리도 거두지 못했다. 칼 폰 클라우제비츠는 유능한 젊은 하급 장교가 계급장이 오른 뒤에도 반드시 유능한 것은 아니라고 일찍이 지적했었다. 왜냐하면 젊은 장교의 계급장이 올라감에 따라 그는 익숙하지 않은 새로운 문제들을 직면하고 그만큼 모험의 요소들이 커짐에 따라 과거의 예리함과 결연함을 잃기 때문이다.[348] 어쩌면 맥클런 장군이 바로 그런 경우에 해당된다고 해도 과언이 아닐 것이다.

맥클런이 스콧 장군을 계승하여 참모총장이 된 직후 링컨 대통령은 스워드(Seward) 국무장관과 헤이(Hay) 비서관을 대동하고 맥클런의 집을 방문했다. 하인은 맥클런

---

347 *Ibid.*, p. 172.

348 Carl von Clausewitz, *On War*, ed. and trans. by Michael Howard and Peter Paret (Princeton: Princeton University Press, 1976), p. 103.

이 결혼식 참석으로 출타 중이라며 곧 귀가할 것이라고 말해주었다.

세 사람이 한 시간을 기다린 후에 맥클런이 돌아 왔지만 대통령이 그를 보기 위해 기다리고 있다고 말해 주는 수위에게 아무런 특별한 관심을 보이지 않은 채 대통령과 국무장관이 앉아서 기다리고 있는 방을 지나쳐서 그냥 계단을 올라가 버렸다. 그들은 약 30분 정도를 더 기다린 후에 맥클런에게 다시 한 번 더 하인을 보내 대통령이 기다리고 있다고 전했다. 그러나 돌아온 답변은 맥클런 장군이 이미 잠자리에 들었다는 것이었다. 링컨의 비서관인 헤이에 따르면 그때 링컨 대통령은 당시에 에디켓이나 개인적인 존엄성을 따지지 않는 것이 낫다고 말했으며, 약속 시간을 넘겨 맥클런을 기다린 다른 경우의 에피소드에 따르면 링컨 대통령은 "만일 그가 승리만 가져다 줄 수 있다면 나는 맥클런의 말잡이라도 되겠다"라고 말했다는 것이다.[349] 대통령에 대한 이런 참기 어려운 맥클런 장군의 모욕적 행위에도 불구하고 링컨이 보인 행동의 뿌리는 단지 그의 겸손한 성격과 자긍심의 부족에만 있었던 것이 아니었다. 그것은 오히려 막중한 국가적 목적에 대한 그의 집중력에 있었다. 당시 링컨이 짊어진 국가적 과제는 단순히 개인적 자부심을 따지기엔 너무도 방대했

349 William Lee Miller, *op. cit.,* p. 173.

다. 만일 맥클런이 승리를 가져올 수만 있다면 그는 거듭된 모욕도 간과하고 십여 마리의 말들이라도 잡아줄 것이었다. 그에 대한 존경심의 표현은 중요하지 않았다. 그에겐 전쟁에서 승리가 중요했다. 즉 링컨에겐 보존되고 다시 태어날 미합중국이 무엇보다도 최우선이었던 것이다.

맥클런 장군은 허영심과 거침 그리고 악감정 외에도 지도자로서 치명적인 결함을 갖고 있었다. 그것은 자기가 직면한 현실의 이해가 크게 뒤틀려 있으며 결정의 모험을 피하는 것이었다. 맥클런의 결함들 중에서 가장 뚜렷한 것은 그가 맞서있는 적군의 규모에 대한 그의 끝없는 자기기만이었다.[350] 그는 자기가 직면한 적의 실제보다 훨씬 더 많다고 항상 말했으며 거기에 비교해서 자신의 병력을 항상 과소평가했다. 이런 중대한 환상은 1861년 여름에 그가 워싱턴에 도착하자마자 곧바로 시작되었다. 대통령에 결국 보내졌던 스콧 참모총장에게 보낸 편지에서 그는 워싱턴이 급박한 위험에 처해 있다고 역설했다. 그 편지에서 그는 자기가 다양한 정보를 가지고 있다면서 마나사스(Manassas, 이곳은 불런(Bull Run) 전투가 벌어진 곳)에 집결한 남부의 10만 명의 군대가 수도를 위협하고 있으며 만일 자기가 남부의 뷰레가드 장군이라면 연방군을 공격할 것이라고 말했다. 9월 13일 전쟁장관에 보

350 *Ibid.*, p. 174.

낸 편지에서 맥클런은 적이 아마도 17만 명에 달한다고 썼다. 그러나 실제로 이 시기에 워싱턴을 향해 배치된 남부군의 최대 숫자는 4만 5천 명에 지나지 않았다. 1861-1862년 겨울에 워싱턴 주변에 주둔한 포토맥 군대는 점점 불어나 그 시점까지 미국 역사에서 가장 크고 가장 잘 무장한 군대였다. 1862년 3월 페닌술라 작전(the Peninsula Campaign)이 시작될 때 그리고 맥클런과 그의 군대가 남부의 수도 리치몬드(Richmond)를 향해 천천히 이동하기 시작했을 때 남부군에 대한 그의 과정은 계속되어 그가 리치몬드로 접근할 때 그는 적군이 30만 명에 달한다고 믿었다. 그러나 실제로 그들은 8만 5천 명을 넘은 적이 없었다. 1862년 3월 11일 페닌술라로 출발을 준비하면서 링컨은 참모총장 직위에서 맥클런을 해임하고 포토맥 군대만 지휘하게 했다. 그리고 7월 헨리 홀렉(Henry Halleck) 장군을 임명할 때까지 링컨 대통령은 스텐턴(Stanton) 전쟁장관과 함께 4개월 동안 모든 군대의 전체적 지휘를 맡았다.

페닌술라로 진격하기 직전인 3월 초에 맥클런 장군은 지난 겨울 내내 링컨이 촉구했으며 지난 1월 31일에 발한 특별명령 1호가 명령했던 바를 행했다. 즉 맥클런은 마나사스와 센트리빌(Centreville)에 주둔한 반란군을 공격하는 것이었다. 그래서 실제로 요새화된 반란군을 향해 온갖 깃발을 날리며 전 군대를 전투형태로 행군했지만 반란군은 이미 퇴각해 버리고 아무도 없었다. 완전히 허탕을 친 것이다. 게다가 적의 숫자도 맥클런이 주장했던 것보다 훨씬 적었다는 확실한 증거가 있었으며 워싱턴을 위협한다는 대포들은 검게 칠한 통나무들 즉 위장된 대포들이었다. 그럼에도 맥클런은 이 행군을 주목할 승리라고 제시했다. 비슷한 일이 페닌술라 작전지인 요크타운(Yorktown)에서도 벌어졌다. 남부군의 존 매그루더(John B. Magruder) 장군이 그의 1만 1천 명의 군대를 이곳저곳, 이리저리 이동시키고 텅빈 숲 속에서 존재하지도 않는 대부대를 향해 명령을 질러 댔다. 그러자 맥클런 장군은 적군이 대규모라고 결론 지었다. 그는 어찌되었든 항상 그렇게 생각하는 경향이 있었고 또 항상 자기가 믿고 싶은 것을 믿었다고 말할 수 있을 것이다. 군사 전문가들과 지성적 비전문가인 링컨은 맥클런이 공격했어야 했다고 믿었다. 그러나 그는 자기가 훨씬 많은 병력을 갖고 있었음에도 불구하고 적의 병력을 과대평가하여 공격하지 않았다. 그리하여 요크타운의 포위는 효과를 발하지 못한 채 서서히 수 일이 지나면서 맥클런은 남부군의 반란군이 리치몬드를 방어하기 위해 병력을 보강하고 요새화할 수 있는 시간적 여유를 주게 되었다. 그는 놓쳐버린 기회의 목록에 또 하나를 추가하고 말았던 것이다.

맥클런이 마침내 요크타운으로 진격했을 땐 반란군들이 페닌술라 위쪽으로 이미 철수해 버린 후였다. 그런

데도 그는 이것을 승리로 간주했다. 맥클런이 리치몬드를 향해 거북이 걸음을 하고 있을 때 남부군의 조 존슨(Joe Johnson) 장군은 대담하게 공격을 감행했다. 리치몬드에서 12마일 떨어진 곳에서 벌어진 전투에서 맥클런은 처음으로 상당한 수의 사상자를 낸 전투를 지휘했는데 그것으로 그는 담력을 잃어버렸다. 링컨도 사상자들로 괴로워했지만 다른 이유들과 함께 동시에 바로 그런 이유에서 링컨은 맥클런에게 전쟁을 능한 가장 빠른 승리의 결말을 내라고 계속해서 압력을 가했다. 링컨은 모든 작전지연에 다른 인명의 손실을 잘 알고 있었기 때문이다. 당시 작전의 지연은 다른 연방군대 병사들이 더 많은 죽음을 의미했을 뿐만 아니라 작전지연은 포토맥 군대 내에서도 총알이 아니라 질병으로 더 많은 병사들이 죽어 갔었다. 맥클런이 작전지연을 변명하는 핑계들 가운데 하나는 날씨였다. 그에게는 안 좋은 날씨가 적은 제외하고 오직 자기에게만 배타적으로 불리하다고 항상 생각하는 버릇이 있었다. 링컨과는 달리 맥클런은 타이밍의 중요성을 간파하지 못했다. 그래서 링컨은 "진군하라"(You must act)고 끈질기게 촉구했던 것이다.[351]

맥클런 장군의 오만은 1862년 여름 링컨 대통령에게 쓴 2개의 메시지에서 아주 선명하게 드러났다. 하나

351 *Ibid.*, pp. 179-180.

는 6월 28일 자정 이후에 지치고 사기를 잃었고 잔뜩 긴장된 채 분노에 찬 맥클런의 메시지였다. 그의 군대는 게인즈 밀(Gaines' Mill) 전투에서 많은 사상자만 내고 패배했다. 여기서 남부의 리(Lee) 장군의 대담성과 맥클런의 담력상실이 리치몬드를 구했다. 스텐턴 전쟁장관에게 따라서 분명히 링컨 대통령에게 보낸 긴 전문에서 맥클런 자신은 패전에 책임이 없을 뿐만 아니라 그것은 그들의 잘못이고 이번 희생이 의도적이었다고 명시적으로 말했다. 자신은 적의 훨씬 우월한 병력의 수에 의해 압도당했으며 1만 명이 아니라 2만 명의 신 병력만 있었다면 리치몬드를 장악할 수 있었다고 주장했다. 그러면서 워싱턴의 누구에게도 고마워할 것이 없고 워싱턴이 군대를 희생시켰다고 말했다. 사실상 반역을 범하는 이 마지막 문장들은 이것을 해독한 전쟁부의 전신국 책임자를 너무 경악시켜 이 문장들을 빼고 다시 작성함으로써 링컨과 스텐턴 장관은 이 최악의 메시지를 보지 못했다.[352] 그러나 나머지의 메시지도 나쁘기엔 충분했다. 자기 병사들이 정부에 의해 불필요하게 희생되었다는 것이었으니까. 그러나 링컨은 맥클런에게 상황을 보다 객관적으로 보게 하려고 차분히 대처했다. 링컨은 이 유아적 젊은 장군에게 다른 전선들도 있다는 것을 보여 주려고 노력했다. 그러면서 그 희

352 *Ibid.*, p. 180.

생은 적이 워싱턴에 있지 않은 데 대해 지불하는 대가이며 사건의 본질상 그것은 맥클런이나 정부를 책망할 일이 아니라고 말해 주었다.

맥클런의 오만이 표출된 두 번째 사건은 링컨이 군대를 시찰하기 위해서 7월 7일 제임스 강(James River)변에 있는 헤리슨스 랜딩(Harrison's Landing)에 내려 갔을 때였다. 그때 맥클런이 링컨 대통령에게 전쟁의 목적이 무엇이 되어야 할지에 관해 말하는 것으로 보이는 편지를 링컨에게 내밀었다. 맥클런은 정부가 미국의 국가적 난국의 전 토대를 총괄하는 시민 및 군사 정책을 결정해야 할 때가 왔다고 주장했다. 맥클런의 편지는 지금 진면으로 부상하는 보다 큰 문제들을 제기했다. 맥클런은 민주당원이었다. 그래서 그는 뉴욕의 지도급 민주당원들과 교신을 계속 유지해 왔다. 그는 노예제도에 대해서도 아주 미온적이었고 폐지론자들과 급진적 공화당원들에게 적대적이었다. 그는 편지에서 전쟁은 기독교 문명이 일고 있는 최고의 원칙들 위에서 수행되어야만 한다면서 그것은 어느 주의 주민들도 굴복시키려는 전쟁이어서는 안 된다고 주장했다. 그러면서 노예제도에 대한 급진적 견해의 선언은 현재 정주군을 급속히 분열시킬 것이라고 주장했다. 이것은 장군이 전쟁의 정치적 목적을 정하는 데 개입하는 용서할 수 없는 일이었다. 그러나 링컨은 그 자리에서 편지를 읽고 아무런 언급도 없이 맥클런에게 감사하는 말을 하고 그 편지를 주머니에 넣은 뒤에 다시는 그것을 언급하지 않았다. 그러나 맥클런의 오만에 대한 링컨의 용서는 여기까지였다. 그 후 더 이상 링컨이 맥클런을 용서할 수 없는 사건이 발생했다. 이땐 마침내 맥클런의 행위가 그의 분노를 일으켰고 링컨이 더 이상 용서할 수 없는 일이라고 말한 사건이었다. 이 사건은 1862년 8월 말에 부버지니아에서 제2의 불런전투(the Second Battle of Bull Run)에서 남부군의 리 장군이 결정적으로 패배시킨 북부의 존 포프(John Pope) 장군의 군대에 지원병력을 맥클런이 보내지 않은 사건이었다.

맥클런 장군이 동부 전선에서 리치몬드를 목전에 두고서 안 좋은 소식만 보내올 때 서부 전선에서 몇 개의 좋은 소식이 있었다. 그것은 괴로운 링컨에게 1862년 2월에서 5월까지의 기간을 최초의 긍정적 시기로 만든 정부군이 거둔 일련의 승리들이었다. 맥클런이 리치몬드로 성공적으로 진격하지 않을 것으로 보인 여름에 유능한 새 남부의 리 사령관이 워싱턴을 위협하자 링컨은 서부 전선에서 승리를 거둔 장군들 중 한 사람인 존 포프 장군을 불러 새로 창설한 버지니아 군대(Army of Virginia)를 지휘하게 했다. 이 군대는 맥클런이 지휘했던 군대에서 차출된 많은 병사들을 포함하여 옛 부대들을 섞어 창설되었다. 맥클런에겐 당황스럽게도 포토맥 군대의 부대들이 포프 장군의 지휘하로 전출되었다. 새 참모총장인 홀렉

(Halleck) 장군이 보수주의자들과 민주당원들의 총아인 맥클런에게 그의 페닌술라 작전은 이제 소멸되었다며 그의 군대의 남은 병사들을 신속하게 북 버지니아로 데려와 포프 장군을 도우라고 명령했다. 링컨은 늘 꾸물거리는 맥클런이 자신의 동료 장군에 대한 경멸감으로 그의 느림보가 더 심해질 것으로 인지했다. 링컨이 전신실에서 맥클런에게 전무의 새 소식을 전하라고 전보를 쳤을 때 맥클런은 링컨을 분노케 할 것이라는 것을 빤히 알면서도 자기가 선호하는 행동과정에 관한 천명으로 대답했다. 즉 포프는 자신의 곤경에서 스스로 빠져 나오게 그대로 주고 자기는 워싱턴을 안전하게 하는 데 헌신하겠다는 것이었다. 전신실에 있던 기자는 링컨이 그렇게 격노하는 것을 결코 본 적이 없다고 썼으며 그날 저녁에 링컨은 헤이 비서관에게 참말로 맥클런은 포프가 패배하기를 원하는 것 같다고까지 말할 정도였다.[353]

맥클런 장군의 최악의 공격은 내통령 개인에게 향한 것들이었다. 모욕적인 전문과 편지는 아마도 링컨 대통령이 아닌 그 누구에게도 용서받지 못했을 것이다. 그리고 군사적 명령에 따르지 않은 것은 사실상 군법회의 감이었다. 그럼에도 불구하고 1862년 9월 초 링컨은 마음에 내키지는 않았지만 맥클런 장군에게 사령관직을 돌려

353 *Ibid.*, p. 183.

주었다. 제2의 불런전투 후에 리 장군의 군대가 워싱턴을 위협했기 때문이다. 그는 수도의 방어를 맥클런에게 맞길 수밖에 없었다. 왜냐하면 홀렉 참모총장이 완전히 탈진상태였기 때문에 그에겐 별다른 대안이 없었던 것이다. 9월 2일 링컨과 홀렉은 맥클런의 집을 방문했다. 그리고 그에게 포토맥 군대와 포프가 지휘했던 군대를 결합한 군대의 사령관직을 제안했다. 링컨은 그것이 일시적이고 오직 수도의 방어를 위한 조치로만 생각했다. 링컨은 맥클런이 공세적 전투는 못해도 최소한 방어만은 잘 해낼 것으로 기대했다. 그러나 남부의 리 장군은 워싱턴을 공격하여 맥클런이 방어적 기술을 과시할 기회를 줄 생각이 아니었다. 대신에 그는 포토맥 강을 건너 메릴랜드 주로 자신의 군대를 대담하게 진격시켜 메릴랜드에서 정지된 반란의 정신을 일으키고 북부에서 약탈을 감행하고 전쟁에서 승리할 생각이었다. 그렇게 되니 이제 정부 군대를 전장으로 이끌어 리 장군을 추격할 필요성이 생겼다. 링컨과 홀렉은 번사이드(Burnside) 장군을 설득했지만 그는 사양했다. 홀렉은 워싱턴 사무실을 떠나려 하지 않았다. 그래서 맥클런만 남은 것이다. 링컨은 깊은 걱정을 떨칠 수가 없었지만 어쩔 수 없이 맥클런에게 그 임무를 맡기게 되었다.

맥클런 장군과 그의 군대가 메릴랜드로 리 장군을 추격했을 때 인디애나 출신 정부군 상병 하나가 프레더릭

(Frederick) 근방의 한 벌판에서 3개의 시가가 들어있는 봉투 하나를 발견했다. 그 시가들을 싼 종이의 끝에는 심장을 멎게 할 만한 서명이 있었다. 바로 "로버트 이 리(Robert E. Lee) 사령관"의 것으로 그의 제191호 명령서였다. 그것은 하퍼스 페레(Harpers Ferry) 앞의 남부군 배치계획서였다. 이것을 손에 넣은 맥클런은 링컨에게 반란자들의 모든 계획을 갖고 있어 그들을 붙잡을 것이라고 흡족해하는 전문을 보냈다. 그러나 맥클런이 리 장군의 명령서를 이용하기 위해서는 즉각적인 행동 명령을 내려야 했지만 그것은 맥클런의 방식이 아니었다. 9월 17일 메릴랜드의 앤티템 크리크(Antietam Creek) 근처에서 맞붙은 남북 양 군대는 미국 역사상 최대 유혈의 하루를 보냈다. 일몰에 북의 정부군이 전장을 장악하고 리 장군이 메릴랜드와 펜실베이니아로 진격하는 것을 정지시켰기 때문에 그 날의 전투는 정부군의 전략적 승리처럼 보였지만 그것은 아주 제한된 승리로서 링컨을 크게 실망시켰다. 왜냐하면 맥클런이 할 일을 하지 않았기 때문이다. 즉, 맥클런은 리 장군이 실제보다도 3배나 많은 12만 명의 병력을 갖고 있으며 동시에 예비병력까지 갖추고 있어서 만일 그가 그 병력을 운용하면 결정적 결과를 낳게 될 것이라고 생각했다. 그리하여 가공할 전투의 다음 날 아침인 9월 18일 맥클런은 공격을 하지 않았다. 그러나 17일과 18일 양일에 걸쳐 그에겐 지휘할 충분한 병력이 있

었던 것이다. 맥클런을 꿰뚫어 본 리 장군은 18일에 난타당한 군대를 그대로 유지하다가 어두워진 다음에야 포토맥 강을 건너 버지니아로 후퇴했다. 링컨의 입장에서 그것은 또 하나의 놓쳐 버린 기회였다.[354] 그것은 리 장군의 남부군을 섬멸시킴으로써 전쟁을 끝낼 수 있는 절호의 기회를 놓친 것이다.

그럼에도 불구하고 맥클런은 자기가 메릴랜드와 펜실베이니아를 구출했으며 완벽한 승리였다고 주장했다. 그는 자신이 리 장군을 철저히 패배시켰고 북부를 완전히 구출했기 때문에 이제 자기의 적인 스텐턴 전쟁장관과 홀렉 참모총장이 교체되고 자기가 승리할 수 있는 장군으로 명예를 얻으면서 홀렉 대신에 참모총장의 지위로 복귀할 것이라고 생각했다. 그리고 그런 정당화가 앨투나(Altoona)에서 열리는 북부 주지사들의 모임에서 시작할 것으로 기대했다. 그러나 아이러니컬하게도 그리고 그의 기대와는 정 반대로 주지사들은 홀렉이나 스텐턴이 아니라 바로 자기 자신 맥클런의 해임을 요구했다. 9월 22일 맥클런은 링컨이 승리로 간주하지 않는 자신의 큰 승리를 링컨이 이용하여 자기가 혐오하는 예비해방선언을 단행했음을 발견했다. 10월 6일 홀렉 참모총장이 진군하라는 링컨 대통령의 명령을 발했지만 맥클런은 대통령의 명

354 *Ibid.*, p. 185.

령을 단지 토론의 주제로 간주했다. 그리고 그는 온갖 구실을 내세우면서 진군하지 않았다. 10월 13일 링컨은 맥클런에게 퉁명스럽게 진군하라는 전문을 보냈다. 맥클런의 주력 군대는 9월 18일부터 10월 26일까지 포토맥 강의 북쪽 강둑에 머물고 있었다. 마침내 그가 포토맥 강 너머로 군대를 천천히 이동시키기 시작했을 때 19일이나 걸렸다. 그리고 나서 또다시 그는 이것 저것이 부족하다며 진군을 지연시켰다. 결국 링컨은 1862년 11월 5일 선거가 끝나자마자 그를 해임시켰다.[355] 링컨 대통령과 맥클런 장군의 관계에서 발견할 수 있는 것은 무엇보다도 엄격한 상명하복의 수직적 위계질서의 군사세계에서 그것도 전시에 군의 최고 사령관이 부하장군에게 보인 끝없는 인내와 겸허한 태도이다. 이것은 참으로 전쟁사에서 거의 전례가 없는 일이었으며 그 후에도 발견하기 어려운 일이었다. 링컨의 장엄성은 어떤 면에서는 너무 지나칠 정도였다. 그러나 또 다른 관점에서 본다면 바로 그 지나침이 링컨의 장엄성을 아주 뚜렷하게 부각시켜 주는 이유가 아닐까 한다.

355 *Ibid.*, p. 190.

4. 링컨 대통령의 두 번째 취임사

"아무에게도 악감정 없이; 모든 사람들에게 자비로…"

링컨의 두 번째 취임사 중의 이 문구는 당시 신문들의 표제어가 되었으며 이 연설을 행한 41일 후에 링컨 대통령이 암살되자 이 문구는 미국인들에게 남긴 링컨의 유산이 되었다. 그것은 미국인들의 신성한 언어가 되었다.[356] "국민의, 국민에 의한, 국민을 위한 정부"라는 게티스버그 연설문의 구절처럼 이 구절도 영원히 미국인들과 함께 살아 있을 것이다. 게티스버그의 연설문의 문구가 미국의 민주주의를 영원히 정의했다면 이 두 번째 취임사의 문구는 내전 후 미국을 위한 링컨의 비전을 정의했다. 4년간의 참혹한 전쟁에서 마침내 승전을 눈 앞에 둔 링컨 대통령은 미국인들의 희망과 절망의 두 감정을 모두 잘 의식하면서 믿을 수 없는 동정의 행동을 미국인들에게 요청했다. 그는 인종의 장벽과 지방주의의 경계선을 극복하고 화해 속에서 모두가 함께 다시 하나가 되기를 미국인들에게 촉구했다. 모두에게 자비를 제안하는 링컨의 촉구는 복수를 요구하는 데 익숙한 청중들에게 향했다. 그는 남부의 적들을 완전히 잃어버린 것으로 결코

356 Ronald C. White Jr..*Lincoln's Greatest Speech: The Second Inaugural,* (New York: Simon & Schuster, 2002), p. 164.

포기하지 않고 하나의 공동체 속에서 완전한 회복을 찾았다. 항복의 조건도 가능한 한 관대하게 했다. 그에겐 복수에 대한 어떤 욕망도 없었다.[357]

모두에게 자비를 촉구하는 이 문구를 일깨운 계기는 3백 명이 넘는 연방국 병사들의 학살 사건이었다. 1864년 4월 12일 포트 필로우(Fort Pillow)에서 발생한 이 잔혹한 사건은 남부에 대한 분노로 북부를 사로잡았다. 학살된 북부군 병사들의 대부분이 흑인들이었다는 뉴스가 전해짐에 따라 이 사건은 흥분을 자아냈다. 전 부부를 통해 전면적 복수의 절규가 메아리 쳤다. 링컨 대통령은 과연 어떻게 대처했던가? 우선 링컨은 의회에 의한 조사 계획을 발표했다. 어떤 보복을 해야 할 것인가를 생각하면서 링컨은 단순히 악감정과 보복을 염두에 두었다. "포트 필로우를 기억하라"가 그 후 전투에 임하는 흑인병사들의 슬로건이 되었다. 포트필로우는 멤피스(Memphis)를 넘어 미시시피강이 40미일 정도를 쭉 뻗이긴 곳에 있는 연방국 초소였다. 1862년 기디언 필로우(Gideon J. Pillow)장군이 미시시피 강과 콜드 크리크(Cold Creek)의 합류 지점에 가깝고 3백 피트 이상 높은 절벽에 요새를 세웠다. 1864년 3월 28일 정규군 장교인 라이오닐 부스(Lionel F. Booth)

357 David Hein, "Lincoln's Theology and Political Ethics," in Kenneth W. Thompson, ed., *Essays on Lincoln's Faith and Politics*, (Lanham: University Press of America, 1983), p. 178.

소령이 이 요새의 지휘관으로 임명되었다. 그는 580명의 부대를 지휘했는데 그들 중 292명이 흑인 포병부대에 속했다.

4월 12일 이른 아침에 포트 필로우가 남부군의 나탄 베드포드 포레스트(Nathan Bedford Forrest)장군 지휘하의 병력에 의해 공격을 받았다. 1864년 포레스트 장군은 전시에 거물이 되어 남부에서 존경받고 북부에선 욕을 먹던 인물이었다. 군사교육을 받은 적이 없는 그는 병력의 1/3을 예비병력으로 두라는 웨스트 포인트 군 사관학교의 도그마를 경멸했다. 그의 군사전략은 보통 여러 방향에서 동시에 공격에 공격을 반복하는 것이었다. 그는 적보다 적은 수의 병력이 갑자기 유리하게 되는 결정적 지점에 이르도록 번개같은 공습을 위해 기마병을 사용하는 기마병의 도사였다. 남부군이 포트 필로우에 공습을 시작했을 때 첫 사상자 가운데 한 명이 지휘관인 부스 소령이었다. 이때 포레스트 장군은 평소와는 달리 거의 1천 5백명에 달하는 병력을 이끌었다. 오후 1시 45분 유전 깃발 아래 포레스트 장군은 무조건 항복을 요구하면서 연방정부의 병사들이 전쟁포로로 취급될 것임을 약속했다. 연방 병사들은 가짜 부스 소령 이름으로 항복을 거부했다. 그러나 연방병사들은 곧 압도당했고 항복하기에 이르렀다. 그러나 남부군 병사들은 분명한 항복의 사인을 무시하고 흑인병사들을 학살했다. 남부 측은 부인했지만 북부의 병사들에게 모든 흑인병사들을 죽이려는 남부의 의도는 분명했다. 포레스트 장군 자신도 그 조치가 남부인들은 흑인병사들이 자신들에 대항하여 싸우는 것을 허용할 수 없다는 것을 북부 인들에게 과시하는 하나의 본보기가 되길 원한다고 말했던 것으로 보도 되었다.[358]

링컨은 보복의 요구에 휩싸였다. 내각의 의견은 여러 가지로 갈렸다. 4월 22일 전쟁수행에 대한 합동의회위원회가 공개적 청문회를 시작했다. 완성된 보고서는 사실의 발견과 선전으로 뒤섞여 있었다. 눈에는 눈이라는 보복으로 남부군 포로들을 처형하라는 절규가 높아갔다. 이런 난리 속에서 포트 필로우의 전시한 부스 소령의 미망인이 자기 남편의 시신을 찾기 위해 포트 필로우로 갔다. 그녀가 포트 필로우에 도착했을 때 그녀는 같은 목적으로 방문한 수 많은 흑인 부인들을 만나게 되었다. 그녀는 백인 여자들과 흑인 여자들이 자기 남편의 죽음에 하나같이 슬픔에 젖어있다는 사실에 놀랐다. 하나의 중대한 차이, 즉 그녀가 백인이라는 차이가 그녀로 하여금 링컨 대통령에게 직접 말하도록 결정하게 만들었다. 포트 필로우를 방문한 3주 후인 5월 19일 링컨은 대통령 관저에서 부스 부인을 영접했다. 그녀는 포트 필로우에서 싸우다 전사한 흑인병사들의 미망인들과 아이들을 잊지 말

358 Ronald C. White Jr.. *op. cit.*, p. 175.

아 달라고 링컨에게 촉구하기 위해 왔던 것이다. 부스 부인은 합법적 계약인 결혼이 노예인 흑인들에게는 가능하지 않았다는 것을 링컨에게 설명했다. 남부의 법과 관습이 무엇이든지 간에 이 흑인 여자들은 결혼했다는 것을 링컨에게 강조했다. 그리고 그녀는 자기 자신이 자신과 자녀들을 위해 연금을 받게 될 것임과 똑같이 흑인 여자들도 정부의 연금을 확실히 받도록 해 달라고 요청했다. 그때 링컨이 무슨 말을 했는지는 기록에 없지만 링컨이 취한 조치들은 기록되어 있다. 바로 그 날로 링컨은 상원 외교분과 위원장인 찰스 섬너(Charles Sumner) 상원의원에게 부스 부인의 요청을 입법화하는 데 주도해 달라고 요청했다. 그 후 상당한 정치적 작업이 있은 후에 1864년 7월 2일 하원과 6주 후엔 상원에 의해 통과된 법률 속에 흑인 미망인들과 아이들도 포함되었다. 공식 워싱턴 정치의 보이지 않는 배후에서 한 개인의 동정 어린 행동이 모든 사람들에게 정의를 구현하는 법제화를 이룬 것이다. 전투에 참가한 사람과 그의 미망인과 고아를 보살핀다는 그의 말이 다시 한번 행동으로 연계되었다.

링컨은 화해를 통해 평화를 쟁취하는 길을 안내하는 이정표들을 정의했다. 그 문구에서 링컨은 전쟁의 목표에 대한 진정한 시험은 패배한 사람들을 어떻게 대우하느냐에 달려 있다고 선언한 셈이다. 적대 행위가 끝난 후에도 적대감이 계속된다면 전쟁은 헛된 일이 될 것이다. 그의 마지막 문구는 장엄하다. 그의 말은 보복을 자비로 대치해야만 하는 어렵고도 실천적인 행동을 지향했다. 내전 종식 후 미국인들을 향한 그의 촉구는 참으로 장엄했다. 그 속엔 인간적 겸허함이 담겨 있다. 승리의 목전에서 정치적 지지자들을 규합하는 대신에 그는 신의 이름으로 조용히 신의 방식을 본받으라고 요청했다. 종교가 아닌 정치의 세계에서 이보다 더 장엄할 순 없을 것이다. 동양의 유교적 인(仁)의 미덕이 링컨에 의해 지구의 반대편에 있는 미국에서 절정을 이루었다고 해도 결코 과언이 아닐 것이다. 그는 미증유의 진정한 "도덕적 대통령"이었다.[359]

X. 결론 삼아서

장엄한 정치적 리더십과 순결이 참으로 그립고 필요한 세상이다. 많은 역사적 인물들 특히 19세기 유명한 지도자들은 그냥 그대로 과거의 역사에 국한된다. 오직 링컨과 그의 어록만이 수세기에 걸쳐서 새롭게 죄책감을 갖게 하고 또 치유한다. 만일 링컨을 미국의 내전에서 승리한 지도자로만 기억한다면 우리는 위대한 정치지도자가

359 Donggil Kim, *Abraham Lincoln: An Oriental Interpretation* (Seoul: Jungwoo-sa, 1983), p. 18.

자기 자신과 벌인 투쟁을 놓치고 말 것이다. 대통령으로서 링컨은 해방선언의 문제에 대해 적과 동지들로부터 동시에 압력과 비난을 받았다. 그러나 두 번째 취임사에서 미국을 평화의 길로 나아가게 하고자 했다. 그의 말과 행동은 후세 세대들이 가장 위대한 미국인으로 존경하는 한 사람의 삶과 사상을 여실히 보여 주었다.

링컨은 온전히 19세기의 인물이다. 그리고 19세기는 역사학의 시대였다. 19세기의 잘 알려진 수많은 역사가들 중엔 역사의 발전법칙을 체계화한 역사철학자들이 있다. 헤겔(Hegel)과 마르크스(Marx)가 가장 유명하다. 역사의 역할에 대한 링컨의 의식은 정치에서 개인의 분별력이나 판단의 역할을 감소시켰을 것이다. 그러나 그 이전 플라톤에서 루소에 이르는 정치철학의 전통은 정치가나 입법 창시자들의 역할을 우선시하는 경향이 있었다. 분명히 링컨은 워싱턴과 제퍼슨 같은 미국의 국부들이 수행한 창조적이고 구성주의적 역할을 깊이 의식했다. 링컨은 진보가 "이성의 비밀계획"(the cunning of reason)을 통해 헤겔식으로 성취될 것이라고 믿지 않았다. 그는 신이 자연과 역사에, 그리고 전쟁과 평화에 작용한다고 믿었다. 따라서 그는 자기에게 부여된 모든 조치들을 신이 행하는 조치처럼 대응했다. 그렇게 함으로써 링컨은 모든 사건들이란 신의 지배의 표현이라는 예언자들, 전도사들, 그리고 예수 자신과 같은 입장을 취했다.[360] 링컨에게 진보가 목적을 달성하기 위해서는 언제나 인간 지성의 판단과 실천적 적용에 달려 있었다. 그것은 단호한 인격과 결의에 찬 의지에 의해서 달성될 목표였다.[361]

링컨의 평등사상과 그것을 위한 투쟁은 인간의 평등사상과 투쟁을 독점하다시피 해온 소위 근대 공산주의의 탄생보다 훨씬 앞섰던 것이다. 즉, 링컨의 평등사상과 투쟁은 마르크스와 레닌(Lenin)보다 훨씬 앞선 것이며 소련 공산혁명가 레닌은 아직 태어나지도 않았을 때였다. 그래서 링컨의 평등사상이나 그것의 실현방안은 결코 공산주의적이지도 혁명적이지도 않았다. 그것은 마르크스보다 루소와 칸트에 훨씬 가까운 개념으로 그는 미국의 성공한 독립혁명가들의 온건한 사상을 따랐다. 그럼에도 불구하고 근대사에서 미국의 혁명은 실패한 프랑스혁명이나 이제는 소멸된 소련의 공산혁명에 비해 역사적으로 과소평가되었다. 그것은 아이러니컬하게도 미국혁명이 성공하여 지금도 우리 곁에 있기 때문일 것이다. 그러나 진정한 자유와 평등을 위한 성공적 혁명은 오직 미국독립혁명과 "링컨의 제2차 미국의 혁명"[362]뿐이었음을 역

360 David Hein, "Lincoln's Theology and Political Ethics,"in Kenneth W. Thompson, ed., *Essays on Lincoln's Faith and Politics*, (Lanham: University Press of America, 1983), p. 173.

361 Steven B. Smith, "Lincoln's Enlightenment," in Christopher Lynch and Jonathan Marks, *op. cit.*, p. 275-277.

사는 명백하게 증언해 주고 있다. 1861년 전에 미합중국(the United States)은 일반적으로 복수의 명사로 사용되었다. 그러나 1865년 이후 미합중국은 단수의 명사가 되었다. 국가들의 헐거운 통합이 하나의 나라(nation)가 되었다.[363]

미국독립혁명 당시에 보편적 평등을 실현하지 못한 것은 그들이 평등을 모든 인간에게 적용되는 보편적 규범으로 결코 간주하지 않았었다는 주장에 무게를 실어주는 것도 사실이다. 이것은 남부 노예제도의 옹호론자들의 주장이었을 뿐만 아니라 독립선언서의 원칙들이 오직 백인들에게만 국한된다는 스티븐 더글라스(Stephen A. Douglas) 일리노이 주 상원의원이나 로저 테니(Roger B. Taney) 연방 대법원장 같은 북부 연방의 미주단원들의 주장이기도 했다. 그러나 링컨은 이와 달리 국부들에 의한 타협은 어쩔 수 없이 이루어진 것이지 원칙의 문제가 아니었다고 주장했다. 노예제도는 혁명이 있기 전 1세기가 넘는 기간 동안 이미 존재했었다. 그것은 정착된 제도였다. 혁명 시에 그것을 폐지하려는 북부의 성공적 노력에도 불구하고 미국에서 그 제도는 위태롭게 자유와 공존했다. 비록 실제로 노예제도에 양보가 있었지만 국부들은 그것을 봉쇄되고 또 궁극적 소멸의 길 위에 놓여진 필

362 James M. McPherson, *Abraham Lincoln and the Second American Revolution* (New York: Oxford University Press, 1991).

363 *Ibid.*, p. viii.

요악, 즉 자유에 규칙에 대한 예외로 간주했었다. 그러나 건국 때 노예제도를 종식시키지 못한 것이 독립선언서의원칙들을 정책을 지도할 규범으로 폐기한 것을 의미하지는 않았었다. 따라서 링컨은 후 세대들이 국부들이 시작했던 작업을 수행해 나가도록 노력해야 한다고 주장했다. 그리고 바로 이것은 링컨에게 노예제도를 봉쇄하고 자유의 원칙을 가능한 한 많이 확대하는 것을 의미했다.

그러나 링컨에겐 19세기 중반까지 노예제도가 예외가 아니라 오히려 정반대로 미국적 삶의 규칙이 되고 있는 것을 두려웠다. 노예제도가 새로운 확장과 무제한적 영구화의 길 위에 놓여 있었기 때문이다. 그에게 노예제도를 필요악으로 용인하는 것과 그것을 남부의 칼훈(Calhoun) 상원의원과 그의 동조자들처럼 "긍정적 선"이나 더글라스 상원의원처럼 "도덕적 무관심의 대상"으로 포용하는 것은 전혀 다른 것이었다. 영토의 신정착자들에게 노예제도를 선택의 문제로 인정하는 재량권은 단지 지방의 문제가 아니었다. 왜냐하면 그것은 미국의 전 국가적인 도덕적 신임을 손상시키기 때문이다. 그 문제에 관한 한 인민주권이란 정당한 원칙으로 봉사할 수 없었다. 왜냐하면 그것은 링컨에게 노예의 공동 인간애와 평등한 동의의 원칙에 대한 정당한 존중 없이 정착자들의 노골적인 자기이익에 근거하기 때문이다. 링컨에겐 국부들이 자유사회를 위한 표준적 실천원칙을 수립했기에 그것들은 모든 사람들에게 친숙해져야 하고 모두에게 존중받고 따라서 모두가 일관되게 열망하고 끊임없이 실현하려고 노력해야 하는 것이었다. 링컨은 자신의 모든 지혜와 능력과 열정을 다해, 다시 말해서 자신의 모든 정치적 덕목들을 최대한으로 발휘하여 미국의 국부들이 제시한 자유사회의 표준적 원칙의 실현을 위해 일관되고 끊임없이 노력한 정치가이며 대통령이었다. 링컨의 반노예제도적 원칙은 그가 대통령이 되기 훨씬 이전에 수립되었다. 그럼에도 불구하고 그는 즉각적이고 노예의 소유주들에게 아무런 보상이 없는 해방을 요구하는 폐지론자들의 호소를 거부했다. 링컨의 분별력은 부분적으로는 전쟁을 위한 제휴집단 내에서 서로 다른 파벌들의 조언을 듣고 그것들을 공동선의 관점에서 균형을 잡는 그의 능력에 있었다. 링컨에게 문제는 연방과 자유를 동시에 보존하기 위해서 주어진 환경 속에서 어떻게 독립선언서의 원칙들을 가장 잘 증진시키느냐는 것이었다. 그런 점에서 그는 일종의 중용(the Golden Mean)의 길을 택한 정치적 분별력(political prudence)의 "화신"이었다고 규정해도 좋을 것이다.

링컨은 단순한 정치적 이상주의자(idealist)가 아니었으면 그는 동시에 단순히 기회주의적인 실용주의자(pragmatist)도 아니었다. 실용주의도 정치적 분별력에서처럼 영리함과 민첩함을 의미한다. 그러나 실용주의자들은 자기이익이나 편의성 혹은 성공을 위해 원칙을 저버리는 사람들이다. 만일 이상주의자가 비타협적이고 융통성이 없으며 경직되어 있다면 실용주의자는 이와는 대조적으로 정치를 거의 전적으로 거래의 관점에서 보는 민첩한 타협주의자요 협상자이며 흥정가이다. 그래서 그런 거래주의적(transactional) 리더십은 기업의 세계에서 흔히 발견된다. 한마디로 실용주의자는 늘 어떤 결과가 있지만 정치적 비전과 올바른 목적의식 및 원칙에서 빈곤한 지도자이다. 이상주의자가 자신의 추상적 순결성의 원칙에 얽매여 있다면 실용주의자는 정치에서 도덕적 절대성을 민주적으로 보이는 관용과 타협 그리고 공개성의 선복이라고 간주하여 회피하는 도덕적 둔감성의 결함을 갖고 있다. 바꾸어 간단히 말하면 이상주의자가 선악의 문제에만 집착한다면 실용주의자는 궁극적 선악의 문제를 회피해 버린다. 링컨이 결코 추상적 세계에 얽매여 있는 이상주의자가 아니었듯이 그는 결코 원칙을 포기하는 그런 실용주의자도 아니었다. 그는 결과를 중시하면서도 선과 악에 둔감하지 않았다.

그렇다고 해서 링컨은 법과 도덕을 뛰어넘는 신비한 개인적 매력으로 통치한 카리스마적(Charismatic) 지도자도 아니었다. 전시의 지도자에겐 대담성과 진취성 그리고 병사들과 자원을 강력하게 통제하고 신속하게 동원하는 능력이 요구된다. 그러나 링컨의 대조적인 리더십은 전쟁기간 내내 대통령이 너무 신중하고, 너무 느리며 사건들을 처리하고 결정을 내릴 능력이 없다고 비난받았다. 많은 사람들은 대범하고 진취적이며 자신의 목적에 맞게 역사를 형성하는 나폴레옹(Napoléon) 같은 지도자를 원했다. 그러나 그들은 자신에게 승리를 가져올 역사의 조류에 의존하면서 자신의 국가가 제공하는 자원을 사용하는 러시아의 쿠투조프(Kutuzov) 같은 지도자를 갖고 있었다.[364] 그러나 링컨은 누구보다도 성실한 법과 도덕의 신봉자였다. 그러나 그는 동시에 신중한 분별력의 소유자였다. 레오 톨스토이(Leo Tolstoy)가 1908년에 머나먼 지구의 반대 편에서 링컨에 대해 다음과 같이 말했다:

> 워싱턴은 전형적인 미국인이었다. 나폴레옹은 전형적인 프랑스인이었다. 그러나 링컨은 전 세계처럼 넓은 인도주의적 인간이었다. 그는 자신의 조국보다 더 컸으며 모든 대통령들을 합친 것보다도 더 컸다.[365]

참으로 기가 막히는 아이러니는 링컨이 자기 직무의 거의 끝에 이를 때까지 그가 무조건 노예제도 폐지론자가 아니었기 때문에 노예제도를 폐지할 수 있었다는 점이다. 이 말은 그가 무조건 폐지론자가 아니었기 때문에 아

364 Phillip Shaw Paludan, *op. cit.*, p. 27.

365 Doris Kearns Goodwin, *op.cit.*, p. 748에서 재인용.

니면 적어도 자신을 무조건 폐지론자라고 선언하지 않았기 때문에 대통령이 될 수 있었다는 것을 의미한다. 즉, 그는 대통령이 되었기 때문에 노예들을 해방시키기 시작할 수 있었으며 또한 재선과 내전에서 승리한 이후에야 완전 폐지를 위한 작업에 착수할 수 있었다는 것을 의미한다.[366] 바로 여기에 링컨의 독특하고 위대한 리더십의 특징이 있는 것이다. 링컨의 전 정치적 삶은 민주정치에서, 아니 어쩌면 모든 정치에서, 실제로 보지하고 또 정직하게 천명한 올바른 이유로 올바른 일을 하기가 거의 불가능하다는 하나의 일반화를 설명해 준다.

요긴대 링컨을 단순히 분별력 있는 이상주의자였다거나 원칙을 준수하는 실용주의자였다고 부르는 것도 옳지 않다. 왜냐하면 그렇게 부를 경우 그의 독특한 리더십이 크게 손상될 것이기 때문이다. 따라서 우리는 링컨의 리더십을 구태여 그렇게 보편적인 용어로 표현하기 위해 익지를 부릴 필요가 없다. 구태여 오늘날 리더십 연구에서 널리 사용되는 용어를 사용하려 든다면 링컨의 리더십은 자신의 비전과 원칙을 점진적 개혁을 통해 실현하려는 어쩌면 일종의 변환주의적(transformational) 지도자에 가까웠다.[367] 그 변환의 수단은 그의 수사학과 무력이었다. 말

366 George Kateb, *Lincoln's Political Thought* (Cambridge: Harvard University Press, 2015), p. xii.

367 제임스 멕그리거 번스(James McGregor Burns)가 제시한 소위 "

만으론 불충분했다. 그래서 그는 자신의 비전을 실현하기 위해서 어쩔 수 없이 무력을 사용해야만 했다. 그럼에도 불구하고 링컨의 독립선언서에 새겨진 평등주의의 목적과 헌법적 수단을 통합시키는 탁월한 능력이 없었더라면 그는 승리를 위해서 필요한 그런 규모의 지지자들과 병사들을 동원할 수 없었을 것이다. 링컨의 위대한 업적은 보다 나은 천사들(better angels)을 확인함으로써, 즉 구조와 목적, 이상과 제도, 그리고 목적과 수단 사이의 지상명령 같은 생명보존의 대화를 수행하면서 최선의 국가 모습을 보여 줌으로써 국가에 활력을 넣고 또 동원하는 것이었다.[368] 바로 그런 점에서 링컨은 또 하나의 위대한 정치가에 머물지 않고 수백만 명의 노예들을 모세(Moses)처럼 해방시키고 그들을 포함한 전 미국인들을 미국의 국부들이 들어가지 못했던 진정한 민주주의라는 "약속의 땅"(Promised Land)으로 이끌었던, 그리하여 미국을 국제사회에서 인간의 존엄성을 약속하는 자랑스럽고, 떳떳하고, 자부심에 차 있으며, 당당한 민주국가의 길로 미국을 전환시킨 신대륙의 "무장한 예언자"(an armed prophet)였다.

변환적 리더십"의 관점에서 링컨의 리더십을 기업의 리더십에 적용한 것으로는, Donald T. Phillips, *Lincoln Leadership: Executive Strategies for Tough times* (New York: Grand Central, 2009)를 참조.

368 Phillip Shaw Paludan, *op. cit.,* p. 319.

제6장

군사천재로서 링컨 대통령의 승전 리더십

완전한 아마추어치고는 놀랄 만큼 훌륭했다.
—T. 헤리 위리엄스(T. Harry Williams)

반세기 후 프랑스의
조르주 클레망소(Georges Clemenceau) 수상처럼,
링컨은 '전쟁이란 장군들에게만
맡기기엔 너무도 중요하다'는 것을 알고 있었다.
—제임스 M. 맥피어슨(James M. McPherson)

I. 프롤로그

미국의 저명한 링컨 연구가인 데이비트 포터(David M. Potter)는 1958년 게티스버그 대학(Gettysburg College)에서 개최된 "왜 북부가 내전에서 승리했는가"라는 주제에 대한 학술회의에서 "만일 제퍼슨 데이비스(Jefferson Davis)와 에이브러햄 링컨이 서로 상대 쪽의 지위에 있었더라면 남부가 전쟁에서 승리했었을 것이다"[369]라는 유명한

369 Richard E. Beringer, and et al., *Why the South Lost the Civil War* (Athens and London: The University of Georgia Press, 1986), p. 4 에서 재인용. 원래의 정확한 언명은 "It hardly seems unrealistic to suppose

언명을 남겼다. 역사에 가정이란 부질없는 것이지만 그래도 그의 말이 내전에서 북부가 승리할 수 있었던 데에는 총사령관으로서 링컨 대통령의 역할이 결정적으로 중요했었다는 사실을 강조하는 데에 이보다 더 적절한 표현은 없을 것이다. 링컨은 보통 위대한 해방자나 미국의 구원자로 불려졌지만 데이비드 로원털(David Lowenthal)은 플라톤의 〈공화국〉(*The Republic*)에 철인-왕(philosopher-king)이 있는 것과 꼭 마찬가지로 미연방공화국에는 링컨이라는 철인-대통령(philosopher-president), 그리고 그 전에는 철인-정치가(philosopher-statesman)가 있었다고 주장했다.[370] 미국 흑인들에게 제2의 모세(Moses)로 추앙받았던 링컨을 마키아벨리식으로 표현하면 그는 "무장한 예언자"(an armed prophet)였다.[371] 그런 사실에 입각하여 필

---

that if the Union and the Confederacy had exchanged presidents with one another, the Confederacy might have won its independence," 로서 David M. Potter, "Jefferson Davis and the Political Factors in Confederate Defeat," in David Herbert Donald, ed., *Why the North Won the Civil War* (New York: Simon & Schuster, 2005)(초판은 1960), p. 111에 수록됨.

370 David Lowenthal, *The Mind and Art of Abraham Lincoln, Philosopher Statesman: Texts and Interpretations of Twenty Great Speeches* (Lanham: Lexington Books, 2012), p. 3.

371 Niccolo Machiavelli, *The Prince,* trans, by Harvey C. Mansfield (Chicago: The University of Chicago Press, 1985), 제6장.

자는 링컨 대통령을 위대한 "군사천재"(military genius)[372]로 명명하고 그의 군사적 천재성을 본 논문에서 분석하려고 한다.

미국에서 대통령의 직책은 국가의 최고 행정수반임과 동시에 최고의 군 총사령관이다. 링컨 대통령은 그의 재임기간(1861–1865) 내내 전쟁을 수행하다 1865년 4월 15일 승전의 문턱에서 암살당했다. 링컨은 미국 역사상 그의 전 행정부가 전쟁에 얽매였던 유일한 대통령이었다. 그가 집무를 시작한 바로 첫날 그의 책상에 올라온 첫 번째 문건은 포트섬터(Fort Sumter)의 수비병들이 철수해야 하는지 아니면 전쟁의 위험을 무릅쓰고 공습을 재개해야 하는지를 문의하는 로버트 앤더슨(Robert Anderson) 소령의 편지였다. 링컨은 위험을 택했다. 그리고 4년 뒤 그는 임기 중에 암살당했다. 일찍이 클라우제비츠가 지적

372 "군사천재"라는 개념은 클라우제비츠(Carl von Clausewitz)가 그의 <전쟁론>*(Vom Kriege)*에서 처음 도입한 개념으로 위대한 군사적 영웅을 의미했다. 그에겐 어둠 속에서도 진실에 이르는 희미한 내적 빛을 유지하는 것(coup d'oeil)과 그 희미한 빛을 따라가는 용기가 하나로 결합된 능력의 소유자로 정의되었다. 달리 보다 쉽게 표현하자면 그는 한 눈에 해결책을 즉각적으로 간파해내는 지성적 혜안과 그곳을 성공적으로 실천할 결연한 의지의 소유자이다. 보다 상세한 논의를 위해서는, Carl von Clausewitz, *On War,* ed. and trans., by Michael Howard and Peter Paret (Princeton: Princeton University Press, 1976), 제1권, 제3장을 참조.

했던 것처럼 전쟁은 안개 속 같은 불확실성 속에서 벌어지는 것이기에 그 승패는 궁극적으로 도박(gambling)의 성격을 배제할 수가 없다. 그래서 전쟁의 신(the god of war) 나폴레옹도 운이 좋다는 장군에게 지휘를 맡겼다는 일화가 전해지고 있다. 어쨌든 링컨은 미국의 4년간의 길고 참혹했던 내전에서 최종적으로 승리했다. 그렇다면 그의 승리는 그의 군사천재적 능력의 결과인가 아니면 단순히 행운의 덕택일까? 행운이 여신이 그의 편에 섰을지도 모르지만 링컨 대통령의 승리는 전적으로 군 총사령관으로서 그가 보인 군사리더십의 결과였다. 그의 정치적 리더십은 일상의 평화 시가 아니라 특수한 상황, 즉 극단의 정치적 상황에서 발휘된 위태로운 "전시의 리더십"(leadership in wartime)이었다. 따라서 그의 대통령으로서의 직책수행은 거의 다 최고 군 총사령관으로서의 전쟁수행과 직접 관련된 직무였다고 해도 과언이 아니다.

링컨은 4년에 걸친 길고 힘겨운 전쟁에서 승리하여 마침내 미합중국의 보존이라는 자신의 정치적 목적과 노예해방이라는 전시에 추가된 목적을 모두 성공적으로 달성했다. 그리하여 미국 역사에서 가장 위대한 대통령으로 간주된다. 왜냐하면 오늘의 미합중국이 지금까지 분열되지 않고 유지되어 세계 제1의 위대한 국가로 발전할 수 있었던 것은 그의 덕택이기 때문이다. 그런 정치적 성공의 비결이야말로 국가지도자로서의 위대한 리더십(leadership)의 결과일 것이다. 그러나 여기서는 그의 리더십 가운데 그가 최고 군 사령관(commander-in-chief)으로서 보여준 역량에 관해서만 집중적으로 분석하여 링컨이 탁월한 군사천재였다는 사실만을 입증해 보려고 한다.[373] 이를 위해 단순한 역사적 서술을 넘어 보다 체계적 분석을 위해 클라우제비츠의 소위 "전쟁의 3위일체"(the trinity of war)[374]를 확장시킨 마이클 하워드(Michael Howard)의 분석방식[375]을 융통성 있게 원용할 것이다. 그리고 마지막으로 링컨이 군사천재였기에 가능했던 군에 대한 문민통제의 확립을 그의 업적으로 제시할 것이다. 에필로그에선 링컨의 군사천재성의 원천을 간단히 추론해 볼 것이다.

373 예를 들어, 의회와의 타협이나 성냥이나 수정부와의 절충 같은 현대 민주정치과정에서 요구되는 일종의 중용(the Golden Mean)의 실천과 같은 보다 다양한 덕목들을 다루는 보다 더 폭넓은 정치적 리더십을 다루지 않는다는 뜻이다.

374 Carl von Clausewitz, *Ibid.*, 제1권, 제1장, 제28절; Colin M. Fleming, *Clausewitz's Timeless Trinity: A Framework for Modern War* (Surrey: Ashgate, 2013), 제1장; Thomas Waldman, *War, Clausewitz and the Trinity* (Surry: Ashgate, 2013), 제2장.

375 Michael Howard, "The Forgotten Dimensions of Strategy," *Foreign Affairs,* Vol.57, No.5 (Summer 1979), pp. 975-986.

II. 전쟁의 정책과 전략의 수립

전시에 민주국가에서 행정수반임과 동시에 최고 군 최고 사령관인 대통령에게 제1차적으로 중요한 임무는 국가 정책인 정당한 정치적 목적과 함께 그것을 달성하기 위한 국가전략을 수립하고 그것을 국민에게 명백하게 제시하고 실천할 수 있어야 한다. 링컨 대통령은 피할 수 없는 전쟁을 목전에 두고 군 최고사령관으로서 가장 큰 책임인 전쟁의 정책으로서의 정당한 목적과 승리를 위한 전략을 군사 천재답게 신속하게 수립했다.

우선, 전쟁의 근본적 목적은 분열된 미합중국을 통일된 단일 국가(union)로 회복하는 것이다. 링컨은 취임사에서 가장 웅변적으로 자신의 정책을 천명했다: 이 전쟁은 1776년 계획된 국가가 유지될지 아니면 멸망할 것인지의 시험대였다. 그에게 미합중국의 모든 주의 통합에 대한 국가주권의 문제는 협상의 대상이 아니었다. 주권적 미합중국(the United States of America)과 별도의 주권적 국가연합(the Confederate States of America)간에는 어떤 타협도 가능하지 않았다. 링컨은 1864년에도 "이 문제는 간단명료하고 불변이다. 이것은 전쟁에 의해서만 시도되고 또 승리에 의해서 결정될 문제다"라고 말했다. 따라서 정책적 목적은 노예제도가 1861년 당시 이미 존재했던 주들의 경계를 넘어서 확대될 수 없다는 것을 전제조건으로

하고 있다. 그러므로 링컨에겐 평화를 회복한다는 구실로 어떠한 헌법상의 타협도 없을 것이다. 링컨에게 이 전쟁은 선택의 문제가 아니라 의무의 문제, 정복을 위한 전쟁이 아니라 근본적으로 국가의 자체방어의 문제였다.[376]

둘째, 이 목적을 달성하기 위한 전쟁수행 전략은 다음과 같이 구상했다.

1. 미합중국의 파괴적 독립을 선택한 남부가 독립을 철회하지 않는 한 전쟁은 불가피하다. 남부는 1861년 3월 4일 링컨이 미합중국의 대통령으로 취임하기 한 달 전인 2월 4일 이미 독립국가(The Confederate States of America)를 선포하고 제퍼슨 데이비스(Jefferson Davis)가 대통령으로 취임했었다. 그리고 신정부는 연방재산, 법원, 조폐국과 군사시설들을 접수하고 관세와 같은 연방정부의 예산을 착복했다. 연방정부의 요새들의 소유권은 특히 논란을 야기했다. 왜냐하면 미국 대외정책의 제1의 원칙인 먼로 독트린(the Monroe Doctrine)의 현실을 상징하는 해안 요새들은 연방정부의 공공사업 중에서 최대의 단일투자를 대변했기 때문이다.[377] 따라서 전쟁은 남부의 침략적 행동, 즉 연방정부 소유의 요새로서 반란을 주도하는 사우스 캐

376 William Lee Miller, *President Lincoln: The Duty of a Statesman* (New York: Alfred A. Knopf, 2008), p. 109.

377 John Keegan, *The American Civil War: A Military History* (New York: Vintage Books, 2009), p. 33.

롤라이나(South Carolina)주 내에 소재하고 있는 포트섬터에 대한 남부의 선제공격으로 시작해야 한다. 왜냐하면 남부가 그 요새를 장악하기 위해 포격을 공언하고 있었기 때문이다.

2. 개전 후 미국정부(북부)는 경계선상에 있는 메릴랜드(Maryland), 켄터키(Kentucky) 및 미주리(Missouri)를 포함하여 현재 노예제도가 실행되고 있는 친정부(북부)적 주들(states)을 적대시할 형편이 아니다. 이들 3개의 주들이 남부에 가담하지 않도록 막아야 한다.

3. 남부의 봉쇄작전을 통해 외부의 지원을 완전히 박탈해야만 하고 또 유럽국가들 특히 누구보다도 영국의 적극적 개입을 조정에 의해서든 위협에 의해서든 방지해야만 한다.

4. 궁극적 승리를 달성하기 위해서 정부군은 당장 남부 수도(Richmond)의 점령이 아니라 남부의 전쟁의지를 꺾기 위해 우선 남부군의 군대를 격파해야만 할 것이다. 왜냐하면 전쟁발생의 근본 원인은 남부의 축적된 적대감정에 있지만 반란세력의 "힘의 중심부"(the center of gravity)는 남부의 수도나 영토 혹은 주민들에 있지 않고 그들의 바로 군사력, 즉 군대에 있기 때문이다. 남부군대를 파괴하는 데 가장 효과적인 수단은 남부군사력에 대한 집중적 공세를 취함으로써 북부의 수적 및 물질적 우세가 작용할 수 있게 한다. 남부의 철저한 봉쇄와 함께 한 곳에서의 공

세가 아니라 남부군이 있는 모든 곳에 동시다발적 공세를 펼치는 것이 신속한 승전의 열쇠가 될 것이다.

III. 전쟁 수행의 전략적 차원들

전쟁은 책상 위에서 수립된 계획대로 진행되지 않는다. 이론과 실천 사이에는 언제 어디서나 극복하기 어려운 괴리가 있기 마련이다. 클라우제비츠는 전쟁의 계획과 수행과정 사이에서 피할 수 없는 그 괴리를 마찰(friction)이라 불렀다. 마찰은 군대는 물론 모든 기대 조직의 운영에서 항상 발견되는 것으로 예상치 못한 헤아릴 수 없이 수많은 크고 작은 사건들이 결합되고 시너지 효과를 발생시켜 언제나 의도된 목적에 미치지 못하게 방해하여 작전이나 업무수행의 수준을 떨어뜨린다. 그래서 전쟁에선 필요한 지식을 포함하여 모든 것이 간단하지만 가장 간단한 것도 성공하기 어려운 것이다.[378] 링컨도 전쟁을 수행해 가는 데 있어서 정치, 군사, 사회 및 병참의 차원에서 심각한 마찰에 시달렸다. 전쟁이 4년이나 계속되고 미국 역사상 최대의 전쟁 사상자가 초래된 것은 이런 심각한 마찰이 작전수행의 성공을 끊임없이 지연시켰

378 Carl von Clausewitz, *op. cit.,* 제7장.

기 때문이다.

A. 정치적 차원

원래 전쟁의 목적은 분열된 미합중국의 회복이라는 방어적 목적이었다. 링컨이 대통령에 취임하기 한 달 전에 남부 7개 주가 이탈하여 독립국가를 선포했기에 링컨의 취임사, 즉 1864년 3월 4일에 행한 그의 첫 번째 취임사에는 그의 정치적 목적이 선명히 제시되었다. 링컨은 먼저 "나는 기존에 존재하는 노예제도에 직접 혹은 간접적으로 개입할 목적이 없다. 나에겐 그렇게 할 아무런 법적 권한이 없다. 그리고 그렇게 할 의향도 없다"고 말하면서 남부의 염려가 근거 없음을 밝혔다. 어느 누구의 재산이나 평화와 안전도 이제 막 들어서는 자신의 행정부에 의해서 어떤 방식으로도 위험해지지 않을 것이라고 안심시키면서도 미합중국이 단지 계약의 성격상 하나의 정부가 아니라 국가들의 연합이라 할지라도 계약자 모두에 의한 것이 아니라면 계약으로서 그것이 해체될 수 없지 않느냐고 물으면서 링컨은 합중국은 항구적이고 그 자체의 역사에 의해서 확인되었다고 말했다. 링컨에 의하면 합중국은 헌법보다 더 오래되었다. 그것은 실제로 1774년 연합의 규약(The Articles of Association)에 의해서 결성되었다. 그것은 1776년 독립선언에 의해서 성숙되고 계속되었다. 그것은 1778년 연방규약(the Articles of Confederation)에 의해 더욱 완성되었다. 그리고 마침내 1787년 헌법을 제정하고 확립하는 선언된 목적중의 하나는 “보다 완벽히 통일된 합중국”(a more perfect union)을 수립하기 위한 것이었다. 따라서 어떤 주(state)도 그 자신의 제안으로 합중국에서 합법적으로 탈퇴할 수 없다는 것이었다.

따라서 합중국의 권위에 대항하는 폭력행위는 환경에 따라 반란이거나 혁명이다. 그러므로 링컨 대통령은 헌법과 법률의 관점에서 합중국이 붕괴되었다고 생각하고 그에 따라 헌법이 자기에게 명시적으로 부여한 대로 명령에 따라 모든 주에서 합중국의 법률이 충실하게 집행되도록 자신의 능력을 다할 것이라고 천명했다. 그러면서 이 일을 해나가는 데 있어 유혈이나 폭력은 그것이 국가기관에 강요되지 않는 한 필요하지 않다고 덧붙였다. 그리고 링컨은 이탈의 중심적 개념은 명백하게 본질적으로 무정부적이라고 주장하면서 사실상 이탈자들에게 다음과 같이 경고하며 끝을 맺었다: “정부는 여러분들을 공격하지 않을 것이다. 여러분들이 스스로 침략자들이 되지 않고서는 여러분들에게 갈등은 없다. 여러분들은 정부를 파괴하겠다고 하늘에 맹세하지 않았다. 그러나 나는 정부를 보존하고 보호하며 방어한다는 가장 엄숙한 맹세를 할 것이다.”[379] 이로써 링컨은 합중국을 방어하고 유지하려는 단호한 결심을 표명했다. 그리고 그것은 남부

반란 세력에 대한 일종의 최후의 통첩이었으며 동시에 개전과 함께 링컨의 선명한 전쟁목적이 되었다.

그러나 전쟁이 계속되면서 정치적 목적의 확대가 이루어졌다. 원래 전쟁계획은 남부의 노예제도를 종식시키는 것이 아니었다. 링컨은 "단 한 사람의 노예(any slave)도 해방시키지 않고 미합중국의 단결을 구원할 수 있다면 그렇게 하겠다"는 입장을 거듭해서 분명히 밝혔지만 아무런 반응이 없자 그는 결국 1863년 1월 1일 "노예해방선언"에 서명했다. 그리하여 남북전쟁은 정당한(legitimate) 전쟁을 넘어서서 링컨의 의지에 반하는 "정의로운(just) 전쟁과 혁명적 투쟁"이 되어 버렸다. 이제 전쟁은 "제2의 미국혁명"[380]이 되어 버렸다. 그가 예상은 했지만 그러나 염원하지는 않았던 양상이었다. 일단 전쟁이 새로운 혁명적 양상을 띠자 링컨은 뒤돌아보지 않았다. 전쟁의 목적이 확대되자 그는 원래의 보다 제한적이고 방어적이며 수동적 목적에 집착하지 않았다. 원래의 목적은 전쟁이 길어지면서 국내적 지지를 동원하거나 외국의 개입을

---

379 링컨의 첫 취임사는 그의 유명한 두 번째 취임사만큼 널리 알려져 있지 않지만 비교적 쉽게 구글에서 접할 수 있다. 필자는 Maureen Harrison & Steve Gilbert, eds., *Abraham Lincoln in His Own Words,* New York: Barnes & Noble Books, 1996. pp. 293-305를 참조했음.

380 James M. McPherson, *Abraham Lincoln and the Second American Revolution* (New York: Oxford University Press, 1991).

억제하는 데 더 이상 충분하지 못했기 때문이다. 그리하여 링컨은 전쟁목적의 확대변화를 통해 그것을 이제는 승전을 위한 전쟁수행의 중요한 하나의 전략으로 삼게 되었다. 원래 분열된 국가의 회복이라는 소극적이고 방어적인 목적에 노예해방이라는 적극적 목적을 추가함으로써 혁명적이고 공세적 목적으로 전환시켰다.

그리하여 미국의 내전은 헌정적인 투쟁과 동시에 도덕적 투쟁이 되었다. 링컨은 전쟁의 제1차적 목적을 전혀 바꾸지는 않았다. 단지 추가하고 확대했지만 그것의 실현에 링컨은 변함없이 충실했다. 링컨의 정치적 지혜와 분별력은 인간평등의 독립신인서의 원칙에 대한 도덕적 의무와 헌법하 법의 지배에 대한 법률적 의무를 조화시킨 것이었다. 그의 정치적 비전은 미국정부의 도덕적 목적으로서 자유와 미합중국의 불가분성에 있었다. 이제 링컨은 대통령 취임 시 선서한 대로 헌법을 수호하는 "선서의 의무에 묶인 국가원수"로서[381] 보수적 대통령임과 동시에 동양의 유교사상이 지난 2천여 년 동안 지향해 온 최선의 국가지도자, 즉 인(仁)의 도덕을 실천하는 "도덕적 대통령"(the Moral President)이 되었다.[382] 바꾸어 말하면,

---

381 William Lee Miller, *op. cit.,* p. 3.

382 Donggill Kim, *Abraham Lincoln: An Oriental Interpretation*, (Seoul: Jungwoo-sa, 1983), pp. 177-195. 대통령이 되기 전 링컨의 상세한 도덕적 삶에 관해서는, William Lee Miller, *Lincoln's Virtues: An*

링컨은 헌법에 의거 수립된 법의 지배와 독립선언서의 도덕적 원칙들을 슬기롭게 조화시켜 나가야 했다. 그의 해방선언은 그런 목적을 위한 슬기로운 수단이었을 뿐만 아니라 전쟁수행에서 북부를 위한 병력의 추가동원에 크게 기여하고 또 국내외에서 심리적으로 연방정부의 승리에 기여하는 비장의 방편이 되었다.

B. 군사적 차원

링컨이 예상했던 대로 남부는 포트섬터에 대한 일방적 선제공격을 단행했다. 그 결과로 남부는 스스로 침략자가 되어 버렸다. 링컨의 모든 전쟁행위는 이제 정당한 자구적 방어전쟁이 되었다. 이것으로 링컨은 국내외적으로 법적 그리고 윤리적 부담에서 완전히 자유롭게 되었다. 링컨은 전쟁의 일반적 본질(nature)과 당면한 전쟁의 양상(character)을 정확히 파악했다. 즉, 그는 자신의 장군들보다 근대의 총력전(total war)을 더 잘 이해했으며 그런 새로운 전쟁에 장군들보다 더 올바른 군사전략으로 대처했다. 그는 직면한 전쟁에서 목적은 방어적이지만 그것을 달성하는 수단은 공격적, 즉 공세적 전투를 해야만 한다는 것을 알고 있었다. 군사전략과 작전수행에서 링컨

Ethical Biography (New York: Vintage, 2003)을 참조.

은 처음엔 1812년 영국과 전쟁 그리고 그 후 멕시코 전쟁(1846–1848)의 영웅인 윈필드 스콧(Winfield Scott) 참모총장(general–in–chief)에게 위임했었다. 그러나 그는 연로한 나이와 건강문제로 전쟁을 지휘할 수 없었다. 그의 후임자인 조지 맥클런(George B. McClellan) 장군은 훨씬 더 큰 실망을 안겨 주었다. 그의 뒤 따르는 여러 후임자들도 링컨의 초기 기대에 미치지 못했다. 그들 모두의 소극적 자세와 지휘관으로서의 결함으로 인해 링컨은 어쩔 수 없이 주요 작전기간 동안 군 총사령관의 역할뿐만 아니라 스스로 자신이 사실상 군의 참모총장이 되어야만 했다. 1864년 3월 그가 비로소 믿고 전쟁수행을 위임한 그랜트 장군을 참모총장으로 임명한 이후에도 전술적 차원까지 직접 관여하지는 않았지만 전략적 감독은 계속해 나갔다. 전략과 작전의 모든 차원에서 링컨은 최종적인 승리 그리고 곧 뒤이은 비극의 암살될 순간까지 무서운 전투들의 패배와 실망의 힘거운 시련을 몸소 견디어 내면서 직접 전쟁수행을 통솔한 총사령관이었다.[383]

그러나 링컨의 이 남부군 괴멸전략은 전장의 지휘관들이 그것을 채택하고 실천하는 데까지 상당한 시간이 걸렸다. 전장의 야전 지휘관들은 모두가 한결같이 나폴레옹의 전략의 숭배자들이었다. 1850년대만 해도 사관학교

383 James M. McPherson, *Tried by War: Abraham Lincoln as Commander in Chief* (London: Penguin Books, 2009), p. 8.

에선 나폴레옹 동아리 활동이 활발했었다.[384] 그 결과 사관학교 출신인 북부와 남부의 거의 모든 장군들이 나폴레옹식의 군사 전략이론가 앙투안 조미니(Antoine Jomini)의 사도들이었다.[385] 사관학교에서 전략에 관한 교재들은 1838년 프랑스어로 처음 출간된 조미니의 〈전략론〉(*The Art of War*)의 번역물과 소개서들뿐이었다. 조미니는 정치와는 완전히 분리된 전투를 주창하면서 제한적이고 본질적으로 영토 중심적인 군사적 목표를 도모했다. 그리하여 링컨의 장군들도 한결같이 적의 군대가 아니라 도시나 영토의 점령을 군사작전의 목표로 삼아 전투가 아니라 기동작전으로 정복을 추구했다. 조미니처럼 링컨의 장군들은 전쟁의 참혹한 파괴성을 피해 가려 했다. 링컨은 프러시아의 군사 전략가인 칼 폰 클라우제비츠(Carl von Clausewitz)의 〈전쟁론〉(*Vom Kriege*)을 결코 읽은 적이 없었다. 1831년 독일어로 처음 출간된 클라우제비츠의 전쟁론은 링컨의 사후 거의 10년이나 지난 1874년 영국에서 처음으로 영어 번역본이 나왔기 때문이다.[386] 그러나 링

384 Russell F. Weigley, "American Strategy from Its Beginnings through the First World War," in Peter Paret, ed., *Makers of Modern Strategy from Machiavelli to the Nuclear Age* (Oxford: Clarendon Press, 1986), p. 424.

385 T. Harry Williams, "The Military Leadership of North and South," in David Herbert Donald, *op. cit.*, pp, 41-50.

386 오늘날 가장 일반적으로 사용되는 영어판은, Carl von

컨의 행동은 클라우제비츠의 핵심적 주장을 그대로 빼어 닮았다. 즉 그에게 전쟁은 정치적 목적을 달성하기 위한 단지 수단이기에 전쟁은 결코 정치와 분리해서 독립적으로 고려할 수 없는 것이었다. 링컨의 비서관들이었던 존 니콜레이(John Nicolay)와 존 헤이(John Hay)의 증언에 의하면:

> 모든 전쟁은 정치적 고려에 의해서 시작되고, 지배되고 또 종전된다. 국가나 정부 없이, 돈이나 신용 없이, 지원자들을 공급하는 민중의 열정이나 징집을 지탱시키는 공무적 지원 없이는 군대도 전쟁도 있을 수 없다. 〔…〕 전쟁과 정치는, 즉 작전과 통치는 분리할 수 없고 또 상호의존적인 샴 쌍둥이 같은 것이다.[387]

Clausewitz, *On War,* ed. and trans., by Michael Howard and Peter Paret (Princeton: Princeton University Press, 1976)이다.

387 Eliot A. Cohen *Supreme Command: Soldiers, Statesmen and Leadership in Wartime* (New York: Simon And Schuster, 2002), p. 51.에서 재인용. 정치와 전쟁과의 긴밀한 관계는 전세가 정치에 미치는 중요한 영향도 당연히 포함되어야 한다. 가장 현저했던 경우는 1864년 동서부의 양 전선에서 오랫동안 전세의 지지부진으로 11월의 선거에서 링컨의 재선이 거의 절망적인 상황에서 9월 1일 셔만(Sherman) 장군에 의한 남부의 주요도시 애틀란타(Atlanta)의 성공적 점령이 링컨의 재선을 거의 확실시해주었던 사건일 것이다. 이 경우에 대한 실감나는 설명을 위해서는, Victor Davis Hanson, *The Savior Generals* (New York: Bloomsbury Press, 2013), pp. 96-139를 참조.

전쟁수행을 통제하려는 링컨의 투쟁에 대한 이들의 서술은 정치와 전쟁에 대한 클라우제비츠의 전쟁사상을 가장 강력하게 반영했다.[388] 링컨을 미국의 가장 위대한 총사령관으로 만들었던 것은 전세에 대한 상세한 정보를 흡수하는 능력이나 인간의 성품을 간파하는 능력 못지 않게 바로 전쟁과 정치간 상호작용에 대한 링컨의 남다른 철학적 이해력이었다.

뿐만 아니라 링컨은 클라우제비츠처럼 전쟁을 수행하는 데 있어서 적의 "힘의 중심부"(the center of gravity)를 정확히 파악하고 그 곳을 집중 공격해야 된다고 믿었다. 링컨은 남부의 힘의 중심부가 남부의 수도 리치몬드나 기타 도시나 영토에 있는 것이 아니라 바로 남부의 군대에 있다는 것을 처음부터 정확히 간파했었다. 그래서 그에겐 막강한 남부군의 파괴만이 승리의 길이었다. 그의 장군들은 이 점을 깨닫지 못했다. 링컨의 장군들은 자신들이 수행해야 할 전쟁의 양상이 18세기 프레데릭 대왕(Frederick the Great)의 전쟁은 물론 18세기말과 19세기 초의 4반세기에 걸친 소위 "나폴레옹 전쟁"과는 크게 달라졌다는 사실을 전혀 깨닫지 못했던 것이다. 나폴레옹은 "적에 점령된 수도는 순결을 잃은 여자애와 같다"[389]고 주

388 오늘날 서양에서 수많은 전략이론가들 중에 오직 클라우제비츠만이 "전쟁철학자"로 인정받고 있다. Raymond Aron, *Clausewitz: Philosopher of War* (London: Routledge & Kegan Paul, 1976).

장했었다. 그리하여 "젊은 나폴레옹"이라는 별명을 가졌던 맥클런 사령관은[390] 처음부터 모든 군 작전을 남부의 수도 리치몬드(Richimond)의 점령에 집중했던 것이다. 그러나 그의 그런 작전은 실제로 모든 전투에서 실패만 가져왔다. 나폴레옹식 전쟁 이후 이미 반세기나 지난 1861년 초의 남북전쟁에선 과거엔 없었던 소총, 철도 그리고 전신의 충격이 전쟁의 성격, 즉 전투의 양상을 변질시켰다. 소총은 전장에서 승리를 구가하기 더욱 어렵게 만들었고, 철도는 대규모의 병력을 식량과 함께 대륙적 먼 곳으로 신속하게 이동시켜 장시간 전장에 머물게 했다. 집합적으로 새로운 기술들이 중앙정부차원에서 최고 사령부의 전략적 중요성을 증대시켰다. 야전사령관 혼자서는 더 이상 나폴레옹(Napoléon)이나 웰링턴(Wellington)의 위업을 흉내내길 바랄 수 없게 된 것이다. 나폴레옹 전략의 이론가 조미니가 기대했던 승전을 가져올 단 한번의 결정적 전투나 한 지휘관이 직진들을 통제하는 것이 가능했던 시대는 지나가 버렸다. 전장이 광활한 미대륙 그 자체가 되어버린 것이다. 그리하여 링컨이 현대의 소위 지

389 Napoleon had said, "A capital which is occupied by an enemy is like a girl who loses her virginity." Bernard Brodie, War and Politics (New York and London: Macmillan, 1973), p. 443.

390 Stephen W. Sears, *George B. McClellan: The Young Napoleon* (New York: Da Capo Press, 1999)(초판 1988).

휘체제를 처음으로 수립하지는 않았을지도 모르지만 정부의 고위 사령부가 전장에서 행해지는 전쟁수행에 매일 그리고 즉각적인 영향력을 행사하는 최초의 전쟁 중 하나를 주도했다. 뿐만 아니라 전쟁의 새로운 조건에 맞는 군사조직을 수립해야만 했다. 그리고 그런 신 군사조직은 미국정부(북부)가 전쟁을 어떻게 수행할 것인가에 대한 전반적 구상이 없이는 아무런 의미가 없었을 것이다. 오직 링컨만이 유일하게 작은 프러시아의 비스마르크(Bismarck) 수상과 몰트케(Moltke) 참모총장에 의해 주도된 3차례에 걸친 빛나는 전승을 통해 독일의 민족통일이 이루어지고 1871년 거대한 독일제국이 탄생한 뒤 몰트케 장군의 찬양을 통해 비로소 세상에 널리 알려진 클라우제비츠의 전략이론을 몰트케 장군보다 먼저 실천했던 셈이다. 이런 점에서, 즉 순전히 군사전략의 이론적 관점에 국한시켜 본다면 링컨이야말로 진정한 클라우제비치언이었다고 해도 과언이 아닐 것이다.

남부는 미국의 독립전쟁 때 미국인들이나 베트남 전쟁 때 월맹인들(북베트남)처럼 패배하지 않으면 그것이 곧 승리였다. 지구전에 지친 북부를 평화협상에 끌어들여 독립국가로 인정받거나 북부의 승산이 없다고 판단한 외국이 개입하여 남부의 독립을 지원하면 남부는 독립의 정치적 목적을 달성하게 되는 것이다. 바로 이런 상황을 타개하고 승리하기 위해서 북부는 추구하는 방어적 목적과 달리 전쟁수행은 공세적으로 할 수밖에 없는 처지였다. 그러나 소위 "링컨의 장군들"은 방어적 전쟁의 개념에 사로잡혀 있었다. 그래서 남부군의 파괴는 링컨이 예상했던 것보다 훨씬 어려웠다. 1861년 7월 21일 불런(Bull Run)에서의 첫 전투[391] 이후 거듭되는 전투에서 승리는 고사하고 패배를 거듭하면서 막대한 사상자만들만 늘어났다. 맥켈런을 비롯한 여러 지휘관들이 남부군보다 많은 수의 병력과 물자의 공급에도 불구하고 늘 병사와 병참의 부족을 과장하면서 결정적 전투를 피했다. 링컨의 전투전략은 1862년 1월 13일 부얼(Buell) 장군에게 보낸 서신에서 선명하게 제시되었다:

> 이 전쟁에 대한 나의 전반적 전략을 말하겠다. 우리는 더 많은 병력을 가지고 있다. 적은 접전 지점에서 병력을 더 수월하게 집중시킬 수 있다. 우리가 적보다 더 나은 이점을 어떻게든 이용할 방법을 찾을 수 없다면 우리는 실패하고 말 것이다. 우리의 우월한 병력으로 여러 지점에서 동시에 적을 위협하는 것이 그 방법이 될 것이다.
>
> 그렇게 할 때 한 지점이나 적이 변경하지 않으면 양 지점을 안전하게 공격할 수 있을 것이다. 만일 적이 다른 지

391 남북전쟁의 모든 전투에 대해 지도를 중심으로 상세한 설명을 위해서는, Neil Kagan and Stephen G. Hyslop, eds., *Atlas of the Civil War: A Comprehensive Guide to the Tactics and Terrain of Battle* (Washington, D.C.: National Geographic Society, 2009).

점을 강화하기 위해서 한 지점에서 약화시키면 강화된 곳의 공격을 삼가고 약화된 곳을 장악하고 유지하면 그만큼 얻게 될 것이다.[392]

같은 해 4월 9일 리치몬드를 향한 페닌술라(peninsula) 전투의 목전에서 압도적 군사력을 갖고도 공격을 주저하는 맥클런 군 사령관에게도, "당신에게 다시 한번 말하노니 당신에겐 공격하는 것이 필요 불가결하다. 〔…〕 행동을 취하라"[393]고 명령하면서 주저하거나 방어적 전쟁을 하지 말고 공세를 취하도록 촉구했다. 그리고 9월 15일에는 맥클런과 다른 장군들에게 단지 수도 리치몬드를 장악함으로써 승리할 수 있다는 환상을 버리고 전쟁의 전략적 목표는 적군을 파괴하는 것이라고 상기시켰다.[394] 개전 이후 북부군이 승리한 1862년 9월 17일의 앤티탬(Antietam) 전투와 1863년 7월 3일의 그 유명한 게티스버그(Gettysburg) 전투에서 승리한 경우에도 지휘관들은 도망치는 남부군에 링컨의 기대와는 달리 추격전을 벌이지 않았다. 링컨의 실망은 매우 컸다. 그래서 링컨은 서

392 Joseph R. Fornieri, *Abraham Lincoln: Philosopher Statesman,* (Carbondale: Southern Illinois University Press. 2014), p. 102에서 재인용.

393 *Ibid.,* p. 101.

394 *Ibid.*

부전선에서 7월 4일 빅스버그(Vicksburg)를 함락시킨 그랜트(Ulysses Grant)에게서 비로소 그가 원했던 진실로 "싸우는(fighting) 장군"을 발견했다. 1864년 2월 미국의회가 중장계급(Lieutenant General)을 창설하자 링컨 대통령은 그랜트에게 중장계급을 수여하고 동부전선의 지휘를 맡기었다. 그가 떠난 서부 전선의 지휘는 셔만(William Tecumseh Sherman) 장군에게 위임되었다. 그리고 7월 링컨이 그토록 고대했던 집중적 전면동시진격작전이 착수되었다. 그랜트는 버지니아에서 그리고 셔만은 아틀랜타에서 전투를 지휘했다. 이제야 비로소 북부의 승리는 시간문제가 되었다. 링컨은 비로소 이 두 장군들에게 사실상 전쟁수행의 재량권(free hand)부여했다. 이들은 남부군에 대한 공격은 물론이고 남부군의 궁극적 지원세력인 민간주민들의 사기와 의지를 꺾기 위해서 주민들의 공습도 단행했다. 그들은 링컨과 함께 이 전쟁의 성격이 총력전(total war)이라는 사실을 간파하고 총력피괴진략을 구사하여 승리를 앞당기는 결정적 공훈을 세웠다.

C. 사회적 차원

미국의 남북전쟁은 18세기 유럽의 소수 정예 직업군인들에 의한 제한된 목적을 위해 제한된 수단을 사용하는 제한 전쟁이 아니었다. 시민군들(militia)에 의한 미국의 독립전쟁의 경험은 물론이고 프랑스혁명 후 징집제도에 입각해 새롭게 탄생한 거대한 국민군대(national army)에 의한 국민전쟁 시대의 전쟁이었다. 민주국가에서 여론의 관리와 부응은 전쟁수행에서 본질적인 요소이다. 북부 주민들이 남부지도자들이 처음에 희망했던 것처럼 내전의 결과에 무관심했었더라면 전쟁 초기의 남부의 몇 번 거듭된 전투상의 승리가 정치적 승리로 귀결되었을 지도 모를 일이었다. 그러나 북부인들의 승전결의는 결코 남부인들의 그것에 못지않았다. 그러나 전쟁기간 내내 그들이 링컨의 전쟁목적을 한결같이 모두가 지지했던 것은 아니었다.

사회적 차원에서 기대되는 리더십을 발휘하는 데 있어서 링컨은 당시 지구상에서 유일한 민주국가의 연방행정부가 직면할 수 있는 수 많은 난관을 극복해야만 했다. 링컨은 무엇보다도 북부의 내부적 분열을 억제하고 효율적인 전쟁수행을 위해 의회를 결집시키고 또 일반 여론을 통합시키는 고도의 정치적 역량을 발휘해야만 했다. 1861년 4월 12일 새벽 4시 30분부터 남부군이 포트섬터에 일방적 공격이 계속되자 수비군들이 36시간 만에 항복하고 결국 4월 15일 포트섬터가 함락당하자 링컨은 남부의 항구들에 대한 봉쇄를 선포하고 반란자들을 진압하기 위해 7만 5천 명의 지원병들을 소집하는 최초의 전쟁 같은 조치들을 취했다. 그러자 이 조치들은 벌집에 돌을 던

진 것 같았다. 다음 5주 동안에 4개주(버지니아, 아칸소, 노스캐롤라이나, 테네시)가 병력의 지원을 요구한 데 반발해 남부에 가담해 버렸다. 그리고 4개의 경계 주들(켄터키, 메릴랜드, 델라웨어, 미주리)은 남부에 동조했지만 지금 당장 가담하지는 않기로 결정했다. 델라웨어 주에선 반란에 대한 지지가 위협이 되지 않았지만 나머지 3주에선 반란에 대해 상당한 동정심이 있었다. 링컨은 이 들을 붙잡아두기 위해 모든 노력을 다했다. 링컨은 대통령과 왕의 차이를 이해했다. 왕은 신민들에게 명령을 내리면 되지만 대통령은 자유시민들을 이끌어야 한다. 민주주의 지도자는 자기가 옳다고 믿지만 국민들이 가기를 원치 않는 방향으로 이끌어야만 할 것이다. 링컨은 그들에게 귀를 기울이고, 그들의 두려움을 잠재우고 또 그들의 신임을 얻어가면서 그 일을 해내야만 했다.[395]

미국연방정부와 헌정질서에 대한 링컨의 헌신은 절대적이었기에 그는 남부정권의 정당성을 부인함은 물론이고 남부의 대표자들과 협상하는 것조차 거부했다. 그에게 남부와의 협상은 국론(북부)의 분열을 초래할 뿐이었다. 국론의 일치를 유지하기 위해서 링컨은 전쟁이 진행되는 와중에 헌법에 보장된 몇 개의 인권보호권리를 국가보존의 이름하에 박탈하는 일련의 전례 없는 조치들

395 Albert Marrin, *Commander in Chief Abraham Lincoln and the Civil War* (New York: Dutton Children's book, 1997), p. 117.

을 취했다. 그것들은 정부에 비판적인 언론의 검열을 포함하여 인신보호영장제도(habeas corpus)의 정지와 또 다른 초 법률적 조치들을 지칭한다. 흔히 미국인 자유의 핵심으로 일컬어지는 인신보호영장제도(구속적부심사제도)는 교도관들에게 체포의 합법성을 결정할 수 있도록 재소자를 법관(판사) 앞에 데려올 것을 명령하는 사법적 명령이다. 미국헌법의 제1조 9항은 "인신보호영장제도의 특권은 반란이나 침공의 경우 공공질서가 필요로 할 때가 아니면 정지될 수 없다"고 명시하고 있다. 당시 링컨은 노예제도를 실시하는 메릴랜드(Maryland)가 워싱턴과 북부의 다른 정부의 초소들 사이의 통신을 방해할까 두려웠다. 또한 그는 충분한 병력이 도착하여 수도를 방어할 수 있기 전에 반란군들이 수도를 공격할지 모른다고 염려했다. 따라서 워싱턴으로 통하는 군사도로가 열려 있어야만 했다. 그리하여 링컨은 극단적 필요성이 존재한다고 믿고 4월 27일 필라델피아 시와 워싱턴 시 사이에 있는 군사노선과 그 주변 모든 곳에서 인신보호영장제도를 중단시키는 명령을 내렸다. 그 선은 같은 해에 메인(Maine) 주까지 확대되었다. 그러자 링컨을 폭군이라고 비난하는 민주당원의 비판 속에서 테니(Taney) 대법원장이 그 영장제도의 중지는 대통령이 아니라 의회만의 권한이라는 판결을 내렸으나 링컨은 이를 무시했고 의회는 휴회기간 중이었다. 그 인신보호영장제도는 1863년엔 미국 전역에서 중지되었다. 이 명령의 위반자는 민간법정이 아니라 군사재판에 회부되었다. 미국의회는 1863년 3월 인신보호영장 면제법(the habeas Corpus Indemnity Act)을 채택하여 링컨의 조치들을 정당화하고 전국에서 이 영장제도를 중지시킬 권한을 그에게 부여했다.[396] 그 후 이 인신보호영장제도는 미국 전역에서 중지되었다.

링컨은 메릴랜드 주의 이탈이 워싱턴의 보존을 불가능하게 할 것이기 때문에 무슨 수를 써서도 그곳을 유지할 결심이었다. 수도를 방어할 충분한 병력이 도착하자 링컨은 메릴랜드에서 이탈감정을 진압하기 위해 강력한 조치를 취했다. 도로를 점령하고 주 의회 의원들을 체포했으며 볼티모어(Baltimore)시를 굽어보는 언덕을 요새화하여 사실상 점령해 버렸다. 이러한 조치들에 힘을 얻어 6월과 가을에 있던 선거에서 친합중국파들이 승리하여 메릴랜드의 이탈가능성을 종식시켰다. 켄터키와 미주리는 간단히 점령하기에 너무 넓고 또 너무 멀었다. 이 주들에는 병력제공을 거부하는 주지사들이 있었다. 더구나 켄터키는 주 의회가 주지사의 중립선언을 인정했다. 그럼에도 그런 도발을 무시하고 링컨은 친합중국 감정과 여론이 발전할 수 있도록 하기 위해 휘하 장군들의 침공요청을 거부했다. 이런 링컨의 불개입정책이 켄터키의 비

396 George McGovern, *Abraham Lincoln* (New York: Times Books, 2009), pp. 59-60.

상의회선거에서 친합중국파의 석권으로 보답을 받았다. 미주리에서는 민간인들 양 파 간의 투쟁이 발생하여 링컨의 정책이 기대처럼 성공하지 못하자 링컨은 미주리에 병력을 파견하여 재조직된 주정부의 통제를 유지했다. 그러나 전쟁기간 내내 시민적 무질서가 미주리를 계속 괴롭혔다. 그러나 다행히도 군사작전을 수행함이 없이도 1862년 초에 링컨의 노련한 정치력으로 인해 델라웨어를 포함한 원래 4개의 경계 주들이 새로운 경계 주로 전시 중 반란 편에 선 버지니아(Virginia)에서 합중국파들이 이탈하여 탄생한 웨스트버지니아(West Virginia)와 함께 합중국 편에 머물게 되었다. 합중국을 위한 이들의 결정은 내전의 첫 번째 중대한 전환점이었다.[397]

링컨은 국론집결로 전쟁수행노력을 돕기 위해서 의회의 승인 없이 또 하나의 비상조치를 취했다. 신문이 정치적 기구라는 것을 깨달은 링컨은 일정한 출판물에 대한 정부의 검열과 통제를 격려하는 데 주저하지 않았다. 그는 워싱턴발 군사적 뉴스가 검열되도록 주시했으며 전신뉴스는 전쟁부(the War Department)를 통해 규제했다. 링컨은 언론자유를 탄압하는 조치를 싫어했지만 단호한 조치를 취하기도 했다. 그도 무자비(ruthlessness)할 수 있다는

397 William E. Gienapp, *Abraham Lincoln and Civil War America: A Biography* (Oxford: Oxford University Press, 2002), pp. 89-90.

것을 보여 주었다.[398] 1863년에 시카고의 타임즈(Times)가 노예해방선언을 비판한 뒤 "불충과 선동"의 이유로 잠시 동안 그 신문사를 정간시켰다. 가장 현저했던 것으로는 1864년 40만의 군인들을 징집한다는 날조된 대통령의 선언문을 출판한 뉴욕의 세계(World)와 상업신문(Journal of Commerce) 및 민주당의 신문들의 편집인들과 출판인들의 체포를 명령했다. 그러나 그는 그런 심각한 조치들은 편집인들과 출판인들이 군부에 명백한 해를 끼치는 경우에 국한되어야 한다고 믿었다.[399]

더 나아가, 1863년 1월 1일 링컨은 대통령 권한의 한계를 확장하여 해방선언을 단행했다. 그것은 점진적으로 추진되었다. 그는 먼저 1861년 말 의회에 보낸 새해 연두교서에서 제시했던 것처럼 해방되는 노예들에 대해 연방정부가 보상하고 주정부가 일정한 재정적 부담에 참여하는 연방정부주도 보상해방계획을 경계 주들에게 제안했다. 1862년 3월부터 적이도 4차례에 길쳐 제안했었나. 7월 12일 세 번째 거부당할 때 링컨은 보상정책의 기회를 놓치면 노예제도가 전쟁의 희생물이 될 수 있다는 경고까지 했다. 7월 14일 또다시 경계 주들에 의해 거부당하

398 Paul Johnson, *Heroes* (New York: Harper, 2007), p. 172. 폴 존슨은 링컨의 무자비함이 우드로 윌슨(Woodrow Wilson)으로 하여금 제1차대전에 미국을 참전시킨 안내자(guide)였다고까지 주장. p. 173.

399 William E. Gienapp, *op. cit.*, p. 61.

자 더 이상의 설득노력을 포기하고 일 주일 후인 7월 21일 각료회의에서 해방선언의 예비적 초안을 제시하기로 했다. 그런 상황에서 링컨은 1862년 7월 맥클런 장군 지휘하에 남부의 수도 리치몬드(Richmond)의 점령을 목표로 한 3월–7월의 반도작전(the Peninsula Campaign)과 특히 6월 26일에서 7월 2일까지의 7일 전투(Seven Days' Battles)가 모두 실패한 뒤 "적들은 아무것도 걸지 않는데 정부만이 모든 것을 거는 게임은 더 이상 할 수 없다. 그들이 정부를 파괴하기 위해 시도하면서 그리고 실패할 경우에도 여전히 아무런 손해를 입지 않고 합중국으로 돌아오는 10년간의 실험을 할 수 없다는 것을 적들이 이해해야만 한다"고 냉소적으로 일갈했던 것이다.[400] 이제 링컨은 노예제도에 대한 국가정책에서 역사적 전환을 시작하려 했다. 링컨에게 남부의 친노예제도의 신학(theology)이[401] 원칙적으로 왕권신수설(the divine right of King)과 철학적으로 아무런 차이가 없었다. 전제정(despotism)의 원칙은 신민 위에 군림하는 왕이든 노예를 지배하는 주인이든 모두 같은

400 James M. McPherson(2009), *op. cit.*, pp. 106-107에서 재인용.

401 당시 링컨이 염두에 둔 노예의 신학의 신봉자들은 John C. Calhoun과 그의 사도들인 버지니아의 George Fitzhugh와 사우스캐롤라이나의 James H. Hammond, 그리고 *SlaveryOrdained of God* 라는 책의 저자인 알라바마 출신의 Frederick Ross 목사, Roger B. Taney 판사, 그리고 Jefferson Davis남부의 국가연합 대통령을 비롯한 남부의 정치지도자들 같은 친노예론자들 이었을 것으로 생각된다.

것이었다. 그것들은 신민이나 노예에게 그의 동의를 거부함으로써 타인에 대한 절대적 지배를 자처한다. 그것은 바로 미국국부들이 세운 공화주의의 정반대였다.[402]

그는 해결 방법을 찾았다. 그는 보스턴의 노예제도 폐지론자로서 뉴 잉글랜드의 저명한 변호사인 윌리엄 화이팅(William Whiting)이 저술한 〈반란, 반역 그리고 노예제도에 관련된 대통령의 전쟁권한과 의회의 입법권한〉이라는 제목의 1862년 봄에 처음 출판된 팸플릿(pamphlet)에 의해 영향을 받았음 직했다.[403] 링컨 자신의 법률가적 마음은 전쟁법이 미합중국에 대항하는 전쟁수행에 사용되는 적의 재산(이 경우엔 노예들)을 압류할 완선한 교전자의 권한을 총사령관으로서의 대통령에게 부여한다는 주장을 간파했다.[404] "압류와 몰수선언의 권한들은 가혹하다. 모든 전쟁의 절차들이 가혹한 것처럼 이것도 극단적이지만 그럼에도 불구하고 합법적이다. 그리고 노예들이 일단 입류되면 정부는 분명히 그들이 다시 노예가 되도록 결코 허용하지 않을 것이다."[405] 그리고 링컨은 해방정책은

402 Joseph R. Fornieri, *op. cit.*, p. 40.

403 James M. McPherson(2009), *op. cit.*, p. 107.

404 *Ibid.*, p, 108.

405 *Ibid*에서 재인용. (원래는, William Whiting, The *War Powers of the President, and the Legislative Powers of Congress in Relations to Rebellion, Treason, and Slavery,* 7th ed. (Boston: J.L. Shorey, 1863), passim.)

반란자들에 의해서 자신에게 강요한 것이라 했다. 해방은 군사적 필연성, 합중국의 보존을 위해 절대적으로 필요한 것이었다. 노예들은 그들의 봉사를 받는 사람들에게 부인할 수 없는 힘의 요소이기 때문에 그 요소가 북부에 유리한지 불리한지를 결정해야만 하는 것이었다. 정부는 군대를 본보기로 삼아 반란자들의 심장을 가격해야만 했다.

그리하여 링컨은 자신의 결정을 천명하기 위해 7월 22일 전 각료들을 소집했던 것이다. 반대자도 있었지만 대부분은 다양한 정도로 조건부 찬성을 했다. 스워드(Seward) 국무장관은 찬성하면서도 6월 26일-7월 2일의 7일 전투 후 대중적 낙담의 여파가 가시지 않은 때에 공표하는 것에 반대했다. 그는 링컨에게 군사적 성공으로 지지를 받을 때까지 연기할 것을 권유했다. 그렇지 않으면 세계는 "탈진한 정부의 마지막 조치, 후퇴하면서 내지르는 구원요청이나 마지막 비명소리"로 노예반란을 선동하는 것으로 간주할 것이라는 것이다.[406] 국무장관의 권유를 현명한 권고로 간주한 링컨은 군사적 승리가 있을 때까지 해방선언을 연기했다. 그는 사회적 여론의 주도를 위해서 해방선언의 적절한 타이밍(timing)의 중요성을 인식하고 전투승리의 순간을 기다렸다. 그리고 마침

406 *Ibid.*, p. 109.

내 9월 17일 앤티탬전투(the Battle of Antietam)의 승리가 찾아왔다. 이 전투는 양측의 합친 사상자만 5천 명에 이르는 전시 중 단일 전투로는 가장 피를 많이 흘린 그러나 비긴 전투였지만 남군의 리(Lee) 사령관이 전투 후 버지니아로 후퇴하자 여론은 북군의 승리로 인지했다. 따라서 링컨은 9월 22일 예비해방선언(the Preliminary Emancipation Proclamation)을 발했다. 여기에서 그는 반란 주들이 합중국에 대한 충성으로 돌아올 100일간의 기회를 주었다. 만일 그들이 그렇게 하지 않는다면 오는 1월 1일에 반란지역에 있는 모든 노예들을 해방시키는 선언을 발할 것이라고 천명했다. 그러나 그의 일종의 최후통첩은 아무런 성과가 없었다.

그리하여 마침내 1863년 1월 1일 그는 역사적 노예해방선언(Emancipation Proclamation)에 서명했다. 그는 자신의 선언을 총사령관으로서 자신의 전쟁권한에 근거한 반란을 진압하기 위해 적합하고 필요한 조치로 정당화했다. 다시 말해 전시에 적을 가장 잘 굴복시킬 모든 조치를 취할 대통령의 권한인 "전쟁권한"(War Power)이라는 개념을 채택하고 그것을 해방선언에 사용한 것이다.[407] 해

407 링컨의 전쟁권한은 오늘날에는 "행정권한"이나 "대통령의 특권"(President's Prerogative) 등으로 불려지는 것으로 존 로크(John Locke)의 특권론(the doctrine of prerogative), 즉 공공의 선을 위해서 법의 지시 없이 그리고 때로는 그것이 반해서라도 판결 결정권에 따

방선언은 링컨에게 남부의 전쟁수행능력을 손상시키기 위해 총사령관이 취한 필요하고도 합리적인 본질적으로 "군사적 조치"였다. 그것은 남부노예들이 탈출하여 다가가는 북부군을 지원하도록 격려할 것이다. 노예해방선언

라 행동할 권한에 근거한다. John Locke, "Chapter XIX of Prerogative, in *Two Treatises of Government* (Cambridge: Cambridge University Press, 1991), pp. 175-68, and pp. 374-80을 참조. 이 권한은 과거 독일 바이마르헌법이나 현재의 프랑스 제5공화국헌법에서 인정한 "비상대권"으로 역사적으로는 고대 로마공화정의 일시적 "헌정적 독재권"(constitutional dictatorship)의 개념과 연결된다. 링컨의 경우에 관한 논의를 위해서는, Justin P. DePlato, *The Cavalier Presidency: Executive Power and Prerogative in Times of Crisis*, Lexington: Lexington Books, 2016, 제5장을 참조. 내전기간 동안 링컨 대통령의 폭넓은 권한 행사의 관점에서 클린턴 로시터(Clinton Rossiter)는 링컨이 하나의 헌정적 독재권의 실예를 제공한다는 주장까지 했었다. Clinton Rossiter, *Constitutional Dictatorship: Crisis in the Modern Democracies* (Princeton: Princeton University Press, 1948), pp. 222-245. 20세기에 헌정적 독재권에 대한 가장 유명한 이론서는 Carl Schmitt, *Dictatorship* (Cambridge: Polity Press, 2014)(초판은 1921년 출간)이다. 반면에 하비 멘스필드(Harvey Mansfield)는 마키아벨리가 행정권한의 발명자이며 따라서 중요한 의미에서 미국 대통령직의 진정한 저자라고 주장하면서 링컨을 마키아벨리가 발명한 개념을 사용하고 발전시킨 9명의 행위자들 가운데 한 사람으로 기록했다. Harvey Mansfield, *Taming the Prince: The Ambivalence of Modern Executive Power* (New York: Free Press, 1989), p. 121 and p. 279. 마키아벨리는 링컨이 읽은 도서의 목록에 없다. David C. Mearns, *Three Presidents and Their Books* (Urbana: University of Illinois Press, 1955) 따라서 링컨이 마키아벨리의 영향을 직접 받았다고 할 수는 없지만 링컨의 어록과 행동

은 북부군에 의해서 통제되고 있던 버지니아의 일부와 루이지아나를 포함하여 경계 주들과 테네시를 그 적용대상에서 제외시켰다. 왜냐하면 그곳들은 합중국에 대해 반란을 벌이고 있는 적이 아니었기 때문이다. 적의 재산을 압류하는 대통령의 이 전쟁권한은 오직 명백한 교전 당사국에게만 적용되었다. 그 선언은 합중국이 승리할 때 그 선언이 적용된 노예들에게 자유를 약속했다. 그리고 북부가 승리한다면 제외된 지역에서도 노예제도는 살아남을 수 없을 것이다. 그리하여 그 선언은 북부군을 잠재적 해방군(a potential army of liberation)으로 변질시켰다. 그럼에도 불구하고 이 중대한 선언은 부푼 수사학을 피하고 아주 단조로운 법률적 용어로만 표현되었다.[408] 그리하여 흑인들에게 자유를 허락하고 싶어하지 않는 광범위한 백인 대중들에게 위협적이지 않아 거부반응이 일지 않

들은 정치리더십의 본질에 대한 마키아벨리의 중심적 아이디어들 중 많은 것들을 예시했나는 주상에 대해서는, Brian F. Danoff, “Lincoln, Machiavelli, and American Political Thought,” *Political Studies Quarterly*, Vol.30, No.2, (June, 2000), pp. 290-311를 참조. 그러나 자기 시대의 경멸스런 이탈리아인들에게 위대한 고대 로마공화정의 국가건설과 통치를 부활시켜야 한다고 촉구한 마키아벨리가 〈군주론〉에서 제시했던 구국의 정치지도자란 결국 로마공화정 시대의 일시적인 “헌정적 독재자”를 상정했던 것이라 하겠다.

408 Harold Holzer, *Emancipating Lincoln: The Proclamation in Text, Context, and Memory* (Cambridge: Harvard University Press, 2012), p. 104.

도록 작성되었다. 그러나 그의 해방선언은 적지 않은 반전(anti-war) 운동, 무조건 평화주의(pacifist) 운동을 촉발시키는 국내정치적 부담을 가져오기도 했지만 링컨은 단호했다. 그리고 링컨의 눈부신 수사학은 약 2개월 반 후인 11월 19일 게티스버그 연설에서 나오게 될 것이다. 이 연설은 그것의 모델이었던 기원전 5세기 펠로포네소스(the Peloponnesian War)의 전쟁 중 행했던 아테네의 지도자 페리클레스(Pericles)의 추도사(the Funeral Oration)[409]만큼 현장에서 청중의 감동을 불러일으키진 못했지만 그 후 인류역사에 민주주의 대한 2대 정의와 찬양으로 남게 되었다. 페리클레스의 경우처럼 링컨에게 그의 말은 정치적 차원에선 물론이고 사회적 차원에서도 아주 "강력한 무기"였다.[410]

D. 병참차원

건국 이래 미국은 유럽국가들과는 달리 징집에 입각

409 Robert B. Strassler, ed., *The Landmark Thucydides* (New York: The Free Press, 1996), pp. 111-118.

410 Douglas L. Wilson, *Lincoln's Sword: The Presidency and the Power of Words* (New York: Vintage books, 2006); Harold Holzer, *Lincoln and the Power of the Press* (New York: Simon and Schuster, 2014).

한 상비군제도를 도입하지 않았다. 그리하여 1861년 4월 12일 남부군에 의한 포트섬터의 공습포격으로 전쟁이 사실상 시작했을 때 링컨에게는 전쟁에 즉각 투입할 상비군이 없었다. 당시 미합중국에는 채 2만 명도 되지 않는 정규군이 있었지만 그 대부분이 서부의 전선에 배치되어 있었다.[411] 그래서 링컨 대통령은 새로운 병사들을 모집하여 조직하고 훈련시켜야 하는 사실상 군사력의 창설과 유지와 파병 그리고 끝없는 병참지원과 지원군의 공급이라는 아주 기본적 차원의 문제들을 해결하는 데 스스로 주도해야 했었다. 북부의 승리에 기여한 중요한 요인들 중의 하나는 북부이 우월한 산업적인 힘과 인력을 군사력으로 동원하는 능력이었다. 그리하여 그랜트 같은 북부의 군사 지휘관들은 육로와 강에서 탁월한 수송력의 덕택으로 적의 작전기술을 거의 무용지물로 만들 정도의 그런 압도적 병력을 전개시킬 수 있었다. 더구나 전쟁이 소모전으로 빠져들었을 땐 병참지원의 전략이 군사작전차원보다 더 중요했다. 그것은 대규모의 잘 무장한 병력들을 전투현장으로 투입하고 유지하는 능력이기 때문이다. 이런 병참차원의 성공적 경험이 미국방부의 전략적 교리를

411 Air Force Institute of Technology, *The Logistics of Mobilizing and Supplying the Union Army During the Initial Stages of the Civil War*, CreateSpace Independent Publishing Platform, December 14, 2015, p. 1.

그때부터 지금까지도 형성하고 있다. 미국의 내전에서 승리가 가장 기술적으로 유능한 장군들이나 가장 용감한 병사들이 남부의 편이 아니라 가장 대규모의 일력과 화력을 동원하고 가장 강력한 여론의 지지를 받으면서 그것을 유지할 수 있었던 북부의 편에 돌아갔기 때문이다.

1861년 7월 21일 불런(Bull Run)에서의 첫 전투에서 패전뿐만 아니라 그 후 이어진 엉망진창의 무질서한 후퇴가 모두의 경악과 혼란을 야기했다. 포트섬터의 항복직후 3개월간의 복무계약으로 소집된 7만 명 자원자들로 임했던 불런 전투의 패배와 그들의 복무 계약이 만료되면서 링컨은 불런 전투의 패배가 재앙임을 곧 깨달았다. 밤 새도록 보고를 경청하고 차분히 분석한 결과 링컨은 이 전쟁은 보다 많은 시간과 보다 많은 병력이 필요한 긴 전쟁이 될 것임을 인식했다. 바로 다음 날 링컨은 3년 복무의 50만 지원병을 소집하는 법안에 서명했고 며칠 후 또다시 50만의 추가병력을 소집을 승인했다. 앞으로도 엄청난 전사자들을 대치해 나갈 추가병력의 소집은 계속 될 것이었다. 이런 병력의 동원은 전쟁기간 내내 계속되었다. 그리하여 그 수는 종전 때까지 총 약 3백만 명(남부는 총 약 1백40만)에 달했다. 그러나 유럽의 국가들과는 달리 군사계급이나 상비군의 전통이 없는 미국에서 전쟁은 비효율적일 수밖에 없었다.

미국의 남북전쟁은 일반 대중들의 기억 속에 아직도

생생해 보이는 나폴레옹 전쟁들과는 판이하게 질적으로 달랐다. 왜냐하면 나폴레옹 전쟁이 끝났던 1815과 1861년 사이에 서양세계에선 산업혁명이 폭발적으로 번져나갔기 때문이다. 그 산업혁명은 어느 곳에서보다 더 미국에 영향을 미쳤으며 남과 북 사이에 중대한 질적 차이를 심화시켰다. 그리고 바로 그 남과 북 간의 차이가 결국 남부의 이탈을 발생시키고 내전으로 전환되었던 것이다. 그 결과 가장 현저한 것은 소위 평화 시 혁신의 영향이 군사적 혁신에 비견되었던 것이다. 1861년까지 5만 km에 달하는 미국의 철도망은 대규모의 병력, 장비, 탄약 및 공급품들을 과거에는 상상할 수 없었던 속도로 수송할 수 있게 했다. 또한 1861년까지 총 5백만 km 이상을 커버하는 전신은 여러 군사작전을 동시에 지시하고 여러 개의 아주 먼 전선까지도 통제할 수 있게 해주었다. 콤바인 수확기는 옥수수의 생산 속도와 양의 전례 없는 증산을 가져와 민간 주민들은 물론이고 진 병사들을 먹이는 데 충분하게 해주었다. 통조림과 농축우유의 기술혁신은 병사들이 배낭에 예비 식품을 휴대할 수 있게 하여 신선한 식품에 대한 부담스러운 의존성을 줄이면서 그들의 자율성과 기동성을 증대시켰다. 재봉틀은 의복의 대량생산을 가능하게 해주었으며 고무의 경화는 외투, 장화 및 방수텐트의 대량생산을 가져와 기후에 관계없이 겨울까지도 군사작전을 가능하게 해주었다. 무엇보다도 증기선과 선

조화된 포탄과 더불어 과거 1백 미터 사정거리의 활강총이 아니라 1천 미터 이상의 사정거리를 넘어 과녁을 맞출 수 있는 소총에 의해서 총검이 완전이 쓸모 없게 된 사실을 고려한다면 미국인들이 진실로 역사상 최초의 산업전쟁을 수행했으며 어떤 의미에선 전쟁의 승패가 군사령관의 군사적 천재보다 공장의 재조 생산 능력에 좌우되는 그런 전쟁을 수행했던 것이다.[412] 링컨은 북부의 거대한 산업능력은 전쟁물자의 대량생산시설로 변경시켰다. 그리하여 개전하고 채 1년도 안 된 1862년 6월까지 북부의 공장들은 3,132대의 대포, 1,297,411개의 포탄, 109,810정의 소총과 28,213,700개의 탄약통을 생산해[413] 전선으로 투입되었다. 이것은 참으로 놀라운 숫자가 아닐 수 없다. 북부에서 이런 대량의 병참지원은 전쟁기간 내내 계속되었다. 반면에 산업화에 크게 뒤진 농업중심 사회인 남부는 북부의 이런 병참능력과 전쟁기간 내내 도저히 경쟁할 수 없었다. 그래서 그들은 전쟁무기의 공급을 수입에 그것도 대부분은 북부의 봉쇄를 뚫는 위험한 모험적 밀수업자에 상당히 의존해야만 했다.[414]

412 Raimondo Luraghi, *Five Lectures on the American Civil War(1861-1865)* (Lanham: The Rowman & Littlefield, 2013), pp. 28-29.

413 *Ibid.*, p. 34.

414 *Ibid.*, p. 35.

뿐만 아니라 링컨의 노예해방 선언은 그 내용 속에 해방된 노예들을 합중국의 육군과 해군에 충원한다는 내용을 담아 해방된 흑인들을 병사로 충원하는 정책을 공개적으로 발표했다. 이때 이 정책이 완전히 새로운 것은 아니었다. 이미 해방된 흑인들과 북군 측으로 도망쳐 온 상당한 흑인들이 개전 때부터 해군에 복무했었다. 1862년 7월 "제2차 몰수법"[415](Second Confiscation Act)이 연방 의회에서 통과한 뒤 북부군의 장교들은 비공식적으로 캔사스와 사우스 캐롤라이나의 점령지역과 루이지아나에서 흑인병사들을 충원했었다. 다만 권리박탈의 불법적 법안이라는 의심을 받고 있어서 행정부가 이런 활동을 공식적으로 인정하지 않았을 뿐이었다. 총사령관의 합헌적 권한에 의해 노예해방선언이 정당화된 뒤에도 링컨은 흑인병사들 심지어 북부의 자유 흑인들조차 충원하길 한동안 주저했다. 해방 그 자체보다 해방의 결과로 인해 흑인들의 손에 무기를 쥐어준다는 생각이 민주당과 경계 주들로부터 더 큰 적대감을 야기했기 때문이었다. 그러나 그 후 8월 링컨은 전쟁부가 사우스 캐롤라이나 연안의 섬들에 흑인 연대들을 편성하도록 조용히 허락했다. 미국에서 군복무는 시민권으로 가는 길이었다.[416] 이렇게 하여 예비

415 1861년 8월 초에 의회가 채택한 제1차 몰수법(First Confiscation Act)은 남부의 전쟁수행에 사용된 노예들의 몰수와 해방을 승인했지만 그러나 전장의 장군들에게 그 권한을 부여하지는 않았다.

및 최종 해방선언은 경계 주들을 달래는 것으로부터 남부에게서 노예노동력을 박탈하는 것으로 총사령관의 국가전략을 공개적으로 변경시켰다. 그리하여 자유 흑인들과 해방된 흑인들이 북부의 전쟁노력에서 적극적이고 중요한 역할을 수행했다. 약 50만 명의 노예들이 전쟁 중 북부로 왔다. 이 해방된 흑인들의 대부분은 북부를 위해 노동자나 병사로 봉사했다. 그 후 2년에 걸쳐 약 20만 명 이상에 달하는 흑인 병사와 수병들이 북부의 편에서 싸웠다. 그 결과는 병력공급과 병참문제 해결에 크게 기여했다.[417] 그들의 도움이 없었다면 북부의 승리는 늦어졌거나 어쩌면 승리하지 못했을지도 모른다.[418] 이런 점에서 전쟁 초기에 이어지는 패전에 절망했을 국민들을 집결시키고 전장에서 압도적인 물질적 우월성을 집합시키기 위해서 링컨은 사회적 차원에서뿐만 아니라 및 병참차원에

416 Joseph R. Fornieri, *op. cit.,* p. 92.

417 노예해방선언의 결과는 국내사회적 충격 못지 않게 국제적 파장도 컸다. 유럽에서 상당수의 냉소주의자들이 예비선언을 양키의 속임수라고 비웃었었다. 그러나 링컨이 마침내 최종 선언을 하자 유럽, 특히 영국에서 대규모의 친북부 반응이 발생했다. 거대한 친북부 집회들은 북부와 자유를 지지하는 결의안들을 채택했다. 이 점에 대한 보다 많은 논의에 대해서는 James M. McPherson, *op. cit.,* pp. 159-160을 참조.

418 James M. McPherson, *The Negro's Civil War* (New York: Vintage Books, 1991)(초판 1965), p. xvii.

서도[419] 참으로 놀라운 리더십을 발휘했다고 아무리 강조해도 지나치지 않을 것이다.

E. 기술적 차원

내전이 시작하면서 바다를 지배하기 위한 남북부간 군비경쟁이 진행되었다. 전쟁 초기 남부 국가연합의 해군장관 스티븐 말로리(Stephen Mallory)는 어떤 바다의 대포에도 끄떡없는 철갑함(Ironclad ship)의 건조를 주문했다. 그런 함정은 우월한 연방정부의 해군이 펼치는 봉쇄를 약화시킬 것이며 어쩌면 분쇄할 수도 있을 것이다. 북부의 지도자들, 특히 스텐턴(Stanton) 전쟁부 장관은 이 새로운 괴물이 포토맥 강까지 올라오고 뉴욕과 보스턴 항구로 진입하여 도시들에 포격을 가할 수 있을 것이며 그에 대적하는 어떤 것도 파괴할 것이라고 두려워했다. 이 버지니아(Virginia) 함정의 시험이 치사피그 만(Chesapeake Bay)의 어구에 있는 햄프턴 로드스(Hampton Roads)에서 1862년 3월 8일 시작되었다. 264피트에 달하는 이 철갑함은 2척의 선박을 공격하여 침몰시키고 240명의 수병들을 죽였다. 그리고 석양에 3척의 다른 무력한 배들을 침몰시키려 하

419 상세한 병참내용에 관해서는, Jonathan K. Rice, *Moving Mountains: A Study in Civil War Logistics*, Xlibris Corp., February 23, 2011을 참조.

자 그들 중 2척이 혼비백산하여 도망쳤다. 버지니아 함정은 별다른 큰 손상을 입지 않고 북부가 취할 도전을 기다렸다. 북부의 공업적 창의성과 자원도 준비되어 있었다. 북부의 간첩들은 버지니아 함정이 건조되고 있음을 일찍이 발견했고 브루클린(Brooklyn) 해군 조선소에서 172피트의 철갑함 모니터(Monitor)를 건조했다. 비록 남부 국가연합이 3개월 먼저 건조를 시작했었지만 북부 연방의 스웨덴 태생의 발명가 존 에릭선(John Ericsson)이 뉴욕 선박 건조업자들과 계약하여 단지 100일 만에, 즉 버지니아 호가 발진하기 2주 전에 모니터 호의 건조를 완성했다.

3월 9일 이 두 철갑함들이 햄프턴 로드스에서 맞붙었을 때 새로운 해전의 시대가 시작되었다. 이 두 합정들은 승패를 가를 수 없어 둘 다 철수하고 말았지만 북부의 봉쇄정책과 선박운행에 대한 위협은 끝나 버렸다. 북부가 남부의 계획을 좌절시켰다. 남부의 이점은 겨우 하루, 즉 24시간 동안에 지나지 않았다. 연방정부의 승리는 해군장관 기디언 웰리스(Gideon Welles)와 그의 부하들의 작품이었다. 여기서 중요한 사실은 링컨 대통령이 해군장관을 적극 지지하고 해양기술의 발전에 깊은 관심을 보였었다는 사실이다. 1861년 6월 링컨 대통령은 의회를 설득하여 한 척 이상의 철갑함을 건조하기 위해 1백5십만 달러를 제공했다. 의회는 철판을 시험하기 위한 해군부의 5만 달러의 처음 요청을 거부해 버렸다. 그러나 링컨은 일단 그 돈을 지불하게 했고 의회는 그 후에 모니터 함정을 건조할 보다 많은 예산을 제공했던 것이다. 링컨의 바로 이 결정이 해전에서 승리를 거둘 수 있게 했던 셈이다.[420] 비록 버지니아 호가 북부의 도시들을 파괴할 수는 없었겠지만 그것은 분명히 봉쇄정책을 위험에 빠뜨렸었다. 그리고 북부에 의한 남부의 효율적 봉쇄 없이는 북부의 승리도 위태로웠을 것이다. 전쟁의 기술적 차원에 대한 링컨의 정확한 이해와 그에 입각한 정책의 집행은 그의 전쟁수행능력은 전쟁의 기술적 차원까지도 포괄하고 있었던 것이다.

IV. 문민통제원칙(the Principle of Civilian Control)의 확립

전쟁은 국가 지도자가 재임 중 직면할 수 있는 최대의 도전이다. 특히 군 경험이 거의 전무한 순수 민간인 대통령으로서 링컨이 보여 준 전시 민-군관계(civil–military relations)의 확립은 그 후 민주주의 국가에서 문민통제(civilian control)라는 아주 어려운 항구적 문제에 대한 전형적 모델을 이룩했다. 장교들, 특히 장군들은 고도로 훈련된 외과의사들처럼 전문가들(professionals)이다. 반면에 정

420 Phillip Shaw Paludan, *The Presidency of Abraham Lincoln* (Lawrence: University Press of Kansas, 1994), pp. 120-121.

치가는 긴급한 치료가 필요한 환자의 입장에 있다. 수술을 받을 것인지의 여부를 자유롭게 스스로 결정하고 의사를 선택할 수 있으며 심지어 수술방식(의사의 손으로 아니면 로봇에 의한?)까지도 결정할 수 있다. 그러나 수술절차를 감독할 수 없으며 의사의 수술도구를 선택해선 안 되며 수술 방을 자기 마음대로 재조정해서는 안 된다. 심지어 의학적 훈련을 받은 환자조차그런 시도를 해서는 안되게 되어 있다. 담당의사는 동료의사가 환자인 경우에도 그런 시도에 분명히 분노할 것이다. 바로 이런 논리가 군사문제에 대한 문민통제의 정도를 말해 준다. 전술에 관해서 명령은 말할 필요도 없고 민간인 지도자에 의한 너무 많은 질문은 참견이고 간섭으로 부적절할 뿐만 아니라 아주 위험하기까지 하다. 정상적인 민-군 관계의 이론에 따르면 정치지도자는 목표를 정하고 국민들을 동원하고 적합한 군 지휘관을 선발하여 그에게 전쟁을 위임하는 것이다.[421]

그러나 링컨은 단지 장군을 선발하는 일에 그치지 않았다. 그는 장군들을 선발했을 뿐만 아니라 그들을 교육하고 훈련시켰으며 지도했다. 그렇게 하기 위해서 링컨은 시술적 문제로부터 군대의 조직과 이동에 이르는 모든 문제에 대해 세부사항들을 마스터해야 한다고 믿었

421 Eliot A. Cohen, *op. cit.*, p. 4.

다. 그래야만 링컨은 지휘관들에 대해 정확한 판단을 할 수 있을 것이기 때문이다. 그는 끊임없이 장군들에게 전쟁의 목적에 관해서 교육하고 또 그들에게 전쟁의 근본적으로 정치적 성격에 관해서 상기시켜야만 했다. 그는 전쟁에 대한 전략적 접근법을 제시하고 장군들이 그것을 고수하도록 역설해야만 했다. 그는 전 전쟁기간을 통해서 장군들로부터 통일된 군사적 조언을 받은 것이 거의 없었다. 링컨 휘하의 장군들은 항상 그에게 동의하지 않았고 서로 간에도 그랬다. 심지어 장군들은 아무런 조언을 하지 않으려는 경우도 있었다. 링컨은 군사적 조언자들을 번복시키는 데 주저하지 않았다.[422] 클라우제비츠는 선생론에서 소위 "군사천재"에 관해 논하면서 "총사령관인 동시에 정치가가 되어야 하지만 그러나 결코 장군이길 멈추어서는 안 된다"고 역설했다.[423] 즉 전쟁이란 정치적 목적을 달성하기 위한 수단에 지나지 않지만 정치적 목적은 동원될 수 있는 수단을 항상 고려해야 한다는 뜻이다. 따라서 그에겐 "장군-정치가"가 최선의 모델이지만 그렇지 않은 현실에선 문민통제를 강조했었다. 근대 국가의 전 역사를 통해서 전쟁 중에 민간인 리더십과 군사전략이 철저하게 조화를 이룬 유일한 경우는 그 두 가지가 프레

422 어느 한때 조지 맥클런 장군은 실제로 쿠데타를 고려했었다. 이런 사실에 관해서는, Joseph R. Fornieri, *op. cit.*, p. 125.

423 Carl von Clausewitz, *op. cit.*, pp. 111-112.

더릭 대왕과 나폴레옹과 같이 한 사람에게서 결합을 이루었을 때였다. 그 밖의 정치적 환경이나 체제하에서는 군사적 리더십과 전략이 정치체제가 민주주의적이든 권위주의적이든 간에 그 국가의 비군사적 제도의 성격과는 관계없이 그 국가가 직면한 것으로 인식되는 군사적 위협의 수준과 직접적으로 비례하여 문민통제에서 이탈하는 경향이 있었다.[424]

링컨은 클라우제비츠가 말한 일종의 "정치가-장군"(a statesman–general)이었다. 그는 개전에서 종전까지 전 전쟁기간을 통해 전쟁수행을 꾸준히 감독했다. 아니 링컨은 가능한 빨리 승리하기 위해서 그렇게 해야만 했다. 전신의 기술적 도래가 국가적 통수권자와 전장의 군사지휘관 사이의 관계를 전환시켰다. 스텐턴(Stanton) 전쟁장관실 바로 옆에 있는 전신실이 역시 정보의 센터였다. 그곳에서 링컨은 그때까지 어느 국가 원수도 할 수 없었던 것을 해냈다. 즉, 그는 시간 단위로 전장의 지휘관들과 통신할 수 있었다. 그가 적어도 하루에 한 번이라도 전쟁부의 전신실에 들리지 않는 경우는 드물었다. 그는 그곳에서 종종 몇 시간씩이나 머물렀고 때론 밤을 지새우기도 했다. 전투가 진행 중일 때엔 전신실에서 거의 살다시

424 Russell F. Wiegley, "Military Strategy and Civilian Leadership," in Klaus Knorr, ed., *Historical Dimensions of National Security Problems,* (Lawrence: The University Press of Kansas, 1976), p. 39.

피했다. 이 시간에 그는 전선으로부터 소식을 기다렸을 뿐만 아니라 거의 가능한 모든 차원에서 전쟁수행노력에 관련된 전신의 흐름을 끊임없이 일으켰다.[425] 그는 이 혁신적 기술을 최대한 활용했다. 링컨의 전실실은 오늘날 전시에 많은 비디오 스크린과 컴퓨터를 갖추고 현대 미국 대통령직의 지휘센터가 되는 정교한 상황실(Situation Room)의 직계 전신(direct predecessor)이었다. 오늘날 고위 지휘관들은 수도에 머물면서도 전장에서 진행되는 작전들에 대해 현지 사령관들보다 더 큰 전체적인 감각적 그림(sense of the picture)을 갖게 되었다.

이처럼 링컨은 총사령관으로서 장군들을 시위했을 뿐만 아니라 장군들의 정치적 개입으로 의심되는 행위들은 엄격히 차단했다. 1861년 8월 30일 미주리에서 프레몬트(Fremont) 장군이 일방적으로 계엄령과 함께 노예해방을 선포했을 때 그리고 1862년 4월 13일 데이비드 헌터(David Hunter) 장군이 독사적으로 소시아 수의 해변지역에서 계엄령을 선포하면서 동시에 노예해방을 선포하고 더 나아가서 5월 9일 오직 작은 일부 지역만 연방의 통제하에 있는 사우스 캐롤라이나, 조지아 그리고 플로리다

425 Mark Grimsley, "Lincoln as Commander in Chief," in Stephen D. Engle, ed., *The War Worth Fighting: Abraham Lincoln's Presidency and Civil War America* (Gainesville: University Press of Florida, 2015), pp. 62-63.

에서 모든 노예들의 해방선포를 했을 때 링컨은 이 두 장군들의 급진적 해방조치들을 무효화시켰다.[426] 그는 노예해방의 권한은 오직 총사령관인 대통령 자신의 권한에 속한다는 사실을 강조하면서 그런 권한을 현지 사령관의 결정에 맡길 수 없다는 것을 분명히 했다.[427] 내전에서 거둔 링컨의 승리는 그가 "군사천재"임을 입증해 주었을 뿐만 아니라 그 후 미국에서 전시에 민-군 관계에서 문민통제의 원칙을 정착시켰다고 해도 과언이 아닐 것이다.[428]

---

426 William Lee Miller, *op. cit.*, pp. 127-139 그리고 pp. 293-295.

427 Joseph R. Fornieri, *op. cit.,* pp. 67-68.

428 미국과 달리 유럽에선 모든 강대국들에서 군사전략이 정책에 봉사하기보다 정책을 형성했다. 근대 군국주의의 절정은 미국의 남북전쟁의 종결 후 군국주의적 프러시아가 1866년 대(對) 오스트리아 전쟁 그리고 1870년의 대(對) 프랑스 전쟁에서 모두 승리하여 유럽의 국가들에게 프러시아가 했던 것처럼 정치사회적 삶의 모든 국면들을 군사적 편의에 복종시키지 않는 한 국가의 안전을 확보할 수가 없다고 확신시킨 후에 발생했다. 이 시대에 모든 유럽 국가들에서 민간 정치인들은 자국의 군부가 1866년 오스트리아 그리고 1870년 프랑스와 같은 패전의 운명을 피할 수 있게 해줄 것이라는 희망과 기대 속에서 국가의 정책적 방향에 대한 주요 결정권을 군부에 이양해 버렸다. 그리고 그들은 프러시아처럼 승리할 수 있을 것이라고 믿었다. 정반대의 경우도 있었다. 예를 들어 월남전 때 린든 존슨(Linden Jonson) 대통령은 심지어 전술적 차원까지 지나치게 개입하여 군부의 작전권을 사실상 무력화 시켜버렸다. 미국사에서 전략적 차원에서의 개입으로 문민통제를 유지하면서도 장군들에게 전략적 재량권을 주어 링컨의 모범을 따랐다고 보여지는 링컨의 후임자로는 제2차 대전 때 프랭클린 루즈벨트(Franklin

V. 결론

스티븐 스필버그(Steven Spielberg) 감독이 2012년 영화화 했던 링컨의 전기작가인 역사학자 도리스 컨즈 굿윈(Doris Kearns Goodwin)은 링컨이 "정치적 천재"(political genius)라고 기술했다.[429] 굿윈에 의하면 링컨의 정치적 천재성은 과거의 정치적 경쟁자들과 우정을 수립하고, 영구적 적대감으로 확대될 상처받은 감정을 치유하고, 하급자들의 실패에 대한 책임을 스스로 지고, 공헌을 공유하며 실수로부터 배우는 개인적 특징으로 나타났다. 또한 그는 대통령직에 고유한 힘의 원천에 대해 예리한 이해력과 자신의 통치연대를 그대로 유지하는 등 비교할 수 없는 능력, 자신의 대통령직의 특권을 보호할 필요성에 대한 강인한 인식과 타이밍에 대한 달인적 감각의 소유자였다. 게다가 내각에서 강력한 자부심의 소유자들을 다루는 그의 성공적 솜씨는 우리가 일반적으로 품위와 도덕성과 관련시키는 성질들이 위대한 정치인의 손에서는 동시에 인상적인 정치적 자원이 될 수 있다는 것을 보여주었다는 것이다. 링컨은 소위 막스 베버(Max Weber)가

Roosevelt) 대통령과 1991년 걸프전 당시 조지 H.W. 부시(George H.W. Bush) 대통령이 비교적 가까운 경우라 하겠다.

429 Doris Kearns Goodwin, *Team of Rivals: Political Genius of Abraham Lincoln* (New York: Simon & Schuster, 2005), p. xvii.

소명의 정치가에게 요구된다고 말했던 "신념의 윤리"와 "책임의 윤리"를 동시에 내면화했던 역사와 현실에서 보기 드문 정치가였음이 분명하다. 특히 책임의 윤리에 대한 그의 생각은 "끝이 좋으면 다 좋다"(All's Well That Ends Well)는 셰익스피어의 생각과 꼭 닮았다. 링컨은 이렇게 말했었다:

> 만일 끝이 좋으면 나를 반대한 말은 아무 것도 아니다. 그러나 끝이 안 좋으면 내가 옳았다고 맹세하는 열 명의 천사들도 별 소용이 없을 것이다.[430]

그러나 본 장에서 필자는 링컨의 정치적 천재성에 관해서가 아니라 그의 군사천재성에 국한하여 집중적으로 분석했다. 그것은 링컨의 승리가 결코 정치천재의 당연한 성과이거나 아니면 단지 행운의 결과가 아니라 전쟁지도자로서 링컨의 천재적 역량의 결과였다는 것을 입증하기 위해서였다. 링컨은 전시 중 최고 총사령관으로서 철저히 훈련되고 교육된 전략적 천재성을 보여 주었다. 그는 군사문제에 대한 정규교육이나 훈련을 결코 받은 적이 없었다. 그럼에도 불구하고 그는 클라우제비츠가 말하는 "군사천재"였다. 그는 다가오는 전쟁의 본질을 거의 즉각적으로 정확히 간파하고 올바른 정책과 전략을 수립했

430 George McGovern, *op. cit.*, p. 113에서 재인용.

으며 전쟁수행 과정에서는 총사령관으로서 장군들을 선발하고 단호하게 임면했을 뿐만 아니라 전투수행의 전략까지 직접 지도했다. 또한 긴 전쟁기간 내내 전쟁권한이라는 대통령의 특권까지 행사하면서 국민적 단결을 유지했으며 거대한 병참지원도 성공적으로 수행해 냈다. 또한 그는 민주주의 국가에서 전시에 유지하기 어려운 문민통제의 원칙을 확립했다. 그리하여 소위 클라우제비츠의 카멜레온 같은 전쟁의 유기적 3위 일체를 성공적으로 관리하였다. 그리고 무엇보다도 그는 결국 미국 내전의 총력전에서 완벽하게 승리하여 전쟁의 정치적 목적을 성공적으로 달성했다. 따라서 그를 군사천재라고 불러도 아무런 손색이 없을 것이다.

제7장

승전의 문턱에서 아무 말 없이 떠난 링컨

링컨은 이제 세기를 초월하는 인물이다.
—에드윈 스텐턴

I. 프롤로그

1865년 3월 4일(링컨 대통령이 암살되기 6주 전) 약 5만여 명의 남녀 군중들이 폭우와 발목까지 빠지는 진흙탕 속에서 미 국회의사당 밖에 서 있었다. 그들은 링컨의 두 번째 취임식을 보기 위해서 모인 것이다. 그가 연단에 올라 미합중국의 재통일을 위한 웅변적 호소를 했을 때 그의 취임사의 정신적 메시지는 더욱 앙양되었다.

> 〔…〕 어느 누구에게도 원한을 품지 않고, 모두에게 자비심으로(with malice toward none, with charity to all) 〔…〕 우리가 시작한 일을 완수하기 위해 우리 모두 매진합시다. 〔…〕 우리 자신들 사이에서 그리고 모든 나라들과의 사이에서 정의롭고 항구적인 평화를 성취하고 신봉할 모든 일을 하기 위해 우리 모두 매진합시다.[431]

그가 연설하는 동안 갑자기 태양이 구름을 뚫고 나오면서 햇살이 곁으로 평온한 큰 키의 링컨 대통령을 감쌌다. 취임식에서 링컨은 한 사람의 위대한 배우라고 말해도 좋을 연기자였다. 실제로 링컨이 오른 손을 들었을 때 그에게서 몇 피트 떨어진 곳에 미국에서 유명한 연극 배우 한 사람이 서 있었다. 그는 26세의 메릴랜드 출신의 존 윌키스 부스(John Wilkes Booth)였다. 그는 남부연합국의 동조자로 링컨과 북부에 대해 병적인 증오심을 품고 있었다. 그는 아주 충동적이고 드라마적 성향을 가진 인간이었다. 그는 총이나 칼을 소지하지는 않았지만 링컨 쪽으로 돌진했다. 그때 워싱턴 시 경찰국 소속의 윌리엄 웨스투펄(William Westfall) 경관이 그의 팔을 꽉 움켜쥐고 뒤로 잡아 당겼다. 그 경관은 부스가 빠져나가려 하자 그를 더욱더 단단히 움켜잡았다. 워싱턴 시에서는 누구나 알고 있었듯이 그 경관도 링컨 대통령의 생명을 노리는 음모들이 있다는 것을 잘 알고 있었다. 심지어 링컨 대통령이 죽임을 당하는 것은 가정(if)의 문제가 아니라 때(when)의 문제일 뿐이라고 말하는 이들조차 있었다.

그러나 그 경관은 부스를 바로 그 현장에서 체포하거나 따로 조사조차 하지 않았다. 부스가 자신은 단지 넘어

431 링컨 대통령의 두 번째 취임사는 그의 게티스버그 연설문과 함께 워싱턴 D.C.에 있는 링컨 기념관 내 한쪽 벽에 그 전문이 새겨져 있다.

진 것뿐이라는 그의 변명이 통했던 것이다. 부스 같은 유명인사를 체포했다가는 오히려 경찰관만 곤란해질지도 모르는 일이었기 때문이다. 그러나 부스는 분명히 그것만이 전부가 아니었다. 링컨의 취임연설을 들으면서 그의 속은 부글부글 끓고 있었다. 취임사의 아름다움과 시심은 오히려 그의 분노를 작렬시켰다. 군중들 속에서 링컨을 향한 기쁨으로 빛나는 수 많은 흑인들의 얼굴을 보고 그는 구토하고 싶었다. 그리하여 링컨을 그의 권좌에서 쳐내려는 그의 결심은 더욱 강렬해졌다.

링컨도 취임연설로 모든 것을 끝내지는 않았다. 그는 자신의 두 번째 임기 중의 웅대한 계획을 갖고 있었다. 전쟁으로 찢겨지고 피폐해진 나라를 치유하려면 앞으로 4년보다 더 긴 시간을 필요로 할 것이었다. 범국가적 차원의 치유(healing)가 링컨의 최우선적 야망이었다. 그 어떤 것도 그의 길을 방해해선 안 되었다. 그러나 이제 아주 강력한 악(evil)이 링컨 대통령을 엄습하고 있었다.

II. 음모꾼들의 사악한 계획

링컨 대통령은 미국의 흑인 노예들에게는 영웅이었다. 링컨은 노예해방선언(Emancipation Proclamation)을 통해 그들을 "약속의 땅"으로 인도하는 모세 같은 "에이브러햄 아버지"(Father Abraham)이었다. 그러나 전쟁을 택한 링컨에 대한 분노로 많은 사람들이 심지어 북부에서조차 링컨의 죽음을 부르짖었다. 뉴욕의 한 집회에서 어떤 연사는 "시저(Caeser)에겐 브루투스(Brutus)가 있었다는 사실을 링컨에게 상기시킵시다"고 절규하기도 했었다. 남부연합국의 수도인 리치몬드 시가 함락되고 제퍼슨 데이비스(Jefferson Davis) 대통령과 그의 전 각료들이 북부군의 입성 직전에 모두 도망쳤다. 반면에 뉴욕, 보스턴 및 워싱턴 같은 곳에서는 반란군의 몰락이 임박한 것으로 보이면서 사람들이 길거리에 나와 기쁨에 넘쳐 춤을 추었다. 부스에겐 북부의 압제를 종식시킬 수 있는 유일한 사람으로 자신이 이제 운명적 사나이가 되었음이 분명했다. 노예제도와 남부식 생활방식 그리고 남부연합국 자체를 보존하기 위해서 뭔가 극적인 일이 벌어져야만 했다. 만일 남부군의 총사령관인 로버트 리(Robert Lee) 장군이 그런 일을 할 수 없다면 자기가 그 일을 해야만 했다. 링컨에 대한 증오심과 노예제도에 대한 자신의 굳은 신념이 링컨의 노예해방선언 후 소리 없는 분노로 뭉쳐 그의 가슴속 깊이 자리잡았다.

부스는 단독(erysipelas)이라는 질병에 걸려 무대에서 공연할 수 없었던 전년(1864년) 8월에 이미 쉬는 기간을 이용하여 갱(gang)단을 모집하기 시작했었다. 10월에는 캐나다의 몬트리올에 가서 그곳에서 제퍼슨 데이비스 대통령의 첩자들과 접속했다. 데이비스 대통령은 북부에 대한 첩보와 음모활동의 비용을 지불하기 위해서 순금으로 1백만 달러 이상을 따로 마련하고 그 돈의 일부를 캐나다에 은닉했다. 데이비스의 첩자들과 만나 부스는 자신의 활동비를 제공받았을 뿐만 아니라 자기와 남부정부간의 직접적인 연계를 구축했다. 그는 자기의 사악한 계획에서 핵심적 역할을 수행할 사람들과 메릴랜드에서 보다 저명한 동조자들을 만날 수 있게 해 줄 소개장과 함께 1천5백 달러짜리 수표를 받아 가지고 돌아왔었다. 그들의 도움 없이는 부스의 사악한 계획, 즉 링컨을 납치해서 남부의 깊숙한 곳으로 성공적으로 몰래 끌고 갈 가능성은 전혀 없었다.

이제 질병에서 회복한 부스는 링컨의 납치를 아주 중대한 일로 간주하는 새로운 무리의 음모꾼들과 여행하면서 남부의 반란운동에 더욱 더 깊이 침전했다. 그리하여 링컨에 대한 그의 추상적 증오심으로 시작했던 일이 이제는 부스에게 일생일대의 업이 되어 버렸다. 그러나 아직까진 분리주의 운동권 밖의 어느 누구도—심지어 그의 약혼자까지도—그의 적개심의 깊이를 알아채지 못했다. 그는 아주 기교 있는 배우요 카리스마적인 거짓말쟁이였다.

III. 마침내 기다리던 승전보, 그러나

취임식 이후 5일째인 4월 9일(월요일) 남부군의 총사령관인 로버트 리 장군이 버지니아의 애포머톡스 코트 하우스(Appomattox Court House)에서 북부군의 그랜트(Grant) 장군에게 무조건 항복했다. 60만 명 이상의 사망자를 낸 미국의 내전이 마침내 종식되었다. 다음 날(10일) 밤 워싱턴에선 횃불을 든 군중들이 백악관을 향해 나아갔다. 그들은 이 역사적인 날 밤에 링컨 대통령의 모습을 보고 싶어했다. 그들은 이제 연설가로 유명해진 그의 "승전의 연설"을 들을 수 있을지도 모른다는 기대에 차 있었다. 그러나 링컨은 그날 밤에 연설할 기분이 아니었다. 그는 이 승리의 순간을 누구보다도 오랫동안 애타게 기다렸었다. 그러나 그는 그 순간에 자제해야만 했다. 연설을 충동적으로 해서는 안 되었다. 그는 연설 후 군중들이 환호 속에 빠져드는 것을 바라지 않았다. 오히려 국민들이 듣고 싶어하는 것이 아닐지라도 링컨 대통령은 진실을 말할 필요가 있었다. 군중들은 화해가 아니라 보복을 원했다. 그들은 웅변적이고 장엄한 말을 원했다. 영감을 주는 말을, 심지어 허풍마저 기대했다. 그들은 전쟁에서 승리한 바로 다음 날에 관해서, 그들은 가능한 한 아름답고 시적인 표현으로 승리를 규정지을 "위대한 에이브러햄 링컨 대통령의 연설"을 들은 바로 그 밤에 관해서 손자 녀석들에게 얘기하고 싶었을 것이다. 바꾸어 말하면 그들은 "역사"를 직접 목격하고 싶었을 것이다. 링컨도 그들을 만족시키고 싶었을 것이다. 그러나 감정은 반쯤 형성되었지만 연설문은 아직 쓰여지지 않았다. 그래서 그는 그날 밤 연설을 할 수 없었다. 그래서 링컨은 미소 지으며 연설을 듣고 싶으면 다음 날(내일) 밤에 다시 오라고 말했다. 그의 흥분하지 않은 음성이 차가운 밤공기를 통해 군중들에게 전달되었다. 그리고 그는 백악관에서 자신의 마지막이 될 연설문, 그 운명적 연설문을 작성하기 시작했다.

IV. 마치 로마의 브루투스인 양

전쟁에서 승리한 이틀 뒤인 4월 11일 군중들이 다시 한 번 백악관으로 몰려왔다. 수많은 사람들이 링컨 대통령의 연설을 듣기 위해 백악관의 잔디를 짓밟고 까치발을 딛고 서서 가능한 한 링컨 대통령에 가까이 가려고 안달했다. 모두가 링컨의 연설에 목말라했으며 남부가 혹독한 응징을 받아야 한다는 말을 듣고 싶어했다. 북부인들은 모두가 보복을 원했다. 남부의 정치지도자들과 장군들이 교수형에 처해지고 남부가 전쟁 복구비를 지불하길 원했다. 자신들의 가슴속에 충만한 똑같은 정당한 분노로 가득한 링컨의 연설을 모두가 기대했다.

링컨의 모습을 보는 것만으로도 환호하는 군중들은 링컨의 양 어깨를 짓누르고 있는 엄청남 책임감의 무게를 상상할 수조차 없었다. 그러나 링컨은 청중을 바라보면서 눈앞에 있는 막중한 과업에 대해서 그리고 남부 국가들을 어떻게든 평화롭게 미합중국에 다시 복귀시키는 화해와 통합의 능력이야말로 전쟁의 승리 그 자체 못지않은 위대한 국가적 도전이라는 것에 관해서 말할 준비가 되어 있었다. "우리는 지금 슬픔이 아니라 기쁜 마음으로 이곳에 모였다"라고 링컨은 부드럽게 연설을 시작했다. 그는 그랜트(Grant) 장군과 군대에 승리의 영광을 돌리고 워싱턴 시내를 행진하는 큰 퍼레이드와 함께 국가적 축제를 열 것임을 약속했다. 링컨은 청중들의 분위기를 읽을 수 있었지만 그날 밤 그의 연설에 연극성(theatricality)은 없었다. 그의 연설은 우울하고 심지어 청중들을 침울하게 하는 단조로운 톤으로 냉혹하고 엄연한 사실들만 전개하였다. 연설이 길어지고 재미가 없자 청중 속의 사람들이 슬그머니 빠져나가 어둠 속으로 사라지기 시작했다.

그러나 부스는 단 한마디도 놓치고 싶지 않았다. 그는 큰 나무에 기대 서서 그 나무를 군중들에 대한 일종의 완충지로 이용했다. 그는 권총으로 링컨을 쏠 수 있을 만큼 충분히 가까운 거리에 서 있었다. 그의 곁엔 암살 공범들인 데이비드 헤롤드(David Herold)와 루이스 파월(Lewis Powel)이 함께 있었다. 부스는 링컨이 교양 있는(literate)

흑인들과 북부를 위해 싸운 흑인들에게 투표권을 부여하는 것에 관해 말할 때 귀를 쫑긋했다. 그는 노예들이 미국의 평등한 시민들로 간주되어야 하고 자신들의 재산을 소유할 수 있으며 투표하고 선출직 공직에 입후보할 수 있으며 심지어 백인 여자들과 결혼까지 할 수 있을지도 모른다는 (당시엔) 터무니없는 생각에 분노로 치를 떨었다. 흑인들에게 참정권이란 말만으로도 터무니없지만 그것은 언젠가 흑인이 미국의 대통령이 될 수 있을지도 모른다는 것을 의미했다. 부스는 결코 그런 일이 일어나게 그대로 놔둘 수가 없었다.

부스는 파월에게 "지금 쏴라!" "그의 머리에 총알을 박아라!"라고 명령했다. 그러나 파월은 총을 뽑지 않았다. 그는 부스의 명령을 거역하는 것이 두려웠지만 총을 쏜 후 자신을 갈기갈기 찢어버릴 이 군중들이 훨씬 더 무서웠던 것이다. 부스는 자신이 파월의 권총을 낚아채서 군중들에게 제압당하기 전에 한두 방 쏠 수 있었지만 지금은 충동적으로 행동할 상황이 아님을 감지했다. "내가 끝장을 낼 거야"라는 말을 뱉으면서 그는 빈정거렸을 뿐이다. 24시간 전만 해도 그는 링컨 대통령을 납치할 방법을 생각했었다. 그러나 이제 그는 자기가 언제 어디에서 어떻게 링컨을 쏴 죽일 것인지를 알게 되었다. 그날은 4월 13일 목요일이었다. 부스는 링컨을 극장 안에서 암살하기로 결정했다(13일은 시저가 폼페이 극장의 원로원회의에서 암살된 날). 극장은 부스가 세상에서 가장 편안하게 느끼는 유일한 장소였다. 그리고 링컨은 극장에 자주 가는 것으로 알려져 있었다. 링컨은 부스가 공연하는 것을 실제로 본 적이 있었다. (당시 링컨의 관람에 부스가 너무 화가 나서 그날 형편없는 연기를 했었다고 한다.)

비수는 암살무기로 쓸모가 없었다. 만일 몇 피트 떨어진 곳에서 총을 발사하여 과녁을 벗어나 버리면 링컨에게 달려가 비수로 찌를 기회는 없을 것이다. 그는 셰익스피어의 줄리우스 시저에서 이 아이디어를 빌렸는데 6개월 전 브로드웨이에서 그의 다른 두 배우 형제들과 함께 그 작품에 출연했었다. 아이러니컬하게도 그 공연에서 그는 암살자로부터 살아남는 마크 앤토니(Marc Antony)의 역을 연기 했었다. 그런 연기들이 부스에게 13일이라는 날짜에 대한 영감을 주었다. 다음 날이 바로 13일이었다. 그래서 그는 우선 다음 날 링컨이 극장에 가는지를 알아내야만 했다. 또한 그는 어떤 작품이 공연되고 있는지를 알아봐야 했고 그래야 가장 적합한 암살 순간을 선택할 수 있을 것이기 때문이다. 바로 그 순간에 공연을 중단시키고 자신의 "불멸의 대사"(immortal line)를 말할 때 자기를 방해할 관객이 없을 것이다. 그러나 그의 도피계획은 여전히 분명하지 않았다. 기본 계획은 암살을 실행한 뒤 말을 타고 워싱턴 시를 빠져나가 사랑하는 남부의 품 안으로 사라지는 것이었다. 일단 거기에 가면 자신의 용맹스런 행동에 대해 전해 들은 친구들과 동지들 그리고 심지어 낯선 사람들도 자기가 멕시코로 도피할 수 있도록 기꺼이 도와줄 것이라고 그는 혼자서 막연하게 믿고 있었다.

V. 영부인을 위하여

다음 날인 4월 13일 링컨 대통령은 극장에 가지 않았다. 그날엔 그런 일정 자체가 없었다. 그러나 비운의 그날은 단 하루 지연되었을 뿐이다. 링컨 대통령의 영부인 메리는 이날 2장의 그로버 극장의 입장권을 갖고 있었다. 그로버 극장(Grover's Theatre)은 "알라딘"(Aladdin or Wonderful Lamp)이라는 화려한 작품을 공연할 뿐만 아니라 그날 밤엔 배우와 관객들이 모두 기립하여 특별히 준비된 애국심을 고취하는 노래를 모두 함께 부르는 웅대한 피날레가 프로그램에 추가되어 있었다. 워싱턴에선 모두가 그 이야기를 했다. 그런데 포드극장의 매니저인 제임스 포드(James Ford)로부터 "우리의 미국 사촌"(Our American Cousin)이라는 아주 인기 있는 소극을 공연한다는 전갈을 받고 메리 여사의 마음이 바뀌었다. 로라 키니(Laura Keene)라는 전설적 여배우가 이번 공연에서 자기의 고정된 플로렌스의 트렌차드(Florence Trenchard) 역을 그날 밤 1000번째로 기념 출연을 한다는 것이었다. 포드는 그런 드문 기회를 놓쳐서는 안 될 것이라고 메리 여사에게 정중하게 제안했다.

조찬 때 메리 여사는 링컨에게 포드극장에 가고 싶다고 말했다. 링컨은 별 생각 없이 알겠다고 대답하고 메신저를 통해 만일 포드극장의 귀빈실(the state box)을 사용할 수 있다면 그날 저녁 관람하고 싶다고 전했다. 링컨은 속마음으론 "알라딘"을 관람하고 싶었지만 메리 여사의 요구를 거부하는 일은 꿈도 꾸지 못했다. 메리 여사는 성깔있고 고집스런 여성으로 그녀의 지적 능력은 자신의 화내는 능력에 미치지 못했다. 그래서 그녀가 달래지면 링컨이 삶이 훨씬 편안했던 것이다. 알라딘 공연의 관람은 아쉽지만 뒤로 미루어져야만 했다.

링컨 대통령이 관람하러 오신다는 소식을 접하고 제임스 포드 매니저의 마음 속에 떠오른 첫째 생각은 자기가 구할 수 있는 최대로 큰 웅장한 성조기로 귀빈실을 장식해야겠다는 것이었다. 그런데 이때 아주 우연히게도 부스가 바로 그 순간에 포드극장의 정문 앞 계단을 올라왔다. 많은 다른 배우들처럼 이곳 저곳으로 공연을 많이 다니는 부스도 자신의 상주 주소를 갖고 있지 않았다. 그래서 포드극장이 그의 우편주소였다. 그의 우편함은 매니저의 사무실 내에 있었다. 그 사무실에 무대목수인 제임스 클리포드(James Clifford)가 우연히 들어오자 포드가 흥분하여 링컨 부처의 관람소식을 알려줄 때 클리포드는 신바람이 났지만 부스는 짐짓 못 들은 척 우편물들의 주소들을 살펴보는 척했다. 그는 그냥 씩 웃기만 했다. 그는 마음을 진정시키고 포드와 시시껄렁한 몇 마디를 나눈 뒤 인사하고 밖으로 나갔다. 그리고 정문 앞 계단에 앉아서 그는 바로 오늘밤에 바로 이 극장에서 자기가 링컨을 죽이게 될 것임을 알았다. 부스는 이 포드극장에서 종종 공연을 했었고 그래서 무대 뒤편의 비밀 문과 통로들을 잘 알고 있었다. 이제 그가 할 일이란 링컨을 암살하기 위해서 귀빈실로 들어가기 가장 좋은 통로와 극장에서 도망칠 가장 완벽한 도주로를 찾는 것이었다.

VI. 경호원은 어디에?

소극(Our American Cousin)은 저녁 8시에 막이 올랐지만 링컨 부처는 8시 25분에야 포드극장 정문에 들어섰다. 그동안 관객들은 링컨 대통령을 보기 위해 계속해서 귀빈실을 모니터 했다. 그래서 링컨이 마침내 도착하자 무대에도 안도감이 돌았다. 여배우 로라 키니가 링컨을 지칭하는 즉흥적 대사를 발하자 관객들은 링컨의 등장을 목격하기 위해 일제히 극장의 뒤쪽으로 고개를 돌렸다. 오케스트라 지휘자가 쇼의 음악을 즉각 멈추고 밴드로 하여금 "대통령 찬가"(Hail to the Chief) 곡을 연주하도록 지시했다. 링컨 대통령은 기립하여 박수치는 관객들이 자기를 볼 수 있도록 앞으로 다가섰다. 환호하는 박수가 극장을 가득 채우자 그는 귀빈실의 맨 앞에 서서 두 번 고개 숙여 답례함으로써 그들의 환호에 답했다. 환호성이 가라앉자 링컨은 귀빈실의 왼편에 있는 흔들의자에 앉았다. 링컨의 뒤엔 귀빈실로 통하는 문이 하나 있었다. 문 밖엔 좁고 어두운 복도가 있었다. 이곳이 귀빈실로 오가는 유일한 통로였다. 아무도 오가지 못하도록 그 문 앞에 의자를 갖다 놓고 앉아 지키는 일은 링컨의 유일한 경호원인 존 파커(John Parker)의 임무였다.

이제 링컨은 흔들의자에 편안히 앉아서 몇 달 만에 처음으로 배우들의 익살에 박장대소했다. 문 앞에 앉아 있던 파커 경호원은 갑자기 갈증을 느꼈다. 그는 가만히 앉아 있자니 지루했다. 그는 물론 연극을 볼 수 없었다. 그때 텔터불(Taltavul) 술집이 생각났다. 그래서 자기 의자를 벽에 붙여 놓고 귀빈실로 통하는 문을 그대로 두고 밖으로 나왔다. 안개와 가랑비 속의 밖에서는 링컨 대통령이 사용하는 마차의 운전석에서 마부인 찰스 포브스(Charles Forbes)가 졸고 있었다. 포브스가 기꺼이 응할 것임을 알고 파커가 "맥주 한 잔 어때?" 하고 물었다. 그 두 사람은 텔터불 술집으로 걸어 들어갔다. 공연은 2시간 정도는 더 있어야 끝날 것이었고 그 시간은 맥주 두어 잔을 마셔도 공연이 끝났을 땐 완전히 맑은 정신으로 보일 수 있기에 충분한 시간이었다.

부스가 극장으로 스며들었다. 그는 모든 것을 점검했다. 그는 자신의 도주로가 봉쇄되지 않았음도 확인했다. 그러고 나서 부스도 위스키를 마시러 텔터블 술집에 불쑥 나타났다. 그가 위스키 한 병을 주문하고 자리를 잡았을 때 믿을 수 없게도 이때 링컨 대통령의 경호원 파커가 몇 피트 떨어진 곳에서 큰 잔의 맥주를 홀짝거리고 있었다. 부스는 자신의 위스키 잔에 물을 섞고 미소 지으면서 잔을 들어 자축했다.

"지금 내가 뭘 하려는 거지? 내가 정말 해낼 수 있을까? 우리는 전쟁 중이야. 이건 살인행위가 아니야. 나는 불멸의 인간이 될 거야"라고 다짐하면서 의구심을 떨쳐버렸다. 10시에 바의 건너편에서 파커가 여전히 맥주를 마시고 있는지를 재차 확인한 부스는 자기의 위스키 병을 그대로 남겨둔 채 자기 잔을 탁자 위에 가만히 내려놓고 포드 극장으로 돌아갔다.

VII. 암살자의 행운?

10시에 극장에선 3막이 진행 중이었다. 이제 곧 공연이 끝날 것이다. 10시 7분에 부스가 포드극장의 뒷문을 통해 극장 안으로 걸어 들어갔다. 그는 모자를 벗어 한

손에 들었다. 입장표를 받는 존 버킹햄(John Buckingham)이 그냥 입장시키면서 "공짭니다" 하고 농담을 건넸다. 극장의 다른 많은 부속 직원들처럼 그도 부스의 유명세에 압도당했다. 그의 동료 직원인 조셉 세스포드(Joseph Sessford)는 부스가 하루 종일 극장을 들락거렸다면서 "저 사람 뭘 하려는 거지?" 하고 버킹햄에게 중얼거렸다. 그들은 부스가 의상실로 통하는 계단을 오르는 것을 보았는데 그곳은 귀빈실로 가는 복도를 접하고 있었다. 그러나 그들은 그가 오늘따라 특별히 수상한 행동을 한다고 생각하지 않았다. 부스는 귀빈실로 통하는 문으로 다가갔다. 거기엔 권총을 찬 경호원이 아니라 백악관 메신저가 서 있었다. 그는 경호원 파커가 앉아 있어야 할 빈 의자를 보면서 경호원이 아직도 술집에 있다는 사실에 안도의 숨을 내쉬었다.

부스는 메신저에게 자신의 명함 한 장을 건네면서 아무 말도 없이 문 앞으로 다가섰다. 그리고 문을 열고 귀빈실로 통하는 복도에 들어섰다. 그곳엔 부스 외에는 아무도 없었다. 그의 머리는 위스키로, 그의 심장은 증오심으로 가득차 있었다. 그는 남부연합국의 대의명분을 생각했다. 그리고 노예들에게 투표권을 주겠다는 링컨 대통령의 약속을 떠올렸다. 그리고 자기 외엔 어느 누구도 그것을 중단시킬 수 없다는 것을 상기했다. 이제 그는 뒤돌아가지 않을 것이다.

VIII. 희극의 대사에 맞춘 비극

아래층 무대에서 배우들의 목소리가 들렸다. 곧 작품의 주인공 애사 트렌차드(Asa Trenchard)의 역을 맡은 배우 해리 호크(Harry Hawk)가 무대 위에 홀로 서서 "너 이 소갈머리 없는 늙은 요부야!"(You sockdolozing old man-trap!)라는 대사를 할 것임을 그는 알고 있었다. 10초 후 바로 그 대사가 부스에겐 신호였다. 부스는 검은 모자를 눌러쓰고 장전된 데링거(Deringer) 권총을 코트 주머니에서 꺼내 오른 손에 거머쥐고 왼손으론 길고도 날이 선 보위(Bowie) 칼을 칼집에서 뽑았다. 그는 심호흡을 한 번 하고 칼을 쥔 손으로 문을 조용히 밀었다. 귀빈실은 무대의 각광만으로 희미했다. 그는 오직 얼굴만 알아볼 수 있었다. 그가 그곳에 있다는 것을 아무도 눈치채지 못했다. 그는 어둠 속에서 등을 벽에 붙이고 서서 자신의 신호를 기다렸다. 링컨의 머리는 부스의 4피트 앞에 있는 흔들의자의 끝에 걸쳐 있었다. 링컨은 곧 관중을 향해 아래 층 관객을 바라보았다. 바로 그 순간 "너 이 소갈머리 없는 늙은 요부야"라는 대사가 극장 안에 울려 퍼졌다. 관객들의 폭소가 터졌다. 관객들이 온통 깔깔거릴 때 부스는 권총의 방아쇠를 당겼다.

링컨 대통령은 10시 15분에 자신이 앉아 있던 흔들의자에서 앞으로 꼬꾸라졌다. 바로 이 순간까지 공연의 재미에 푹 빠져 있던 메리 여사가 웃음을 딱 멈추었다. 동석했던 헨리 리드 래스본(Henry Reed Rathbone) 소령이 총소리에 본능적으로 고개를 돌렸다. 그는 문을 등 뒤로 하고 있었지만 발딱 일어나 방어적 자세를 취했다. 부스는 권총을 떨어뜨리고 칼을 오른손으로 옮겨 잡았다. 래스본 소령이 자신의 안전을 무시하고 그에게 달려들었기 때문이다. 부스가 칼을 쳐들었다가 그대로 내리쳤다. 래스본이 왼손으로 방어하면서 쳐든 팔을 부스의 칼이 갈랐다. 부스는 재빨리 움직였다. 귀빈실의 앞으로 다가가서 아래 층의 관객들을 향해 "Sic semper tyrannus"[432](Thus always to tyrants 혹은 Such be the fate of tyrants) 하고 외쳤다.

그러나 웃음소리로 왁자지껄한 속에서 그리고 왜 그 장면에서 무대 위의 배우가 총소리를 추가했는지에 대한 의문의 혼란 속에서 부스의 외치는 소리는 거의 들리지 않았다(그 말이 라틴어라서 알아 듣지도 못했을 것이지만). 배우 헤리 호크(Harry Hawk)만이 무대에 홀로 서서 걱정스럽게 귀빈실을 올려다 보고 있었다.

432 "이것이 폭군들의 숙명이다"라는 이 말은 당시 버지니아(Virginia) 주의 모토(motto)였다. 부스가 셰익스피어 드라마의 연극배우로서 줄리어스 시저를 암살한 브루투스를 흉내 낸 것이라는 주장은, Michael W. Kauffman, *American Brutus: John Wilkes Booth and the Lincoln Conspiracies* (New York: Random House, 2005). p. 398에서 발견할 수 있다.

IX. 허름한 하숙집에서

부스가 귀빈실의 난간을 뛰어넘었다. 그러나 귀빈실 앞에 장식된 거대한 성조기의 두께를 잘못 판단했다. 그는 한 손으로 난간을 잡고 가볍게 뛰어넘어서 마치 정복자 영웅처럼 무대 위에 가볍게 착지하려 했었다. 그러나 그의 오른쪽 장화의 박차(spur)가 성조기에 걸려 버렸다. 그래서 두 발로 당당하게 착지하지 못하고 무대 위에 나뒹그러지고 말았다. 그리하여 왼쪽 발 아래의 비골이 부러졌다. 그는 피 묻은 칼을 오른손에 든 채로 무대 위에 드러눕고 말았다. 칼에 찔린 래스본은 피를 많이 흘렸고 그 위쪽에 있는 링컨은 의식이 없었다. 링컨의 생명이 그의 육신에서 서서히 빠져나가고 있었다. 메리 여사는 대통령의 가슴에 자기 머리를 묻고 있었다. "의사만 오세요!"라고 래스본이 피를 흘리면서 소리쳤다. 23살의 외과의사 찰스 리얼(Charles Leale)이 허겁지겁 다가왔다. 그는 링컨 대통령을 직접 보고 싶은 마음에 오늘밤 극장에 구경 왔었다. 리얼이 메리 여사의 손을 링컨으로부터 떼어내자 메리 여사가 "오, 의사 선생님, 그가 회복될 수 있을까요? 그를 책임져 줄 수 있으세요?"라고 말하면서 흐느꼈다. 의사는 "최선을 다해 보겠습니다"라고 차분하게 대답했다. 그는 램프를 가져오게 하고 의사들 외에는 누구도 귀빈실에 들어서는 안 된다는 지시를 내렸다.

의사는 링컨의 코와 입에서 아주 희미한 숨소리를 느낄 수 있었다. 링컨은 아직 살아 있었다. 링컨의 두 눈을 벌리고 동공들을 검진했다. 그리고 링컨의 머리를 손으로 쓸었을 때 그의 손에 피가 묻어 나왔다. 그가 검진하는 동안 관객들 속에서 두 명의 다른 의사들이 그곳에 도착했다. 의사들인 찰스 세빈(Charles Sabin)과 앨버트 킹(Abert King)이었다. 우선 링컨을 바닥에 누인 뒤에 리얼의 주도로 소생시키는 방법들을 써 본 그는 링컨이 치명상을 입어 회복이 불가능하다고 조용히 말했다. 킹이 대통령이 자신의 침대에서 생의 마지막 순간을 장식할 수 있도록 링컨을 백악관으로 옮길 것을 제안했다. 그러나 리얼은 링컨이 백악관에 도착하기 전에 사망할 것이라며 단호히 반대했다. 그러나 그는 링컨을 바닥이 아니라 침대에 눕혀야 한다는 데 동의했다. 리얼은 주변의 가까운 하숙집들 중에서 빈 방을 찾아보도록 군인 한 사람을 내보냈다.

엄청난 혼란 속에서 25세의 전쟁부 직원 헨리 세포드(Henry Safford)의 도움으로 이웃에 있는 윌리엄 피터슨(William Peterson)이라는 양복점 주인의 하숙집으로 링컨이 옮겨졌다. 그 집에서 제일 좋은 방으로 옮겨졌지만 링컨의 키에 비해 그 방의 침대가 너무 작아 링컨을 대각선으로 침대 위에 누였다. 아이러니하게도 이 방은 부스가 지난 여름에 자주 이용했었고 또 바로 3주 전에 바로 그 침대 위에서 할 일 없이 뒹굴었던 곳이었다. 리얼은 비좁은 그 방에 자기가 더 이상 필요하지 않았지만 그 자리를 떠나지 않았다. 다른 사람들처럼 그도 흐르는 눈물을 참을 수 없었다.

X. 어디로 가시나이까?

밖에서는 가랑비가 하염없이 내리고 있었지만 포드 극장의 관객들은 링컨 대통령에 관한 소식을 목이 타게 기다리고 있었다. 스텐턴(Stanton) 전쟁부 장관이 옆방에 도착해서 임시 대통령으로 지휘했다. 대통령의 암살소식에 정부관리들이 피터슨의 집으로 몰려들었다. 경찰조사가 시작되고 있었다. 부스가 대통령을 저격했음이 분명했다.

링컨의 머리에서 흐르는 피는 멈추지 않았다. 다음날(15일) 새벽 3시엔 링컨의 상태가 너무 끔찍해서 메리 여사도 더 이상 접근이 허락되지 않았다. 여러 의사들이 돌아가면서 링컨의 상태를 살펴보면서 각자가 기록했다. 7시에 링컨의 사망이 임박하자 그 사이에 다시 허용되었던 메리 여사의 접근이 또다시 금지되었다. 리얼은 이제 대통령의 몸에서 맥박을 느낄 수 없었다. 그 방은 정부관리들로 가득 찼다. 그들 모두는 링컨의 사망이라는 역사적 순간을 목격하고자 했다. 밖은 여명이었다. 7시 21분에 링컨은 그의 마지막 숨을 쉬었다. 그의 심장은 15초간 더 뛰다가 7시 22분 10초에 완전히 멈추었다.

그 방엔 20명 이상이 들어가 있었다. 그러나 5분여 동안 아무도 입을 열지 않았다. 의사 반스(Barnes)가 자기 조끼 주머니 속에서 2개의 은전 잎을 꺼내서 링컨의 두 눈 위에 가만히 올려놓았다. 그 사이 리얼은 링컨의 양팔을 가로지게 그의 가슴 위에 올려놓고 그의 머리털을 조심스럽게 매만졌다. 그 순간에 그는 "이제 그는 시대를 초월하는 인물이 되었다"(Now he belongs to the ages)라고 스텐턴 장관이 말하는 소리를 간신히 들을 수 있었다. 미합중국 "창설자들의 아들"(Founders' son)이었던 링컨 대통령은 미국 역사상 가장 비극적이었지만 동시에 미국의 가장 위대한 미래를 열어 준 남북전쟁의 바로 승전의 문턱에서 1865년 4월 15일 오전 7시 22분에 영면했다. 그때 그의 나이는 겨우 56세였다. 일찍이 김동길 교수가 1976년에 처음 출간된 그의 〈링컨의 일생〉이라는 링컨의 전기에서 안타까운 마음으로 기술했던 것처럼,

—이렇게 왔다 이렇게 가는 것을!—[433]

433 김동길, 《링컨의 일생》 (서울: 샘터, 2015) (제4판), p. 230.

XI. 링컨 암살의 음모론

세월이 흐르면서 지난 150여 년간 링컨의 암살에 대한 여러 가지의 음모론이 등장했다. 오늘날 그것들은 로마 카톨릭 교회(Roman Catholic Church)의 주도론[434]으로부터 에드윈 스텐턴(Edwin Stanton) 전쟁부장관의 주도론을[435] 거처 앤드류 존슨(Andrew Johnson) 부통령의 관련설[436]에 이르는 여러 가지 음모론이 난무하지만 여기서는 그런 음모론들 중에서 지금까지 가장 논란이 많고 그럴듯하게 간주되는 2가지만 간단히 다루어질 것이다.

---

434 Charles Chiniquy, *Fifty years in the Church of Rome*, 1886; Thomas M. Harris, *Rome's Responsiblity for the Assassination of Abraham Lincoln*, 1897; C. T. Wilcox, *Democracy under Siege The Jesuits' Attempt to Destroy the Popular Government of the United States: The True Story of Abraham Lincoln's Death*, 1924 ; Burke McCarty, *The Suppressed Truth about the Assassination of Abraham Lincoln*, 1924; Emmett McLoughlin, *An Inquiry Into the Assassination of Abraham Lincoln*, Lyle Stuart, 1963.

435 Otto Eisenschiml, *Why Was Lincoln Murdered?* Boston: Little, Brown, 1937; Theodore Roscoe, *The Web of Conspiracy*, New York: Prentice-Hall, 1959.

436 Rhodehamel and Louise Taper, eds., "Right or Wrong, God Judge Me," *The Writings of John Wilkes Booth*, University of Illinois Press, 1997.

A. 남부 국가연합 정부의 주도론

첫 번째 음모론은 남부연합국가의 정부가 주도적으로 부스에 의한 링컨의 암살을 승인하고 재정적 지원을 했다는 것이다. 1988년 비직업적 역사가인 윌리암 타이드웰(William A. Tidewell), 제임스 홀(James O. Hall) 그리고 데이비드 게디(David W. Gaddy) 세 사람이 함께 〈복수하다: 연합국 비밀정보부와 에이브러햄 링컨의 암살〉이라는 책을 출간했다.[437] 그들은 남부연방의 제퍼슨 데이비스(Jefferson Davis)와 그의 각료를 노린 북부연방정부의 군사적 행동에 대한 보복으로 데이비스와 다른 그의 각료들이 링컨을 목표물로 삼았다는 것을 보여 주려고 했다. 킬패트릭-달그린 공습(the Kilpatrick-Dahlgren raid)으로 알려지게 된 군사적 행동은 실패로 끝났었다. 그럼에도 불구하고 적어도 그런 일이 있었다는 사실은 두 전쟁 중인 국가들간 행동규범의 중대한 위반이었다.

1864년 초 링컨 대통령은 북부군 포로들의 비참한 상태에 관한 고통스런 보고서들을 받고 그들의 해방을 위

437 William A. Tidewell, James O. Hall and David W. Gaddy, *Came Retribution: The Confederate Secret Service and the Assassination of Abraham Lincoln*, Jackson: University of Mississippi Press, 1989; John Fazio, *Decapitating the Union: Jefferson Davis, Judah Benjamin and the Plot to Assassinate Lincoln*, Jefferson, North Carolina: McFarland, 2015.

해 고심했다. 링컨은 또한 남부정부가 그 포로들을 조지아 주의 앤더슨빌(Andersonville)로 이송하기 위해 계획을 세우고 있다는 것도 알게 되었다. 만일 어떤 조치가 곧 취해지지 않는다면 이 포로들은 북부군대가 닿을 수 없는 곳으로 가게 되어 그들의 안전한 귀환의 희망이 사라질 판이었다. 이때 3가지를 목표로 하는 군사적 공습이 제안되었다. 그것들은 첫째 북부군 포로들을 해방시키고, 둘째 공공건물과 군사시설들을 파괴하고, 셋째 반란의 지도자들 가운데 몇 명을 체포하여 그들을 워싱턴으로 이송한다는 것이었다. 그리하여 2월 6일 남부의 수도 리치몬드를 공습하는 대규모 특별기병대를 아이작 위스타(Isaac Wistar) 준장이 이끌었다. 그러나 남부의 군부가 이 공습 정보를 사전에 입수하게 되었고 그 결과 공습부대가 리치몬드의 외곽 방어선에서 저지되었다. 그 공습작전은 중지되었다. 링컨은 위스타 준장의 작전실패에 분명히 실망했다.

그로부터 3주 후에 두 번째 공습작전이 포토맥군의 기병대 군단의 3사단을 지휘하는 주드슨 킬패트릭(Judson Kilpatrick) 준장에 의해 시도되었다. 이 작전은 킬패트릭 준장이 3천5백 명으로 북쪽에서 그리고 울릭 달그린(Ulric Dahlgren) 대령이 5백 명으로 남쪽에서 동시에 공격하는 것이었다. 달그린 대령과 그의 병사들은 제임스 강(James River)의 벨레 섬(Belle Isle)에 있는 남부국가연합 수용소에 북부군 포로들을 해방시켜 리치몬드 시 안으로 호송할 참이었다. 그러나 뭔가 새로운 임무가 추가되었다. 달그린 대령은 "병사들이 집결을 유지해야 하고 일단 시내로 진입하면 도시를 파괴하고 제퍼슨 데이비스와 각료들을 죽이라"라고 쓰인 명령서를 소지하고 있었다.[438]

불행히도 킬패트릭 장군의 공격은 남부군에 의해 격퇴되었고 달그린 대령의 작전도 남부 기병대의 매복공격을 받아 실패했으며 달그린 대령은 죽임을 당했다. 그리고 그의 시신으로부터 리치몬드 시를 불태우고 데이비스를 죽이라는 명령서가 남부군에 의해 발견되었다. 달그린 명령서의 내용을 들은 데이비스 남부 대통령은 링컨이 그 공습작전과 자신의 암살을 포함한 3가지 목표들을 링컨이 승인했다고 믿었다. 그리하여 남부 지도자들은 링컨이 문명화된 전쟁법을 위반했으며 그렇게 함으로써 그가 전쟁법의 모든 보호를 상실했다고 느꼈다. 만일 제퍼슨 데이비스가 사냥감이었다면 에이브러햄 링컨도 사냥감이었다. 그리하여 이 책의 저자들에 의하면 그 공습작전의 결과가 "더러운 전쟁"의 모든 제약을 제거해 버렸다는 것이다. 그리하여 남부국가연합이 자신의 계획으로 보복했다는 것이다.

---

438 Edward Steers Jr., *Blood on the Moon: The Assassination of Abraham Lincoln*, Lexington: The University Press of Kentucky, 2001. p. 4.

처음에 그 계획은 링컨을 체포하여 리치몬드로 호송하여 포로교환과 전쟁의 종식을 위한 협상에서 궁극적인 협상수단으로 사용하는 것이었다. 그리하여 폭파 전문가인 토마스 하니(Thomas Harney)를 단장으로 팀이 파견되었는데 그와 그의 일행들이 워싱턴에서 약 15마일 떨어진 버지니아 주의 페어팩스 군(Fairfax County)에서 발생한 기병들의 충돌로 4월 10일 체포되었다.[439] 그리하여 캐나다와 메릴렌드 남쪽에서 작전중인 남부국가연합의 비밀 정보원들이 부스와 접선하여 암살을 수행했다는 것이다.

이 책은 나오자마자 논란이 되었고 역사학계로부터 증거가 부족하다는 비판에 직면했다. 비판자들은 그 책의 저자들이 남부연합의 관리들을 부스의 암살 계획과 행동에 무리하게 연결시켰다고 지적했다. 그러나 이 책의 저자들도 자신들의 증거가 대체로 정황적이라는 것을 인정하면서도 지하작전은 미래의 역사가들이 추적할 문건의 증거를 별로 남기지 않는다고 대응했다. 그러나 당시와 심지어 오늘날에도 전쟁의 인식은 전쟁은 고도의 도덕적 기준과 형식적 예의에 의해 지도되는 신사들에 의한 것이라는 점을 고려할 때 국가의 민간 지도자들에 대한 계획적 폭력은 그 당시에 미국적 성격엔 있지 않았다. 즉 국가원수의 암살은 적어도 당시엔 미국식 전쟁이 아니었

439 William A. Tidewell, et al., *op. cit.*, pp. 416-421.

다고 말해도 좋을 것이다.

B. 북부 사업가들의 주도론

두 번째 음모론은 2004년 찰스 히그햄(Charles Higham)에 의한 〈링컨씨의 살해: 19세기 가장 유명한 범죄의 새로운 탐지〉라는 책이[440] 발간되면서 많은 관심과 논란을 야기했던 것이다. 당시 링컨 대통령에 대한 증오심은 남부인들뿐만 아니라 민주당원들과 급진적 공화당원들에게 마치 유럽의 군주들처럼 링컨이 행사하는 대통령의 "선세적" 권한에 기인했다. 이런 분노는 링컨의 암살음모의 주기획자로 혁명적 외교관인 조지 니콜라스 샌더스(George Nicholas Sanders)를 사로잡았다.[441]

1864년 7월 2일과 9월 24일에 링컨 대통령은 남부국가연합과 무역을 승인하는 법률에 서명했다. 그리하여 샌더스의 살인사 집단에 속하는 로버드 콕시(Robert E.

---

440 Charles Higham, *Murdering Mr. Lincoln: A New Detection of the 19th Century's most Famous Crime*, Beverly Hills: New Millennium Press, 2004. 북부 기업인들이 남부와 벌린 비밀 사업 거래를 강조하는 또 다른 책으로는, Leonard F. Guttridge and Ray A Neff, *Dark Union: The Secret Web of profiteers, Politicians, and Booth Conspirators That Led to Lincoln's Death*, Hoboken, New Jersey: John Wiley, 2004을 참조.

441 *Ibid.*, p. xv-xvi.

Coxe)와 비버리 터커(Beverley Tucker) 그리고 샌더스 자신이 이 사업으로 상당한 이득을 보았다. 당시 링컨은 남부의 목화에 대한 북부의 필요성을 생각해서 지폐와 고기로 교환하는 목화의 구입을 허용했다. 당시 북부의 율리시스 그랜트(Ulysses Grant)를 비롯한 다른 군 장성들의 반대에도 불구하고 링컨은 목화무역을 승인했었다. 당시 헌신적인 남부인들은 자신들의 목화가 적의 수중에 들어가지 않도록 목화를 불태웠다. 그러나 다른 사람들은 반세기 만에 최고의 가격으로 목화를 팔았다. 당시 북부에선 링컨의 남부에 대한 봉쇄정책으로 인해 목화의 가격이 한계를 모르고 치솟았기 때문에 링컨이 그런 조치를 취했던 것이다. 그 결과 은행가들, 금융업자들, 사업가들과 목화투기업자들 모두가 목화무역으로 큰 돈을 벌게 되었고 그들은 종전이 다가 옴에 따라 좋은 시절이 끝날 것을 두려워했다.

남부 국가연합의 데이비스 대통령과 그의 각료들은 그런 남북간의 무역을 중지시키기 위해 아무런 조치도 취하지 않았다. 그리하여 남북간의 그 공모는 아무런 제한도 받지 않고 계속되었다. 링컨의 몇 친구들과 그의 두 처제들도 이득을 보았으며 가족관계라는 연계가 상품과 무기의 수송에 대한 봉쇄를 쉽게 무너뜨렸다.[442] 그러나 이

442 *Ibid.*, p. xvii

공모는 계속되기 어려웠다 왜냐하면 1865년 1월 일리노이 주 출신의 하원의원인 도덕주의자 엘리유 워시번(Elihu B. Washburne) 의원이 반역적 무역 문제에 대한 수 개월간의 조사를 끝내고 통상위원회의 청문회에서 관련자들 수십 명을 인터뷰하고 나서 관련된 특권을 몰수하겠다고 강력하게 위협했기 때문이다. 그에 따라 링컨 대통령도 신경질 나게 무역에 관련된 결정을 반대했던 그랜트 장군 쪽으로 이동하기 시작했다. 링컨이 이런 정책적 변화를 시행하자 그동안 엄청난 이득을 보았던 사업가들에게 링컨의 "유용성"이 소멸되었다고 생각되었다. 그래서 그들은 링컨의 정책적 변화를 막기 위해서 그를 제기하기로 결심했다는 것이다.

그리하여 샌더스의 주도로 북부 연방정부의 군대의 힘이 미치지 않는 캐나다의 몬트리올(Montreal)에서 활동 중인 남부의 비밀 정보원들과의 접촉이 시작되었다는 것이 찰스 히그햄의 주장이다. 즉 그곳이 링컨의 암살자 부스와의 연결선이 되는 것이다. 그리고 그런 주장의 근거는 전시 밀매에 관한 오래 전에 잃어버린 한 의회보고서라는 것이다. 그러나 바로 이런 빈약한 근거로 인해서 히그햄의 음모론은 학술적 가치는 물론 그 진실성이 인정받기 어려운 처지에 있다고 하겠다.

XII. 여전히 역사학의 밖에 머물고 있는 음모론

지금까지 소개한 음모설은 여전히 논쟁 중이며 직업적 역사가가 아닌 일종의 역사소설에 속하는 음모설들로서 센세이션을 노리는 흥행의 목적에 의해서 쓰여진 것으로 간주되어 왔다. 특히 그것들이 영화나 텔레비전의 프로그램으로 영상화되어 널리 보급되었을 때 그런 음모설이 단순한 흥미로운 이야기로 간주되지 않고 대중의 기억으로 자리잡을 위험성이 매우 크다. 따라서 역사의 왜곡을 막기 위해서는 직업적 역사학자들의 역사적 진실의 탐구가 절실히 요청된다는 사실은 자명하다고 할 것이다. 오랜 동안 링컨의 죽음은 비직업적이거나 비전문적으로 훈련된 역사가들에게 거의 전적으로 남겨졌다.

직업적으로 훈련된 역사가에 의해 쓰여진 첫 번째 저술은 그가 죽은 지 117년 만인 1982년에 등장했다.[443] 두 번째 저술은 1년 후인 1983년에 그리고 세 번째 책은 1999년에 출간되었다.[444] 그리고 네 번째 책이 2001년에

443 Thomas R. Turner, *Beware the People Weeping*, Baton Rouge: Louisiana State University Press, 1982.

444 William Hanchett, *The Lincoln Murder Conspiracies*, Urbana and Chicago: University of Illinois Press, 1983; Thomas R. Turner, *The Assassination of Abraham Lincoln*, Malabar, Fla.: Krieger Publishing Company, 1999.

발간되어[445] 이 네 권의 책은 지금까지 이 중요한 주제에 대한 학문적 역사가들에 의해 쓰여진 전부인 저술로 남아 있다.

이렇게 학문적 저술이 빈약한 이유는 직업적 역사가들의 관심이 내전과 내전 직후 재건의 기간에 집중되어 있을 뿐만 아니라 그들에게 링컨의 죽음은 설명되기(explain)보다는 서술(describe)되어야 할 문제로 간주되었기 때문이다.[446] 따라서 그들에게 링컨의 이야기는 그의 죽음과 함께 끝나 버린 것이다. 대부분의 직업적 역사가들의 관심과는 정반대로 링컨의 암살은 음모론적 관점에서 일반대중들을 사로잡았다. 어쩌면 바로 이러한 이유에서 직업적 역사가들이 링컨의 암살에 관한 연구와 저술을 회피해 왔으며 오히려 다른 학문 분야의 종사자들이 링컨의 살인에 관한 기이한 동기들을 제시했으며 그것들이 여러 가지 음모론의 단초를 이루었다고 하겠다.

예를 들면 유기화학자였던 오토 아이젠시믈(Otto Eisenschiml)이 1937년에 자료를 세밀하게 조작하여 링컨 암살의 배후에는 스텐턴 전쟁부장관이 있었다는 음모이

445 Edward Steers Jr., *Blood on the Moon: The Assassination of Abraham Lincoln*, Lexington: The University Press of Kentucky, 2001.

446 William Hanchett, "Perspectives on Lincoln's Assassination," in George S. Bryan, *The Great American Myth*, Chicago: American House, 1990, p. ix.

론을 처음으로 제시하는 〈왜 링컨이 살해되었는가?〉[447]를 출간했다. 이 음모론에 입각하여 1977년 선 클래식 픽처스(Sunn Classic Pictures) 영화사가 제임스 콘웨이(James L. Conway) 감독의 영화 〈링컨음모〉(*The Lincoln Conspiracy*)라는 영화와 책을 내놓으면서 음모론을 좋아하는 성향의 대중을 사로잡았으며[448] 그 후 60년간 그의 허위 이론들이 링컨 이야기의 유명한 일부로 남게 되었다. 오늘날 그것들이 링컨의 죽음에 관한 텔레비전 사업의 "다큐멘터리식" 보도의 주요 토대를 이루고 있다.[449] 이런 흥미위주의 음모설에 심리적 접근을 시도한 것으로 암살자 부스가 정신병자였다는 주장 같은 것을 추가할 수 있겠다. 그러나 부스는 완전히 이성적이고 정신이 멀쩡한 사람이었으며 "외로운 늑대"로서 단독 범인이나 특정된 집단의 가엾은 꼭두각시가 아니었다. 그런 음모론들은 링컨의 암살을 거기에 이르는 역사적 사건들과 분리해서 작성되었다.

그러나 링컨의 암살계획의 근본적 원인은 미국의 노예제도였다. 반 노예제도 주의자들이 공화당을 창설하고

447 Otto Eisenschiml, *Why Was Lincoln Murdered?* Boston: Little, Brown, 1937; Theodore Roscoe, *The Web of Conspiracy*, New York: Prentice-Hall, 1959.

448 Edward Steers, Jr., *The Lincoln Assassination Encyclopedia*, New York: HarperCollins, 2010, p. 376.

449 Edward Steers Jr., *op. cit*., p. 3.

1860년에 링컨을 미국대통령의 후보자로 지명했다. 남부 이탈은 링컨 당선의 직접적인 결과였다. 남부 주들은 노예제도에 대한 링컨의 입장 때문에 이탈했다. 남부식 삶의 방식이 계속해서 허용될 것이라는 그들의 희망이 사라졌기 때문이다. 링컨이 1863년 노예해방선언을 선포하고 링컨의 정책으로 남부국가연합이 유럽의 지원에 대한 모든 희망이 사라졌을 때, 즉 링컨이 살아 있는 한 남부의 독립이 불가능하게 되었을 때 투표(ballot)가 아니면 총알(bullet)로 링컨을 그의 권좌에서 제거하는 것이 유일한 답이라고 결론을 내린 남부 사람들이 있었다. 그리고 부스와 그의 일당이 그런 결론을 행동으로 옮긴 바로 그런 사람들이었다. 부스는 철저한 백인 우월주의자(a white supremacist)였으며 승전 직후 1865년 4월 11일 연설에서 흑인들에게 투표권을 주겠다는 링컨을 극렬하게 증오했었다. 부스에겐 자신이 출연했던 셰익스피어 드라마 속의 줄리어스 시저와 눈 앞의 에이브러햄 링컨은 동일한 타이런트(tyrant)였다.[450] 시저는 자신의 시민들에게서 시민자유들을 박탈했기에 살해되었던 반면에 링컨은 자신의 시민들에게 시민적 자유를 주려고 노력하다가 살해되었다. 그러나 살인자 부스에겐 차이가 없었다. 링컨에 대한 증오심에 사로잡힌 부스는 그 차이를 인식할 수 없

450 Michael W. Kauffman, *America's Brutus*, New York: Random House, 2004.

었다.

그럼에도 불구하고 이런 역사적 맥락과는 거의 무관하게 널리 알려진 음모론들은 여전히 논쟁 중이며 그 어느 것도 아직 역사학계에서 진실로 공인되지 않고 있다. 더구나 그런 링컨의 암살 음모론들은 암살범 부스의 원래 계획이 암살이 아니라 납치하여 남부 국가연합당국에 넘기는 것이었으며 상황이 그로 하여금 납치를 포기하고 그 대신에 살인으로 바꾸게 했다는 사실을 도외시했다.[451] 라인홀트 니버(Reinhold Niebuhr)의 말처럼, 역사란 열린 책(the open book)이다.

XIII. 모두를 부끄럽게 만든 링컨

링컨은 부스에 의해 암살당하면서 그의 전쟁부장관 에드윈 스텐턴(Edwin Stanton)이 예언했던 것처럼 "분열된 미국의" 대통령에서 일순간 "시대를 초월하는 위대한 인물"로 재탄생했다. 그것은 그의 많은 신랄한 비판자들조차 그의 서거와 함께 과거와는 아주 판이하게 링컨을 새롭게 칭송하기 시작했기 때문이다. 여기서 영향력 있던 한 비판자의 경우를 예로 들고자 한다.

451 Edward Steers, Jr., *Lincoln's Assassination*, Carbondale: Southern Illinois University Press, 2014, p.2.

링컨이 포드극장에서 암살될 때 그가 관람했던 바로 그 소극 〈나의 미국인 사촌〉(*My American Cousin*, 1858년 작품)의 극작가이며 당시 영국의 유명한 잡지인 〈펀치〉(*Punch*)의 편집자요 비평가이며 시인이었던 톰 테일러(Tom Taylor)는 링컨이 살아 있을 때 그의 빈번하고 신랄한 비판자였다. 그러나 링컨 대통령의 서거한 후 3주 만에 죄의식에 사로잡혔던 테일러는 자신의 과거에 혹독했던 비난에 대해서뿐만 아니라 링컨이 살아 있을 때 대통령을 제대로 알아보지 못한 자신의 무능함에 대하여 그가 지난 4년 동안 조소했던 바로 그 〈펀치〉(*Punch*)의 잡지에 한 편의 긴 시를 헌정하면서 공개적으로 사죄했다. 그는 뒤늦게나마 관대하게 링컨을 신세계(미국)와 구세계(유럽)의 모두의 영웅으로 인정했다. 그렇게 하는 데 있어서 테일러는 링컨의 서거 후 링컨에 대한 거의 보편적인 인정과 평가를 대변했다. 바로 그 헌정 시에서 그는 이렇게 읊었다:

> 그렇다. 그를 비웃은 나를 부끄럽게 하기 위해,
> 나의 연필을 분지르고 나의 펜을 침묵시키기 위해
> 그는 살다 갔다.
>
> 〔…〕
>
> 에이브러햄 링컨은 인간들의 진실로 타고난 왕이었다.
>
> 〔…〕

순교자의 왕관이 삶의 최고의 왕관일지니
찬양할 것은 많아도 용서할 것은 별로 없도다.

제8장

에필로그: 링컨의 유산은 아메리카를 넘어서

너의 역할을 잘하라. 모든 영광은 바로 그곳에 있느니라.
—에이브러햄 링컨

1862년 어느 여름 날 저녁 살인자일 수도 있고 아니면 아마도 어떤 덜 떨어진 한 연방정부의 보초병일 수도 있는 누군가가 워싱턴 시내의 대통령 저택(백악관)에서 대통령이 여름에 거처하는 시내로부터 3마일 북쪽에 위치한 "장병들의 집"(Soldiers' Home)을 향해 키가 큰 사람이 홀로 말을 타고 갈 때 그를 표적으로 총을 쏘았다. 그 키가 큰 사람은 바로 링컨 대통령이었고 그를 향해 쏜 총알은 링컨 대통령의 상징인 연통모자(stovepipe)를 꿰뚫었다. 다행히 무사했던 링컨 대통령 자신은 그 총을 쏜 자를 "불충한 게릴라 병"이라고 일소에 부쳤지만 아무도 그때 총을 쏜 자를 찾아내지 못했다. 링컨은 "공직자들의 암살은 미국적 범죄가 아니다"라고 조소했지만, 그 후 링컨은 마지못해 홀로 말을 타고 가지 않기로 했다.[452]

452 Harold Holzer, *President Lincoln Assassinated!!* (New York: Penguin Random House, 2014), p. xvii.

링컨 대통령은 자신의 개인 사무실 책상 속에 암살(Assassination)을 의미하는 "A"라고 표시된 파일을 하나 가지고 있었는데 그것은 대통령 관저에 일상적으로 배달된 조잡한 협박문들로 채워져 있었다. 실제로 링컨은 5년 전 대통령 후보 지명을 받은 이래 그런 우편물을 계속 받아 왔었다. 1864년에 그는 익숙해지지 않는 것은 아무것도 없다면서 노아 브룩스(Noah Brooks)라는 언론인에게 보다 숙명적인 기분으로 "누군가가 나를 죽이기를 원한다면 그는 그렇게 할 것이다. 만일 내가 갑옷을 입고 경호원으로 나를 감싼다고 할지라도 그것은 마찬가지일 것이다. 누군가 죽어야 한다면 그렇게 하는 데에는 천 가지의 길이 있다"고 털어 놓았다. 링컨은 아주 최근에 12살 먹은 아들 태드(Tad)와 소수 몇 명의 무장한 수병들만을 데리고 남부 국가연합의 정복된 수도 리치몬드(Richmond)의 거리를 안전하게 걸어 다녔었다. 이 4월 4일의 리치몬드 방문은 링컨의 기분을 들뜨게 했다. 왜냐하면 리치몬드에서 대부분의 백인 주민들은 언짢게 자신들의 집에 머물렀지만 흑인 주민들이 그를 마치 메시아(Messiah)처럼 미친 듯이 환영했었기 때문이다. 그는 워싱턴으로 돌아왔을 때 "난 거리를 홀로 걸었지. 누구든 2층 창문에서 나를 총으로 쏠 수도 있었는데 말이야"라고 피니즈 걸리(Phineas Gurley) 목사에게 말하면서 크게 기뻐했었다.[453]

그러나 바로 안전하고 평화롭고 동시에 감동적인 이

반란자들의 수도였던 리치몬드 방문의 경험이 링컨으로 하여금 자신의 안위에 대한 경계심을 심리적으로 완전히 내려 놓게 했다고 해도 과언은 아닐 것이다. 아니 이보다 더 일찍이 그는 1861년 대통령에 취임하기 위해 15일간의 여정으로 일리노이 주의 스프링필드에서 워싱턴으로 기차를 타고 가던 중 2월 21일 필라델피아에서 그를 암살자들이 노리고 있다는 소식을 접했다. 대통령은 불필요하게 목숨을 걸 권한이 없다는 강력한 권고에 따라 링컨 대통령 당선자는 원래 단기 체류가 계획되어 있던 10개 도시들 중 하나인 메릴랜드 주의 볼티모어(Baltomore) 시에서 하차(overnight stop)히지 않고 곧바로 워싱턴으로 직행하여 23일 해도 뜨기 전인 한밤중에 아무도 모르게 워싱턴에 도착했었다. 그 후 링컨은 이 일로 아주 극심한 굴욕감을 가눌 수 없었다. 그리하여 그는 다시는 자신이 암살을 두려워하는 모습을 결코 보이지 않기로 맹세했었나. 따라서 링컨이 비극직 최후의 날인 1865년 4월 14일 금요일 저녁에 부인과 함께 영국의 극작가 톰 테일러(Tom Taylor)의 "나의 미국인 사촌"(My American Cousin)이란 소극을 관람하러 갈 때 자신에 대한 암살 위협 같은 것은 그의 머리 속에 전혀 없었을 것이다. 그러나 바로 그 곳에서 링컨은 암살자 존 윌키스 부스(John Wilkes Booth)의 총

---

453 *Ibid.*, p. xviii.

탄에 목숨을 잃었다. 제16대 미국 대통령으로 취임한 지 1,503일 만이었다.

에이브러햄 링컨은 사후에 순교자가 되었고 거의 성인이 되었다. 그의 말과 행동은 그의 사후에도 살아 있었으며 미국이 존속하는 한 추앙될 것이다.[454] 그러나 그가 1861년 3월 4일 미국의 제16대 대통령으로 취임했을 때 그는 소위 "준비된 대통령"이라고 생각되지 않았다. 그때까지 그는 단 한 번도 해외 여행을 한 적이 없었으며 과거에 워싱턴에서 고위 공직을 맡은 경험도 전혀 없었다. 그런 점에서 본다면 그는 어느 모로 보나 잘 준비된 대통령은 아니었다. 그러나 그는 누구보다도 지적이고 도덕적인 자신감에 차있었다. 어쩌면 바로 이 점에선 링컨이 그 누구보다 더 잘 준비된 대통령이라고 말할 수도 있을 것이다. 그동안 그는 그 누구보다도 자신의 정책적, 도덕적 입장을 수 년 동안 꾸준히 거듭해서 분명히 밝혀 왔다. 그리고 바로 그런 이유로 그는 공화당의 대통령후보로 지명되고 또 마침내 대통령으로 당선될 수 있었다. 그리고 링컨은 대통령 취임사가 끝나자마자 곧 미국의 민주주의를 위한 미국 역사상 가장 비극적인 전쟁에 돌입하여 4년간의 길고도 가혹한 전쟁을 승리로 이끌어 오늘날 세계 최대의 강대국이며 세계 최고의 자유민주주의 국가수립의

454 James M. McPherson, *Abraham Lincoln* (Oxford: Oxford University Press, 2009), p. 62.

토대를 확립시켰다.

그렇다면 가난한 농사꾼의 아들로 정규교육이라곤 겨우 초등학교 8개월을 수학한 링컨이 미국 역사상 가장 위대한 대통령이 될 수 있었던 비결은 무엇이었을까? 칸트를 공부한 적이 전혀 없었던 사람이 실천적 칸트주의자가 되고 또 군사 문제에 관한 한 완전한 아마추어인 링컨 대통령이 그런 군사천재가 되어 철벽 같은 미국의 노예제도를 폐지하고 참혹했던 미국의 내전을 승리로 이끌 수 있었던 비결은 도대체 어디에 있는 것일까? 진실로 타는 목 마름 같은 지적 갈증의 호기심과 멈출 수 없는 궁금증을 불러일으키지 않을 수 없다. 그러나 그 해답을 찾기가 결코 쉽지 않다. 그렇다고 그 비결이 링컨의 타고난 천부적 재능이라고 간단히 치부하기도 어렵다. 우선 그런 치부행위는 오직 지적 무관심과 게으름의 소산이다. 왜냐하면 천부적 재능도 꾸준한 개발 없이는 무의미할 뿐만 아니라 당시 미국 같은 민주국가에서 전쟁수행은 너무도 복잡하여 아주 고도의 세련된 재능이 전쟁 지도자에게 그것도 장기간에 걸쳐 요구되었기 때문이다.

우리는 링컨의 생애를 고려할 때 어쩌면 부지런했던 그의 자율적 학습 속에서 그 비결의 실마리를 찾을 수 있을지도 모른다. 왜냐하면 링컨은 "최고의 자율학습자"(a supreme autodidact)[455]로 잘 알려져 있기 때문이다. 그는 직업적인 법률서적들뿐만 아니라 성경과 셰익스피어에 심취했던 사실을 우리는 기억하고 있다.[456] 그가 읽은 플루타크(Plutarch)의 〈영웅전〉(*Lives*)이나 혹은 거듭해서 읽었던 그의 "애국적 롤 모델"인 미국 건국의 아버지 조지 워싱턴(George Washington)의 전기는[457] 물론이고 성경과 셰익스피어의 작품들은 군사적 지식과 교훈으로 충만하다. 특히 셰익스피어의 작품들 가운데에는 로마와 영국의 역사에 실존했던 여러 명의 전쟁 영웅들이 있다. 그 속엔 전쟁의 고통과 전사들의 성격과 전쟁지도자들이 취해야만 했던 현명한 전략적 선택들에 대한 경험적 지식으로 가득하다. 18세기 영국의 위대한 말보러(Marlborough) 장군도 언젠가 자기는 영국의 역사를 이해하는 데 오직 셰익스피어 한 사람으로부터 배웠다고 고백하지 않았던가![458]

전쟁이 시작되자마자 링컨은 미국의회 도서관에서

455 Joseph R. Fornieri, *Abraham Lincoln: Philosopher Statesman* (Carbondale: Southern Illinois University Press, 2014), p. 28.

456 William Lee Miller, *Lincoln's Virtues: An Ethical Biography* (New York: Vintage Books, 2003), pp. 50-51.

457 *Ibid.,* p. 109. 링컨이 읽은 워싱턴의 전기는 Parson Mason Lock Weems, *The Life of Washington* (New York: M.E. Sharpe, 1996으로 초판은 1800년에 출간)이었다. 이 전기는 1861년 2월 21일 뉴저지 주 상원에서 했던 연설에서 링컨이 직접 언급했다. p. 163을 참조.

458 강성학 역, 《셰익스피어의 정치철학》(서울: 집문당, 1982), p. 8. (원저; Allan Bloom with Harry V. Jaffa, *Shakespeare's Politics,* Chicago: University of Chicago Press, 1964)

전쟁과 전략에 관한 책들을 빌렸다. 그가 무슨 책들을 얼마나 읽었는지에 대해서는 여전히 논란의 대상이 되고 있지만 그가 스스로의 학습을 통해 유능한 변호사가 되었듯이 동일한 자율학습 방법으로, 그리고 동시에 적지 않은 시행착오와 긴 실무경험(on the job training)을 통해 스스로 군사천재가 되었다고 설명할 수 있을 것이다. 군사천재들 가운데 나폴레옹은 군인이 정치가가 된 경우였다. 링컨의 롤 모델이었던 조지 워싱턴도 장군이 후에 정치가가 된 경우였다. 그러나 그들과는 정반대로 링컨은 민간 정치인으로서 장군이 된 군사천재였다. 그런 점에서 본다면 제1차대전 시 "호랑이"(Tiger)라는 별명으로 불렸던 프랑스의 조르주 클레망소(Georges Clemenceau) 수상만이[459] 링컨에게 가장 가까운 전쟁 지도자에 속한다고 말할 수 있을 것이다.

그러나 세계사에서 자유민주주의를 위한 거대한 전쟁을 치른 지도자는 링컨 대통령이 결코 마지막이 아니었다. 20세기 초 "민주주의가 안전한 세계를 만들기 위해서"(To make the world safe for democracy)라고 제1차 대전의 목적을 제시했던 우드로 윌슨(Woodrow Wilson) 대통령이 있었다. 그러나 그는 링컨 대통령과 달랐다. 윌슨 대통령은 존 메이너드 케인즈(John Maynard Keynes)가 지적했

459 클레망소가 제1차 대전 당시 보여준 군사 리더십에 관한 간결한 논의를 위해서는, Eliot A. Cohen, *op. cit.*, 제3장을 참조.

던 것처럼 찬양할 만한 정신과 전쟁의 목적을 제시했다. 그는 유럽인들에게 도덕적 이상들을 제시하고 그들로부터 "평화의 신"이라고 추앙받으면서 그들에게 "선상의 설교"를 했다. 그러나 그에겐 성공을 위한 아주 구체적인 계획이나 아이디어가 없었다. 그리하여 전후 유럽의 실제 정치상황에 자신의 비전을 구체적으로 적용할 수 없었다.[460] 그러나 링컨은 도덕적 이상들을 구체적인 정책으로 연결시켰다. 그리고 그 정책을 수용토록 미 국민들을 설득하고 그들을 이끌어갈 수 있었다. 그리하여 링컨은 인류 역사상 초유의 거대한 대륙적 공화정인 미합중국을 분열로부터 회복시켰으며 동시에 미국 땅에서 250년간 지체된 노예들을 해방시킴으로써 1776년 독립선언 이후 미국의 국부들이 모색했던 진정한 자유 민주주의와 미국의 문명을 발전시킬 길을 열었다. 그리고 윌슨은 바로 링컨이 확립했던 미국식 정치질서를 범 세계적으로 구축하려고 시도했었던 것이다.

우드로 윌슨 대통령의 방대한 이상의 좌절과 실패로 인해서 1930년대 자유 민주주의의 무서운 적과 사악한

460 John Maynard Keynes, "The President's Program," in *Essays and Sketches in Biography* (New York: Meridian Books, 1956), pp. 266-267. 윌슨 대통령의 희망찬 비전과 그 비극적 종말에 관한 상세한 논의를 위해서는, 강성학, 《인간 신과 평화의 바벨탑》 서울: 고려대학교 출판부, 2005, 제 8, 9, 10 장을 참조.

인종주의가 유럽의 중심부에서 귀신처럼 다시 부활했다. 그리고 그것은 인류 최대의 비극적인 제2차 세계대전을 초래했다. 이번에는 링컨처럼 불굴의 정신과 치열한 투쟁으로 히틀러의 노예제도 못지않은 사악한 인종주의적 나치즘으로부터 자신의 조국은 물론 자유 민주주의와 서구문명의 구원자로 유보 없이 인식되는 정치 지도자는 영국의 윈스턴 처칠(Winston Churchill) 수상이었다. 처칠은 우선 링컨처럼 전시 내각에 자신의 가장 강력한 정적을 포함시키는 거국내각을 구성하여 전쟁을 치렀다. 그리고 그는 링컨처럼 전쟁의 기간 내내 정부를 이끌었다. 링컨처럼 그도 전(全) 전쟁기간 동안 대의 민주주의의 어려운 절차와 과정을 존중했다. 링컨처럼 그도 자신을 실망시킨 장군들을 단호하게 버리고 승리를 가져다 줄 장군들을 찾는 일을 멈추지 않았다. 링컨처럼 국가와 국민의 장기적 이익에 가장 잘 봉사할 것으로 자기가 믿는 몇 개의 폭넓은 정책만을 믿으면서 전략의 교리적 원칙들에 매달리지 않았다.[461] 그도 링컨처럼 민주주의 조국의 구원자였다. 링컨이 최고의 미국의 인물인 것처럼 처칠도 최고의 명예로운 정치가에 속한다.[462] 그런 점에서 처칠 수상이

461 John Keegan, "Churchill's Strategy," in Robert Blake and Wm Roger Louis, eds., *Churchill: A Major New Assessment of His Life in Peace and War* (Oxford: Oxford University Press, 1993), pp. 330-331.

462 Kenneth W. Thompson, *Winston Churchill's World View:*

야말로 20세기의 진정한 링컨의 후계자라고 해도 결코 과언이 아닐 것이다.

링컨의 위대한 정치적 유산은 미국이나 서양 사회에 국한되지 않았다. 그의 유산은 실로 시간적으로뿐만 아니라 공간적으로 전 세계에서 계승되었다.[463] 특히 링컨의 게티스버그 연설문에 담겨 있는 민주주의에 대한 간결한 정의는 태평양을 넘어 지구의 반대 쪽에 있는 중국에서도 예상치 못한 역할을 했다. 중화민국(the Republic of China)의 국부(國父)인 쑨원(孫文, Sun Yat-sen)은 소년시절 하와이에서 서양식 교육을 받았으며 1890년대와 1900년대 그의 망명 기간 중 상당한 시간을 미국에서 보냈다. 그에 의하면 자기의 중국을 위한 민족, 민권, 및 민생의 "삼민주의 원칙들"은 국민의, 국민에 의한, 국민을 위한 정부라는 링컨의 아이디어에서 영감을 얻었다는 것이다. 1919년 공개강의에서 쑨원은 민주정부를 성취한 미국을 찬양하고 그것을 방어한 링컨을 칭송했다. 중국에 일본인들에 의해 점령당하고 있던 제2차 세계대전 중인 1942년 미국의 체신국은 링컨과 쑨원의 사진을 담은 우표를 발간했다. 링컨의 사진 밑에는 "국민의, 국민에 의한, 국

Statesmanship and Power (Baton Rouge and London: Louisiana State University Press, 1983), p. 103.

463 Richard Carwardine and Jay Sexton, eds., *The Global Lincoln* (New York: Oxford University Press, 2011).

민을 위한"이라는 말이, 그리고 쑨원의 삼민주의 원칙이 쓰여있었다.[464] 중국이 1945–49년의 장기적 내전에 빠져들자 공산주의 혁명가들도 자신들의 명분을 링컨과 연계시켰다. 그리하여 1945년 마오쩌둥(Mao Zedong)은 한 기자에게 신 중국은 그것의 목적이 링컨(Lincoln)의 인민에 의한 정부와 루즈벨트(Roosevelt)의 4개 자유(Four Freedoms)를 실현하는 "자유롭고 민주적인" 국가가 될 것이라고 말했다.[465] 중국에서 반공주의자들이 1947년 중화민국의 신 헌법을 창제했을 때 그들은 쑨원의 3개 정부의 원칙들을 신 헌법 속에 명문화했으며 자신들의 정부야말로 국민의, 국민에 의한, 국민을 위한 국민들의 민주공화국이 될 것이라고 약속했다.[466] 쑨원의 후계자인 장카이섹(Chiang Kai–shek)은 냉전시대인 1959년 링컨 탄생 150주년을 맞

464 Lyon Sharman, Sun Yat-Sen; *His Life and Its Meaning: A Critical Biography*, (Stanford: Stanford University Press, 1968), p. 234, 271, 280, 286.

465 Don H. Doyle, "Widely Noted and Long Remembered," in Sean Conant, ed., *The Gettysburg Address*, Oxford University Press, 2015, p. 290. 마오쩌둥이 이런 말을 한 4년후인 1949년 집권한 후 자신의 말을 완전히 뒤집은 광기의 통치에 관해서, Frank Dikotter, *The Tragedy of Liberation: A History of The Chinese Revolution 1945-1957* (New York: Bloomsburt Press, 2013)을 참조.

466 De-min Tao, "A Standard of Our Thought Action: Lincoln's Reception in East Asia," in Richard Carwardine and Jay Sexton, *op. cit.*, pp. 231-234.

아 중화민국과 미국의 국기들을 배경으로 쑨원과 링컨이 어깨를 나란히 하는 기념우표를 발행했었다.[467]

링컨은 20세기 중화인민공화국(People's Republic of China)에서도 역사적 존재를 계속하고 있는데 이 경우엔 민주주의의 챔피언으로서가 아니라 타이완이나 티베트 그리고 신장지역에서와 같은 분리주의 운동에 대항하는 국가통일의 옹호자로서이다.[468] 1989년 미국의 닉슨(Nixon) 전 대통령이 중국의 방문 중에 중국의 장쩌민(Jiang Zemin) 주석을 만났을 때 장 주석이 갑자기 어린 시절 한때 다녔던 미국의 선교학교에서 배웠던 게티스버그 연설문을 기억해 암송했고 이에 닉슨도 그 연설문의 암송에 동참했다고 했다.[469] 1997년 장쩌민 주석의 링컨에 관한 친숙함이 미국의 빌 클린턴(Bill Clinton) 대통령과의 정상회담에서 윤활유의 역할을 했으며[470] 1999년 주룽지(Zhu Rongji) 수상은 클린턴에게 중국의 통일을 유지하는 문제에서 에이브러햄 링컨을 모델로 간주하고 있다고 뼈있는 말을 했다. 2001년 〈인민일보〉(*People's Daily*)는 사설에서 두 개의 중국을 지지하는 미국의 정책을 비난하면서

---

467 *Ibid.*, p. 235.

468 Don H. Doyle, *op. cit.*, p. 291.

469 Thomas A. Desjardin, "The Search for Meaning in Lincoln's Great Oration," in Sean Conant, *op. cit.*, p. 314.

470 De-min Tao, *op., cit.*, p. 235.

두 개의 미국을 만들려고 시도했던 음모꾼들에 대항하여 정치적, 군사적 및 외교적으로 결연한 투쟁을 벌린 링컨을 칭송했다.[471] 21세기에서도 중국인들은 이처럼 미국인들이 미국의 역대 대통령들 중에서 가장 존경하는 링컨을 끊임없이 자국의 정치적 선전과 심리적 투쟁에 활용하고 있다.

제2차 세계대전 후에 반식민주의적 민족주의의 부상은 링컨의 말과 본보기에서 영감을 발견했다. 1905년 초 남아프리카에서 민권운동에 관여한 모한다스 간디(Mohandas Gandhi)는 자기가 출간하는 신문에 링컨을 칭송하는 간략한 전기를 썼다. 간디에게 링컨은 정직한 수고와 자율학습으로 그의 초라한 출생을 극복한 자수성가한 인간의 상징이었다. 그러나 간디의 칭송을 받게 된 것은 링컨의 물질적 성공이나 사회적 출세가 아니라 그의 도덕적 신념과 의무감, 그리고 특히 노예제도를 종식시키려는 결연한 의지였다. 간디에게 링컨은 또한 국가에 사심없는 순교자, 즉 타인들이 자유롭도록 자신의 생명을 바친 인간이었다. 간디에 의하면 링컨은 타인들의 고통을 종식시키기 위해 자신의 생명을 희생했으며 그의 위대성은 그의 재능이나 부에 있는 것이 아니라 그의 내재적 선함에 있다. 그는 불멸이며 지금도 여전히 살아 있다고 말

471 Don H. Doyle, *op. cit.*, p. 291.

할 수 있다는 것이다.[472]

1959년 2월 9일 일리노이 주의 스프링필드에서 개최된 링컨 탄생 150주년 기념행사에서 기조연설자로 초빙된 빌리 브란트(Willy Brandt) 당시 서(西)베를린 시장은 약 1,500여 명의 청중들에게 "나의 친구 여러분! 이 분은 여러분들에게만 속하지 않습니다"[473]라고 말했다. 후에 서독의 수상이 된 빌리 브란트는 독일을 위한 영감으로 그리고 물론 공산주의에 대한 반대의 상징으로 링컨을 계속 언급했다. 링컨이 단지 미국에만 속하지 않는다는 빌리 브란트의 언명은 많은 아시아와 아프리카의 지도자들이 링컨을 칭송함으로써 입증된 사실이다. 예를 들어 20세기 말의 마지막 영웅으로 간주되는 남아공화국의 넬슨 만델라(Nelson Mandela)도 에이브러햄 링컨이 자신의 리더십 모델이라고 종종 말했었다.[474]

20세기 유럽과 미국에서 학술활동을 했던 근대 국제정치학의 아버지 한스 모겐소(Hans J. Morgenthau)가 생

472 Vinay Lal, "Defining a Legacy: Lincoln in the National Imaginary of India," in Richard Carwardine and Jay Sexton, *op. cit.*, pp. 176-177.

473 Jorg Nagler, "National Unity and Liberty: Lincoln's Image and Reception in Germany, 1871-1989," in Richard Carwardine and Jay Sexton, *op. cit.*, pp. 249-252.

474 Richard Stengel, *Mandela's Way: Fifteen Lessons on Life, Love, and Courage* (New York: Crown Publishers, 2010), p. 83.

의 말년에 한 사람의 모범적 정치가로 선택한 것은 독일의 비스마르크나 다른 유럽인이 아니라, 그리고 아테네의 페리클레스나 다른 고전적 인물이 아니라 바로 링컨이었다. 그에 의하면 "링컨의 완전한 지력은 제퍼슨(Thomas Jefferson)을 포함하여 미국의 모든 다른 역대 대통령들의 그것을 능가했음이 분명하다"[475]는 것이다. 링컨이 자신의 롤 모델인 워싱턴의 역사적 지위를 넘어서 미국역사상 가장 위대한 대통령이 될 수 있었던 것은 그가 무엇보다도 지력의 면에서 정치 천재일 뿐만 아니라 동시에 군사 천재였기에 가능했을 것이라고 생각된다. 그가 군사천재로서 미국을 군사적인 수단을 이용하여 정치적으로 통일시키지 않았더라면 어쩌면 오늘의 미국은 결코 존재할 수 없었을 것이다.

링컨은 미국인들에게 영원한 기억이며[476] 긴 그림자일[477] 뿐만 아니라 그의 범세계적인 영향에도 불구하고 1948년 건국 때부터 미국식 자유민주주의를 표방한 한국에선 링컨에 대한 언급이나 연구가 거의 전무한 것은 참

475 Hans J. Morgenthau, "The Mind of Abraham Lincoln," in Kenneth W. Thompson, ed., *Essays on Lincoln's Faith and Politics*, (Lanham: University Press of America, 1983), p. 4 and 59.

476 Merrill D. Peterson, *Lincoln in American Memory* (New York: Oxford University Press, 1995), pp. 374-397.

477 Jared Peatman, *The Long Shadow of Lincoln's Gettysburg Address* (Carbondale: Southern Illinois University Press, 2013).

으로 기이한 일이 아닐 수 없다. 저자는 비록 명시적이진 않지만 미국에서 대학과 대학원에서 수학했던 한국의 이승만 초대 대통령의 일민주의가 링컨의 영향을 받았던 것이라고 생각해 본다. 건국 초기 "뭉치면 살고 헤어지면 죽는다"고 한국인들에게 역설한 이승만의 일민주의는 분열되면 미국의 국부들이 세운 미연방공화국은 소멸하고 말 것이라고 주장했던 링컨의 주장과 아주 닮았기 때문이다. 요컨대 대한민국의 존속과 대한민국에 의한 남북통일을 소망하는 모든 한국인들에 링컨의 리더십은 소중한 본보기가 될 수 있을 것이다. 다시 말해 오늘날 한국의 정치 지도자들이 본받아야 할 역사적 위대한 롤 모델은 바로 링컨이 아닐까 하고 생각해 본다. 저자의 이러한 생각이 수락될 수 있다면 한국의 야심적 정치 지도자들에게 요구되는 것은 링컨이 보여 준 정치가의 덕목들은 스스로 함양하고 실천하는 일이 될 것이다. 그리고 링컨 대통령이 보여 준 여러 가지 정치적 덕목들 가운데 특히 오늘의 시점에서 무엇보다 가장 우선적으로 시급히 요구되는 것은 국가의 통일을 이루는 최후의 정치적 수단인 군사문제에 대한 깊은 조예가 아닐까 한다. 왜냐하면 역사의 주사위가 묘하게 굴러 어쩔 수 없이 한국정부가 무력을 사용할 수밖에 없을 경우 그것의 목표는 곧 승리가 되어야만 하기 때문이다.

참고 문헌

제1부: 지정학

강성학, 《평화神과 유엔사무총장: 국제평화를 위한 리더십의 비극》, 서울: 고려대학교출판부, 2013.

______, 《인간神과 평화의 바벨탑: 국제정치의 원칙과 평화를 위한 세계헌정질서의 모색》, 서울: 고려대학교출판부, 2006.

______, 《전쟁신과 군사전략: 군사전략의 이론과 실천에 관한 논문선집》, 서울: 리북, 2012.

______, 《무지개와 부엉이: 국제정치의 이론과 실천에 관한 논문선집》, 서울: 박영사, 2010.

______, 《새우와 고래싸움: 한민족과 국제정치》, 서울: 박영사, 2004.

______, 《시베리아 횡단열차와 사무라이》, 서울: 고려대학교출판부, 1999.

______, 《카멜레온과 시지프스》, 서울: 나남, 1995.

______, 《이아고와 카산드라》, 서울: 오름, 1997.

______ 편, 《용과 사무라이의 결투》, 서울: 리북, 2006.

______ 편, 《유엔과 국제위기관리》, 서울: 리북, 2005.

______ 편,《유엔과 한국전쟁》, 서울: 리북, 2004.

______ 편,《동아시아의 안보와 유엔체제》, 서울: 집문당, 2003.

국제정책연구원 편,《자유주의자의 고뇌와 소망: 故김경원 박사 추모집》, 서울: 중앙북스, 2013.

김경원,《전환시대의 생존전략》, 서울: 삶과 꿈, 2005.

Alighieri, Dante, *On World-Government or De Monarchia,* trans. by Herbert W. Schneider, New York: The Liberal Arts Press, 1949.

Allison, *Graham* "The Thucydides Trap," in Richard N. Rosecrance and Steven E. Miller eds., *The Next Great War?: The Roots of World War I and the Risk of U.S.-China Conflict*, Cambridge: The MIT Press, 2015.

Ames, Roger T., *The Art of Rulership: A Study in Ancient Chinese Political Thought*, Honolulu, Hawaii: University of Hawaii Press, 1983.

Anderson, Kenneth, *Living with the UN: American Responsibilities and International Orders*, Stanford, California: Hoover Institution Press, 2012.

Aristotle, 'Epistle to Alexander the Great on World Government' in Howard P. Kainz, ed., *Philosophical Perspectives on Peace*, London: Macmillan Press, 1987.

Aron, Raymond, *Peace and War: A Theory of International Relations*, New Brunswick, New York: Transaction Publishers, 2003 (초판은 1996년에 Doubleday & Company에서 출간).

______, "The Anarchical Order of Power," in Stanley Hoffmann, ed., *Conditions of the World*, Boston: Houghton Mifflin Co., 1968.

______, *The Dawn of Universal History*, New York: Basic Books, 2002.

Barnes, Jonathan, ed., *The Complete Works of Aristotle,* The Revised Oxford Translation, Vol. Two, Princeton: Princeton University Press, 1995.

Becker, Jasper, *Dragon Rising: An Inside Look at China Today*, Washington, D.C.: National Geographic Society, 2006.

Bell, Daniel A., *Confucian Political Ethics*, Princeton: Princeton University Press, 2010.

Bertean, David J., Michael J. Green and Jack Cooper, *Assessing the Asia-Pacific Rebalance,* Washington, D.C.: Center for Strategic and International Studies, December 2014.

Black, Jeremy, *Geopolitics and the Quest for Dominance,* Bloomington, Indiana: Indiana University Press, 2016.

Bobbitt, Philip, *Terror and Consent: The Wars for the Twenty-First Century*, New York: Alfred A. Knopf, 2008.

Boesche, Roger, *The First Great Political Realist: Kautilya and His Arthashastra*, Lanham, Maryland; Lexington Books, 2002.

Bull, Hedley and Adam Watson, eds., *The Expansion of International Society*, Oxford: Clarendon Press, 1984.

Bracken, Paul,*The Second Nuclear Age: Strategy, Danger, and the New Power Politics,* New York: Times Books Henry Holt, 2012.

Brands, Hal and Jeremi Suri, eds., *The Power of the Past: History and Statecraft*, Washington, D.C.: Brookings Institution Press, 2015.

Brown, D. Mackenzie, "Hindu and Western Realism: A Study of Contrasts," in Joel Larus, ed., *Comparative World Politic: Readings in Western and Premodern Non-Western International Relations*, Belmont, California: Wadsworth Publishing, 1965.

Brzezinski, Zbigniew, *The Grand Chessboard: American Primacy and Its Geostrategic Imperatives,* New York: Basic Books, 1997.

Campbell, Kurt M., *The Pivot: The Future of American Statecraft in Asia,* New York: Twelve, 2016.

Cha, Victor D., *Alignment Despite Antagonism: The US-Korea-Japan Security Triangle*, Stanford: Stanford University Press, 1999.

Chau, Donovan C. and Thomas M. Kane, eds., *China and International Security: History, Strategy, and 21st-century Policy,* Vol.3, Santa Barbara: Praeger, 2014.

Choucri, Nazli, *Nations in Conflict: National Growth and International Violence*, San Francisco: W.H. Freeman, 1975.

______, and Robert C. North, "Dynamics of International Conflict: Some Policy Implications of Population, Resources, and Technology," in Raymond Tanter and Richard H. Ullman, eds., *Theory and Policy in International Relations*, Princeton, NJ.: Princeton University Press, 1972.

______, Robert C. North, and Susumu Yamakage, *The Challenge of Japan Before World War II and After*, London: Routledge, 1992.

Churchill, Winston, *While England Slept*, New York: G.P. Putnam's Sons, 1938.

Clare, Michael T. and Peter Pavilionis, "Resource Competition in the New International Order," in I. William Zartman, ed., *Imbalance of Power*, Boulder: Lynne Rienner, 2009.

Claude Jr., Inis L., *Power and International Relation*, New York: Random House, 1962.

Clausewitz, Carl von, *On War,* ed. and trans. by Michael Howard and Peter Paret, Princeton: Princeton University Press, 1976.

Cohen, Warren I., *East Asia at the Center*, New York: Columbia University Press, 2000.

Coker, Christopher, *War in an Age of Risk*, Cambridge: Polity Press, 2009.

Cole, Bernard D., *The Great Wall at Sea: China's Navy in the Twenty-First Century,* 2nd edition, Annapolis: Naval Institute Press, 2010.

Cooley, Alexander, *Logics of Hierarchy: The Organization of Empires, State, and Military Occupation*, Ithaca, New York: Cornell University Press, 2005.

De Bary, Wm. Theodore, ed., *Han Fei Tzu: Basic Writings*, trans. by Burton Watson, New York: Columbia University Press, 1964.

De Bary, Wm. Theodore and JaHyun Kim Haboush, eds., *The Rise of Neo-Confucianism in Korea*, New York: Columbia University Press, 1985.

DeBlij, Harm, *Why Geography Matters*, New York: Oxford University Press, 2005.

Deng, Yong, *China's Struggle for Status: The Realignment of International Relations*, Cambridge: Cambridge University

Press, 2008.
Deudney, Daniel H., *Bounding Power: Republican Security Theory from the Polis to the Global Village*, Princeton and Oxford: Princeton University Press, 2007.
Dietrich, John W., ed., *The George W. Bush Foreign Policy Reader: Presidential Speeches with Commentary*, Armonk, New York: M.E. Sharpe, 2005.
Dorpalen, Andreas, *The World of General Haushofer: Geopolitics in Action*, New York: Farrar & Rinehart, 1942.
Fairbank, John King, ed., *The Chinese World Order: Traditional China's Foreign Relations*, Cambridge: Harvard University Press, 1968.
Fairgrieve, James, *Geography and World Power*, New York: E.P. Dutton & Company, 1917.
Fox, William T. R. ed., *Theoretical Aspects of International Relations*, Notre Dame, Indiana: University of Notre Dame Press, 1959.
Frayling, Christopher, *The Yellow Peril: Dr. Fu Manchu and the Rise of Chinaphobia*, London: Thames and Hudson, 2014.
Fu, Zhengyuan, *China's Legalists: The Earliest Totalitarians and Their Art of Ruling*, Armonk, New York: M.E. Sharpe, 1996.
Fukuyama, Francis, "Challenges to World Order After September 11," in I. William Zartman, ed., *Imbalance of Power: US Hegemony and International Order*, Boulder: Lynne Rienner, 2009.
______, *The End of History and the Last Man*, New York: The Free Press, 1992.

Gaglione, Anthony, *The United Nations under Trygve Lie, 1945-1953*, Lanham, Maryland: The Scarecrow Press, 2001.

Garby, Craig and Marry Brown Bullock, *Japan: A New Kind of Superpower?*, Baltimore, Maryland: The Johns Hopkins University Press, 1994.

Gibney, Frank, *Korea's Quiet Revolution: From Garrison State to Democracy*, New York: Walker and Co., 1992.

Goldstein, Avery, *Rising to Challenge: China's Grand Strategy and International Security*, Stanford, California: Stanford University Press, 2005.

Gong, Gerrit W., 'China's Entry into International Society' in Hedley Bull and Adam Watson, eds., *The Expansion of International Society*, Oxford: Clarendon Press, 1984.

______, *The Standards of Civilization in International Society*, Oxford: Clarendon Press, 1984.

Gould, Stephen Jay, *Time's Arrow Time's Cycle: Myth and Metaphor in the Discovery of Geological Time*, Cambridge, Mass.: Harvard University Press, 1987.

Gray, Colin S., *The Second Nuclear Age*, Boulder: Lynne Rienner, 1999.

Green, Michael J. and Zack Cooper, eds., *Strategic Japan: New Approaches to Foreign Policy and the U.S.-Japan Alliance*, Lanham, Maryland: Rawman and Littlefield, 2015.

Grygiel, Jakub J. & A. West Mitchell, *The Unquiet Frontier: Rising Rivals. Vulnerable Allies, and The Crisis of American Power*, Princeton: Princeton University Press, 2016.

Gurr, Ted Robert, *Why Men Rebel*, Princeton: Princeton University Press, 1970.

Haas, Richard N., *The Reluctant Sheriff: The United States After the Cold War*, New York; The Council on Foreign Relations, 1997.

Haboush, JaHyun Kim, *A Heritage of Kings: One Man's Monarchy in the Confucian world*, New York: Columbia University Press, 1988.

Hahm, Pyong-choon, *The Korean Political Tradition and Law* , Seoul, Korea: Hollym, 1967.

______, 'Toward A New Theory of Korean Politics' in Edward Reynolds Wright, ed., *Korean Politics in Transition*, Seattle and London: The Washington University Press, 1975.

Halberstam, David, *The Coldest Winter: America and the Korean War*, New York: Hyperion, 2007.

Hall, David L. and Roger T. Ames, 'A Pragmatic Understanding of Confucian Democracy,' in Daniel A. Bell ed., *Confucian Political Ethics*, Princeton: Princeton University Press, 2010.

Hartz, Louis, *TheLiberal Tradition in America: an Introduction of American Political Thought since the Revolution*, New York: Harcourt Brace, 1991.

Hoff, Joan, *A Faustian Foreign Policy From Woodrow Wilson To George W. Bush: Dreams Of Perfectibility,* Cambridge: Cambridge University Press, 2008

Hoffmann, Stanley, *Chaos and Violence*, Lanham, Maryland: Rowman& Littlefield, 2006,

______, ed., *Conditions of the World*, Boston: Houghton Mifflin Co., 1968.

______, *Gulliver Unbound: America's Imperial Temptation and the*

War in Iraq, Lanham, Maryland: Rowman& Littlefield, 2004.

Holmes, Jack, *The Mood/Interest Theory of American Foreign Policy,* Lexington. Kentucky: The University Press of Kentucky, 1985.

Holmes, James R. and Toshi Yoshihara, *Chinese Naval Strategy in the 21st Century: The Turn to Mahan,* London and New York: Routledge, 2008.

Howard, Michael, *The Lessons of History*, Oxford: Clarendon Press, 1991.

Hsiao, Kung-chuan, 'The Confucianization of Korean society' in Gilbert Rozman, ed., *The East Asian Region: Confucian Heritage and Its Modern Adaptation*, Princeton, NJ: Princeton University Press 1991.

______, 'The Chinese Philosophy of War: the traditionalists' Arguments' in Joel Larus, ed., *Comparative World Politics: Readings in Western and Premodern Non-Western International Relations*, Belmont, California: Wadsworth Publishing, 1965.

Hughes, Christopher W., *Japan's Foreign and Security Policy under the 'Abe Doctrine',* New York: Palgrave Macmillan, 2015.

Hui, Victoria Tin-bor, 'Toward a Dynamic Theory of International Politics: Insights from Comparing Ancient China and Early Modern Europe', *International Organization,* vol.58, no.1 (Winter 2004), pp. 175-205.

______, *War and State Formation in Ancient China and Early Modern Europe*, Cambridge: Cambridge University Press, 2005.

Huntington, Samuel P., *The Clash of Civilizations and the Remaking of World Order*, New York: Simon and Schuster, 1996.

Inoguchi, Takashi, *Japan's International Relations,* London: Pinter publishers, 1991.

______ and Purnendra Jain, eds., *Japanese Politics Today: From Karaoke to Kabuki Democracy,* New York: Palgrave Macmillan, 2011.

Jaeger, Werner, *Paideia: The Ideals of Greek Culture*, New York: Oxford University Press, 1939.

Johnston, Alastair Iain, "Is China a Status Quo Power?"*International Security,* Vol. 27, No. 4 (Spring 2003), pp. 5-56.

Kagan, Robert, "End of Dreams, Return of History," in Melvyn P. Leffler and Jeffrey W. Legro, eds.,*To lead the World: American Strategy After The Bush Doctrine*, Oxford: Oxford University Press, 2008.

______, *The Return of History and the End of Dreams*, New York: Alfred A. Knopf, 2008.

Kains, Howard P., ed., *Philosophical Perspectives on Peace*, London: Macmillan Press, 1987.

Kelly, Philip L., "Escalation of Regional Conflict: Testing the Shatterbelt Concept,"*Political Geography Quarterly*, Vol.5, No.2 (April 1986), pp. 161-180.

Khanna, Parag, *The Second World: Empires and Influences in the New Global Order*, New York: Random House, 2008.

______, *How to Run the World: Charting a Course to the Next Renaissance*, New York: Random House, 2011.

______, *Connectography: Mapping the Future of Global Civilization*, New York: Random House, 2016.

Kang, Sung-Hack, *Korea's Foreign Policy Dilemmas: Defining State Security and the Goal of National Unification,* Kent: Global Oriental, 2011.

______, eds., *UN, PKO and East Asian Security: Currents. Trends and Prospects*, Seoul: Korean Academic Council on the United Nations System, 2002.

______, ed., *The United Nations and Global Crisis Management*, Seoul: Korean Academic Council on the United Nations System, 2004.

______, ed., *The United Nations and Keeping Peace in Northeast Asia*, Seoul: The Institute for Peace Studies, Korea University, 1995.

Kaplan, Fred, *Daydream Believers*, Hoboken, New Jersey: John Wiley & Sons, 2008.

Kaplan, Robert D. *Asia's Cauldron: The South China Sea and the End of a Stable Pacific*, New York: Random House, 2014.

______, *Monsoon: The Indian Ocean and the Future of American Power,* New York: Random House, 2010.

______, *The Revenge of Geography*, New York: Random House, 2012.

Kapstein, Ethan B. and Michael Mastanduno, eds., *Unipolar Politics*, New York: Columbia University Press, 1999.

Kaufman, Robert G., *In Defense of the Bush Doctrine*, Lexington, Kentucky: The University Press of Kentucky, 2007.

Kelly, Phil, *Classical Geopolitics: A New Analytical Model,* Stanford: Stanford University Press, 2016.

______, "Escalation of Regional Conflict: Testing the Shatterbelt Concept," *Political Geography Quarterly*, Vol.5, No.2 (April

1986) pp. 161-180.

Kennedy, Greg and Harsh V. Pant. eds., *Assessing Maritime Power in the Asia-Pacific: The Impact of American Strategic Re-Balance*, Surry: Ashgate, 2015.

Kim, In Whoe, 'Educational Possibilities of the Values of Peace and Harmony Inherent in Korean Culture' in Zhou Nan-Zhao and Bob Teasdale, eds., *Teaching Asia-Pacific Core Values of Peace and Harmony: A Sourcebook for Teachers*, Bangkok, Thailand: UNESCO Asia and Pacific Regional Bureau for Education, 2004.

Kissinger, Henry, *Diplomacy*, New York: Simon & Schuster, 1994.

______, *On China*, New York: The Penguin Press, 2011.

______, *World Order*, New York: Penguin Press, 2014.

Klingberg, Frank L., "The Historical Alternation of Moods in American Foreign Policy," *World Politics,* Vol. 4, No.2 (January 1952), pp. 239-273.

Kotani, Tetsuo, "U.S.-Japan Allied Maritime Strategy: Balancing the Rise of Maritime China," in Michael J. Green and Zack Cooper, eds., *Strategic Japan: New Approaches to Foreign Policy and the U.S.-Japan Alliance,* Lanham, Maryland: Rawman and Littlefield, 2015.

Langer, William L., *The Diplomacy of Imperialism, 1890-1902*, New York: Alfred A. Knopf, 1935.

Larus, Joel ed., *Comparative World Politic: Readings in Western and Premodern Non-Western International Relations*, Belmont, California: Wadsworth Publishing, 1965.

Layne, Christopher, "From Preponderance to Offshore Balancing," *International Security,* Vol.22, No.1 (Summer 1997), pp. 86-124.

Lebow, Richard Ned, *A Cultural Theory of International Relations*, Cambridge: Cambridge University Press, 2008.

Leffler, Melvyn P. and Jeffrey W. Legro, eds., *To lead the World: American Strategy After The Bush Doctrine*, Oxford: Oxford University Press, 2008.

Legg, Stephen, ed., *Spatiality, Sovereignty and Carl Schmitt: Geographies of the Nomos*, London: Routledge, 2011 (초판은 1939년에 출간).

Linchy, Timothy J. and Robert S. Singh, *After Bush: The Case for Continuity in American Foreign Policy*, Cambridge: Cambridge University Press, 2008.

MacFarquhar, Roderick, *The Emergence of China in World Affairs*, The Inchon Memorial Lecture, Seoul: Graduate School of Policy Studies, Korea University, 1988.

Machiavelli, Niccolo, *The Prince, 2nd ed.*, trans. by Harvey C. Mansfield, Chicago and London: The University of Chicago Press, 1998.

Mackinder, Halford J., *Democratic Ideals and Reality*, New York: W.W. Norton, 1962. (초판은 1904년에 출간)

Mahan, Alfred Thayer, *The Influence of Sea Power upon History, 1660-1783*, New York: Hill and Wang, 1957.(초판은 1890년에 출간)

______, *The Interest of America in Sea Power, Present and Future*, Boston: Little, Brown, 1897.

______, *The Problems of Asia*, New York: Harper's New Monthly Magazine, 1900.

Mancall, Mark, *China at the Center: 300 Years of Foreign Policy*,

New York, the Free Press, 1984.

Marshall, Tim, *Prisoners of Geography*, New York and London: Scribner, 2015.

Maurois, Andre, *Tragedy in France*, New York and London: Harper and Brothers, 1940.

Mearsheimer, John, *The Tragedy of Great Powers Politics*, New York: W.W. Norton, 2001.

Menges, Constantine C., *China: The Gathering Threat,* NashvilleTennessee: Neson Current, 2005.

Meredith, Robyn, *The Elephant and The Dragon; The Rise of India and China and What It Means for All of Us*, New York: W.W, Norton, 2007.

Mifune, Emi, "Impact of the American "Re-Balance" Strategy on Japanese Naval Power," in Greg Kennedy and Harsh V. Pant. eds., *Assessing Maritime Power in the Asia-Pacific: The Impact of American Strategic Re-Balance,* Surry: Ashgate, 2015.

Mohan, C. Raja, "India and the Balance of Power," *Foreign Affairs,* Vol.85, No.4 (Jul/Aug 2006), pp. 17-32.

Moltz, James Clay and Alexandre Y. Mansourov, eds., *The North Korean Nuclear Program: Security, Strategy, and New Perspectives from Russia*, London: Routledge, 2000.

Morgenthau, Hans J., *Politics Among Nations: The Struggle for Power and Peace, 5th rev. ed.*, New York: Alfred A, Knopf, 1978.

Mosher, Steven W., *Hegemon: China's Plan to Dominate Asia and the World*, San Francisco: Encounter Books, 2000.

Mouritzen, Hans, *Theory and Reality of International Politics*, Aldershot, England: Ashgate, 1998.

Nelson, M. Frederick, *Korea and the Old Orders in Eastern Asia*, New York: Russell & Russell, 1967.

Neustadt, Richard E. and Ernest R. May, *Thinking in Time: The Uses of History for Decision Makers*, New York: The Free Press, 1986.

Ni, Lexiong, 'The Implications of Ancient Chinese Military Culture' in Daniel A. Bell, ed., *Confucian Political Ethics*, Princeton: Princeton University Press, 2008.

Niebuhr, Reinhold, *The Irony of American History*, Chicago, Ill.: University of Chicago Press 1985.

Nosco, Peter, 'Confucian Perspectives on Civil Society and Government' in Daniel A. Bell, ed., *Confucian Political Ethics*, Princeton: Princeton University Press, 2008.

Nunan, Timothy, ed., *Schmitt: Writings on War*, Cambridge: Polity Press, 2011.

Nye, Jr., Joseph S., *The Paradox of American Power: Why the World's only Superpower can't Go it Alone*, Oxford: Oxford University Press, 2002.

O'Hanlon, Michael and Mike Mochizuki, *Crisis on the Korean Peninsula: How to Deal with a Nuclear North*, New York: McGraw-Hill, 2003.

Pardo, Ramon Pacheco, "Lips and Teeth? China and Northeast Asia." in Donovan C. Chau and Thomas M. Kane, eds., *China and International Security: History, Strategy, and 21st-century Policy*, Vol. 3, Santa Barbara: Praeger, 2014.

Pritchard, Charles L., *Failed Diplomacy: The Tragic Story of How* North *Korea Got the Bomb*, Washington, D.C., The

Brookings Institution, 2007.

Pye, Lucian W., "China's Quest for Respect," *New York Times* (February 19, 1996).

Rahe, Paul A., *Soft Despotism, Democracy's Drift*, New Haven & London: Yale University Press, 2009.

Randall L. Schweller, *Deadly Imbalances: Tripolarity and Hitler's Strategy of World Conquest,* New York: Columbia University Press, 1998.

______, *The Unanswered Threats: Political Constraints on the Balance of Power*, Princeton: Princeton University Press, 2008.

Reiss, Mitchell, *Bridled Ambition*, Washington D.C.: The Woodrow Wilson Center Press, 1995.

Robinson, Michael, 'Perceptions of Confucianism in Twenty-Century Korea' in Gilbert Rozman, *The East Asian Region: Confucian Heritage and Its Modern Adaption*, Princeton, New Jersey: Princeton University Press, 1991.

Rood, Harold W., *Kingdoms of the Blind: How the Great Democracies Have Resumed the Follies that so Nearly Cost Them Their Life,* Durham: Carolina Academic Press, 1980.

Rosecrance, Richard, *The Rise of the Trading Stat*, New York: Basic Books, 1986.

Rosecrance, Richard N. and Steven E. Miller eds., *The Next Great War?: The Roots of World War I and the Risk of U.S.-China Conflict*, Cambridge: The MIT Press, 2015.

Rosenau, James N., 'Analyzing Actors: Individuals and collectivities' in *Turbulence in World Politics: A Theory of Change and Continuity*, Princeton, New Jersey: Princeton University Press, 1990.

Rozman, Gilbert ed., *The East Asian Region: Confucian Heritage and Its Modern Adaptation*, Princeton, NJ: Princeton University Press 1991.

Schmitt, Carl "The *Grossraum*Order of International Law with a Ban on the Intervention for Spatially Foreign Powers: A Contribution to the Concept of *Reich* in International Law (1939-1941)" in Timothy Nunan, ed., *Schmitt: Writings on War*(Cambridge: Polity Press, 2011).

______, "Grossraum versus Universalism: The International Legal Struggle over Monroe Doctrine" in Stephen Legg, ed., *Spatiality, Sovereignty and Carl Schmitt: Geographies of the Nomos*, London: Routledge, 2011. (초판은1939년에 출간).

______, *The Nomos of the Earth in the International Law of the Jus PublicumEuropaeum*, New York: Telos Press, 2003.(초판은 1950년에 출간).

Schweller, Randall L., "Realism and the Present Great Power System: Growth and Positional Conflict," in Ethan B. Kapstein and Michael Mastanduno, eds., *Unipolar Politics*, New York: Columbia University Press, 1999.

______, *Unanswered Threats*, Princeton, NJ: Princeton University Press, 2006.

Shambaugh, David, *Modernizing China's Military: Progress, Problems, Prospects*, Berkeley, California: University of California Press, 2004.

Shih, Chih-yu, "Breeding a Reluctant Dragon: Can China Rise into Partnership and Away from Antagonism?" *Review of International Studies,* Vol. 31, No. 4 (October 2005), pp.755-774.

Shirk, Susan L., *China: Fragile Superpower*, Oxford: Oxford University Press, 2007.

Sigal, Leon V., *Disarming Strangers: Nuclear Diplomacy with North Korea*, Princeton, NJ: Princeton University Press, 1998.

Silove, Nina, "The Pivot before the Pivot: U.S. Strategy to preserve the Power balance in Asia," *International Security*, Vol.40, No.4 (Spring 2016), pp. 45-88.

Smith, Jean Edward, *FDR,* New York: Random House, 2008.

Snyder, Glenn H., *Alliance Politics*, Ithaca, New York: Cornell University Press, 1997.

Spykman, Nicholas J., *America's Strategy in World Politics: The United States and the Balance of Power.* New York: Harcourt, Brace and Co., 1942.

______, Spykman, Nicholas J., *The Geography of the Peace*, New York: Harcourt, Brace and Company, 1944.

Strassler, Robert B., ed., *The Landmark of Thucydides* ,New York: The Free Press, 1996.

Strauss, Leo, *Liberalism Ancient and Modern*, New York: Basic Books, 1968.

Suh, J. J., Peter J. Katzenstein, and Allen Carlson, eds., *Rethinking Security in East Asia: Identity, Power, and Efficiency*, Stanford, California: Stanford University Press, 2008.

Sutter, Robert G., *China's Rise in Asia: Promises and Perils*, Lanham, Maryland: Rawman & Littlefield, 2005.

Suzuki, Shogo, *Civilization and Empire: China and Japan's Encounter with European International Society*, London: Routledge, 2009.

Tambs, Lewis A., ed., translated by Ernst J. Brehm, *An English Translation and Analysis of Major General Karl Ernst Haushofer's Geopolitics of the Pacific Ocean: Studies on the Relationship between Geography and History,* Wales: The Edwin Mellen Press, 2002.

Tanter, Raymond and Richard H. Ullman, eds., *Theory and Policy in International Relations*, Princeton, NJ.: Princeton University Press, 1972.

Taylor, A.J.P., *The Struggle for Mastery in Europe, 1848-1918*, Oxford: Oxford University Press, 1954).

Tchen, John Kuo Wei and Dylan Yeats, eds., *Yellow Peril: An Archive of Anti-Asian Fear*, London and New York: Verso, 2014.

Terrill, Ross, *The New Chinese Empire Empireand What It Means for the United States*, New York: Basic Books, 2003.

The Korea Herald, May 3, 2015.

Thucydides, *History of the Peloponnesian War,* trans. by Rex Warner, Baltimore: Penguin Classics, 1954.

Toll, Ian W. *Pacific Crucible: War at Sea in the Pacific, 1941-1942*, New York: W.W. Norton, 2012.

Trenin, Dmitri V., *Getting Russia Right*, Washington, D.C.: Carnegie Endowment for International Peace, 2007.

Tucker, Robert W. and David C. Hendrickson, *The Imperial Temptation: The New World Order and America's Purpose*, New York: New York University Press, 1992.

Tucker, Robert W., *The Inequality of Nations*, New York: Basic Books, 1977.

Viroli, Maurizio, *For Love of Country: An Essay on Patriotism and*

Nationalism, Oxford: Clarendon Press, 1995.
Waldron, Arthur, ed., *China in Africa*, Washington, D.C.: The Jamestown Foundation, 2008.
Walker, Richard Louis, *The Multi-State System of Ancient China*, Handen, Connecticut: Shoe String Press, 1953.
Waltz, Kenneth N., *Man, the State and War: A Theoretical Analysis*, New York: Columbia University Press, 1959.
______, *Theory of International Politics*, Reading, Massachusetts: Addison-Wesley, 1979.
Waterfield, Gordon *What Happen to France*, London: Butler and Tanner, 1940.
Watson, Adam, *Hegemony and History*, London: Routledge, 2007.
Westcott, Allan, ed., *Mahan on Naval Warfare: Selections from the Writings of Rear Admiral Alfred T. Mahan*, New York: Dover Publications, 1999. (초판은 1941년에 출간).
Wight, Martin, *Systems of States*, Britain: Leicester University Press, 1977.
Wit, Joel S., Daniel B. Poneman, and Robert L. Gallucci, *The First North Korean Nuclear Crisis: Going Critical*, Washington, D.C.: The Brookings Institution, 2004.
Wittfogel, Karl August, *Oriental Despotism: A Comparative Study of Total Power*, New Haven: Yale University Press, 1957.
Wolfers, Arnold, 'The Actors in International Politics' in William T. R. Fox, ed., *Theoretical Aspects of International Relations*, Notre Dame, Indiana: University of Notre Dame Press, 1959.
Wright, Edward Reynolds, ed., *Korean Politics in Transition*, Seattle and London: The Washington University Press, 1975.

Yergin, Daniel, *Shattered Peace: The Origins of the Cold War and the National Security State*, Boston, Mass.: Houghton Mifflin, 1997.

Yoshihara, Toshi and James R. Holmes, *Red Star over the Pacific: China's Rise and the Challenge to U.S. Maritime Strategy*, Annapolis: Naval Institute Press, 2010.

Young, Oran R., 'The Actors in World Politics' in James N. Rosenau, Vincent Davis, and Maurice A. East, eds., *The Analysis of International Politics: Essays in Honor of Harold and Margaret Sprout*, New York: The Free Press, 1972.

Zakaria, Fareed, *The Post-American World*, New York: W.W. Norton, 2008.

Zartman, I. William, ed., *Imbalance of Power: US Hegemony and International Order*, Boulder, Lynne Rienner, 2009.

Zhang, Junbo and Yao Yunzhu, 'Differences Between Traditional Chinese and Western Military Thinking and Their Philosophical Roots,' *Journal of Contemporary China,* Vol.5, No.12 (1996)

Zhou, Nan-Zhao and Bob Teasdale, eds., *Teaching Asia-Pacific Core Values of Peace and Harmony: A Sourcebook for Teachers*, Bangkok, Thailand: UNESCO Asia and Pacific Regional Bureau for Education, 2004.

제2부: 에이브러햄 링컨의 리더십

강성학, 《소크라테스와 시이저: 정의, 평화, 그리고 권력》, 서울: 박영사, 1997.

______, 《평화神과 유엔 사무총장: 국제평화를 위한 리더십의 비극》, 서울: 고려대학교출판부, 2013.

______ 역, 《셰익스피어의 정치철학》, 서울: 집문당, 1982. (원저: Allan Bloom with Harry V. Jaffa, *Shakespeare's Politics*, Chicago: University of Chicago Press, 1964)

______ 역, 《自由主義의 正義論: 아나키, 국가 그리고 유토피아》, 서울: 대광문화사, 1991.(원저: Robert Nozick, *Anarchy, state and utopia*, New York: Basic, 1974)

김동길, 《링컨의 일생》 서울: 샘터, 2015.

토마스 칼라일 지음/박상익 옮김, 《영웅숭배론》, 서울: 한길사, 2003.

Air Force Institute of Technology, *The Logistics of Mobilizing and Supplying the Union Army During the Initial Stages of the Civil War*, CreateSpace Independent Publishing Platform, December 14, 2015.

Allen W. Wood, *Kant's Ethical Thought*, Cambridge: Cambridge University Press, 1999.

Alvy, Harvey and Pam Robbins, *Learning form Lincoln*, New York: ASCD, 2010.

Angle, Paul M. ed., *The Lincoln Reader*, New Brunswick, 1947.

Aristotle, *The Nicomachean Ethics*, Cambridge: Harvard University Press, 1975.

Aron, Raymond, *Clausewitz: Philosopher of War*, London: Routledge&Kegan Paul, 1976.

Aron, Raymond, *Peace and War: A Theory of International Relations,* New York: Doubleday, 1966.

Belliotti, Raymond Angelo, *Niccolo Machiavelli: The Laughing*

Lion and the Strutting Fox, Lanham: Lexington Books, 2009.

Beringer, Richard E. and et al., *Why the South Lost the Civil War,* Athens and London: The University of Georgia Press, 1986.

Beschloss, Michael, *Presidential Courage: Brave Leaders and How They Changed America 1789-1989*, New York: Simon & Schuster, 2008.

Blake, Robert and Wm Roger Louis, eds., *Churchill: A Major New Assessment of His Life in Peace and War*, Oxford University Press, 1993.

Branden, Waldo W., *Abraham Lincoln, Public Speaker*, Baton Rouge: Louisiana State University Press, 1993.

Brands, H.W., *The Man Who Saved the Nations: Ulysses Grant in War and Peace*, New York: Anchor Books, 2013.

Brodie, Bernard, *War and Politics*, New York and London: Macmillan, 1973.

Brookhiser, Richard, *Founders' Son: A Life of Abraham Lincoln,* New York: Basic Books, 2014.

Ceaser, James W., Laurence J. O Toole. Joseph M. Bessette and Glen Thurow, *American Government: Origins, Institutions, and Public Policy,* 2nd ed., Dubuque, Iowa: Kendall/Hunt Publishing, 1992.

Churchill, Sir Winston S., *The American Civil War*, New York: The Fairfax Press, 1985.

_______, *The Great Republic: A History of America*, New York: The Modern Library, 2001.

Clausewitz, Carl von, *On War,* ed. and trans., by Michael Howard and Peter Paret, Princeton: Princeton University Press, 1976.

Cohen, Eliot A., *Supreme Command: Soldiers, Statesmen and Leadership in Wartime,* New York: Simon And Schuster, 2002.

Danoff, Brian F., "Lincoln, Machiavelli, and American Political Thought," *Political Studies Quarterly*, Vol.30, No.2, (June, 2000), pp. 290-311.

DePlato, Justin P., *The Cavalier Presidency: Executive Power and Prerogative in Times of Crisis*, Lexington: Lexington Books, 2016.

DiLorenzo, Thomas J., *The Real Lincoln: A New Look at Abraham Lincoln, His Agenda, and an Unnecessary War*, New York: Three Rivers Press, 2002.

Distinti, Meg ed., *Leadership Lessons of Abraham Lincoln,* New York: Skyhorse Publishing, 2011.

Donald, David Herbert, *Lincoln*, New York: Simon & Schuster, 1995.

______, *Lincoln at Home: Two Glimpses of Abraham Lincoln's Family Life*, New York: Simon & Schuster, 1999.

______, *Why the North Won the Civil War*, New York: Simon & Schuster, 2005.(초판은 1960).

Editors of Life, *Lincoln: An Intimate Portrait*, New York: Life, 2014.

Engle, Stephen D. ed., *The War Worth Fighting: Abraham Lincoln's Presidency and Civil War America*, Gainesville: University Press of Florida, 2015.

Epstein, David F., *The Political Theory of The Federalist*, Chicago: The University of Chicago Press, 1984.

Everitt, Anthony *Cicero: The Life and Times of Rome's Greatest Politician*, New York: Random House, 2003.

Faust, Drew Gilpin, *This Republic of Suffering: Death and the American Civil War*, New York: Vintage Books, 2008.

Fettweis, Christopher, "Revisiting Mackinder and Angell: The Obsolescence of Great Power Geopolitics,"*Comparative Strategy*, Vol.22, No.2 (2003), pp. 109-129.

Fleming, Colin M., *Clausewitz's Timeless Trinity: A Framework for Modern War*, Surrey: Ashgate, 2013.

Foner, Eric, *Reconstruction: America's Unfinished Revolution 1863-1877*, New York: HarperCollins, 1988.

Fornieri, Joseph R., "Abraham Lincoln and the Declaration of Independence: The Meaning of Equality," in Frank J. Williams, William D. Pederson, and Vincent J. Marsala, eds., *Abraham Lincoln: Sources and Style of Leadership,* Westport: Greenwood Press, 1994.

______, *Abraham Lincoln: Philosopher-Statesman,* Carbondale: Southern Illinois University Press, 2014.

Fox, Richard Wightman, *Lincoln's Body: A Cultural History*, New York: W.W. Norton, 2015.

Freehling, William W., *The South vs. the South: How Anti-Confederate Southerners Shaped the Course of the Civil War*, New York: Oxford University Press, 2001.

Frisch, Morton J. and Richard G. Stevens, eds., *American Political Thought: The Philosophical Dimension of American Statesmanship*, 2 ed., Itasca: F.E. Peacock Publishers, 1983.

Frisch, Morton J. ed., Selected *Writings and Speeches of Alexander Hamilton*, Washington, D.C.: American Enterprise Institute for Public Policy Research, 1985.

Frisch, Morton J., *Alexander Hamilton and the Political Order: An Interpretation of His Political Thought &Practice*, Lanham: University Press of America, 1991.

Fuller, Major General J.F.C., *Grant and Lee: A Study in personality and Generalship*, Bloomington: Indiana University Press, 1957.(초판은 1933년 출간)

Gienapp, William E., *Abraham Lincoln and Civil War America: A Biography*, Oxford: Oxford University Press, 2002.

Goodwin, Doris Kearns *Team of Rivals: Political Genius of Abraham Lincoln*, New York: Simon & Schuster, 2005.

Gray, Colin, *The Geopolitics of the Nuclear Era: Heartland, Rimlands, and the Technological Revolution*, New York: Crane, Russak & Company, Inc., 1977.

Greenstone, J. David, *The Lincoln Persuasion: Remaking American Liberalism*, Princeton: Princeton University Press, 1994.

Grimsley, Mark, "Lincoln as Commander in Chief," in Stephen D. Engle, ed., *The War Worth Fighting: Abraham Lincoln's Presidency and Civil War America*, Gainesville: University Press of Florida, 2015.

Hanson, Victor Davis, *The Savior Generals*, New York: Bloomsbury Press, 2013.

Hargrove, Erwin C., *The President as Leader: Appealing to the Better Angels of Our Nature*, Lawrence: University Press of Kansa, 1998.

Harper, John Lamberton *American Machiavelli: Alexander Hamilton and the Origins of U.S. Foreign Policy* , Cambridge: Cambridge University Press, 2004.

Harrison, Maureen & Steve Gilbert, eds., *Abraham Lincoln in His Own Words*, New York: Barnes & Noble Books, 1996.

Harry V. Jaffa, *Crisis of the Strauss Divided: Essays on Leo Strauss and Straussianism, East and West,* Lanham: Rowman and Littlefield, 2012.

______, *How to Think about the American Revolution: A Bicentennial Celebration*, Durham: Carolina Academic Pres, 1978.

Havers, Grant N., *Lincoln and the Politics of Christian Love* (Columbia: University of Missouri Press, 2009).

Heifetz, Ronald A., *Leadership Without Easy Answers*, Cambridge: The Belknap Press of Harvard University Press, 1994.

Hein, David, "Lincoln's Theology and Political Ethics," in Kenneth W. Thompson, ed., *Essays on Lincoln's Faith and Politics*, Lanham: University Press of America, 1983.

Herbert J. Strong, ed., *The Anti-Federalist*, Chicago: The University of Chicago Press, 1981.

Higham, Charles, *Murdering Mr. Lincoln: A New Detection of the 19th Century's Most Famous Crime*, Beverly Hills, CA: New Millennium Press, 2004.

Hodes, Martha, *Mourning Lincoln*, New Haven: Yale University Press, 2015.

Holzer, Harold, *Emancipating Lincoln: The Proclamation in Text, Context, and Memory*, Cambridge: Harvard University Press, 2012.

______, *Lincoln and the Power of the Press*, New York: Simon and Schuster, 2014.

______, *Lincoln Seen and Heard*, Lawrence: University Press of Kansas, 2000.

______, ed., *President Lincoln Assassinates!!*, New York: Penguin Random House, 2014.

Hook, Sidney, *The Hero in History*, Boston: Beacon Press, 1941.

Howard, Michael, "The Forgotten Dimensions of Strategy," *Foreign Affairs,* Vol.57, No.5 (Summer 1979), pp. 975-986.

Jaffa, Harry V., *A New Birth of Freedom: Abraham Lincoln and the Coming of the Civil War*, Lanham: Rowman and Littlefield, 2004.

______, Crisis *of the House Divided: An Interpretation of the Issues in the Lincoln-Douglas Debates*, Chicago: The University of Chicago Press, 1959.

______, *Original Intent and the Framers of the Constitution: A Disputed Question*, Washington, D.C.: Regnery Publishing, 1994.

Johnson, Paul*,* *Heroes*, New York: Harper, 2007.

Kagan, Neil and Stephen G. Hyslop, eds., *Atlas of the Civil War: A Comprehensive Guide to the Tactics and Terrain of Battle*, Washington, D.C.: National Geographic Society, 2009.

Kateb, George, *Lincoln's Political Thought*, Cambridge: Harvard University Press, 2015.

Kauffman, Michael W., *American Brutus: John Wilkes Booth and the Lincoln Conspiracies*, New York: Random House, 2005.

Keegan, John, "Churchill's Strategy," in Robert Blake and Wm Roger Louis, eds., Churchill: A Major New Assessment of His Life in Peace and War, Oxford University Press, 1993.

______, *The American Civil War: A Military History*, New York: Vintage Books, 2009.

Kim, Donggil, *Abraham Lincoln: An Oriental Interpretation*,

Seoul: Jungwoo-sa, 1983.

Kim, Kyung-won, "Marx, Schumpeter, and the East Asian Experience," *Journal of Democracy*, Vol.3, No.3 (July 1992), pp. 17-31.

Kolchin, Peter, *American Slavery, 1619-1877*, New York: Hill & Wang, 1993.

Landy, Marc and Sidney M. Milkis, *Presidential Greatness*, Lawrence: University Press of Kansas, 2000.

Lawenthal, David, The Mind and Art of Abraham Lincoln, *Philosopher Statesman: Texts and Interpretation of Twenty Great Speeches*, Lanham: Lexington Books, 2012.

Liddell Hart, B.H., *Sherman: Soldier, Realist, American*, New York: Da Capo Press, 1998. (초판은 1929년에 출간).

Locke, John, *Two Treatises of Government*, Cambridge: Cambridge University Press, 1991.

Lynch, Christopher and Jonathan Marks, eds., *Principle and Prudence in Western Political Thought*, Albany: State University of New York Press, 2016.

Machiavelli, Niccolo, *The Prince*, trans, by Harvey C. Mansfield, Chicago: The University of Chicago Press, 1985.

Mackinder, Halford J., "The Round World and the Winning of the Peace,"*Foreign Affairs*, Vol. 21, No.4 (July 1943), pp. 595-605.

Mansfield, Harvey, *Taming the Prince: The Ambivalence of Modern ExecutivePower*, New York: Free Press, 1989.

Marrin, Albert, *Commander in Chief Abraham Lincoln and the Civil War*, New York: Dutton Children's book, 1997.

Masur, Louis P., *The Civil War: A Concise History*, New York: Oxford University Press, 2011.

McGovern, George, *Abraham Lincoln*, New York: Times Books, 2009.

McPherson, James M. *Abraham Lincoln and the Second American Revolution*, New York: Oxford University Press, 1991.

______, *Battle Cry of Freedom: The Civil War Era*, Oxford and New York: Oxford University Press, 1988.

______, *The Negro's Civil War*, New York: Vintage Books, 1991. (초판 1965).

______, *Tried by War: Abraham Lincoln as Commander in Chief*, London: Penguin Books, 2009.

Meams, David C., *Three Presidents and Their Books*, Urbana: University of Illinois Press, 1955.

Miller, William Lee, *Lincoln's Virtues: An Ethical Biography*, New York: Vintage, 2003.

______, *President Lincoln: The Duty of a Statesman,* New York: Alfred A. Knopf, 2008.

Morgenthau, Hans J., "The Mind of Abraham Lincoln: A Study in Detachment and Practicality," in Kenneth W. Thompson, ed., *Essays on Lincoln's Faith and Politics*, Lanham: University Press of America, 1983.

Murphy, Alexander B. et al., "Is there a politics to geopolitics?"*Progress in Human Geography*, Vol.28, No.5 (2004), pp. 619-640.

Neely, Mark E. Jr., *The Abraham Lincoln Encylopedia*, New York: Da Capo Press, 1982.

Neustadt, Richard E., *Presidential Power and the Modern Presidents: The Politics of leadership from Roosevelt to Reagan*,

New York: Free Press, 1990.

Oates, Stephen B., *Abraham Lincoln: The man Behind the Myths*, New York: Harper Perennial, 2011. (초판은 1984년에 출간).

______, *With Malice Toward None: A Biography of Abraham Lincoln*, New York: Harper Perennial, 2011. (초판은 1997년에 출간)

O'relly, Bill and Martin Dugard, *Killing Lincoln: The Shocking Assassination That Changed America Forever*, New York: Henry Holt, 2011.

Paludan, Phillip Shaw, *The Presidency of Abraham Lincoln*, Lawrence: University Press of Kansas, 1994.

Paret, Peter ed., *Makers of Modern Strategy from Machiavelli to the Nuclear Age*, Oxford: Clarendon Press, 1986.

Peterson, Merrill D., *Lincoln in American Memory*, New York: Oxford University Press, 1995.

Phillips, Donald T., *Lincoln Leadership: Executive Strategies for Tough times*, New York: Grand Central, 2009.

Pinsker, Matthew, *Lincoln's Sanctuary: Abraham Lincoln and the Soldiers' Home*, New York: Oxford University Press, 2003.

Potter, David M., "Jefferson Davis and the Political Factors in Confederate Defeat," in David Herbert Donald, ed., *Why the North Won the Civil War*, New York: Simon & Schuster, 2005.(초판은 1960년에 출간).

Rice, Jonathan K., *Moving Mountains: A Study in Civil War Logistics*, Xlibris Corp., February 23, 2011

Rossiter, Clinton, *Constitutional Dictatorship: Crisis in the Modern Democracies*, Princeton: Princeton University Press, 1948.

______, *Constitutional Dictatorship: Crisis in the Modern Democracies*, New Brunswick: Transaction, 2006.

Sandburg, Carl, *Abraham Lincoln: The Prairie Years and The War Years*, San Diego: A Harvest Book, 1939.

Schmitt, Carl, *Dictatorship*, Cambridge: Polity Press, 2014.(초판은 1921년에 출간).

Sears, Stephen W., *George B. McClellan: The Young Napoleon*, New York: Da Capo Press, 1999.(초판은 1988년에 출간).

Smith, Steven B., "Lincoln's Enlightenment," in Christopher Lynch and Jonathan Marks, *Principe and Prudence in Western Poltical Thought,* New York: State University of New York Press, 2016.

Smithsonian, *The Civil War: A Visual History*, New York: DK Publishing, 2011

Steel, Catherine ed., *Cicero*, Cambridge: Cambridge University Press, 2013.

Steers, Edward, Jr. *Blood on the Moon: The Assassination of Abraham Lincoln*, Lexington: University Press of Kentucky, 2005.

______, *Lincoln's Assassination*, Carbondale: Southern Illinois University Press, 2014.

Strassler, Robert B., ed., *The Landmark Thucydides*, New York: The Free Press, 1996.

Strauss, Leo, *What Is Political Philosophy?*, Westport: Greenwood Press, 1959.

Tarano, James and Leonard Leo, eds., *Presidential Leadership*, New York: Free Press, 2004.

The Federalist Papers, ed. by Clinton Rossiter, New York: A Men-

tor Book, 1961.
Thompson, Kenneth W. ed., *Essays on Lincoln's Faith and Politics*, Lanham: University Press of America, 1983.
______, *Winston Churchill's World View: Statesmanship and Power*, Baton Rouge and London: Louisiana State University Press, 1983.
Turmanidze, Tornike, *Buffer State: Power Policies, Foreign Policies and Concepts*, New York: Nova Science Publishers, Inc., 2009.
Viroli, Maurizio, *For Love of Country: An Essay on Patriotism and Nationalism*, Oxford: Clarendon Press, 1995.
Waldman, Michael ed., *My Fellow Americans: The Most Important Speeches of American Presidents from George Washington to George W. Bush*, Naperville: Sourcebooks, 2003.
Waldman, Thomas, *War, Clausewitz and the Trinity*, Surry: Ashgate, 2013.
Weigley, Russell F., "American Strategy from Its Beginnings through the First World War," in Peter Paret, ed., *Makers of Modern Strategy from Machiavelli to the Nuclear Age*(Oxford: Clarendon Press, 1986).
White Jr., Ronald C., *Lincoln's Greatest Speech: The Second Inaugural,* New York: Simon & Schuster, 2002.
White, Jr., Ronald C., *The Eloquent President: A Portrait of Lincoln through His Words*, New York: Random House, 2005.
Whiting, William, *TheWar Powers of the President, and the Legislative Powers of Congress in Relations to Rebellion, Treason, and Slavery,* 7th ed., Boston: J.L. Shorey, 1863.
Wiegley, Russell F., "Military Strategy and Civilian Leadership,"

in Klaus Knorr, ed., *Historical Dimensions of National Security Problems,* Lawrence: The University Press of Kansas, 1976.

Williams, Frank J., William D. Pederson, and Vincent J. Marsala, eds., *Abraham Lincoln: Sources and Style of Leadership,* Westport: Greenwood Press, 1994.

Wills, Garry, *Lincoln at Gettysburg*, New York: Simon and Schuster, 1992.

Wilson, Douglas L., *Lincoln's Sword: The Presidency and the Power of Words*, New York: Vintage books, 2006.

Wilson, James Q., *American Government: Institutions and Policies,* Lexington: D.C. Heath, 1980.

Wood, Neal, *Cicero's Social and Political Thought*, Berkeley: University of California Press, 1988.

찾아보기

ㄹ

ㅁ

ㅂ

ㅈ

ㅊ

ㅋ

저자 저서 목록

《韩国外交政策的困境》, 北京: 社会科学院 社会科学文献出版社, 2016.(중국어판)

《和平之神与联合国秘书长 — 为国际和平而奋斗之领导力的困局》, 北京: 光明日报出版社, 2015.(중국어판)

《戦史に学ぶ軍事戦略 孫子とクラウゼヴィッツを現代に生かすために》, 東京: 彩流社, 2014.(일본어판)

《Korea's Foreign Policy Dilemmas: Defining State Security and the Goal of National Unification》, Folkestone, Kent: Global Oriental, UK, 2011.(영어판)

《평화神과 유엔사무총장 — 국제평화를 위한 리더십의 비극》, 2013.

《전쟁神과 군사전략 — 군사전략의 이론과 실천에 관한 논문 선집》, 2012.

《인간神과 평화의 바벨탑 — 국제정치의 원칙과 평화를 위한 세계헌정질서의 모색》, 2006.

《무지개와 부엉이 — 국제정치의 이론과 실천에 관한 논문 선집》, 2010.

《동북아의 근대적 변용과 탈근대지향》, 2008.

《용과 사무라이의 결투 — 중일전쟁의 국제정치와 군사전략》(편저), 2006.

《UN and Global Crisis Management》(편저), 2004.

《유엔과 국제위기관리》(편저), 2005.

《유엔과 한국전쟁》(편저), 2004.

《시베리아와 연해주의 정치경제학》(공저), 2004.

《동북아의 평화사상과 평화체제》(편저), 2004.
《새우와 고래싸움—한민족과 국제정치》, 2004.
《동아시아의 안보와 유엔체제》(편저), 2003.
《UN, PKO and East Asian Security: Currents, Trends and Prospects》(공편저), 2002.
《The UN in the 21st Century》(공편), 2000.
《시베리아 횡단열차와 사무라이》, 1999.
《소크라테스와 시이저—정의, 평화, 그리고권력》, 1997.
《이아고와 카산드라—항공력시대의미국과한국》, 1997.
《주한미군과 한미안보협력》(공저), 1996.
《북한외교정책》(공편), 1995.
《카멜레온과 시지프스—변천하는 국제질서와 한국의 안보》, 1995.
《The United Nations and Keeping-Peace in Northeast Asia》(편저), 1995.
《자유주의의 정의론》(역), 1991.
《키신저 박사와 역사의 의미》(역), 1985.
《핵시대를 어떻게 실 것인가》(공저), 1985
《제국주의의 해부》(역), 1984.
《불평등한 세계》(역), 1983.
《세익스피어의 정치철학》(역), 1982.
《정치학원론》(공저), 1982.

한국의 지정학과 링컨의 리더십

초판 발행 1쇄 2017년 1월 20일

지은이 강성학

펴낸곳 **고려대학교출판문화원**

www.kupress.com
kupress@korea.ac.kr
02841 서울특별시 성북구 안암로 145
02-3290-4230, 4232
Fax 923-6311

찍은곳 한국컴퓨터인쇄정보

ISBN 978-89-7641-921-7 93360

값 27,000원